CB057114

Cartografias de
Foucault

Durval Muniz de Albuquerque Júnior
Alfredo Veiga-Neto
Alípio de Souza Filho
(Organizadores)

Cartografias de
Foucault

2ª edição

ESTUDOS FOUCAULTIANOS   autêntica

Copyright © 2008 Os autores

COORDENADOR DA COLEÇÃO ESTUDOS FOUCAULTIANOS
Alfredo Veiga-Neto

CONSELHO EDITORIAL DA COLEÇÃO ESTUDOS FOUCAULTIANOS
Alfredo Veiga-Neto (UFRGS); Walter Omar Kohan (UERJ); Durval Albuquerque Jr. (UFRN);
Guilherme Castelo Branco (UFRJ); Sílvio Gadelha (UFC); Jorge Larrosa (Univ. Barcelona);
Margareth Rago (Unicamp); Vera Portocarrero (UERJ)

PROJETO GRÁFICO DA CAPA
Diogo Droschi
(Sobre imagem de Martine Franck © Magnum Photos/LatinStock)

PROJETO GRÁFICO DO MIOLO
Diogo Droschi

EDITORAÇÃO ELETRÔNICA
Christiane Costa

REVISÃO
Ana Carolina Lins

Revisado conforme o Novo Acordo Ortográfico.

Todos os direitos reservados pela Autêntica Editora.
Nenhuma parte desta publicação poderá ser reproduzida,
seja por meios mecânicos, eletrônicos, seja via cópia
xerográfica, sem a autorização prévia da Editora.

AUTÊNTICA EDITORA LTDA.

Rua Aimorés, 981, 8º andar . Funcionários
30140-071 . Belo Horizonte . MG
Tel: (55 31) 3222 68 19
Televendas: 0800 283 13 22
www.autenticaeditora.com.br

Dados Internacionais de Catalogação na Publicação (CIP)
(Câmara Brasileira do Livro, SP, Brasil)

Cartografias de Foucault / Durval Muniz de Albuquerque Júnior, Alfredo Veiga-Neto,
   Alípio de Souza Filho, (organizadores). – 2. ed. – Belo Horizonte : Autêntica Editora,
   2011. – (Coleção Estudos Foucaultianos)

   Bibliografia.
   ISBN 978-85-7526-360-0

   1. Artigos filosóficos 2. Filosofia francesa 3. Foucault, Michel, 1926-1984 - Crítica
e interpretação I. Albuquerque Júnior, Durval Muniz de. II. Veiga-Neto, Alfredo. III.
Souza Filho, Alípio de. IV. Série.

08-10393   CDD-194

Índices para catálogo sistemático:
1. Artigos : Filosofia francesa 194 2. Filósofos franceses 194

Sumário

9 Apresentação: Uma cartografia das margens
Durval Muniz de Albuquerque Júnior
Alfredo Veiga-Neto
Alípio de Sousa Filho

13 Foucault: o cuidado de si e a liberdade ou a liberdade
é uma agonística
Alípio de Sousa Filho

27 Foucault e as novas tecnologias educacionais: espaços
e dispositivos de normalização na sociedade de controle
Antonio Basílio Novaes Thomaz de Menezes

41 Cartografias homoafetivas na espacialidade da urbe:
percursos na obra de Caio Fernando Abreu
Antonio Eduardo de Oliveira

53 Amizade e modos de vida gay:
por uma vida não fascista
Antonio Crístian Saraiva Paiva

69 A educação do corpo e o trabalho das
aparências: o predomínio do olhar
Carmen Lúcia Soares

83 Michel Foucault e os paradoxos do corpo e da história
Denise Bernuzzi de Sant'Anna

93 Às margens d'*O Mediterrâneo*: Michel Foucault, historiador dos espaços

Durval Muniz de Albuquerque Júnior

109 Michel Foucault e os guerreiros insurgentes: anotações sobre coragem e verdade no anarquismo contemporâneo

Edson Passetti

123 Discurso e autoria: a escrita terapêutica

Eugênia Correia Krutzen

137 Atitude-limite e relações de poder: uma interpretação sobre o estatuto da liberdade em Michel Foucault

Guilherme Castelo Branco

149 Cartografias minoritárias do enclausuramento: sobre Michel Foucault e Charles Fourier

Heliana de Barros Conde Rodrigues

165 Clarice Lispector, "perto do coração selvagem": uma cartografia das singularidades selvagens à luz de Michel Foucault

Ilza Matias de Sousa

181 A crise da governamentalidade e o poder ubuesco

José Luís Câmara Leme

199 Clínica da saúde e biopolítica

Lore Fortes

215 Narrativas infames na cidade: interseções entre Walter Benjamim e Michel Foucault

Luis Antonio Baptista

225 Alteridade e produção de territórios
existenciais na "Cidade do Prazer"
Magda Dimenstein
Alex Reinecke de Alverga

241 Entre a vida governada e o governo de si
Márcio Alves da Fonseca

253 Michel Foucault e o Zoológico do Rei
Margareth Rago

269 Cartografando a gurizada da fronteira:
novas subjetividades na escola
Marisa Vorraber Costa

295 Modos de subjetivação de professores afrodescendentes:
técnicas de si ante práticas de inclusão/exclusão
Marluce Pereira da Silva

307 As instituições da desinstitucionalização: reflexões
foucaultianas para a construção de uma prática de liberdade
Nina Isabel Soalheiro
Paulo Duarte Amarante

325 A genealogia e o "eu fascismo"
Orlando Arroyave

343 Limites e fronteiras entre história e biologia
em Michel Foucault: *As palavras e as coisas* e
o surgimento da biologia no século XIX
Regina Horta Duarte

355 Espaços imaginários: a linguagem artaudiana
cartografada por Foucault
Renato Amado Peixoto

365 Marginalização filosófica do cuidado
de si: o momento cartesiano
Salma Tannus Muchail

377 Foucault: a experiência da amizade
Sandra Fernandes

393 Para além do sexo, por uma estética da liberação
Tania Navarro Swain

407 O exercício dos corpos na cidade: o espaço, o tempo, o gesto
Terezinha Petrucia da Nóbrega

419 Os limites da vida: da biopolítica aos cuidados de si
Vera Portocarrero

431 Os autores

APRESENTAÇÃO
Uma cartografia das margens

Durval Muniz de Albuquerque Júnior
Alfredo Veiga-Neto
Alípio de Souza Filho

Como o nomeia Gilles Deleuze, em artigo famoso (Um Novo Cartógrafo. Em: *Foucault*, Brasiliense, 1988), Michel Foucault seria um novo cartógrafo, que tentou dar conta dos diagramas de forças e saberes que constituíram e constituem historicamente as sociedades ocidentais. Diagrama entendido como mapa das relações de força, mapa de densidade, de intensidade, que procede por ligações primárias não localizadas e que passa a cada instante por todos os pontos, estabelecendo relações múltiplas e diferenciadas entre matérias e formas de expressão também díspares. O pensamento de Michel Foucault estaria, assim, marcado por certa visão espacializante, que se explicitaria em seus conceitos e na sua própria forma de colocar os problemas e visualizar o funcionamento do social.

Uma das contribuições trazidas pelas obras de Michel Foucault seria, justamente, esse deslocamento do olhar daquilo que sempre foi considerado como central, nuclear, essencial para se entender o funcionamento da sociedade e das instituições, para aquilo que era descrito como periférico, marginal, menor, fronteiriço. Como cartógrafo de nosso tempo e de nosso mundo, Foucault teria deslocado seu olhar para as bordas constitutivas da racionalidade ocidental ao se dedicar a estudar a desrazão, a loucura, a anormalidade, a monstruosidade, a sexualidade, o corpo, a literatura, os ilegalismos, os infames, tudo aquilo que a racionalidade moderna excluiu, desconheceu, definiu como passível de punição, de normalização e de medicalização. Sua obra fez aparecer uma nova geografia de nosso pensamento e de nossas práticas ao ir buscar naquilo que foi considerado minoritário, desviante, criminoso, invisível, ameaçador, as próprias operações fundamentais de constituição do que somos e daquilo que fizemos e fazemos com nós mesmos. Para Foucault, aquilo que uma sociedade exclui, joga para as margens é o que constitui seus limites, as suas fronteiras e é justamente o que a define, o que dá seus contornos e o seu desenho. As experiências do fora, das margens, dos limites, das fronteiras, seriam as experiências que permitiriam cartografar novas desenhos, novas configurações para o acontecer de uma dada sociedade. Como o saber é perspectivo, esse olhar das margens permite constituir outras visibilidades e outras dizibilidades sobre qualquer tema ou problema que se queira colocar para o conhecimento. Conhecer é, portanto, também uma questão de localização, de colocação em um dado lugar, da abertura de um dado espaço para o pensamento.

Em seus textos Foucault aciona toda uma gama de conceitos e noções que remetem a uma compreensão espacial das relações de poder e das práticas discursivas e não discursivas: deslocamento, posição, campo, lugar, território, domínio, solo, horizonte, paisagem, configuração, região, solo, geopolítica, que aparecem como metáforas atuantes em toda a sua produção e possibilitam pensar a história e as sociedades em termos de relações, tensões, conflitos, que levam a constituição e ao desmanchamento de dadas configurações ou desenhos espaciais. Embora a inscrição de seu pensamento no campo das relações entre uma dada historicidade e a emergência de dadas formas de pensamento tenha levado a maioria dos que com ele trabalham a enfatizar a dimensão temporal presente em seus textos e a negligenciar essa dimensão espacial, essa geopolítica – já que seus espaços são sempre pensados como construções surgidas do investimento de dadas estratégias e de dadas táticas – como elemento importante na sua maneira de pensar, é oportuno ressaltar esse aspecto ainda negligenciado e que pode vir a constituir uma outra visibilidade para seu trabalho e permitir a abertura de novas áreas de pesquisa a serem fertilizadas por seu pensamento.

Vivemos uma época em que as grandes questões políticas, sociais, econômicas e culturais estão revestidas de conotações espaciais. Noções como as de globalização, multiculturalismo, integração econômica, mundialização, implicam na reflexão das dimensões espaciais presentes nas grandes questões de nosso tempo. Os processos migratórios, a des-territorialização de grandes contingentes populacionais por motivos econômicos, políticos ou jurídicos, a ressurgência dos nacionalismos e dos regionalismos, a formação de grandes blocos econômicos e o questionamento das fronteiras nacionais colocam a política dos espaços como um tema nuclear da nossa época. Michel Foucault foi um pensador que colocou como tarefa do pensamento fazer a arqueologia do tempo presente, que nos intimou a fazer do presente o nosso problema, que nos conclamou a sermos capazes de nos tornamos diferentes de nós mesmos, que nos incitou a fazermos um diagnóstico do que estamos fazendo com nosso tempo. O IV Colóquio Internacional Michel Foucault, realizado na cidade do Natal, entre os dias 9 e 12 de abril de 2007, patrocinado pela Universidade Federal do Rio Grande do Norte, CNPq, CAPES e FAPERN, tendo como coordenador geral o professor Durval Muniz de Albuquerque Júnior, abordou o tema geral: *Michel Foucault, cartógrafo: um pensador dos espaços, das margens, dos limites e das fronteiras*, tendo como objetivo, justamente, refletir, a partir de diferentes lugares de autoria e de diferentes perspectivas disciplinares e temáticas, tomando o pensamento de Foucault como ferramenta, sobre as questões e problemas do mundo contemporâneo, suas políticas espaciais e os diversos espaços da política.

Michel Foucault tratou em suas pesquisas da constituição histórica e social de diferentes espacialidades, desde os espaços disciplinares como: a escola, o asilo, o hospício, o hospital, a prisão, até os espaços de liberdade inventados pelos homens em seu cotidiano de lutas e resistência às normas e à lei, o que chamou de heterotopias. Em suas obras buscou escavar um novo espaço para o pensamento e para as práticas de si e em relação aos outros. Num momento de profunda crise ética vivida pela sociedade brasileira, num momento de profundo desprestígio da política entre nós, parece-nos pertinente a publicação de um livro que traz para o debate o pensamento de um autor que sempre colocou a ética e a política como temas nucleares de sua reflexão. Em seus livros, textos e entrevistas, em suas ações, não cessamos de encontrar uma proposta de abertura de novos espaços de reflexão e de prática de novos procedimentos éticos e políticos. Ao pôr em questão as certezas que tínhamos e temos, ao mostrar como construções históricas, contingentes e interessadas as verdades que nos pareciam óbvias, ao abordar as relações de poder como constitutivas de sujeitos e de objetos que nos pareciam transcendentes e eternos, quando não naturais, ao chamar a atenção para a atividade que nós mesmos exercemos sobre nossa subjetividade, sobre a produção de nosso corpo, Michel Foucault nos interpela no sentido de que somos responsáveis, sempre onde estamos, pela produção e reprodução ou pelo questiona-mento e inflexão das figuras de saber, das relações de poder, das práticas e das estratégias que constituem espaços de exclusão, de segregação, de censura, de interdição, de reclusão, de silenciamento, que fazem parte da maquinaria social que sustentamos. Refletir, portanto, sobre onde estamos, onde nos situamos, quais os espaços que constituímos e que nos constituem, que segmentações espaciais atualizamos em cada uma de nossas ações, tem uma relevância política e ética que torna este livro, este *Cartografias de Michel Foucault,* que reúne os textos apresentados no Colóquio, uma oportunidade de maturação de novas práticas acadêmicas e políticas, uma nova maneira de relacionar cultura e pensamento.

Foucault
O cuidado de si e a liberdade ou a liberdade é uma agonística

Alípio de Sousa Filho

> *A partir da ideia que o indivíduo não nos é dado, acho*
> *que há apenas uma consequência prática: temos que criar a*
> *nós mesmos como uma obra de arte.*
> Michel Foucault

Começarei pela pergunta já tantas vezes feita: que fazia Foucault no retorno à moral greco-romana antiga? Que efeito procurava produzir (em seus leitores, naqueles que o acompanhavam em sua produção teórica), ao nos transportar do presente (que o ocupou em suas principais obras) a um passado cujos contornos tão diferentes se transformaram ou se perderam? Alguma surpresa nisso? Para não deixar de pensar as coisas como ele próprio as pensou, já deveríamos aqui falar não de "retorno à moral", no singular, mas de retorno à Antiguidade para o estudo de "morais". No plural, está toda a diferença. E, como sabem seus leitores, não somente nesse caso. Todo o seu pensamento foi orientado pela concepção radicalmente negadora da tentação do uno. Como insistiu tantas vezes, Foucault foi atraído pelo fato de que, entre gregos e romanos, não houve a tentativa de imposição de uma moral única a todos, mas produção de "morais" de grupo, orientadas para éticas e estilizações da vida, para estilos de grupo e para grupos. Ao menos, entre as camadas aristocráticas daquelas sociedades. Os últimos volumes da *História da sexualidade* e suas aulas, no Collège de France, entre 1980 e 1982, parte delas reunidas em o *A hermenêutica do sujeito,* são exemplos de sua ocupação com o assunto.

Sabemos que o estudo dessas morais levou Foucault a se ocupar com o tema da ética, da estética da existência, da verdade, do sujeito da ação, do sujeito ético da verdade. Assim, leitores, estudiosos e editores "descobriram" encantados: no Foucault ocupado com as éticas greco-romanas antigas se encontra o pensador da liberdade: "As portas do asilo, os muros da prisão desaparecem, dando lugar a falas livres em que gregos e romanos discutiam as melhores maneiras de conduzir suas vidas [...]. A paisagem do confinamento cede lugar à liberdade luminosa do sujeito".[1]

Não se trata de um outro Foucault, como também já se disse. Obsessão de certos catálogos e catalogadores: como haveria um Marx em dois tempos (jovem e maduro), um Freud antes e depois de 1920, haveria igualmente um Foucault antes e depois do *tournant* da volta a Platão, Epiteto, Epicuro, Aristóteles, Plutarco, Cícero, Sêneca, Marco Aurélio, etc., textos nos quais o que está em evidência é a liberdade dos sujeitos mais que seu aprisionamento, como antes, em obras como *História da Loucura*, *Vigiar e Punir* e mesmo em *As palavras e as coisas*. Talvez os termos de Frédéric Gros, no resumo-comentário que escreve sobre o curso de Foucault de 1982, sejam mais exatos: para compreender a abordagem dos temas do sujeito, da ética, da estética da existência por Foucault, poder-se-ia pensar em "singularidade", "reviravolta", e mesmo "enigma", mas igualmente em "maturação lenta, um percurso sem ruptura nem alarde, que devia conduzir Foucault às margens do cuidado de si".[2]

Foucault não abandonou seu programa de pesquisa original, mas dá continuidade a ele, nem rompeu com seu modo de pensar anterior. Outros problemas de pesquisa, sem dúvida, outras questões para se interrogar, certamente. Mas sempre o mesmo Foucault: para o qual o tema da liberdade nunca esteve ausente, mesmo quando apenas de um modo tácito. E por quê? O deslocamento no espaço e no tempo – em que a história conjunta do desejo, da verdade, do sujeito e do cuidado de si começa a se construir e ilumina a genealogia do homem ocidental, na Grécia clássica do quarto século, depois entre os autores gregos e latinos dos dois primeiros séculos de nossa era, surgida após os estudos que já haviam sido realizados sobre os séculos XVII, XVIII e XIX – esse descolamento bem pode ser lido, com as belas palavras de Raymond Bellour, como o "eco de uma dor"[3]:

---

[1] EWALD, François. Michel Foucault. In: ESCOBAR, Carlos Henrique de (Org.). *Michel Foucault: O dossier – últimas entrevistas*. Rio de Janeiro: Taurus, 1984. p. 71-73.

[2] GROS, Frédéric. Situação do curso. In: FOUCAULT, Michel. *A Hermenêutica do sujeito*. São Paulo: Martins Fontes, 2004. p. 616.

[3] BELLOUR, Raymond. Um devaneio moral. In: ESCOBAR, Carlos Henrique de (Org.). *Michel Foucault: O dossier – últimas entrevistas*. Rio de Janeiro: Taurus, 1984. p. 87.

como inventar a liberdade nos espaços de sujeição, como transformar o corpo domesticado no desejo obstinado de liberdade?

Quando Foucault tratava do poder – e dos modos de subjetivação como modos de sujeição – a liberdade já estava ali, no seu pensamento, no seu desejo; ela dava sinais de sua presença, espreitava sua hora luminosa: nas resistências, nas lutas pontuais, nas lutas específicas, nas *experiências*, nos modos-de-vida-outros, coisas pouco teorizadas, mas nunca ausentes de suas aulas, de suas falas, de seus textos, comparados por ele próprio a "batalhas" e "armas". A ética do "cuidado de si mesmo" (*epiméleia heautoû*) como prática de liberdade (ontem e hoje) é quase uma consequência da qual seu pensamento não poderia escapar.

Poderíamos dizer que, em Foucault, *era a liberdade que olhava o poder*. E porque o olhava tão bem, em suas minúcias, em suas técnicas, em suas modalidades, ele foi capaz de indicar as formas-ensaios pelas quais a liberdade pode ser experiencial, experienciada: na duplicação da problemática política no campo do cuidado ético de si, campo do sujeito, da hermenêutica de si.

Estudar o poder, a sujeição, as técnicas da fabricação da subjetivação, permitia a Foucault evitar os enganos de pensar a liberdade como aquela constituída nos mecanismos jurídicos, com base nos embates com a lei, e assim como quase sempre a temos buscado. A mesma liberdade que, concedida através do aparato jurídico-político do poder, é por ele usurpada e serve para legitimá-lo nas suas próprias concessões. Dessa liberdade deve-se desconfiar. É a liberdade das liberações da lei e de um certo tipo de política. Foucault não deixou dúvidas a esse propósito: diferentes campos do pensamento e diferentes campos das práticas políticas e dos saberes se apropriam da liberdade atribuindo-lhe concepções que identificam a si mesmas, todavia não conseguindo imprimir à realidade que definem, nos espaços que são os seus, experiências efetivas de liberdade dos sujeitos, mas novas sujeições.

A liberdade-Foucault, olhando o poder por entre suas técnicas e pelas frestas dos seus próprios mecanismos e dispositivos, definia as condições nas quais emergiria: *(re)construindo o sujeito pelas artes do cuidado de si*. Qual uma arte da luta, anuncia-se rivalizando com a sujeição: éticas do cuidado de si como prática da liberdade.

Tantas horas consumidas em pesquisa sobre o poder, sobre o adestramento dos corpos, sobre a disciplina, o enclausuramento, a sujeição, etc., não seriam por uma identificação de Foucault com seu próprio objeto (como quer Habermas, como ironizou José Guilherme Merquior, Jean Baudrillard, entre outros), mas por um projeto interrompido, inacabado: projeto da Crítica, dos *ensaios* da Crítica, das atitudes críticas, voltadas para uma *micropolítica das resistências*, projeto para o qual a liberdade é um exercício agonístico, uma arte da luta nas artes de si da existência, e cujos combates não conhecem a vitória final. De sua parte, o poder é contínuo e renasce sempre. A fórmula é conhecida: "onde há poder, há resistência".[4] E poderíamos acrescentar: onde há liberdade, o poder reage. No desejo de liberdade não está, pois, a verdade da filosofia de Foucault? Algo assim já não nos sugeriu John Rajchman? O seu próprio uso da história, para problematizar o sujeito, é um trabalho de pensamento da questão da liberdade.[5] A hipótese do projeto da Crítica, voltado para uma micropolítica das resistências, resta a demonstrar.

Foucault não escreveu muitos textos em que a liberdade aparece referida diretamente, nos títulos, nos desenvolvimentos, etc. No seu pensamento-surpresa, as referências, insinuações, interrogações, reflexões, alusões à liberdade aparecem na duplicidade poder-resistência. Suas reflexões nos deixam algumas interrogações: como, nos espaços construídos pelo poder, investidos de técnicas de sujeição fabricadoras de subjetivação, é possível ser livre? Livre de quê? Que é ser livre? Que é a liberdade? Como é possível a liberdade? Foucault nos leva a fazer essas questões sem nos oferecer respostas exatas, retas. E todas elas restam como questões a serem continuamente pensadas.

Para o autor de *O uso dos prazeres, O cuidado de si, A hermenêutica do sujeito*, ao menos uma coisa é certa: o que se deve entender por liberdade não deve ser confundido com *liberação*, embora essa seja uma condição necessária.[6] A liberdade é da ordem dos *ensaios*, das *experiências*, dos *inventos*, tentados pelos próprios sujeitos que, tomando a si mesmos como prova, inventarão seus próprios destinos. Assim, experiências práticas de liberdades, sempre sujeitas a revezes, nunca como algo definitivo, como numa vitória final. Nem como concessões do alto (Deus ou o Estado), nem como o "fim de toda dominação".

---

[4] FOUCAULT, Michel. *História da Sexualidade I: a vontade de saber*. Rio de Janeiro: Graal, 1985. p. 91.

[5] RAJCHMAN, John. *Foucault: a liberdade da filosofia*. Rio de Janeiro: Jorge Zahar, 1987.

[6] FOUCAULT, Michel. *Ética, sexualidade, política*. Rio de Janeiro: Forense Universitária, 2004. (Ditos e Escritos – Volume V). p. 264-287.

Foucault nos deixou problematizações sobre a liberdade mesmo quando tudo na paisagem de seus textos era só controle, domesticação, cerceamento. Problematizações que continuam como marcos para pensar nossa atualidade política, moral, filosófica. Como assinalou Frédéric Gros, em texto aqui já citado, se Foucault escreveu uma História da Loucura, não foi para fazer uma história da psiquiatria, se escreveu as *Palavras e as coisas*, não foi para fazer uma história das ciências humanas, se estudou os gregos e romanos, não foi para fazer uma história da filosofia helenística e latina, suas reflexões. Suas palavras são uma tomada de posição filosófica, ética, política: Foucault inventa uma filosofia que liberta a nossa própria existência de nós mesmos ou da prisão de nossa "subjetividade", que, social e historicamente construída, é, entretanto, vivida como uma substância natural e universal. Foucault é um exemplo do que chamarei de uma concepção *construcionista crítico-radical*, e seu *construcionismo* torna-se um apelo crítico às liberdades instauradoras de novas construções, novos pensamentos.

Foucault não deixou uma teoria da liberdade, mas deixou diversos assinalamentos, indicações: "A liberdade não começa ali onde cessa a intervenção centralizada do Estado [...]. De fato, não creio que o poder seja somente o Estado, ou que o não-estado já seja a liberdade".[7] Há, contudo, em suas reflexões, uma orientação para os caminhos da análise: por definição, somente ocorrem práticas de liberdade onde relações de poder substituem realidades totalitárias de dominação. Na condição da dominação total dos sujeitos, a liberdade não se torna possível. A liberdade só pode existir em oposição a um poder, a poderes, pois o poder não impede a liberdade, limita-a. Não importando sua origem, porque se exerce, o poder é limitante. A liberdade é da ordem das resistências às sujeições dos diversos poderes. O poder, longe de impedir a liberdade, excita-a. Como sabemos, Foucault subtrai a característica "negativa" do poder, o poder é produtivo, o poder fabrica, e diz: se o poder só tivesse a função de reprimir, se agisse apenas por meio da censura, da exclusão, do impedimento, do recalcamento, se apenas se exercesse de um modo negativo, ele seria muito frágil; se ele é forte, é porque produz efeitos positivos de desejo, de saber.[8]

---

[7] FOUCAULT, Michel. Bruxaria e Loucura. In: FOUCAULT, Michel. *Problematização do sujeito: psicologia, psiquiatria e psicanálise*. Rio de Janeiro: Forense Universitária, 2002 (Ditos e Escritos – Volume I). p. 323.

[8] FOUCAULT, Michel. *Microfísica do poder*. Rio de Janeiro: Graal, 1979.

Ora, sabemos também que Foucault sugere que, se tratando do poder, não busquemos a equipe que preside sua racionalidade, nem a casta que governa, nem os grupos que controlam os aparelhos do Estado, nem aqueles que tomam as decisões econômicas mais importantes. Não há titularidade do poder. A racionalidade do poder é a das táticas, muitas vezes bem explícitas no nível limitado em que se inscrevem, que, encadeando-se entre si, invocando-se e propagando-se, encontrando em outra parte apoio e condição, esboçam finalmente dispositivos de conjunto.

É, então, no quadro dessas táticas, nos espaços que elas criam, que igualmente se produzem os espaços de enfrentamento: os exercícios agonísticos de liberdade. Quando as relações são de constrangimento ou de escravidão, não se pode falar sequer em exercício do poder, que só se exerce efetivamente, como afirma Foucault, sobre homens livres. Lá onde há poder, há resistências e, no entanto (ou melhor, por isso mesmo) essas nunca se encontram em posição de exterioridade em relação ao poder. Elas não podem existir senão em função de uma multiplicidade de pontos de resistências que representam, nas relações de poder, o papel de adversário, de alvo, de apoio, e de saliência que permite apreensão. Esses pontos de resistência estão presentes em toda as redes de poder. O poder se mascara sob o aparato jurídico e somente assim consegue ser tolerável, pois, a forma geral de sua aceitabilidade é ser um limite à liberdade, mas sem suprimi-la.[9]

É, portanto, no campo das correlações de força (relações de poder x resistências), que nossa questão se põe mais explicitamente: pode-se dizer que o sujeito que aceita se submeter (de bom grado, ou pelos fortes efeitos da ideologia[10] sobre ele) é suprimido, é anulado. Mas, é

---

[9] Essa reflexão aparece em todo o pensamento de Michel Foucault. Ver, a esse propósito: FOUCAULT, Michel. *Microfísica do poder*. Rio de Janeiro: Graal, 1979.

[10] Sabemos que Foucault abandonou o conceito de ideologia, e a quase maioria de seus seguidores a vê como uma "noção estéril" (BELLOUR, 1984, p. 90), mas há que se voltar a falar do assunto. Aqui, não há maior espaço para tratarmos do tema, mas uma reflexão sobre a ideologia e sobre a *crítica da ideologia*, como ética do cuidado de si, como prática de *refundação* dos sujeitos, poderá ter restaurado seu lugar de honra nas análises relacionadas aos temas da sujeição, do poder, da dominação. As razões que fizeram Foucault abandonar o termo são conhecidas e, de fato, ele estava certo ao responsabilizar o marxismo por ter fechado a própria via crítica aberta com o conceito. Foucault teve razão em deixar de lado essa palavra, seus usos, aplicações, conforme o marxismo sugeria. Mas se encerraram aí as possibilidades de definição de *o que é a ideologia*? Nas reflexões de Marx e dos marxistas, como inversão e dominação, a ideologia corresponderia ao modo particular do imaginário da sociedade capitalista. A ideologia seria a representação da realidade que a classe

certo que, como exceções!, há os que inventam sua vida, procuram se libertar, há aqueles que procuram os exercícios ascéticos das liberdades. Oferecem-se como pontos de resistência à dominação, à ideologia.

Mas de que liberdade se trataria? Ser livre de quê? É possível a constituição do sujeito sem sujeição? Para Foucault, isso implica a transformação do sujeito como objeto do saber, objeto de sua própria verdade, sendo a liberdade construída num processo, numa vida construída na maneira como cada um determinar. Assim, nos caminhos que escolher trilhar – não importa onde se chegue – e mais, na própria escolha é que é a liberdade, o sujeito construirá sua vida como decidir, mas criando as condições de coexistência com o outro, pois não pode haver liberdade apenas no sujeito, mas vivenciada por ele nas relações com todos os demais. Foucault deixa aqui um embaraço (não é possível ser livre em si mesmo, no pensamento, na independência do cuidado virtuoso de si, como um aristocrata da alma?), que não vou desenvolver por agora.

dominante nessa sociedade produz e procura impor a todas as demais classes, com o objetivo de garantir sua posição de classe dominante. Objetivo que realiza, ao dissimular, justo por meio da representação ideológica que oferece da realidade, a dominação que pratica sobre as outras classes. Embora o fenômeno da ideologia tome essa forma específica, e não há que se esquecer isso, é importante assinalar que se torna necessário, hoje, acrescentar à elaboração pioneira de Marx novas considerações sobre o fenômeno da ideologia. O que pode ser feito sem quedas nos economicismos criticados por Foucault. A reflexão sobre as relações entre ideologia e poder, e nos termos com os quais Foucault pensou as questões do poder, da sujeição, da subjetivação, torna possível retirar a análise de ideologia do campo restrito da dominação de classe, quase sempre uma análise de viés economicista. Nesse sentido, deve-se admitir que a ideologia realiza, principalmente, a dominação dos indivíduos pela via simbólica, desde logo a sujeição do indivíduo à linguagem, uma das vias pela qual ocorre de toda estruturação social, se constituir, tornando-se uma ordem que se ratifica no simbólico e constituindo-se ela própria numa *ordem simbólica*. A ideologia, assim, responde a uma exigência anterior à necessidade da reprodução das relações de produção (capitalistas ou outras) e da dominação política de classe, como ainda entendem diversos autores (marxistas ou não). A ideologia corresponde ao dado antropológico da dominação que sempre-já implica a sujeição do indivíduo humano à Cultura, por meio de sua sujeição a normas, costumes, padrões, crenças, mitos e instituições. Anterior a toda outra coisa, a ideologia assegura, em todo sistema de sociedade, mesmo naqueles nos quais não há classes, que a ordem social não desabe enquanto também uma Ordem Simbólica, ratificando-a, por meio de representações imaginárias, crenças coletivas e certas ideias sociais, como uma ordem natural, única, universal, imutável, divina. Resultado que a ideologia procura obter invertendo e ocultando o caráter de coisa construída, arbitrária e convencional de toda ordem social e suas instituições, e cujo efeito é a eficácia de sua dominação sobre os indivíduos, engendrada e reproduzida sem o recurso da força. A ideologia constitui o modo de operar de toda cultura (na modalidade de sistema de sociedade), ao procurar naturalizar-se e eternizar-se, e

Se a liberdade é, pois, igualmente uma *construção*, resta-nos buscá-la como um valor a orientar nossas ações. Importando destacar, mais uma vez, que possivelmente jamais seja encontrada integralmente. Mas permanece uma questão: a liberdade rivaliza com o quê? O que a distingue nos combates no campo das correlações de força? Que ela ameaça pôr em colapso?

É da *arte* do *cuidado de si* que trataremos agora. Um trabalho sobre si mesmo: "um trabalho a ser realizado sobre si mesmo". Que é esse trabalho do sujeito sobre si? Qual é sua finalidade? Como esse trabalho se relaciona com a liberdade? O cuidado de si não é cuidado de interesses (riqueza, privilégios, poder), é "exercício filosófico", é cuidado

atua por meio dos discursos sociais (variando do mito à ciência moderna) que oferecem as significações legitimadoras do que em cada cultura está instituído. Podemos apontar que a eficácia da ideologia, entre outras formas, realiza-se na sua ancoragem nas esferas psíquica, emocional e cognitiva dos indivíduos. Não se pode deixar de relacionar o assunto à questão do poder. Nesse sentido, Foucault se enganou ao separar poder e ideologia. Afinal, o que ele chama de poder – ao menos em um dos sentidos e o mais forte do termo, como ele o concebe e aplica (poder como sinônimo de "práticas de sujeição", "dominação"); deixarei de fora o sentido de poder como "potência", "força", que aparece nas análises do autor quando trata de "relações de poder", "relações de força" –, numa tentativa de se afastar da concepção liberal e marxista, nada mais é que a ideologia em ato e em sua natureza própria. O poder (aqui como Foucault o concebeu) não "usa" a ideologia para se exercer, nem essa tampouco se "acrescenta" ao poder como uma "outra coisa", porque, quando o poder se exerce, já o faz como ideologia, e essa já é, ela própria, um exercício de poder. E se é no corpo que o poder se ancora, materializa-se, atravessando-o, fazendo-o agir agido por ele, é porque a ideologia fornece a garantia da naturalização, da universalização e, em certos casos, da divinização dos saberes, dos *habitus*, das práticas, apoiados que estão em instituições (pedagógicas, religiosas, judiciárias, médicas, etc.) que levam os indivíduos a se reconhecerem como portadores de essências, substâncias, dados, mandatos, desígnios, etc., naturais, invariáveis, supra-humanos ("consciência", "fé", "sexualidade", etc.). A ideologia não é uma representação sem corpo, práticas, ações, ela é constituída de ideias e de práticas. Práticas discursivas, em primeiro lugar, é certo!, mas ela produz indivíduos ideologicamente ativos, sempre novos e ávidos sujeitos participantes de relações de sujeição: opressão, discriminação, preconceito, exclusão. Assim, admitindo o poder com as características propostas pelo próprio Foucault, e parafraseando-o, direi: a ideologia circula, se exerce, é capilar, está nas extremidades, atravessa os indivíduos, fabrica-os, ela produz "múltiplas formas de dominação que podem se exercer na sociedade", tanto quanto está constituída de todas elas. Sobre essa discussão, ver: SOUSA FILHO, Alípio. *Medos, mitos e castigos*. São Paulo: Cortez, 2001 e SOUSA FILHO, Alípio. Cultura, ideologia e representações. In: CARVALHO, Maria do Rosário; PASSEGGI, Maria da Conceição; SOBRINHO, Moisés Domingos (Orgs.). *Representações sociais*. Mossoró: Fundação Guimarães Duque, 2003. p. 71-82; SOUSA FILHO, Alípio. Mito e ideologia. In: *Comunicologia: revista de comunicação e espistemologia da Universidade Católica de Brasília*. Ano 0, n. 1, 2006. Disponível em: <http://www.ucb.br/comsocial/comunicologia>.

ético-moral de si mesmo, orientado para uma estilização da vida, uma estética da existência, para artes da existência.[11]

E como resume: essas devem ser entendidas como as práticas racionais e voluntárias pelas quais os homens não apenas determinam para si mesmos regras de conduta, como também buscam transformar-se. Modificar-se em seu ser singular e fazer de sua vida uma obra que seja portadora de certos valores estéticos e corresponda a certos critérios de estilo.[12]

Por que esse exercício é liberdade? Por que pode promover a liberdade do sujeito? É possível esse exercício na política? A política serve para outras coisas: estabelecer campos de força, disputas simbólicas, batalhas pela lei, mas não para fundar a liberdade. Assim é que encontramos na política tantos homens e mulheres que não são livres. Escravos do poder, dos seus interesses, dos privilégios, não são virtuosos, não cuidam de si e não surpreendem, pois, que não sejam livres e, pois, que não possam ser bons governantes.

A liberdade do cuidado de si somente pode ser experimentada como tal se é uma experiência ético-moral do sujeito em sua própria verdade, uma experiência sempre singular e intransferível. A liberdade em pensamento, a liberdade em movimentos independentes da alma, sem libertação final. Exercícios de crítica da formação anterior do sujeito, em sua subjetivação pelo poder, pela ideologia. Nos livres exercícios agonísticos das artes de si, o sujeito e a verdade não estão vinculados pelo exterior e como que por um poder que vem de cima (o Estado ou Deus, como nos liberalismos, socialismos ou como nas éticas religiosas), mas por uma escolha irredutível de existência: o sujeito da verdade de sua liberdade não o é mais no sentido de uma sujeição, mas de uma *subjetivação-outra*, aquela de que ele é seu artífice e seu mestre. Aqui, quando o sujeito exercita-se pelo pensamento a considerar como devendo produzir-se como uma obra de arte, permanecendo mestre de si, vivendo consigo mesmo, repousando em si próprio, refletindo sobre a natureza de seu próprio governo, sendo o sujeito ético que se pensa, sendo capaz de agir em função de uma verdade, e devendo sê-lo pelo exercício da reflexividade e da ação.

---

[11] Cf. FOUCAULT, Michel. *A Hermenêutica do sujeito*. São Paulo: Martins Fontes, 2004. Igualmente, cf. FOUCAULT, Michel. *Ética, política, sexualidade*. Rio de Janeiro: Forense Universitária, 2004 (Ditos e Escritos – Volume V).

[12] FOUCAULT, Michel. O uso dos prazeres e as técnicas de si. In: FOUCAULT, Michel. *Ética, política, sexualidade*. Rio de Janeiro: Forense Universitária, 2004 (Ditos e escritos – Volume V). p. 198-199.

Qual cuidado de si, então, pode ser chamado de experiência de liberdade? Aqui não há como não argumentar que, se se trata de uma ascese filosófica cuja função essencial consiste numa maneira de constituir a si, menos como sujeito de conhecimento e mais como sujeito da ação ética, a ação do *ethos bom, belo, justo e memorável*, não há como não reconhecermos aí o trabalho sobre si mesmo que não seja também o trabalho de *desideologização*.[13] O poder somente se torna possível por sua natureza ideológica e por seus efeitos ideológicos. Infelizmente, ainda é preciso apontar, e talvez por muito tempo, que não se trata aqui de pensar a ideologia como sistema de crenças sobre como o mundo deveria ser organizado ou como "falsa consciência", como entendem o assunto os marxistas, entendimento que não é especialmente útil. Mas pensando a ideologia de uma outra maneira, como aqui brevemente trato em nota anterior, não se pode deixar de enxergar, ali onde Michel Foucault falava de poder, simultaneamente o trabalho da ideologia. "A ideologia constitui os indivíduos em sujeitos" (Althusser) e os constitui na e para sua sujeição. Se agimos agidos pelo poder, é porque a ideologia nos atravessa e nos faz agir em consonância com os propósitos da sujeição e sem que o sujeito seja capaz de se oferecer em resistência. Como não é possível estar fora das relações de poder e como não é possível escapar à ideologia, pois essa parasita já nossa experiência de sujeição a toda linguagem, o que resta possível conseguir (e isso é muito!) é, nas artes críticas do cuidado de si, baixar o *quantum* de ideologia sedimentado no curso de nossa fabricação social, baixar o *quantum* dos investimentos do poder em nós mesmos. Exercícios de si pelos quais se poderá, ao longo de toda a vida, viver a existência como experimentos de liberdade.

Por que agonística? Por que arte da luta? Porque não há descanso nos exercícios de sermos livres. Não podemos descansar, acreditando numa vitória final da liberdade. Assim como não podemos entregar a nenhum outro nossa liberdade: o trabalho que o indivíduo deve exercer sobre si, a ascese necessária, tem a forma de um combate a ser sustentado, de uma vitória a ser conquistada... E, constituindo-se ao mesmo tempo como sujeito de conhecimento verdadeiro e como sujeito de ação ética, esse oferece, como correlato de si mesmo, um mundo que é praticado como prova: é preciso liberdade para existir ética: "A liberdade é a condição

---

[13] Para essa noção, cf. SLOAN, Tod. Resistência psicológica à desideologização. In: MOREIRA, Virgínia; SLOAN, Tod. *Personalidade, ideologia e psicopatologia crítica*. São Paulo: Escuta, 2002. p. 91-105.

ontológica da ética".[14] A "arte de bem viver" na liberdade ética deixa o mundo igualmente mais belo. Objetivo estético da ética: fazer de si uma obra artística, estilizar e embelezar a vida. Não é, pois, isso o que Foucault tentou: devolver as forças às éticas antigas para nos interrogar e interrogar o nosso presente?: "Eis o que tentei reconstituir: a formação e o desenvolvimento de uma prática de si que tem como objetivo constituir a si mesmo como o artesão da beleza de sua própria vida".[15]

Por tudo isso, vivido como exercícios criadores de novos sujeitos éticos, que experimentam liberdades que não podem ser emprestadas à lei, ao outro, a liberdade resta a ser inventada sempre, e por cada um, por grupos, de muitas maneiras. Em outras palavras, não há possibilidade, por assim dizer, de totalização da liberdade. Essa tentação de totalização está no regimento moral de nossas sociedades e percorreu as experiências dos socialismos – cujo malogro não se deve menos a essa tentação totalitária, tantas vezes criticada por Foucault. A leitura que ele faz dos gregos e romanos antigos é também indicativa dessa conclusão: a ocupação com as éticas do cuidado de si, a razão para essa escolha, era a vontade (dos antigos; ou de uma parte deles) de viver uma vida bela e deixar para outros a memória de uma existência bela. Não se pode pensar que esse tipo de ética fosse uma tentativa de normalizar a população. Não havia a intenção de uma moral única para todos.[16]

E porque os cuidados de si como prática da liberdade são um problema ético – como agir?, essa é a pergunta do sujeito ético – os cuidados de si exigem técnicas. Foucault se ocupa com algumas delas na encantadora leitura que faz dos "manuais de vida" da Antiguidade: leitura, escrita, interpretação dos sonhos, meditação, reflexão, cuidados com o corpo (sono, exercícios físicos, comida, bebida, excreção, relações sexuais, etc.). Todas elas técnicas de constituição de si como objeto de ação radical: objeto de subjetivação-outra. Técnicas do trabalho sobre si mesmo como lugar de uma experiência, de *ensaios* de existir.

---

[14] FOUCAULT, Michel. A ética do cuidado de si como prática da liberdade. In: FOUCAULT, Michel. *Ética, sexualidade, política*. Rio de Janeiro: Forense Universitária, 2004 (Ditos e escritos – Volume V). p. 267.

[15] FOUCAULT, Michel. O cuidado com a verdade. In: FOUCAULT, Michel. *Ética, sexualidade, política*. Rio de Janeiro: Forense Universitária, 2004 (Ditos e escritos – Volume V). p. 244.

[16] FOUCAULT, 2004, passim.

Não é, pois, que é assim que o próprio saber também se torna uma experiência de liberdade? Não mais agora a velha relação saber-poder, mas uma outra: "De que valeria a obstinação do saber se ela apenas garantisse a aquisição de conhecimentos, e não, de uma certa maneira e tanto quanto possível, o extravio daquele que conhece?".[17] Extraviar-se, perder-se de si, perder seus conceitos anteriores, pensar seu próprio pensamento, suspender suas próprias crenças, relativizar o que se sabe, relativização de si mesmo, das formas, das verdades aceitas, das hegemonias do mundo – êxtase de uma descoberta: a realidade vivida como única, inevitável, universal, natural, divina, é uma invenção humana e sócio-histórica. Descoberta do caráter ficcional de toda realidade, de sua incompletude, de sua natureza *não-toda*, apesar de todo o esforço da ideologia e dos discursos de verdade do poder buscar afirmações em contrário. Esse saber inquietante, devastador, crítico, "martelo" do artesão da arte de fazer de si mesmo uma obra a construir, a lapidar, saber das resistências agonísticas sem descanso, das revoltas, ou dos retiros estratégicos, da reflexividade. Como assinalou Foucault: "Mas o que é, então, a filosofia hoje – quero dizer, a atividade filosófica – se não o trabalho crítico do pensamento sobre si mesmo?".[18]

Todas essas questões invocam o problema que vários críticos apontaram ao Foucault da genealogia do poder, quando se pensava que ele detectava poder em tudo e invalidava qualquer possibilidade de resistência e ação política. Em Foucault, a crítica não se sustenta, uma vez que, mesmo nesse momento de sua pesquisa, um novo tipo de prática política, baseado na ideia de uma nova forma de existência do engajamento, tinha lugar de destaque: as resistências. E clara estava a afirmatividade existencial dessa modalidade da ação política. A micropolítica das lutas específicas, das lutas pontuais são lutas das artes de si, dos cuidados de si: essas não deixam de ser lutas hermenêuticas de sujeitos que procuram elaborar suas vidas como uma obra de arte, de novos modos, a partir de novas subjetivações: mulheres-feministas, homossexuais, travestis, negros, mestiços, migrantes, que com suas lutas específicas exercitam (em corpo e alma) a crítica das sujeições a que se visa que continuem a obedecer.

---

[17] FOUCAULT, Michel. FOUCAULT, Michel. O uso dos prazeres e as técnicas de si. In: FOUCAULT, Michel. *Ética, política, sexualidade*. Rio de Janeiro: Forense Universitária, 2004 (Ditos e escritos – Volume V). p. 196-197.

[18] FOUCAULT, 2004, p. 197.

Por isso mesmo, talvez seja mais importante hoje dar ênfase na *escuta* de saberes singulares, dos testemunhos de experiências específicas das pessoas (como Foucault o fez), do que insistir nos saturados modelos da ação política ou nos projetos de amanhãs cantantes (socialistas ou outros) a que entregaríamos (e adiaríamos) nossas liberdades. Em Foucault, leitor entusiasta de Nietzsche, Bataille e Heidegger, pode-se procurar uma relação política "originária" não só em que o poder se exerce em estado puro, mas também na qual sua pureza não se exerce sobre o outro, e sim *sobre, para e em* si mesmo, enfim, no domínio, cuidado e doação de si mesmo. Como assinalou:

> Eu penso que este tipo de análise histórica pode ser útil. Durante séculos temos nos convencido de que entre a nossa ética, nossa ética pessoal, nossa vida diária e as grandes estruturas políticas, sociais e econômicas, há relações analíticas, e que não podemos mudar nada, por exemplo, na nossa vida sexual ou nossa vida familiar, sem arruinar a nossa economia, nossa democracia, etc. Eu acho que temos que nos livrar desta idéia de uma ligação analítica ou necessária entre a ética e outras estruturas sociais, econômicas ou políticas.[19]

Se Foucault generaliza as dimensões micropolíticas do poder, suas hierarquias, mecanismos de vigilância, serialização de indivíduos nos limites de cada instituição ligada ao *panopticon* ou no controle da massa populacional na biopolítica, ele igualmente procurou inventar formas de ação e de existência que impossibilitam a extensão total do poder, e até afirmou que, se o poder se exerce sobre o outro, é o próprio *outro* que limita o poder. Foucault demonstra que o exercício do poder constitui, mas também esgota a soberania política, e é nessa *atividade recíproca* que o sujeitado pode refletir sobre sua participação, inventando sua liberdade.

Na experiência da soberania do cuidado si para a vida-livre também estamos no espaço político, mas não estando mais no estado da política tal qual como praticada nos diversos sistemas de nossas sociedades. Agora, precisamos apostar que, para pensarmos os poderes da resistência das artes de si e do pensamento crítico como *uma política*, o melhor caminho é conduzirmo-nos pela *experiência* e, logo de início, esta só é possível com a radical experiência das resistências no e do cuidado

---

[19] FOUCAULT, Michel. Sobre a genealogia da ética: uma visão do trabalho em andamento. In: ESCOBAR, Carlos Henrique de (Org.). *Michel Foucault: O dossier – últimas entrevistas*. Rio de Janeiro: Taurus, 1984. p. 49-50.

de si e na e da liberdade existencial. Quando Foucault afirmava que aquilo que o fascinava em Nietzsche, Blanchot e Bataille é que eles não se preocupavam em construir sistemas, mas em ter experiências diretas e pessoais, ele estava valorizando a importância da experiência que se aventura a observar as relações entre a subjetividade e a sociedade, experiências do cuidado de si, experiências de liberdade.[20]

Foucault nos faz tomar uma posição. Quando o cuidado ético-estético consigo mesmo serve para potencializar a vida, está a serviço da soberania da vida-livre, e esse "serviço" a fortalece, é ele que torna o sujeito soberanamente vivo. A vida-livre é o único fundamento da soberania de sua própria escolha, é igualmente a existência concreta de sua finitude, é o que não permite que ele invoque nenhuma transcendência ou transferência.

Foucault sublinhava as ilusões que o tema da liberação podia conter na medida em que fica preso nos termos mesmos que o poder, que ele denuncia, lhe impõe. Com a ideia do cuidado ético, de uma estética da existência, Foucault indica para nós contemporâneos uma maneira de sair dos impasses que contém a problemática das liberações (economicistas, socialistas, etc.) – e da política hoje.

A nós interessa pouco saber, repassando o material de trabalho do próprio Foucault (os manuais de vida, as éticas antigas), se as práticas do cuidado de si, na Antiguidade greco-romana, tiveram de fato os sentidos que Foucault atribuiu a elas. A nós interessa mais a sugestão filosófica do autor: a sugestão para uma filosofia de nossos dias, a ideia de éticas do cuidado de si como exercícios agonísticos de liberdade.

---

[20] Uma reflexão sobre esse tema é desenvolvida por FERNANDES, Sandra. *Foucault: a amizade como experiência*. Natal. Dissertação (Mestrado em Ciências Sociais) – Universidade Federal do Rio Grande do Norte, Natal, 2006.

Foucault e as novas tecnologias educacionais
Espaços e dispositivos de normalização na sociedade de controle

Antonio Basílio Novaes Thomaz de Menezes

É fácil fazer corresponder a cada sociedade certos tipos de máquina, não porque as máquinas sejam determinantes, mas porque exprimem as formas sociais capazes de lhes darem nascimento e utiliza-las.

Gilles Deleuze

Ao termo cartografia, arte de compor cartogramas, cabe também o significado de tratado dos mapas, guardada a ambivalência do que designa ou o duplo de um saber que se faz sobre si no transcurso próprio daquilo que efetiva. A ideia de um Foucault cartógrafo, em meio aos muitos possíveis, desenha ao pensamento aquele que faz cartogramas, traçando por meio de pontos, figuras e linhas a extensão do poder, mapeando-lhe nas redes as áreas de ocorrência dos fenômenos, dinâmica e evolução, até as singularidades.

À cartografia como trabalho do cartógrafo do poder cabe, então, um esboço dos diagramas, das linhas de força que delineiam lugares, morfologia e composições. Enfim, traduz as próprias estratificações de um exercício que lhe coloca a tarefa de prospecção ou de determinar-lhe natureza e outras características numa área.

Assim, o Foucault cartógrafo é aquele que faz a prospecção dos dispositivos do poder, assinalando-lhe, num complexo de operações, sua natureza e sua forma de disposição. Esse, um pensador dos espaços que não se detém nos limites e se faz instrumento de exploração das novas fronteiras educacionais.

Delineamentos

Ensaio sobre um permanente devir, propõe-se aqui uma problematização da teoria foucaultiana do poder relativa à constituição do sujeito, enfocada a partir da perspectiva da descontinuidade histórica do quadro das tecnologias educacionais situadas nas órbitas das diferentes práticas de poder características da sociedade disciplinar e daquelas próprias da sociedade de controle. Aborda, em específico, um possível deslocamento no eixo do exercício de poder, no âmbito das relações sociais e dos extratos da constituição pedagógica do sujeito, naquilo que se refere à demarcação do espaço e aos dispositivos de normalização. Procurando analisar, sob a ótica arqueogenealógica, o deslocamento desse eixo paralelo à descontinuidade das propostas educacionais do início do século XX, de uma proposta com caráter disciplinar, centrada na ortopedização e no adestramento, para aquelas propostas, características da segunda metade do século XX, centradas no cognitivismo e na interação.

Tal estudo tem por objeto o caráter da normalização pedagógica no que concerne ao modo de subjetivação, ou ainda, a definição do sujeito, a condição à qual ele se submete, o seu estatuto de submissão e a posição que ele ocupa enquanto sujeito legítimo de um tipo de conhecimento. Ele problematiza, em torno dos dispositivos de normalização, as novas tecnologias e práticas educacionais pelas quais os indivíduos são constituídos em sujeito. Isto é, salienta o caráter imanente da constituição do sujeito com o domínio do seu conhecimento, sob o duplo aspecto da fixação do indivíduo no aparelho de produção e controle da sua existência e de uma economia do poder que se efetiva como novos aparelhos pedagógicos, programas, tecnologias e dispositivos que se articulam mutuamente e ganham corpo nas instituições.

Assim, a perspectiva inicial de um deslocamento do eixo da normalização situa, em paralelo, um deslocamento de eixo dos dispositivos pedagógicos no âmbito das tecnologias e das práticas escolares. Ressaltando, nessas últimas, uma busca permanente de técnicas mais eficazes, menos aleatórias e menos dispendiosas, no quadro efetivo das práticas normalizadoras e dos espaços constituídos pelos dispositivos imanentes à dinâmica de produção e circulação dos efeitos de poder.

Finalmente, a hipótese de uma dispersão dos dispositivos pedagógicos de normalização social, simultâneo ao redimensinomento da escola como espaço disciplinar do indivíduo, associa à materialização das novas tecnologias de poder uma combinatória de elementos e a sua articulação, pelas mídias, das séries de atividades aos fins onde são exercidos enquanto regime do poder disciplinar, de controle detalhado e intervenção pontual no corpo social.

Poder disciplinar, normalização e dispositivos

O exercício do poder disciplinar corresponde ao funcionamento calculado da produção do poder ou de uma máquina integrada à economia e aos fins dos dispositivos, onde este é exercido. Relacional e autossustentado pelos mecanismos que o caracterizam como o funcionamento permanente e contínuo da própria trama de relações, ele opera no âmbito da multiplicidade. Constitui-se de um conjunto de instrumentos minúsculos, anônimos e coextensivos dessas multiplicidades que ordena; de um lado, maximizando a intensidade e a extensão dos efeitos do poder em todo corpo social, de outro, minimizando os prováveis custos à conexão econômica da dinâmica do crescimento do poder com o rendimento que materializam o seu exercício.

A produção das tecnologias do poder se define em termos de uma "anatomia política do detalhe",[1] por uma combinação calculada de processos e procedimentos que "permitem fazer circular os efeitos de poder de modo simultâneo, contínuo, ininterrupto, adaptado, individualizado completamente no corpo social".[2] A disciplina descreve a função de adestramento como objeto de uma analítica do poder estruturado em torno da vigilância hierárquica, do registro, do julgamento e da classificação permanentes, perpassando os efeitos de poder, uns sobre os outros, num processo interminável de controle sobre a própria produção do controle.

Uma dinâmica da ordem econômica do poder – produção de técnicas mais eficazes, menos aleatórias e dispendiosas – regula a constituição dos dispositivos e das tecnologias que formam o aparelho de observação, registro e treinamento dos indivíduos nas instituições disciplinares. Para Foucault, as instituições disciplinares materializam uma maquinária microscópica de controle do comportamento, configurando desde "instituições

---

[1] FOUCAULT, Michel. *Surveillir et punir*. Paris: Gallimard, 1975, p. 163.

[2] FOUCAULT, Michel. Entretien avec Michel Foucault, Turim, 1977. In: FOUCAULT, Michel. *Dits et écrits III, (1976-1979)*. Paris: Gallimard, 1994, p. 149.

especializadas", ou penitenciárias e casas de correção, até "aparelhos estatais" que servem à manutenção da ordem social, a exemplo da polícia. A escola e o hospital também se encontram dentre estas instituições, no nível daquelas que se servem das tecnologias e dos dispositivos de poder "como instrumento essencial para um fim determinado".[3]

A disciplina, expressão dinâmica do poder na ordem das instituições, consubstancia-se em dispositivos que, como instrumentos normalizadores, correspondem ao modo peculiar de disposição do conjunto dos meios e das táticas implícitas na organização dos aparelhos de controle e no interior dos mecanismos disciplinares, tanto em relação ao funcionamento, quanto à conexão destes entre si. Deste modo a disciplina opera sem se identificar com qualquer instituição ou aparelho, permanecendo sempre como uma modalidade do exercício do poder no quadro específico das relações sociais.

Foucault assinala que "na essência de todos os sistemas disciplinares funciona um pequeno mecanismo penal" caracterizado em julgamentos, apreciações e diagnósticos concernentes ao estabelecimento e cumprimento da norma em relação aos indivíduos. A normalização, núcleo deste mecanismo, "fabrica os indivíduos",[4] fixando-os no aparelho de produção e de controle da sua própria existência, sendo ela um regime de exercício do poder disciplinar que se constitui sob a perspectiva específica de uma técnica de apoderamento dos indivíduos simultaneamente como objetos e instrumentos do poder.

A normalização, como efeito e instrumento do poder no núcleo dos sistemas disciplinares, descreve as condições de produção dos espaços da sociedade. Imanente à dinâmica das relações ela opera no nível das infrapenalidades, do esquadrinhamento do vazio deixado pelas leis, qualificando e reprimindo os comportamentos indiferentes aos sistemas penais, mas essenciais ao processo de permanente controle. A escola, como "operador de adestramento" no quadro histórico do século XVIII, ilustra o caráter da normalização nos dispositivos de ordenamento do espaço-temporal concomitante a "especificação da vigilância e integração à relação pedagógica"[5] que possibilitam maior conhecimento e domínio sobre o comportamento no âmbito escolar.

---

[3] FOUCAULT, 1975, p. 251.

[4] FOUCAULT, 1975, p. 209.

[5] FOUCAULT, 1975, p. 203 e 206.

Os dispositivos são, nesse aspecto, "realidades que se articulam umas sobre as outras [...], entretanto realidades ainda que sobre uma outra forma que as instituições lhes dão corpos ou os comportamentos que elas reúnem mais ou menos fielmente".[6] A colocação em série das atividades articuladas e controladas pela utilização do tempo se associa a uma economia de gestos que caracteriza a reorganização da escola no século XVIII. O tempo disciplinar, por exemplo, "se impõe a prática pedagógica", por meio da combinação simultânea entre os elementos da seriação, aqueles da "marcha natural do espírito" e os outros do "código para os processos educativos",[7] cada qual complementar à reorganização do espaço escolar.

Segundo Foucault, "é primeiro nos colégios e depois nas escolas primárias que nós vemos aparecer estes métodos disciplinares onde os indivíduos são individualizados na multiplicidade".[8] Homogeneização, individuação, hierarquia, censura e recompensa são operadores da reorganização disciplinar dos espaços no século XVIII, verdadeiros complexos descritos a partir dos dispositivos pedagógicos das conexões operatórias, da distribuição espacial, da fixação, da circulação, da segmentação, da normalização e da sujeição dos indivíduos. Todos esses elementos articuladores da função de adestramento dedicados a extração das forças e apropriação progressiva e melhorada das capacidades, conquanto uma generalização e "conexão de técnicas diferentes que elas mesmas têm a responder a objetivos locais (aprendizagem escolar, formação, tropas capazes de manusear um fuzil)".[9]

Descontinuidade, deslocamento e subjetivação

A hipótese de uma descontinuidade histórica no campo educacional entre os dispositivos de adestramento, característicos de uma pedagogia de disciplinamento, e os dispositivos de normalização, característicos de uma pedagogia da subjetivação, descrevem um deslocamento no quadro teórico da análise foucaultiana das técnicas do poder disciplinar nos séculos XVIII e

[6] FOUCAULT, Michel. Table ronde du 20 mai 1978. In: FOUCAULT, Michel. *Dits et écrits IV, (1980-1988)*. Paris: Gallimard, 1994, p. 28.

[7] FOUCAULT, 1975, p. 187.

[8] FOUCAULT, 1975, p. 245.

[9] FOUCAULT, Michel. Table ronde du 20 mai 1978. In: FOUCAULT, Michel *Dits et écrits IV, (1980-1988)*. Paris: Gallimard, 1994, p. 28.

XIX às técnicas do poder na atualidade, especificamente a partir da segunda metade do século XX, com a produção e uso das novas tecnologias virtuais. Em termos históricos, o século XX constituiu o marco desta descontinuidade em que coexistiam as diferentes perspectivas de adestramento e de normalização nas formas de exercício do poder no quadro das relações sociais. Desse modo, a hipótese de um deslocamento paralelo à descontinuidade circunscreve aqui como objeto da mudança de eixo apenas a dinâmica de produção desse deslocamento no eixo e no caráter do exercício do poder, por intermédio da configuração do espaço escolar e dos dispositivos normalizadores no âmbito da efetivação do controle e das relações de poder. Postergando para outro momento a análise daquilo que se refere a descrição de como se opera no nível técnico-educacional essa descontinuidade entre as duas perspectivas pedagógicas que dividem o século XX.

É na configuração histórica de uma analítica do poder que a pedagogia disciplinar aparece como elemento do quadro das relações sociais nos séculos XVIII e XIX, como uma forma específica de educação consubstanciada nos dispositivos de adestramento, os quais têm por alvo a ortopedização dos indivíduos na dinâmica permanente do sistema de poder. Os dispositivos de adestramento constituem-se nos mecanismos de produção dos corpos, estabelecidos em torno da organização do espaço e do tempo. A eles correspondem as operações de esquadrinhamento, classificação, hierarquização, registro, correção e sanção que tem no indivíduo o resultado de todo o seu processo, bem como a estruturação do seu conhecimento.

A descontinuidade paralela ao deslocamento do eixo das relações de poder assinala uma dupla perspectiva que tem, de um lado, a ordem do saber definido enquanto *épistèmé* e formação discursiva, e, de outro, a ordem do poder da produção de tecnologias e dispositivos pedagógicos como formas de controle. A *épistèmé* corresponde a uma normatividade própria à organização dos saberes de uma época, enquanto "as condições de possibilidade de todo saber".[10] Isto é, um *a priori histórico* de ordenação, anterior a formação discursiva dos saberes, que confere positividade ao saber de uma determinada época, ou ainda, "o conjunto de relações que se pode descobrir, em determinada época, entre as ciências quando analisadas ao nível das regularidades discursivas".[11]

---

[10] FOUCAULT, Michel. *Les mots et les choses*. Paris: Gallimard, 1966, p. 179.

[11] FOUCAULT, Michel. *L'Archeologie du savoir*. Paris: Gallimard, 1969, p. 249.

Assim, é em meio à simultaneidade e às séries de mutações em que se apresentam, que as propostas de uma pedagogia disciplinar e de uma pedagogia de subjetivação se aproximam e se distanciam como formações discursivas no nível da *épistèmé*. E, tomadas no plano próprio da constituição dos saberes, articulam as suas formações discursivas com outras formações não discursivas.

A relação entre o discursivo e o não discursivo constitui na ordem das suas formações as respectivas perspectivas daquelas pedagogias no século XX e a sua forma de funcionamento como dispositivos de adestramento e de normalização. Ressaltando-se ainda, sob este aspecto, "que em toda sociedade a produção do discurso é ao mesmo tempo controlada, organizada e redistribuída por certo número de procedimentos que tem por função conjurar poderes e perigos"[12] na própria dinâmica do poder.

Delineadas a partir do campo e das práticas que lhes configuram, as pedagogias disciplinar e da subjetivação explicitam a descontinuidade de seus dispositivos quanto ao alvo e a gradação do controle estabelecido em termos do indivíduo. Adestramento ou subjetivação, os dispositivos de poder atuam em diferentes níveis da conformação social dos indivíduos, considerados a partir dos seus distintos eixos de articulação, no plano histórico da dinâmica das redes de relações. Noutras palavras, as novas tecnologias e seus dispositivos pedagógicos atuam na organização do tempo e do espaço em função de uma tática, seja na perspectiva do adestramento, da docilização e da ortopedização dos corpos na formação do indivíduo, seja na perspectiva da normalização, da gestão da vida no sentido mais amplo, da transformação em sujeito, dos modos de subjetivação e da construção do *eu* como *si próprio*.

A pedagogia da subjetivação irrompe no quadro da descontinuidade histórica do século XX a partir de um deslocamento do eixo do poder implícito à dinâmica de produção dos dispositivos, ou ainda, daquilo que Foucault assinala como a dinâmica da ultrapassagem da "biopolítica" pelo duplo investimento do poder em relação à vida e da vida como poder, em termos de uma economia política da vida em geral[13] na base das relações sociais. Dispositivo limite de um novo dispositivo, a "biopolítica

[12] FOUCAULT, Michel. *L'ordre du discours*. Paris: Gallimard, 1971; p.10-11.
[13] FOUCAULT, Michel. Les mailles du pouvoir. In: FOUCAULT, Michel. *Dits et écrits IV, (1980-1988)*. Paris: Gallimard, 1994, p. 193-194.

da população" corresponde ao quadro da disciplina, das referências de uma tecnologia específica do corpo-espécie, de intervenções, regulação e observação da extensão dos processos biológicos e seus desdobramentos como "a proliferação de nascimentos e a mortalidade, a duração da vida, a longevidade com todas as condições que podem fazê-la variar".[14]

Intervenção sobre o corpo na sua condição de ser vivo, a biopolítica se constitui, na qualidade de controle sobre o indivíduo, a partir das coordenadas de uma cartografia das populações, estabelecida em torno do espaço das suas próprias circunscrições coletivas. Assim, a escola como espaço disciplinar, delineia-se no início do século XX por meio de múltiplos dispositivos arquitetônicos, de organização de horários e tipos de ensino, de disciplinamento corporal, de serviços médico e higiênico e de exame psicológico; todos ajustados às populações-alvo, direcionados à ortopedização dos indivíduos nas condições específicas dos seus mecanismos de adestramento.

O deslocamento no eixo do poder, produzido por uma constante busca de mais eficiência e menos entraves, é o que demarca a descontinuidade no plano histórico do século XX sob os aspectos da biopolítica e do biopoder em relação à lógica e a economia inerente ao seu exercício. A regulação dos indivíduos e a administração das populações, característica do exercício da disciplina sobre os corpos, dá lugar a uma nova dinâmica de normalização mais eficaz e sutil com a simulação e a virtualização como efeitos de poder na gestão da vida, condicionada a formação do indivíduo na expressão diferenciada das populações.

Assim, a pedagogia da subjetivação emerge nesse quadro de referências do exercício do biopoder como uma ordem que se instaura no nível mais elementar da vida e do indivíduo na sua condição de normalização pela sociedade. Agora não mais no registro da extensão e do controle da população por dispositivos de adestramento, mas antes nos registros da virtualização do controle e da simulação como dispositivos de transformação do indivíduo em sujeito pelos diferentes modos de subjetivação.

Aos modos de subjetivação correspondem aqueles que possuem o estatuto da objetivação no conjunto das "práticas concretas pelas quais o sujeito é constituído na imanência de um domínio de conhecimento".[15] Eles

---

[14] FOUCAULT, Michel. *Histoire de la sexualité 1. La volonté du savoir*. Paris: Gallimard, 1976, p. 183.

[15] FOUCAULT, Michel. Foucault. In: FOUCAULT, Michel. *Dits et écrits IV, (1980-1988)*. Paris: Gallimard, 1994, p. 634.

caracterizam uma experiência singular de formação e transformação do sujeito em relação ao objeto, de um lado, e do objeto em função do sujeito, de outro, como forma de apreensão e reconhecimento de si mesmo pelo sujeito.

Nesse duplo registro, a pedagogia da subjetivação opera com as instâncias da apreensão e do reconhecimento do indivíduo como sujeito, nas formas como ele se relaciona consigo, entre "os processos e as técnicas pelas quais se dá a si mesmo como objeto a conhecer e sobre as práticas que permitem transformar seu próprio ser".[16] A relação entre os modos de subjetivação e a sua objetivação nos mecanismos pedagógicos encontra-se, então, nos dispositivos de normalização que descrevem "o que deve ser o sujeito, a qual condição ele está submetido, qual o estatuto que ele deve ocupar no real ou no imaginário para tornar-se sujeito de tal ou tal tipo de conhecimento".[17]

A essas condições coloca-se o caráter das práticas nos modos de subjetivação dadas pelo delineamento das relações de poder no quadro social, ou ainda, pelo aspecto de gestão da vida que está posto em foco, por meio dos dispositivos pedagógicos situados no âmbito da produção das novas tecnologias e da objetivação do *si* como forma do indivíduo e núcleo do sujeito. São essas condições práticas que possibilitam a inteligibilidade da constituição imanente do sujeito e do objeto, correlata à necessidade da dinâmica de normalização, no processo de transformação do indivíduo em sujeito, a partir dos modos de agir e pensar.

A configuração de um *eu* como condição do indivíduo, a base do processo de subjetivação, se dá de maneira ambivalente; seja nas formas de relação consigo mesmo, nos "jogos de verdade" ou "regras segundo as quais, a propósito de algumas coisas, um sujeito pode dizer algo relevante a questão do falso e do verdadeiro", seja nos modos de objetivação, na forma do conhecimento ou da determinação das possibilidades de qualquer coisa tornar-se um objeto e ser problematizada a partir dos parâmetros sob "qual processo de recorte ela pode ser submetida, a parte dela mesma que foi considerada pertinente".[18] Assim, a constituição do *si mesmo* como condição do sujeito resulta tanto das formas de relação consigo, estabelecidas pelos *jogos de verdade* como efeitos de poder na ordem da simulação, quanto da forma do conhecimento, estabelecida no plano dos modos de

---

[16] FOUCAULT, Michel. Usage des plaisirs et techniques de soi. In: FOUCAULT, Michel. *op. cit.*; p. 559.

[17] FOUCAULT, Michel. "Foucault". In: FOUCAULT, 1994, p. 632.

[18] FOUCAULT, Michel. "Foucault". In: FOUCAULT, 1994, p. 632.

objetivação, como a materialidade do processo de experimentação das novas tecnologias circunscritas à dinâmica da ordem virtual.

A simulação descreve as escansões do poder no ordenamento de uma identidade construída no quadro de normalização social, por referência aos seus próprios "regimes de verdade".[19] E, na mesma medida, a virtualização da dinâmica da ordem caracteriza-lhe a positividade dos dispositivos de poder, relativos à capacidade de produzir os objetos de conhecimento como elementos de atualização, prospecção e controle do processo de subjetivação.

A materialidade das novas tecnologias ressalta na sua forma midiática uma organização dos dispositivos pedagógicos em torno das características cognitivistas e interacionista do processo de subjetivação, demarcado pelos aparelhos de normalização. As características cognitivistas aparecem relacionadas diretamente aos dispositivos pedagógicos da forma geral do conhecimento e da construção do conhecimento de si, entrecruzando os *jogos de verdade* do indivíduo sobre *si* e os *modos de objetivação* do sujeito na sua formação. Do mesmo modo, o interacionismo, como fator operacional da conformação dos indivíduos e sua inserção social, correlaciona-se à rede operatória dos dispositivos nos mecanismos de gestão do poder, nas formas de produção da vida e na constituição de *si*, em função de uma necessidade de formação do sujeito, tendo em vista as suas tomadas de decisão e os seus modos de agir e pensar.

Finalmente, a pedagogia da subjetivação relaciona-se com a dinâmica de produção do poder, pelos aspectos cognitivistas e interacionista das novas tecnologias, as quais evidenciam os elementos estruturantes da simulação e da virtualização materializados nos sistemas de mídia como dispositivos de normalização. Apropriados do movimento do atual e do devir na dinâmica de produção do sujeito como virtual e simulacro, os elementos da virtualização e da simulação constituem as ordens de produção dos dispositivos de controle, operando a lógica da normalização no regime de configuração do sujeito pelo poder, por intermédio dos modos de subjetivação nas cuja materialidade se apresenta nos efeitos que produz.

Na forma material dos dispositivos a simulação e a virtualização constituem os eixos da dimensão cognitiva dos dispositivos pedagógicos como prospecções simuladas de um sistema virtual e de um mundo regulado, no

---

[19] FOUCAULT, Michel. La fonction politique de l'intellectuel. In: FOUCAULT, Michel. *Dits et écrits III, (1976-1979)*. Paris: Gallimard, 1994, p. 112.

qual os processos de aprendizagem são também aqueles da conformação do sujeito simultânea aos procedimentos de atualização da virtualidade. Mecanismos operatórios do poder a simulação e a virtualização também configuram sua importância na dimensão interacionista dos dispositivos pedagógicos, no nível da conformação do objeto da constituição do sujeito paralela àquela do mundo virtual ou daquilo que se atualiza como virtualidade do *eu*. Isto é, uma fantasmagoria produzida pela norma, por meio das redes de entrelaçamento e das relações sociais, imbricadas na busca permanente da efetivação do controle dos modos de agir e pensar do indivíduo assujeitado às suas próprias condições de formação.

Assim, uma pedagogia da subjetivação delineia no quadro das novas tecnologias uma prática centrada no duplo referencial da cognição e da interação como formas estratégicas do poder na produção dos modos de subjetivação dos indivíduos. Sua organização em dispositivos normalizadores caracteriza uma reorganização do tempo e do espaço, na qual a virtualização da dinâmica de controle e a sua simulação consubstanciam-se como operadores de uma interseção entre o plano de constituição do espaço pelas práticas e o plano da atualização dos efeitos de poder como forma do tempo.

Corolário, espaço, poder e escola

Corolário de tudo o que foi exposto sobre o deslocamento do eixo de poder no século XX e a paralela materialização de uma pedagogia da subjetivação, centrada nos aspectos da cognição e da interação, descontínuas àquelas de uma pedagogia ortopedizante, as novas tecnologias operam no contexto da sociedade uma reconfiguração da escola como espaço normalizador. Esse último redimensionado em termos da prática efetiva e de uma dinâmica do poder, que não se faz notar, mas materializa-se em ordens e registros. O espaço circunscreve a dispersão dos processos de normalização em paralelo à diversidade de dispositivos que promovem a constituição dos sujeitos por meio de diferentes mecanismos.

A dispersão do processo de normalização em diferentes modos de subjetivação vincula-se à natureza dos dispositivos que organizam os registros do espaço, em torno das ordens do simulacro e da virtualidade, características das mídias eletrônicas, dos instrumentos e sistemas autoexplicativos. Correspondendo, de modo geral, ao impacto da produção social das novas tecnologias no redimensionamento e criação de novos espaços na articulação permanente das redes de poder.

Cristalização pedagógica da dinâmica de produção das relações de poder, a escola, como espaço normalizador do indivíduo, é parte do mecanismo de controle social, submetida à lógica do seu funcionamento ou o regime de maximização da eficiência, expansão do espectro de ação e minimização da resistência. Seu papel formador delimita-lhe um espaço próprio em torno das redes, daquilo que se lhe estabelece como alvo nas formas e procedimentos dos dispositivos, definidos pela natureza dos seus instrumentos e a materialidade das suas condições.

Assim, o espaço da escola articula-se entre instrumentos, processos e mecanismos de controle social, descrevendo na natureza dos seus dispositivos a descontinuidade dos registros de uma mesma *épistèmé* que se reporta ao universal Homem. Tendo, de um lado, a pedagogia disciplinar da ortopedização dos indivíduos, materializada nos dispositivos de adestramento, e, de outro, uma pedagogia que se produz nos modos de subjetivação dos indivíduos, implícitos aos dispositivos de normalização.

A reorganização do espaço pelas novas tecnologias contrasta as características da repartição e distribuição dos indivíduos aquelas da multiplicidade de planos processuais do sujeito. Ao primeiro conjunto cabe a organização do espaço como dispositivos de formatação do corpo e conformação do indivíduo, ao passo que, no segundo, a organização do espaço dá-se como organização dos processos de constituição do indivíduo na forma de sujeito.

Simetricamente, a reorganização do espaço descreve uma descontinuidade de operadores dos dispositivos da maquinária escolar que, a partir da especificidade do alvo, assinala as diferenças entre os instrumentos da distribuição e repartição; e da multiplicidade dos planos enquanto formas distintas da consubstanciação da escola como espaço normalizador. Assim, aquilo que se apresenta na ordem da distribuição e repartição – como as operações de cercamento ou delimitação de "lugar heterogêneo [...] fechado em si"; a "quadriculação" ou enquadramento, de "cada indivíduo no seu lugar, em cada lugar um indivíduo"; a "localização funcional" ou codificação arquitetônica para vários usos; e o intercâmbio de arranjos em que "cada um se define pelo lugar que ocupa na série e pela distancia que separa dos outros"[20] – reorganiza-se na ordem da multiplicidade dos planos como o delineamento constelar ou a não restrição física de delimitação do

---

[20] FOUCAULT, 1975, p. 166-171.

dispositivo; a atopia do procedimento ou a desvinculação do indivíduo e do lugar; a difusão operatória ou o privilégio da capacidade operacional sobre a codificação arquitetônica; e o apoderamento processual ou a definição relacional do espaço em termos da dinâmica de um processo multilinear.

Por fim, a demarcação da escola como espaço normalizador descreve em seus alvos o problema do redimensionamento do desenho escolar, na medida em que a exigência da ortopedização, do espaço repartido e dos procedimentos de vigilância e adestramento, veem-se substituídos por aqueles da normalização, da descrição dos diferentes planos de subjetivação, da simulação de processos e atualização de procedimentos virtuais. De tal modo que, frente ao velho desenho da escola como "aparelho de observação, registro e treinamento",[21] coloca-se aquele das ordens da virtualidade e do simulacro, do quadro societário da generalização dos processos e da dispersão dos dispositivos normalizadores que, descontínuos no seu funcionamento, prescindem de uma forma institucional e sinalizam a necessidade de redimensionamento do espaço e da função escola.

[21] FOUCAULT, 1975, p. 204.

Cartografias homoafetivas na espacialidade da urbe
Percursos na obra de Caio Fernando Abreu

Antonio Eduardo de Oliveira

O espaço urbano com suas tramas tem sido o foco condutor da tessitura da homoafetividade em Caio Fernando Abreu. A metrópole figura como elemento central para a atuação de identidades performáticas, como as que nascem das subjetividades em trânsito, por exemplo o caso dos gays. Isso significa que esses buscam se organizar em comunidades interpretativas, o que leva a concebê-los no sentido dado por Edward Said, integrado por Teixeira Coelho,[1] na modalidade de identidades de performance.

A ideia desenvolvida é que a existência da identidade de performance em Caio se apresenta como uma proposição de um paradigma ético e estético capaz de fazer compreender a obra no circuito de sua própria interpretação.[2]

Constitui-se, assim, a obra do autor, num mix de cinema, novela, quadros da vida urbana, numa composição que pressupõe o intérprete e o ouvinte/espectador/leitor, forjando uma espacialidade feita de linhas musicais, tons melódicos, imagens trazendo para a cena da escritura a atuação do personagem gay, em desempenhos articulados com a indústria cultural e com mitos dessa indústria.

Configurando esse caráter performático, tais linguagens recebem o investimento homoafetivo, delineando mapeamentos esboçados a partir do ponto de vista do autor e de sua interpretação. Ele deixa-nos trilhas para conceber as projeções afetivas que darão lugar a um movimento não linear da narrativa.

---

[1] COELHO, Teixeira. *Dicionário crítico de política cultural: cultura e imaginário*. São Paulo: Iluminuras, 1999, p. 203.

[2] COELHO, 1999, p. 203.

Esta se mostra numa forma de montagem e colagem, quanto à organização e quanto ao teor dramático, numa técnica, por assim dizer, *technoir,* considerando que o corpo da cidade é visto em seus efeitos claustrofóbicos e sombrios.

Dessa maneira, Caio mostra a metrópole como uma grande tela em que desfilam imagens-afecção, tal como definidas por Deleuze, no contexto do cinema, em termos de qualidade e potência: *O afeto é a entidade, isto é, a Potência ou a Qualidade.*

Tais imagens são intensificadas pelas sonoridades musicais que operam como um intertexto, interferindo na escrita e introduzindo, diria o semioticista francês Antoine Compagnon,[3] *um parceiro simbólico.*

As letras encontram o seu som. A narrativa torna-se um terreno de textualidades fronteiriças. Há algo que a música diz no silêncio da letra ou na letra que silencia, emudece diante da impossibilidade de dizer aquilo que a interpretação musical o faz – a carga emocional que deverá envolver autor/narrador/obra com o leitor. Este devendo movimentar-se na leitura da narrativa ao mesmo tempo como leitor da letra e leitor da música, leitor/ouvinte.

O ponto de vista da relação musical com o autor/narrador e os personagens, suas máscaras de ressonâncias, instaura-se nessa atmosfera propícia à expressão homoafetiva. As alusões musicais terão a ver com o personagem homossexual sentimental e carente, em situações diversas, que vão do amor romântico a envolvimentos, por vezes, sórdidos e violentos. O repertório musical prende-se então às vivências míticas dos homossexuais, nos desdobramentos culturais que lhe são contemporâneos, cujo centro permanece vazio. Nas margens a performance gay inscreve suas ficções.

No palco da história brasileira, na chamada ditadura militar, quando se dá a produção da obra de Caio, o espaço urbano se apresenta como um espaço crítico, abrindo vertentes para que o submundo e a escuridão das ruas se tornassem matrizes de um imaginário que convida à criação de gêneros de tendências neogóticas. Vamos encontrar o autor aí fazendo sua inserção.

Em *Lixo e purpurina* ele escreve:

> De vários fragmentos escritos em Londres em 1974 nasceu este diário, em parte verdadeiro, em parte ficção. Hesitei muito em

---

[3] COMPAGNON, Antoine. *O trabalho da citação.* Tradução de Cleonice P. B. Mourão. Belo Horizonte: Ed. UFMG, 1996, p. 37.

publicá-lo – não parece "pronto", há dentro dele várias linhas que se cruzam sem continuidade, como se fosse feito de bolhas. De qualquer forma, talvez consiga documentar aquele tempo com alguma intensidade, e isso quem sabe pode ser uma espécie de qualidade?[4]

O autor vai palmilhando essa potência de qualidade ao caminhar pelas ruas londrinas, oferecendo-nos sua visão, sentimentos e pulsações:

Meu coração vai batendo devagar como uma borboleta suja sobre este jardim de trapos esgarçados em cujas malhas se prendem e se perdem os restos coloridos da vida que se leva. Vida? Bem, seja lá o que for isto que temos...[5]

A paisagem gótica desenha-se entre prisão e liberdade

Quero te conduzir pela mão pelas escadas dos quatro andares com uma vela roxa iluminando o caminho para te mostrar as plumas roubadas no vaso de cerâmica, até abrir a janela para que entre o vento frio e sempre um pouco sujo desta cidade [...] nesta cidade onde estamos presos e livres, soltos e amarrados.[6]

As memórias contêm sujeiras e se misturam com imagens infantis, orientais, de príncipes vestidos em panos esgarçados: "Estas memórias de sangue e rosas, drogas e arames farpados, príncipes em panos indianos, roubos e fadas, lixo e purpurina".[7] Abre-se um cenário mental com jardins imaginados e o lixo com que nos deparamos na realidade: "se a realidade nos alimenta com lixo, a mente pode nos alimentar com flores".[8]

Afetado pelo autoritarismo, Caio vai residir fora do País, vivendo, assim, uma situação de exílio. Tal experiência também faz proliferar o traço neorromântico de suas narrativas. A imagem da metrópole inglesa triunfante, que melhor interpreta o confronto entre o sujeito e o espaço arquitetônico, é a cidade gótica.

Esse sentimento de exilado é transportado para o campo de imagens flagradoras e deflagradoras das espacialidades gays. O território musical será um espaço de exílio e refúgio. Nas narrativas que têm as metrópoles

---

[4] ABREU, Caio Fernando. Lixo e purpurina. In: *Ovelhas Negras*. Porto Alegre: Sulina, 1995, p. 107.

[5] ABREU, 1995, p. 110.

[6] ABREU, 1995, p. 111.

[7] ABREU, 1995, p. 112.

[8] ABREU, 1995, p. 120.

brasileiras, sobretudo São Paulo, como cenários, as letras de canções trazem um toque nostálgico para os sentimentos homoafetivos, na medida em que as canções incorporam-se aos estados emocionais dos personagens, produzindo traços de gênero lírico e dramático.

Tal repertório inclui boleros, tangos, jazz, blues. Sugere uma concepção de sensibilidade homoafetiva numa ambiência, pode-se dizer passadista, com expressões entre a revolta e a melancolia, deslocada de uma visão culta para mergulhar em gostos orientados para as formas da mídia, dentro de uma busca de uma política democrática, dentro da qual pode-se configurar essas subjetividades. Ao mesmo tempo, tal procedimento se faz uma forma de apontar os indícios decadentistas nas metrópoles de dimensões monstruosas.

Imagens de outros espaços projetam-se, sob luzes de néon, na imensa tela que se estende no gigantismo das metrópoles, desestabilizando a ereção arquitetônica, desafiando o canônico, afetando, ao mesmo tempo, a visão da cidade como útero, evocadora de uma dimensão feminina. Esses outros espaços orientam os percursos que encontramos em "Pela noite"[9] (1991) e em outros contos.

O conto trata do estabelecimento de um roteiro gay na noite paulista. Uma busca sem garantias, um dispêndio de emoções a trazer para o novelo capitalista da metrópole, o fazer sem proveito, um "gasto sutil", um caminhar nos limiares do invisível. Uma espécie de divagação, devaneio, em que o personagem se coloca para "pensar calmamente no outro", repetindo expressões de Roland Barthes escritas no pórtico também invisível que se abre para a noite.

Logo no início da narrativa, o personagem escuta em volume alto um som de uma música jazzística. Diz o narrador que o personagem aumenta o volume para o gemido do sax invadir a noite, as ruas, a cidade. Escuta doída, evocadora do sentimento musical de tristeza e melancolia, produzido pelo sax, instrumento por excelência do movimento musical afro-americano, que também sai das ruas sujas das cidades americanas povoadas de guetos.

Assim fazendo-o, o narrador prepara a atmosfera para o leitor seguir o movimento do personagem que simula interpretar o sax como um soco no ar. Continua ouvindo e coreografando para o outro, seu companheiro

---

[9] ABREU, Caio Fernando. Pela noite. In: *Triângulo das Águas*. São Paulo: Siciliano, 1991.

silencioso, que está na sala, a entrada do Bandonéon na cena simulada. O acordeom alude ao vaivém em que se move o personagem, que parece reger a pequena orquestração, ali, em torno dele e do outro, ambos não nomeados pelo narrador, produzindo uma relação de anonimato em que os personagens vivem sua homoafetividade.

A sala do apartamento transforma-se em outro espaço, qual um palco onde se realiza um insinuoso e erótico balé de gestos. Segundo Foucault,

> [...] a heterotopia consegue sobrepor, num só espaço real, vários espaços, vários sítios que por si só seriam incompatíveis. Assim é o que acontece num teatro, no retângulo do palco, em que uma série de lugares se sucedem, um atrás do outro, um estranho ao outro; assim é o que acontece no cinema, essa divisão retangular tão peculiar, no fundo da qual, num écran bidimensional se podem ver projeções de espaços tridimensionais. [10]

O espaço consagrado a visitas desvia-se desse fim para se fazer lugar de *uma contestação do espaço que vivemos simultaneamente mítica e real.*[11] O personagem atuante constrói ali um sugestivo rito de entrada para a produção de imagens de espelhos, num alusivo nascer para o outro – como uma estrela. Ou um astro.

Ao som musical, continua a desenvolver sua bizarra coreografia. Há algo a ser tocado que exige tal movimentação, numa espécie de dança ritualística para uma iminência se colocar.

Mas o toque não envolve nenhum órgão ou função. É o rosto, sua superfície expressiva que se torna o alvo dessa singular eroticidade. É o *close* da expressão do prazer. "Ou de expectativa de prazer", retifica o narrador.[12] Há um desejo se anunciando: que os dedos se fechassem definitivos sobre o objeto, numa espécie de posse aguardada.

Enquanto isso a música regia uma cópula interminável entre sax e bandonéon, uma cópula, diríamos errante, vagabunda, como *a dos cães nos becos.* Há uma tensão que provoca na cena uma intensidade dramática, retendo uma possível evocação sentimental. Nessa travessia da fantasias,

---

[10] FOUCAULT, Michel. Conferência proferida por Michel Foucault no Cercle d'Études Architecturales, em 14 de março de 1967, traduzida por Pedro Moura (publicada igualmente em *Architecture, Movement, Continuité*, n. 5, 1984).

[11] FOUCAULT, 1967, p. 10.

[12] ABREU, 1995, p. 115.

o personagem coreógrafo sai com um saber novo: *É preciso aprender a se movimentar dentro do silêncio e do tempo*. A própria noção de tempo pode ser compreendida na concepção das heterocronias descritas por Foucault:

> Na maior parte dos casos, as heterotopias estão ligadas a pequenos momentos, pequenas parcelas do tempo – estão intimamente ligadas àquilo que chamarei, a bem da simetria, heterocronias. [13]

O quarto será mais uma peça dos amigos solitários e insones, tateando-se e tateando um espaço a descortinar. Um deles lê:

> Virou as páginas furtivo, outro homem deitado de costas, a camiseta erguida roçando os mamilos rijos cercados de pêlos dourados, coxas abertas entre almofadas marroquinas, densos interiores, a glande redonda, rosada, um figo aberto na extremidade mais polpuda, meio invisível, perdido entre sombras, pentelhos, músculos, tudo num tom avermelhado de febre, igual ao do interior das janelas nos outros edifícios, atrás dos quais alguém insinuava lentamente as pontas hábeis dos dedos por entre botões desabotoados da camisa de outro, outra quem sabe, a leve carícia, e o negro em pé, de costas, apoiado na poltrona de couro, bunda voltada para ele, a bunda dura, negra, musculosa, uma bunda de homem com um pequeno triângulo de pêlos negros encaracolados antes da divisão macia das nádegas por onde se penetraria aos poucos, primeiro o dedo umedecido descobrindo caminhos, depois talvez a língua móvel ágil despertando o prazer em convulsões miudinhas, gemidos abafados, as pernas abertas, a voz de Billie vinda da sala embalava os dois rapazes nus, misturados em meio aos lençóis de cetim, o rosto erguido para a câmara de um, em direção à luz, o rosto do outro mergulhado nos cabelos do peito, como o quadro na sala, os músculos tocando-se tensos, luz azulada sobre os dois, estrelas emaranhadas nas peles, nas carnes matas cerradas, pântanos de estranho perfume, o grande pau em ereção, a glande de curvas suaves, ponta de foguete enristado em direção à luz.[14]

Os sítios fechados ou semifechados mostram-se propícios à reflexão dos personagens que se movem nos discursos entre momentos de quase aniquilamento e outros de certa exaltação, revendo-se, revendo suas vidas, interrogando-se e interrogando os ritos de iniciação simbólica, que traçam uma espécie de finalidade última, cristã:

> O meu problema é um problema juvenil, de adolescente enrustido. Ou de burguesinho que fez a primeira comunhão e vai se sentir eternamente culpado com a possibilidade do prazer. Tudo muito cristão. – Revirou

[13] FOUCAULT, 1967, p. 11.
[14] ABREU, 1995, p. 137-138.

os olhos. – Ai, tormentos, cilícios. De repente devo ter parado no Peter Pan. A carne é insuportável, uma espécie de macrobiótica da sexualidade. Só platonismos. Ou sacanagem braba, Dama do Lotação perde.[15]

A experiência que essa aprendizagem de prazeres e desprazeres coloca torna o tempo/espaço históricos insuportáveis. A saída pode situar-se, desse modo, numa espacialidade encenada, num instante musical, a compor uma trilha sonora para imagens tão fortes e dramáticas, amenizando a cena e entrecortando de leve ironia o desespero.

Tempo que se prolonga em outro espaço heterotópico do apartamento – o quarto, um espaço fechado e habitado por espelhos, sonoridades e vozes. Movem-se os amigos em uma discoteca que faz o registro dos discos de Caetano, Gal, Duke Ellington, Louis Armstrong, Stan Getz. Tehelenious Monk, Marina, como se penetrassem um sítio arqueológico onde se ocultava o desejo.

Mexem em outros discos – de João Gilberto, Ray Charles, Dinah Washington, Elis, várias Elis, Dulce Veiga, Nina Simone, Ângela Rô Rô, um velho Mutantes, um Sérgio Sampaio, um Brahms. Bizarra coleção de amontoados, imagens musicais que atravessam as fantasias homoafetivas, no espaço intimista do quarto/discoteca. Os dois amigos buscam talvez uma magia à espera de se manifestar. Piazzola e Gerry Mulligan. Mas esse curioso deslizamento musical do desejo vai levá-los a Billie Holiday e sua voz rouca. Reinstaura-se novamente a atmosfera melancólica, o *blues* invade o ambiente. Santiago entra no quarto de Pérsio e ali encontra um livro aberto numa página que parece falar misteriosamente de uma dança mortal, uma dança gótica interminável, incessante, que conduziria à exaustão e à morte.

É uma imagem alegórica do Anjo da Morte:

> – Dançarás! – disse o anjo – Dançarás com teus sapatos vermelhos, até estares pálida e fria, até tua pele enrugar-se como a de um cadáver. Dançarás de porta em porta. E onde morem crianças soberbas, vaidosas, baterás à porta, para que te ouçam e tenham pavor de ti! Dançarás, dançarás sempre...
>
> – Misericórdia! Implorou Karen.
>
> Mas não ouviu o que o anjo respondeu, pois os sapatos já a levavam, através do portão, aos campos, cruzando caminhos e atalhos, fazendo-a dançar continuamente, sem interrupção.

---

[15] ABREU, 1995, p. 181.

Uma espacialidade ocorre como uma miragem dentro do quarto deserto de Pérsio, que vai arremessar Santiago num universo da infância perdida, no mundo dos contos infantis. O livro de contos de Andersen. É a história da menina dos sapatos vermelhos que rodopia sem parar, numa dança que a arrebata do mundo familiar, doméstico, para a abertura do mundo lá fora, que lança no desamparo.

O anjo no pórtico dessa construção faz o anúncio daquilo que os incomoda, provoca-lhes pavor e os faz ver o cadáver no espelho, afastando-os da imagem de encantamento: a AIDS. É o significante que se silencia até que o silêncio seja rompido com os signos projetados na cidade.

De substituição em substituição musical, o desejo continua, ali, dentro do apartamento, deslizando noite adentro, adiado, na busca de um significante musical para nomeá-lo. Algo antigo que irromperia do fundo das lembranças. Algo que era preciso reinventar. Pérsio e Santiago vão se distanciando cada vez mais da possibilidade da entrega e do gozo. Saem.

No carro procuram uma estação de rádio. Ouvem a sonata número 4 de Beethoven, no dedilhamento do piano. Os dois conduziam seus desejos de modo pianíssimo, como se seus corpos fossem um piano lento. E o carro em trânsito transforma-se em outra heterotopia. De conformidade com Foucault, podemos admitir que o carro, no conto, se dê no seguinte esquema cartográfico:

> [...] sítios de transporte, ruas, comboios (um comboio é uma amálgama extraordinária de relações porque é algo que atravessamos, é também algo que nos leva de um ponto a outro, e por fim é também algo que passa por nós). Poderíamos ainda descrever, através dos aglomerados de relações que permitem a sua definição, os sítios de relaxe temporário – cafés, cinemas, praias. Da mesma forma, poderíamos descrever, através da sua rede de relações, os sítios fechados ou semi-fechados de descanso – a casa, o quarto, a cama, etc.[16]

A sauna se constituirá também como um sítio de relaxamento temporário das tensões. Ali, identidades organizam o espaço ou o espaço organiza identidades, mostrando-se uma das faces da cidade que opera em função também de um rosto, imagem-afecção.

Santiago e Pérsio mergulham na noite, nas memórias, nas lembranças – montanha de lembranças, que é preciso escavar feito arqueólogo

---

[16] FOUCAULT, 1967, p. 06.

para encontrar ali os restos, os pedaços e tentar restaurar a obra do desejo. Tomam vinho e evocam cenas dionisíacas e uma vertigem das lembranças. Por instantes, parecem reaver o menino que fora destinatário de contos felizes e também de contos de feitiços, monstros, numa experiência de prazer e terror.

Novas espacialidades são evocadas nas ruas, nos bares. Uma dimensão teatral, trágica, parece torná-los personagens ora trágicos ora tragicômicos, regidos pelo coro invisível de vozes do passado. Às vezes, emergem delas sob a pele de faunos, de sátiros, lançados na orgia da cidade, em meio a músicas muito altas, vozes e corpos, numa "espécie de excitação coletiva".[17]

Santiago, como seria nomeado mais à frente, parece um menino abandonado, apavorado como se visse *abantesmas,* estranhas fantasias atormentadoras, fantasmas arrancados do passado. Quimeras. Pérsio, apelido que recebera do amigo, embala o infante atormentado pelos seus pavores. A música continua rolando. Marina cantava "quem é esse rapaz que quando chega?".[18]

Veio o abraço. O abandono um no outro. Na rua, protegidos da chuva, acolhidos no refúgio de uma capa, criam seu próprio castelo de cristal – tornam-se, então, personagens de contos infantis. De dentro do bar, vem o som de uma guitarra elétrica, instrumento de édipos modernos.

O final da narrativa, afinal, o toque. O discurso transforma-se numa alusão ao Gênesis bíblico, um retorno à inocência, um outro conhecimento, nu, despido de fantasmas. Ouve-se o ritmo e a melodia do encontro do desejo, um entregando-se ao outro, num embalo infantil, numa música silenciosa, num estado primeiro do sujeito. Um diz ao outro[19]: – *Quero ficar com você. Provaram um do outro no colo da manhã. E viram que isso era bom.* Como se um novo casal ali tivesse começo. Reinventam-se. Novos infantes a perpetuarem a canção silenciosa do amanhã.

Em "Depois de agosto",[20] vemos também se forjarem essas cartografias de trânsito, que atravessamos e por que somos atravessados. Bares, cafés, como sítios de relaxamento temporários, pontos de encontro ou para

---

[17] ABREU, 1995, p. 191.

[18] ABREU, 1995, p. 193.

[19] ABREU, 1995, p. 226.

[20] ABREU, Caio Fernando. Depois de agosto. In: *Ovelhas Negras*. Porto Alegre: Sulina, 1995, p. 245-258.

solitários se colocarem como observadores da cena, servem para insinuar no comportamento dos personagens de Caio um desvio das tensões, apontando para o relaxamento igualmente da resistência, dando-se os mesmos a momentos de divagações ou digressões:

> Ah, sentar na mesa de bar para beber nem que fosse água Brahma light cerpa sem álcool (e tão chegado fora aos conhaques), falando bem ou mal de qualquer filme, de qualquer livro, qualquer ser, enquanto navios pespontavam a bainha verde do horizonte e rapazes morenos, musculosos, jogassem eternamente futebol na areia da praia com suas sungas coloridas protegendo crespos pentelhos suados, peludas bolas salgadas. Respirou fundo, lento sete vezes perdoando o Outro. E marcou um encontro.[21]

A ausência do Outro cria linhas imaginárias e pontuadas pela doença da cidade e pelas obsessões dos personagens:

> O Outro, outra vez. A voz do Outro, a respiração do Outro, a saudade do Outro, o silêncio do Outro. Por mais três dias então, cada um em uma ponta da cidade, arquitetaram fugas inverossímeis. O trânsito, a chuva, o calor, o sono, o cansaço, o medo, não. O medo não diziam. Deixavam-se recados truncados pelas máquinas, ao reconhecer a voz um do outro atendiam súbitos em pleno bip ou deixavam o telefone tocar e tocar sem atender, as vozes se perdendo nos primeiros graus de Aquário.
>
> Sim, afligia muito querer e não ter. Ou não querer e ter. Ou não querer e não ter. Ou querer e ter. Ou qualquer outra coisa enfim dessas combinações entre os quereres e os teres de cada um, afligia tanto.[22]

As páginas percorridas não são as de um conto infantil. Mas páginas de contos urbanos contaminados pela AIDS, em que os príncipes são como poetas amaldiçoados, carregando suas *flores do mal*:

> Que o Outro quase morrera, antes mesmo dele, num agosto anterior talvez de abril, e desde então pensava que: era tarde demais para a alegria, para a saúde, para a própria vida e sobretudo, ai, para o amor. [...] quando saíram para jantar juntos ao ar livre, não se importaram que os outros olhassem – de vários pontos de vista, de vários lados de lá – para as suas quatro mãos por vezes dadas sobre a toalha xadrez azul e branca. Belos, inacessíveis como dois príncipes amaldiçoados por isso mesmo ainda mais nobres.[23]

O discurso toma forma de um pacto

---

[21] ABREU, 1995, p. 250.

[22] ABREU, 1995, p. 253.

[23] ABREU, 1995, p. 256.

Mas combinaram:

Quatro noites antes, quatro depois do plenilúnio, cada um em sua cidade, em hora determinada, abrem as janelas de seus quartos de solteiros, apagam as luzes e abraçados em si mesmos, sozinhos no escuro, dançam boleros tão apertados que seus suores se misturam, seus cheiros se confundem, suas febres se somam em quase noventa graus, latejando duro entre as coxas um do outro.[24]

Há uma outra espacialidade e temporalidade em jogo, envolta no traço lunar, neogótico. Um balé de corpos febris, num ritual de morte esperada:

Talvez não se vissem nunca mais, com olhos daqui pelo menos, talvez enlouquecessem de amor e mudassem um para a cidade do outro, ou viajassem juntos para Paris, por exemplo, Praga, Pittsburg ou Creta. Talvez um se matasse, o outro negativasse. Seqüestrados por um OVNI, mortos por bala perdida, quem sabe.[25]

Dos sítios fechados às cidades do outro, às estrangeiras, um itinerário se desenha indicando personagens num labirinto em que não são nem o Minotauro nem Teseu, conduzindo-se de um ponto ao outro, sem desejos, ou utopias, seguindo apenas o incerto, a incerteza.

Acontecimentos tempestuosos que mudam a direção todo o tempo, suscitam a entrada de outros seres, a perspectiva da abdução para outras dimensões espaciais, outros planetas, nos quais sucumbiriam qualquer escala arquitetônica das metrópoles, em que seriam tomados como corpos em estudo, "interplanetarizando" a AIDS. Ou outra possibilidade a caminho, como a morte de espreita, na violência das ruas da cidade.

A doença leva o narrador a revestir a narrativa de um papel clínico, como se essa fosse um leito em que os personagens estivessem semideitados, falando para o analista, procurando no Outro uma réstia de esperança e só encontrasse do outro lado silêncio.

A lucidez sobre seus corpos, suas preferências sexuais, seus desejos e frustrações declina o discurso do Outro, lançando-o na sombra. E aos *analisandos*, como se só a eles coubesse abrir mapeamentos na obscuridade luminescente[26] e atravessar o intratável.

---

[24] ABREU, 1995, p. 257.

[25] ABREU, 1995, p. 257.

[26] Referência à citação de Roland Barthes encontrada como epígrafe ao "Pela noite" (ABREU, 1995, p. 111).

Amizade e modos de vida gay
por uma vida não fascista

Antonio Crístian Saraiva Paiva

O trabalho que proponho, por ocasião deste Colóquio, retoma um campo já constituído de diálogo e discussão com base na obra de Foucault ("nós fazemos, nós continuamos sempre o mesmo discurso", dizia Barthes,[1] "é preciso muita paciência daqueles que nos cercam para suportar, de nossa parte, esse discurso imperturbável que é o nosso durante toda a vida"), iniciado em 1993, e que me tem servido de ferramenta de trabalho e investigação.

Se o exercício do pensamento exige tomar tempo, implica certa "lentidão", segundo Bauman,[2] e se retornamos aos mesmos temas, é preciso ter paciência com aqueles que nos ouvem, pois estamos às voltas com as mesmas preocupações... No nosso caso, o interesse pela amizade possui sua história, a qual se associa com a problematização das homossexualidades contemporâneas, que vimos desenvolvendo a partir do platô analítico-conceitual: Nietzsche-Foucault-Freud/Lacan-Deleuze/Guattari-Derrida.

Proponho, então, neste texto, trabalhar um pouco nessa passarela conceitual: *amizade, estética da existência* (modos de fazer, artistificação da existência, reativação dos modos artistas de que somos capazes – Foucault e Deleuze) e *política de vida não fascista*.

---

[1] BARTHES, Roland. *Como viver junto*. São Paulo: Martins Fontes, 2003, p. 272.

[2] BAUMAN, Zygmunt. *Modernidade líquida*. Rio de Janeiro: Jorge Zahar, 2001.

Uma política de vida não fascista

Começo pelo último dos termos, evocando o Prefácio generoso escrito por Foucault[3] ao livro de Deleuze e Guattari *O anti-Édipo*. O que seria o fascismo denunciado naquele livro?

No referido texto, Foucault nos convida a tomar *O anti-Édipo*[4] como um livro de ética, como um estilo de vida, como um modo de pensar e de viver, tal como a noção antiga de arte: *ars erotica, ars theoretica, ars politica*.

Como se introduz o desejo no pensamento, no discurso, na ação? Como o desejo pode e deve manifestar (*déployer*: desdobrar, manifestar, estender) suas forças na esfera do político e se intensificar no processo de reviramento da ordem estabelecida? São as interrogações fundamentais que Foucault encontra no livro de Deleuze e Guattari.[5]

A partir dessa chave de leitura, propõe como "três adversários" aos quais *O anti-Édipo* se acha confrontado como, precisamente: 1) "os ascetas políticos, os militantes desgostosos (*moroses*), os terroristas da teoria"; 2) "os lastimáveis técnicos do desejo – os psicanalistas e os semiólogos que registram cada signo e cada sintoma, e que gostariam de reduzir a organização múltipla do desejo à lei binária da estrutura e da falta"; 3) enfim, "o inimigo maior", "o adversário estratégico", o fascismo. Não somente o fascismo de Hitler e Mussolini, precisa Foucault, mas também "o fascismo que está em nós todos, que obsedia nossos espíritos e nossas condutas cotidianas, o fascismo que nos faz amar o poder, desejar aquilo mesmo que nos domina e nos explora".[6]

Como expulsar (*débusquer*) o fascismo que se incrustou no nosso comportamento, cujos traços mais ínfimos, segundo nossos autores, espreitam em nosso corpo?[7] Foucault convida-nos, para dar conta dessa tarefa, à iniciação numa arte de viver contrária a todas as formas de fascismo, propondo-nos certo número de princípios-guia[8] a modo de uma "Introdução à vida

---

[3] FOUCAULT, M. Préface. In: *Dits et écrits* (1954-1988) par Michel Foucault. Tome III. Paris: Gallimard, 1994.

[4] DELEUZE, Gilles; GUATTARI, F. *O anti-Édipo*. Rio de Janeiro : Imago, 1976

[5] DELEUZE; GUATTARI, 1976.

[6] FOUCAULT, 1994, p.134.

[7] FOUCAULT, 1994, p. 135.

[8] Estes princípios-guia encontram-se às páginas 135 e 136 do *Prefácio* referido acima. Tradução minha.

não-fascista" ("homenagem modesta" que Foucault diz prestar a São Francisco de Sales e sua *Introdução à vida devota*, de 1609):

1. Liberar a ação política de toda forma de paranoia unitária e totalizante;

2. Expandir a ação, o pensamento e os desejos por proliferação, justaposição e disjunção, mais do que por subdivisão e hierarquização piramidal;

3. Libertar-se das velhas categorias do Negativo (a lei, o limite, a castração, a falta, a lacuna), que o pensamento ocidental há tanto sacralizou como forma do poder e modo de acesso à realidade. Preferir aquilo que é positivo e múltiplo, a diferença à uniformidade, os fluxos às unidades, os agenciamentos móveis aos sistemas. Considerar que o que é produtivo não é sedentário, mas nômade;

4. Não imaginar que é preciso ser triste para ser militante, mesmo se a coisa que combatemos é abominável. É a ligação do desejo à realidade (e não sua fuga nas formas de representação) que possui uma força revolucionária;

5. Não utilizar o pensamento para conferir a uma prática política um valor de verdade; nem a ação política para desacreditar um pensamento, como se ele não fosse senão especulação. Utilizar a prática política como um intensificador do pensamento, e a análise como um multiplicador de formas e domínios de intervenção da ação política;

6. Não exigir da política que ela restabeleça os "direitos" do indivíduo do modo como a filosofia os definiu. O indivíduo é o produto do poder. O que é preciso é "desindividualizar", pela multiplicação e deslocamento, os diversos agenciamentos. O grupo não deve ser o vínculo orgânico que une os indivíduos hierarquizados, mas um constante gerador de "desindividualização";

7. Não se apaixonar pelo poder.

Quero aproveitar esses "princípios essenciais", que Foucault vê desenvolvidos em *O anti-Édipo*, tomados na conta de "manual ou guia da vida cotidiana", para pensar as "afinidades eletivas" entre amizade e modos de vida gays, tal como desenvolvido por Foucault nos textos da década de 1980, nos quais tematiza a amizade como um modo de vida, como modalidade de cuidado de si e do outro, como reativação do projeto (inspirado nos antigos) de uma estética da existência, no qual a experiência da homossexualidade se coloca como campo de tematização privilegiado, dadas as suas implicações ético-políticas para pensar o governo das individualidades hoje. Em que medida, portanto, a amizade como forma de vínculo fundamental na criação de modos de vida gay nos permitiria combater a "amarga tirania" do fascismo em nossas vidas cotidianas?[9]

Homossexualidade e atualização de uma estilística da existência

O que essas propostas para uma política de vida não fascista têm a ver com o projeto da estética da existência?

Diante da decomposição das formas tradicionais de relacionamento (família e matrimônio) e das novas modalidades de economia dos sentimentos, Foucault encontra nos experimentos relacionais homossexuais uma *oportunidade* e uma *atualidade*: dado o desmapeamento do eu e dos laços sociais destinados a codificar as vivências amorosas e a coexistência entre os indivíduos, Foucault convida-nos a ver, na moderna experiência da homossexualidade, um jogo experimental a partir do qual pode se dar a invenção "ainda improvável" de novos relacionamentos: "Que relações, através do homossexualismo, podem ser estabelecidas, inventadas, multiplicadas e moduladas?",[10] retomamos sua indagação.

Criação de novos modos de vida: é o que propõe Foucault, em vez de reivindicação de uma identidade sociossexual, de uma representação, de um rosto oficial, para os movimentos homossexuais.[11] É por onde Foucault vê, na moderna experiência da homossexualidade, a possibilidade de retomar o projeto de uma estilística da existência que faça frente aos arquivos hegemônicos da *scientia sexualis*, isto é, ao dispositivo da sexualidade, à economia do Sexo-Rei.[12] Frente ao biopoder, experimentar uma outra economia de corpos, prazeres e paixões, conforme insinuado poeticamente nas últimas páginas de *A vontade de saber*...[13]

---

[9] FOUCAULT, 1994, p. 136.

[10] FOUCAULT, M. De l'amitié comme mode de vie. In: *Dits et écrits* (1954-1988) par Michel Foucault. Tome IV. Paris: Gallimard, 1994b, p. 163.

[11] Sobre a questão da "rostidade" na política da identidade homossexual, ver PAIVA, A. Crístian S. *Reservados e invisíveis: o ethos íntimo das parcerias homoeróticas*. Campinas: Pontes; Fortaleza: PPG-Sociologia UFC, 2007.

[12] FOUCAULT, M. L'Occident et la vérité du sexe. *Dits et Écrits* (1954-1988) par Michel Foucault, tome III. Paris: Gallimard, 1994a; FOUCAULT, M. Não ao sexo rei. In: *Microfísica do poder*. Rio de Janeiro: Graal, 1990.

[13] "*Et nous devons songer qu'un jour, peut-être, dans une autre économie des corps et des plaisirs, on ne comprendra plus bien comment les ruses de la sexualité, et du pouvoir qui en soutient le dispositif, sont parvenus*

A questão homossexual na ontologia da atualidade[14] de Michel Foucault passa, portanto, pela discussão de nossos modos atuais de viver, dos arquivos contemporâneos de produção de subjetividade, daí sua atualidade – a questão do *soi-même* como questionamento das modalidades de cuidado de si e dos outros, do (autogoverno de nossa individualidade,[15] bem como a oportunidade que ela representa, de testar nossas formas de trabalho sobre si, *ascese*, de "reabrir virtualidades afetivas e relacionais"[16] frente aos códigos institucionais.

A ideia de conceber a efetuação do artístico na própria vida (tomar a própria vida como obra de arte, como propõe Foucault[17]: "Porém a vida de cada pessoa não poderia se tornar uma obra de arte? Por que a lâmpada ou a casa pode ser uma obra de arte e a nossa vida não?"), a questão da "atividade criativa" da livre autoformação do sujeito, *epimeleia heautou*, a exploração das possibilidades de criação de novas técnicas de existência, *tekhnê tou biou*,[18] remetem-nos à discussão de uma *estilística da existência*.

A forma que se pode dar à própria vida torna-se questão:

1. *política*: "Foucault concebe o cuidado de si como o ponto de resistência preferencial e útil contra o poder político, e localiza o objetivo político no fomento de novas formas de subjetividade", diz-nos Ortega;[19]

2. *ética*: "a constituição dos modos de existência ou dos estilos de vida não é somente estética, é o que Foucault chama de ética: a ética é um conjunto de regras facultativas que avaliam o que fazemos, o que dizemos,

---

à *nous soumettre à cette austère monarchie du sexe, au point de nous vouer à la tache indéfinie de forcer son secret et d'extorquer à cette ombre les aveux les plus vrais*" (FOUCAULT, M. *Histoire de la sexualité I: la volonté de savoir*. Paris: Gallimard, 1976, p. 211).

[14] FOUCAULT, M. Qu'est-ce que les lumières? In: *Dits et écrits*, (1954-1988) par Michel Foucault, tome IV. Paris: Gallimard, 1994c.

[15] Ver FOUCAULT (*História da sexualidade 3: o cuidado de si*. Rio de Janeiro: Graal, 1985, p. 235), em que o autor localiza o movimento homossexual como participando das "batalhas contra o governo da individualização", em curso no nosso presente

[16] FOUCAULT, 1994b.

[17] FOUCAULT, M. *Michel Foucault (1926-1984)* – O dossier: últimas entrevistas. Rio de Janeiro: Taurus, 1984a.

[18] As noções de *epimeleia heautou* (cuidado de si) e *tekhnê tou biou* (arte de viver) são detidamente analisadas em FOUCAULT, M. *L'Herméneutique du sujet: Cours au Collège de France*, 1981-1982. Paris: Gallimard/Seuil, 2001.

[19] ORTEGA, Francisco. *Amizade e estética da existência em Foucault*. Rio de Janeiro: Graal, 1999, p. 153.

em função do modo de existência que isso implica";[20] portanto, a dimensão ética em Foucault coloca-se como questionamento da forma que se pode dar à própria vida;

3. *estética*: a subjetivação é a produção dos modos de existência ou estilos de vida;[21] a subjetivação é "uma operação artista"; daí porque Deleuze fala num *Foucault estilista*;[22]

4. *erótica*: problematização da concepção de nosso ser erótico e suas possibilidades; questionamento das fatalidades eróticas de nossa subjetividade erótica: trata-se de relançar a relação entre *eros* e verdade, *eros* e a forma de existência escolhida, e de chegar a uma nova forma de existência, mediante a sexualidade, à distância dos arquivos do biopoder.

No que nos interessa da discussão acima, podemos apontar a ênfase dada a essas dimensões do projeto de uma estilística da existência (dimensões ética, política e estética), que permite uma articulação entre a homossexualidade, e o projeto de criação de modos de vida que apontem políticas e estéticas de afirmação, de pluralismo e horizontalidade nas relações de vida.

A questão da homossexualidade se coloca assim de forma privilegiada no trabalho de Foucault na medida em que aqueles eixos conceituais/analíticos da estilística da existência — tais como a articulação entre saber-poder-sexualidade, trabalho sobre si (ascese), estilização da liberdade, governo da individualidade, a questão dos laços, da *philia* e do *eros* — encontram-se profundamente vinculados às próprias lutas por uma "cultura gay", potencialmente orientada por aquela busca de "novas formas de comunidade, de coexistência e de prazer".

Após haver analisado e desconstruído os arquivos sobre a homossexualidade entendida como categoria moral, médica, psicológica, Foucault encontra a propósito da questão homossexual a possibilidade de reinvenção de uma moderna estilística da existência, falando assim de um "estilo de vida gay": trata-se de "criar uma nova vida cultural", uma nova forma de existência, com base na sexualidade. As relações que podem ser criadas (relações sexuais, relações sociais), e as formas de existência que a partir

---

[20] DELEUZE, Gilles. *Conversações*. Rio de Janeiro: Editora 34, 1992, p. 125.

[21] DELEUZE, 1992, p. 142.

[22] DELEUZE, 1992, p. 141, 126.

delas podem ser alcançadas através de um certo trabalho sobre si mesmo, de uma certa ascese, assumem a forma da amizade".[23]

Para além da consolidação de uma identidade, Foucault nos indica, antes, a necessidade de construir "relações de diferenciação, de criação, de inovação",[24] recusando uma identidade generalizante ("é muito entediante ser sempre o mesmo"), e é justamente isso que é visado na amizade (daí a *função dinamogênica* que ela desempenha, como apontamos no capítulo das *Micropolíticas homoeróticas* de nossa tese[25]: foi seguindo essas indicações que tentamos, em nosso trabalho, fazer a economia de um certo número de superstições cientificistas e patologizantes sobre a homossexualidade, propondo uma abordagem "intensiva"[26] dos modos de subjetivação engendrados nos experimentos relacionais homoeróticos.

Amizade: vínculo homossexual?

Até que ponto homossocialidade[27] e homossexualidade recobrem-se na ligação íntima do amor entre os amigos? E o que dizer do silêncio a respeito das coisas da alcova que se passam entre os amigos? A intenção pedagógica, de ensinamento de virtude, a educação dos sentidos e a espiritualização do vínculo amoroso dão conta da totalidade da experiência do amor amigo? Essa questão arrasta-se com o tempo e com os diversos modelos de amizade engendrados ao longo da história ocidental.

O cerne da problematização da amizade na experiência grega do amor aos rapazes consistia naquilo que Foucault aponta como a antinomia da relação: até que ponto é possível ao rapaz, o *erômeno*, ceder a seu

---

[23] FOUCAULT, M. Michel Foucault, une interview: sexe, pouvoir et la politique de l'identité. In: *Dits et écrits*, (1954–1988) par Michel Foucault, tome IV. Paris: Gallimard, 1994d, p. 739.

[24] FOUCAULT, 1994, p. 739.

[25] PAIVA, A. *Reservados e invisíveis: a administração da intimidade nas parcerias homoeróticas*. Tese. (Sociologia). Programa de Pós-Graduação em Sociologia da UFC, 2004.

[26] Deleuze nos lembra, a partir de sua leitura foucaultiana, que a subjetivação não deve ser subsumida numa representação, numa identidade, numa pessoalidade, mas deve ser entendida como "um modo intensivo". Ver DELEUZE, 1992, p. 123.

[27] Sobre a noção de *homossocialidade* ver SEDGWICK, Eve Kosofsky. *Between men: English literature and male homosocial desire*. New York : Columbia University Press, 1985; ALMEIDA, Miguel Vale de. *Senhores de si: uma interpretação antropológica da masculinidade*. Lisboa : Fim de Século, 1995; GONTIJO, Fabiano. *Corps, apparences et pratiques sexuelles: sócio-anthropologie des homosexualités sur une plage de Rio de Janeiro*. Lille : Les Cahiers Question de Genre/Gai-Kitsch-Camp, 1998.

erasta sem que desqualifique a si próprio como futuro cidadão? O que precisamente quer dizer "conceder seus favores"? Na relação de amizade, cívica, portanto, como se imiscuem os *aphrodisia*? Como compatibilizar a relação de iniciação cívica e de iniciação sexual?

Vejamos com Foucault:

> [...] nada impede nem proíbe que um adolescente seja aos olhos de todos o parceiro sexual de um homem. Não obstante, existe como que uma dificuldade intrínseca nesse papel: algo que ao mesmo tempo impede de definir claramente e de bem precisar em que consiste esse papel na relação sexual e que, contudo, atrai a atenção sobre esse ponto e faz com que se atribua uma grande importância e muito valor ao que deve ou não se passar nessa relação. Existe ao mesmo tempo um ponto cego e um ponto de supervalorização. O papel do rapaz é um elemento para o qual converge muita incerteza e um interesse intenso.[28]

A ética da virilidade, a isomorfia entre o plano do jogo sexual e o plano do jogo político, implica, como sabemos, o enquadramento da relação amorosa entre um homem e um rapaz no qual há apenas um papel honroso e outro extremamente vulnerável à desqualificação. É o que conclui Foucault sobre a amizade pederástica:

> [...] é a dificuldade, nessa sociedade que admitia as relações sexuais entre homens, provocada pela justaposição entre uma ética da superioridade viril e uma concepção de qualquer relação sexual segundo o esquema da penetração e da dominação do macho; a conseqüência disso consiste, por um lado, em que o papel da "atividade" e da dominação é afetado por valores constantemente positivos mas, por outro, é necessário atribuir a um dos parceiros no ato sexual a posição passiva, dominada e inferior. E embora não haja problema quando se trata de uma mulher ou de um escravo, o mesmo não acontece quando se trata de um homem.[29]

No modelo grego de amizade, há, assim, uma mistura de elogio da iniciação cívica, pedagógica, que o homem mais velho, *erasta*, dispensa ao rapaz, *erômeno,* mas com o risco sempre presente de abuso do rapaz, de corrupção de sua juventude. Isso explica as "antinomias" que cercam a reflexão ética sobre os prazeres obtidos com o rapaz, cujo jogo de denegação imposto pelo modelo heautocrático provocou a progressiva separação

---

[28] FOUCAULT, M. *História da sexualidade 2: o uso dos prazeres*. Rio de Janeiro: Graal, 1984, p. 192.

[29] FOUCAULT, 1984, p. 194.

entre *eros* e *philia*. Sabemos que com o cristianismo a *philia* cede lugar ao *ágape*, como substituição do amor/afeição a alguns pelo amor a todos/a Deus. O surgimento da categoria de homossexualismo constituiria assim o ponto final do processo de banimento da amizade, seu epílogo.

É nessa conta, por exemplo, que em outro momento[30] estudamos, em contraponto, Cícero e Wilde, como que refazendo o périplo do elogio ao amor amigo (*Lélio* ou *Da amizade*) à "barulhenta desqualificação" ["É sem dúvida a existência dessa dificuldade que explica, ao mesmo tempo, o silêncio no qual a relação entre os adultos foi efetivamente envolta, e a barulhenta desqualificação daqueles que justamente rompem com esse silêncio ao marcarem sua aceitação, ou melhor, sua preferência por esse papel 'inferior'"[31]] do "amor que não ousa dizer seu nome" (*De profundis*).

A experiência moderna de homoerotismo e homossocialidade introduz uma profunda ruptura com a rígida coreografia de papéis sociossexuais que norteava o amor de amizade antigo, e reabilita a ligação *eros-philia*, a qual sofreu uma profunda desqualificação pelo cristianismo. Para além de qualquer nostalgia em relação aos modelos grego, helenístico e cristão, Foucault enxerga na homossexualidade moderna uma oportunidade estratégica de criação e de exploração de um campo relacional plural, horizontal, aberto às experimentações de prazer, desejo e convivência, relançando o "devir-homossexual" como inventividade, como experimentação, como criação de modos de vida plurais, com espaço para a singularização dos laços eróticos, (micro)políticos e estéticos.

Que tipos de experimentação podemos sugerir estar em curso, que experimentações, que devires, quais "novos" modos de vida vão-se configurando? Que deslocamentos vão efetuando no repertório de nossas modalidades relacionais institucionalizadas?

Frente à erosão das "metanarrativas" do amor, da família e da conjugalidade a que já aludimos, que tipos de vínculos podem ser criados, multiplicados, intensificados, ressingularizados, na administração de uma intimidade gerida à margem da institucionalidade, como é o caso das amizades de amor homossexuais?

---

[30] Ver, por exemplo, o trabalho "O ultraje do belo amor: ou o que pode uma amizade? Nietzsche, Cícero, Wilde e Foucault", apresentado no III Simpósio Internacional de Filosofia Nietzsche e Deleuze, realizado em Fortaleza/CE, em 2001.

[31] FOUCAULT, 1984, p. 194.

Em nossa tese confrontamos o potencial criativo destacado por Foucault nos relacionamentos homossexuais, nessas amizades de amor, com um "desejo de normalização",[32] com um "registro assimilacionista" na política da homossexualidade,[33] com a "reivindicação integracionaista"[34] de gays e lésbicas de inclusão no universo da conjugalidade e da parentalidade. Haveria, assim, uma disputa política ambivalente, e às vezes contraditória, entre esse "desejo de normalização" e a reivindicação de um "direito relacional" múltiplo, em que seriam postas em construção novas formas de vínculo amoroso-sexual, abertas às experimentações singularizantes. São batalhas políticas opostas, segundo Ortega:

> Segundo Foucault, vivemos num mundo onde as instituições sociais têm contribuído para limitar o número possível de relacionamentos. A razão dessa restrição reside no fato de que uma sociedade que permitisse o crescimento das relações possíveis seria mais difícil de administrar ou controlar. A luta homossexual deve [...] aspirar à criação de um novo "direito relacional", que permita todo tipo possível de relações, em vez de impedi-las ou bloqueá-las.
>
> A possibilidade de constituir formas novas de sociedade é também possível para a comunidade heterossexual, que tem de ser incluída na luta por um novo "direito relacional". Em razão de seu caráter "minoritário", os homossexuais estão capacitados para efetuar um devir criativo que permita a construção de novas formas de relação, um "devir homossexual" que afete até mesmo os heterossexuais; pois precisamente no "devir homossexual", isto é, no fato de se deixar afetar por seu potencial, reside uma possibilidade de resistência importante. Esse caráter minoritário opõe-se diametralmente à demanda de igualdade de direitos, característica da maioria dos grupos homossexuais [...].[35]

O movimento homossexual se depara, desse modo, diante de um impasse decisivo, de uma encruzilhada de opções políticas: insistência no disruptivo, no explosivo, no minoritário *versus* desejo de normalização, reconhecimento legal das uniões homoafetivas, institucionalização da homossexualidade...

---

[32] Apontado por ROUDINESCO, Elisabeth. *A família em desordem*. Rio de Janeiro: Jorge Zahar, 2003.

[33] FASSIN, Eric. Homosexualité et mariage aux États Unis: histoire d'une polémique. In: *Actes de la recherche en sciences socials*, Paris, n. 125 (Homosexualités), décembre 1998.

[34] ALMEIDA NETO, Luiz Mello de. *Família no Brasil dos anos 90: um estudo sobre a construção social da conjugalidade homossexual*. Tese (Doutorado em Sociologia). Universidade de Brasília, 1999, p. 308.

[35] ORTEGA, 1999, p. 170.

Amizade e afirmação ético-política da vida

Como a amizade pode permitir a reativação de uma estilística não fascista, não institucional da gestão da intimidade?

Retornamos assim à estilística da existência e à questão da amizade como aposta na criação de uma cultura erótica e de modos de viver singularizantes, em que os laços de amizade assumem um papel decisivo nas estratégias de subjetivação, de governo de si e dos outros, na forma de comércio amoroso-sexual que pode ser conduzido sem constrangimentos institucionais.[36]

Nesse espaço de reativação e criação de novas modalidades eróticas, relacionais, de convivência, à margem dos constrangimentos institucionais, Foucault viu a possibilidade de retrabalhar, nos nossos dias, a ideia de uma estilística da existência. Como ele nos diz em *Uso dos prazeres*, "a reflexão moral dos gregos sobre o comportamento sexual não procurou justificar interdições, mas estilizar uma liberdade: aquela que o homem 'livre' exerce em sua atividade".[37] Essa tarefa de estilização da vida livremente assumida, mediante a constituição de toda uma maquinaria de práticas de ascetismo, de subjetivação (artes da existência, técnicas de condução de si mesmo, cuidado consigo e do outro), que envolve a "procura de estilos de existência tão diferentes quanto possíveis um dos outros",[38] é propriamente o terreno da ética investigado por Foucault nos seus últimos trabalhos (anos 1980), onde a reflexão sobre a amizade assume lugar de destaque, justamente na medida em que o amor de amizade implica uma estilística da existência que serve de alternativa aos aparelhos institucionais de controle da individualidade e dos jogos relacionais (seja numa vertente político-cientificizante, seja numa vertente religioso-moralizante), portanto oposta ao uso de nossos corpos, prazeres e paixões segundo os disciplinamentos do dispositivo da sexualidade e do biopoder.

Foucault, portanto, insistimos, vai trabalhar a noção de amizade privilegiando o interesse dessa modalidade relacional no que ela possa

---

[36] Deixaremos para outro instante a discussão sobre as tentativas de institucionalização das uniões homossexuais. A questão foi elaborada em PAIVA, 2004; PAIVA, A. Crístian S. *Reservados e invisíveis: o ethos íntimo das parcerias homoeróticas*. Campinas: Pontes; Fortaleza: PPG–Sociologia UFC, 2007

[37] FOUCAULT, 1984, p. 89.

[38] FOUCAULT, 1984a, p. 137.

implicar a criação de novos modos de vida, portanto, estreitamente ligado ao problema político da administração da individualização nas nossas sociedades contemporâneas e fundamentalmente como resposta aos desafios implicados na gestão do "si homossexual".

E é justamente no que a amizade permite ser tomada como instrumento de luta pela afirmação de novas virtualidades relacionais, novos estilos de amor, de trocar prazer, que sua tematização está indissociavelmente atrelada à questão da homossexualidade, da criação de uma "cultura gay", de um "modo de vida gay", que abriria um "espaço outro, no qual os indivíduos se produziriam como grupo social".[39]

Estilística da existência, homossexualidade e *amizade*: trinômio que caracteriza as pesquisas do "último Foucault" (1980-1984).

Reiteramos que, ao apontar um uso político, não só de resistência, mas de afirmação, de criação de subjetividade gay nos laços de amizade, na base da qual se dá uma "sexualidade comum" e sua experiência, a discussão da amizade está colocada inseparavelmente ao horizonte da reflexão sobre a homossexualidade. Eribon, nesse sentido, chega a falar numa insistência de Foucault sobre a "monossexualidade",[40] quando aborda a amizade. Ortega, na mesma direção, destaca que "a amizade tem, para Foucault, principalmente o sentido de uma amizade homossexual. Sua atenção concentra-se, principalmente, nas possibilidades disponíveis hoje na cultura homossexual para criar novas formas de amizade".[41]

Sendo a amizade "a soma de todas as coisas mediante as quais se pode obter um prazer",[42] Foucault vai retrabalhar a noção de amizade, permitindo que *philia* (afeição) e *eros* (paixão) nela se reconciliem, pois diz-nos:

> L'homosexualité est une occasion historique de rouvrir des virtualités relationnelles et affectives, non pas tellement par les qualités intrinsèques de l'homosexuel, mais parce que la position de celui-ci "en biais", en quelque sorte, les lignes diagonales qu'il peut tracer dans le tissu social permettent de faire apparaître ces virtualités.[43]

---

[39] ERIBON, Didier. *Réflexions sur la question gay*. Paris: Fayard, 1999, p. 468.

[40] ERIBON, 1999, p. 468.

[41] ERIBON, 1999, p. 165.

[42] FOUCAULT, 1994b, p. 164.

[43] FOUCAULT 1994b, p. 164.

Tomada como "elemento de resistência", a amizade constitui-se como oportunidade histórica de traçar "linhas de fuga" nos aparelhos vinculatórios institucionais, rumo àquela "nova economia dos corpos e prazeres" que gosto de reevocar.

No interesse de nosso trabalho, aproveitamos a indicação de Rabinow/Dreyfus[44] para quem a amizade, compondo aquelas espécies de "práticas marginalizadas, triviais, irreais", "práticas perseverantes", "mesmo que pareçam banais e até subversivas", pode ser tomada como elemento de resistência, contraposição criativa ao declínio de práticas intersubjetivas mais fundamentais (penso aqui no casamento, na família, no ideal romântico do amor): "O movimento de substituição das práticas mais fundamentais por outras que são hoje consideradas marginais deveria fornecer a base para uma descrição mais satisfatória de um tipo de resistência não-reativa que ficou longe de poder fornecer".[45]

Pela sua natureza minoritária, a amizade, uma vez liberta da supressão das relações sexuais (segundo o modelo antigo) e da desconfiança que recaía sobre ela (modelo cristão),[46] pode constituir territórios microscópicos de experimentação – troca de afeição, de prazer, etc. –, pontos de resistência potencial, organizar novas práticas de si, novas formas de cuidado e governo (de si e do outro) à margem e em substituição às formas de relacionamento institucionalizadas.

Esse "a mais" que encontramos nas "amizades particulares" que abordamos – para os quais cunhamos expressões como *amizade-a-mais, amizade de amor, vontade de amizade* – constituiriam uma alternativa em relação ao universo da conjugalidade e seus "territórios de inferno"?[47] Em que medida, portanto, a amizade como forma de vínculo fundamental na criação de modos de vida gay nos permitiria combater a "amarga tirania" do fascismo em nossas vidas cotidianas?

---

[44] RABINOW, Paul; DREYFUS, Hubert. *Michel Foucault: uma trajetória filosófica. Para além do estruturalismo e da hermenêutica*. Rio de Janeiro: Forense, 1995.

[45] RABINOW; DREYFUS, 1995, p. 290.

[46] Ver, por exemplo, Jurandir Freire Costa (Sexo e amor em Santo Agostinho. In: LOYOLA, Ma. Andréa. (Org.). *A sexualidade nas ciências humanas*. Rio de Janeiro: EdUERJ, 1998), onde o autor analisa o jogo multiforme entre a *cupiditas* sexual e a *caritas* amorosa no âmbito da amizade e a virada sexual ocorrida entre a Antiguidade e a Idade Média cristã.

[47] GUATTARI, Félix; ROLNIK, Suely. *Micropolítica: cartografias do desejo*. Petrópolis: Vozes, 1986.

Retomemos os princípios para "uma vida não fascista". A crítica da política unitária, hierarquizante e totalizante choca-se frontalmente com "a procura de estilos de existência tão diferentes quanto possíveis uns dos outros",[48] própria da ética da amizade. A singularização, pluralidade e horizontalidade como características dos experimentos político-afetivos da amizade fazem aposta numa ética pluralista, voltada mais a "identificações horizontais"[49] que a referentes verticais (estabelecidos por uma instância transcendental e materializados nas categorias do negativo destacadas por Foucault: a lei, o limite, a castração, a falta, a lacuna), introduzindo nomadismo nos arranjos relacionais.

Contra o banimento secular do valor do prazer e do erotismo na relação de amizade e exercendo uma "cultura-revolta",[50] numa atitude de rebelião contra a administração jurídico-política, médica, científica, a ética da amizade restabelece aquela ligação do desejo à realidade apontada por Foucault e implica a arte de viver num exercício de ascese não religiosa, não dogmática (no sentido de Pierre Legendre[51]: a ordem dogmática como amor ao poder que nos oprime, amor do censor, contra o qual Foucault nos havia alertado: "não se apaixonar pelo poder"), e portanto não fascista, num cuidado de si e do outro de tonalidade singularizante. Singularização que não é sinônimo de individualização, bem ao contrário, envolvendo mesmo aquele movimento de "desindividualização" que Foucault menciona e que não se circunscreve à esfera do privado. Ou seja a amizade envolve o exercício político de fabricação de agenciamentos e contra-agenciamentos subjetivos coletivos, num desafio às formas tradicionais de pensar o político.[52]

Ao mesmo tempo, a relação amical, ao estabelecer práticas de reciprocidade no cuidado de si e do outro, permite alterar a sentença de solidão imposta aos homossexuais. Teríamos, ao mesmo tempo, uma "est'ética" da existência. A *aesthese* enquanto afetação pulsional, portanto implicando atividade sublimatória (arte, humor, beleza,

---

[48] FOUCAULT, 1984a, p. 137.

[49] KEHL, Maria Rita (org.). *Função fraterna*. Rio de Janeiro: Relume Dumará, 2000.

[50] KRISTEVA, Julia. *Sentido e contra-senso da revolta* (discurso direto): poderes e limites da psicanálise I. Rio de Janeiro: Rocco, 2000.

[51] LEGENDRE, Pierre. *O amor do censor: ensaio sobre a ordem dogmática*. Rio de Janeiro: Forense; aoutra, 1983.

[52] ORTEGA, Francisco. *Para uma política da amizade: Arendt, Derrida, Foucault*. Rio de Janeiro: Relume Dumará, 2000, p. 57.

criação, paródia...), e a *ética* como questionamento dos mecanismos e das tecnologias de subjetivação hegemônicos. Ética de teor pluralista, tornando possível engendrar identificações horizontais.

Finalmente, como insistência na "recusa de servir", segundo a fórmula que Boétie[53] dá à relação com o amigo, a criação de modos de vida gay plurais, singularizantes, insubmissos à atribuição de uma identidade homossexual generalizante, englobante, permite a intensificação das experimentações, o impossível da relação com o outro, mediante o cuidado de si e do outro que corre transversalmente à *expertise* (psi, sociológica, antropológica, jurídica, etc.), como referimos, por exemplo, a propósito da construção da homoconjugalidade, da homoparentalidade.[54] Nesses debates, o grande desafio dos movimentos homossexuais é não atribuir a quaisquer cientificismos o privilégio (que logo se converte em monopólio e então em tirania, portanto, fascismo) de estabelecer "em nome da verdade" as formas de experimentação amorosa, de filiação, etc. que estão em curso, e, ao mesmo tempo, avançar na afirmação política do direito de experimentar, introduzindo fendas no imaginário da exclusão dos homossexuais no laço social, da sentença de condenação ao silêncio, à injúria e a imposição de uma solidão de segundo grau dirigidas historicamente à homossexualidade.

A amizade como modo de vida gay,[55] como reativação de uma "est'ética" da existência, segundo penso, faz cara feia para os fascismos que tornam amarga nossa vida. E, de sobejo, abre espaço (de onde retomamos o tema deste Colóquio: espaços, margens, limites, fronteiras...) para artistificação da vida, humor, criação, paródia, como remédio aos afetos tristes...

---

[53] BOÉTIE, Etienne de la. *Discurso da servidão voluntária*. São Paulo: Brasiliense, 1999.

[54] Compusemos uma "Cartografia psicanalítica da homossexualidade", na qual analisamos o papel da expertise psicanalítica nos debates sobre homoconjugalidade e homoparentalidade. Ver PAIVA, A. Cartografia psicanalítica da homossexualidade. In: PAIVA, A.; VALE, A. F. C. (orgs). *Estilísticas da sexualidade*. Campinas: Pontes; Fortaleza: PPG-Sociologia UFC, 2006.

[55] A constituição da cultura da amizade, como desterritorialização dos agenciamentos hegemônicos sobre amor, convivência e laços, ela própria estaria no âmago da fabricação de modos de vida gays com *potencialidades* não fascistas. Sem fatalismos, pois os homossexuais também não podem ser tomados *a priori* como "sujeito histórico" imune ao fascismo...

A educação do corpo e o trabalho das aparências
O predomínio do olhar[1]

Carmen Lúcia Soares

Das cores e formas dos "paraísos terrestres", a carta de Pero Vaz de Caminha e a aparência corporal: primórdios de uma cultura visual

O primeiro dado de observação que utiliza Pero Vaz de Caminha, em 24 de abril de 1500, na caracterização "daqueles homens da terra" de Vera Cruz, é a aparência corporal traduzida pelo impacto nele causado pela cor dos corpos.[2] Na sua Carta,[3] escrevia: "A feição delles é serem pardos, maneira de avermelhados".

Também a nudez revelava-se como marca simbólica fundamental da realidade observada daquela aparência corporal, ela confirmava e caracterizava o "selvagem", o seu estado de natureza, seu vínculo com essas forças; o corpo nu era, ao mesmo tempo, uma possibilidade de definir com precisão a alteridade. Mas, seria a nudez ali observada um estado de natureza? Leituras mais alargadas desse predomínio do sentido da visão dirão que não, pois a fabricação dessa aparência dos habitantes de Vera Cruz certamente diferia daquela dos homens e mulheres do

---

[1] Dedico este texto à minha querida amiga e grande pesquisadora Margareth Rago, por tudo o que representa em minha vida acadêmica e pessoal, pela sua generosidade, amizade e solidariedade.

[2] A ideia inicial desse texto acerca dos corpos dos habitantes de Vera Cruz é amplamente desenvolvida por Jorge Crespo, no artigo A construção do corpo do outro (Século XV –XVI), publicado na *Revista Arquivos da Memória*, n. 1, 1996, p. 7-22. Esse artigo é uma síntese da aula de agregação de Professor Catedrático da Faculdade de Ciências Sociais e História da Universidade Nacional de Lisboa. Todas as referências a essa discussão no presente texto e que não sejam descritas na Carta de Pero Vaz de Caminha estão fundamentadas em Crespo.

[3] CAMINHA, Pero Vaz de. *Carta de Pero Vaz de Caminha à El Rei D. Manuel*, 1° de maio de 1500. Rio de Janeiro: [s.ed.], 1939. p. 16 (BC-ACMS).

Velho Continente, cuja característica principal era sua artificialidade. As roupas, nos termos ocidentais, não existiam, entretanto a pele servia de suporte a signos culturais; eles e elas não estavam de fato totalmente despidos, as marcas corporais de suas epidermes, de alguma forma, os distanciavam da natureza, sem dela se desligar totalmente. Essa ambiguidade de sua aparência os aproximavam, em certa medida, dos homens impregnados de cultura cristã, e o corpo nu revelava-se como fato cultural, pois era também resultado de um processo de socialização.[4] Assim escreveu Caminha:

> [...] andam nús, sem nenhuma cobertura, nem estimam nenhuma cousa cobrir, nem mostrar suas vergonhas, e estão à cerca disso com tanta innocência como têm em mostrar o rosto [...] Alli andavavam entre elles três ou quatro moças, bem moças e bem gentis com cabellos mui pretos, compridos pelas espáduas, e suas vergonhas tão altas, tão serradinhas, e tão limpas das cabelleiras que de as nós muito bem olharmos não tínhamos nenhuma vergonha.[5]

Essa *nudez fabricada*, essa aparência tão próxima do *estado de natureza* se mostrava espantosa, mas nem por isso isenta de deleites estéticos, de emoções singulares, de quase êxtases do olhar. E Caminha emociona-se esteticamente com essa *aparência* dos habitantes de Vera Cruz, completamente nova aos seus olhos já gastos quando diz que

> [...] aí andavam [...] quartejados de cores, a saber: metade deles da sua própria côr, e metade de tintura negra, maneira de azulada, e outros quartejados de escaques (outros) de tintura vermelha pelos peitos e pela espáduas (todos) de bons rostos e bons narizes, bem feitos [...] andavam muito bem curados e muito limpos [...] e tão gordos e tão formosos, que não poderiam mais ser [...][6]

As linhas, os volumes, as superfícies, o frescor desse território corporal margeado por traços desconhecidos, cores impensáveis, luminosidades contrastantes eram fixados por outras referências que aquelas do Ocidente europeu. Na descrição de Caminha, parece haver um privilégio dado à coloração da pele, quase como que referendando sua eficácia. A cor surgia

---

[4] CRESPO, 1996, p. 17.
[5] CAMINHA, 1996, p. 16, 22.
[6] CAMINHA, 1996, p. 16, 22, 26, 36.

ali como código semântico com valor operatório[7] e que pode assumir a qualidade de código de interpretação de uma dada realidade, levando o observador, talvez, a adotar determinadas atitudes mentais.

A cor da pele dos habitantes de Vera Cruz contrastada com as pinturas, traços fabricados pela sua cultura, era um elemento que se observava pelo sentido do *olhar*, um sentido ainda pouco central na época em que viveu Caminha. O *ouvido* e o *tato*, no início do século XVI, possuíam o privilégio na leitura do mundo, *o olho* vinha depois. Entretanto, o olho e o golpe de vista não podiam ser desprezados nesse *século da cartografia* por excelência, quer seja a *cartografia das terras e dos mares conquistados*, seja a *cartografia do corpo*, elaborada pela meticulosa operação de dissecá-lo e de fixar seus contornos e limites pelo desenho anatômico.[8] O ato de descortinar as camadas da pele e dos músculos, adentrando nos supostos "mistérios do corpo", é similar àquele de penetrar nos mistérios das terras e dos mares desconhecidos e conquistados.

Caminha expressa em seu discurso sobre a aparência dos habitantes de Vera Cruz o predomínio do *sentido da visão*, um dos traços fundamentais do espírito do declínio da Idade Média. Seu discurso contém elementos que implicam a lenta e segura elaboração do *sentido do olhar* como nova *utensilagem mental*. O predomínio desse sentido permite que o pensamento tome a forma de *imagem visual*. "[...] Para impressionar verdadeiramente o espírito um conceito tem de aparecer primeiro sob forma visível", nos ensina Johan Huzinga.[9]

Se o pensamento deve surgir primeiro como *forma visual*, atitude mental que não cessa de se afirmar na longa duração, então as aprendizagens sobre o mundo também passam a ter esse predomínio. Uma *cultura visual* tem sua entrada triunfante e vai fixar novas e decisivas referências para se ver e pensar o corpo. Uma delas será dada pela anatomia e por

---

[7] A cor é elemento de identificação de um dado grupo humano e, ao mesmo tempo, de separação de uns e outros. A aparência, descrita pela cor, não era naquele momento elemento central de classificação ou hierarquização das raças, como o será mais tarde, talvez, no século XVIII (CRESPO, 1996, p. 8).

[8] Ver a respeito a tese de doutorado de Vinicius Demarchi Terra, *Memórias Anatômicas,* desenvolvida no Programa de Pós-Graduação em Educação da Faculdade de Educação – UNICAMP, em 2007, sob minha orientação. Ainda sobre a anatomia na definição do olhar sobre o corpo no Ocidente, ver MANDRESSI, Rafael. *Le regard de l'anatomiste: dissecations et invention du corps en Occident.* Paris: Éditions du Seuil, 2003.

[9] HUIZINGA *apud* CRESPO, 1996, p. 11.

seu gesto fundador de *folhear* metodicamente o corpo em suas camadas, chegando a suas entranhas para compreender o funcionamento das partes diferenciadas desse conjunto orgânico e, também, pensar e conceber sua exterioridade, sua visibilidade. A figura anatômica, como ilustração profana do milagre da vida, pode servir de espelho.[10]

Caminha-se ambiciosamente na direção de um corpo, enfim, descoberto e cartografado.[11] A anatomia como ciência do corte, do fragmento, mas, sobretudo, da *imagem*, afirma-se pelo predomínio do olhar e vai elaborando modos de perceber e de educar.

> [...] Para os nossos olhos já gastos, o corpo humano constitui, por direito de natureza, o espaço de origem e repartição da doença: espaço cujas linhas, volumes, superfícies e caminhos são fixados, segundo uma geografia, agora familiar, pelo Atlas anatômico [...].[12]

Se o Atlas anatômico fornece elementos centrais para derivar *pedagogias do corpo* e das *aparências*, servindo de base aos modos como o corpo deveria ser desenhado, seus segredos, entretanto, perdem terreno, e o simples jogo das aparências ganha importância. Não é mais o que está escondido debaixo da pele, mas sim o que se pode fazer com as superfícies. O peso, os excessos e as faltas, as desarmonias. A explosão da arte barroca na Europa no século XVII chama a atenção para uma estética caracterizada por imagens surpreendentes, de simetrias e contrastes luminosos, de golpes de vista impactantes: "[...] Esta estética anuncia uma ciência da aparência, ela convida a experiência da criação a modificar o 'aceito' em proveito do 'desejado' transformando as aparências por si só em fronteiras de possibilidade técnica".[13]

No que diz respeito ao corpo na história, o ato constitutivo da *substância* é a *forma* e esta é a *superfície;*[14] suas problemáticas, portanto, passam a ser formuladas nos termos condicionados na arte de embelezar

---

[10] TACUSSEL, Patrick. Vers un nouvel ordre corporel? Réflexion sociologique sur la chirugie esthétique. In: *Quel corps?* Montpellier, n. 43-44, p. 111-128, fév., 1993.

[11] MANDRESSI, Rafael. *Le regard de l'anatomiste: dissecations et invention du corps en Occident.* Paris: Éditions du Seuil, 2003. p. 159.

[12] FOUCAULT, Michel. *O nascimento da clínica.* Tradução de Roberto Machado. 2. ed. Rio de Janeiro: Forense- Universitária, 1980, p. 1.

[13] TACUSSEL, 1993, p. 110-128.

[14] Anotações de reflexões desenvolvidas por Denise Sant'Anna, em Seminários de Pesquisa pela PUC/SP em 2007, "[...] o sujeito torna-se uma superfície [...] vivemos hoje na era da *apresentação* e não mais na era da *representação*".

as superfícies. Há, talvez, muito mais de *teologia* que de medicina, ou mesmo cirurgia estética nessa saga contemporânea de *adestramento do corpo*, que segue as liturgias do *bem-estar físico* acreditando numa espécie de *reencarnação* cotidiana, e cujos fiéis, aprisionando cada vez mais virtudes, são, a cada dia, muito mais numerosos.

Dessas referências derivam, talvez, as múltiplas formas de governamentalidade do corpo, nelas residindo uma de suas tantas eficácias. Dissecar o corpo, folheá-lo como um livro, ler suas entrelinhas, esgotar o orgânico pelo orgânico e chegar no *imaterial*, naquilo que vamos chamar de subjetividade... fragmentar e tomar posse desse *imaterial, fazer o desejo desejar*. Em que ofenderei eu a providência, libertando meu rosto das rugas, das marcas que testemunham a ingratidão do tempo e não o benefício de meu trabalho ou de meu devotamento? Sou eu predestinado a habitar um físico maltratado pela velhice?

Foucault ensina-nos que

> [...] o que conta nas coisas ditas pelos homens não é tanto o que teriam pensado aquém ou além delas, mas o que desde o princípio as sistematiza, tornando-as, pelo tempo afora, infinitamente acessíveis a novos discursos e abertas à tarefa de transformá-los [...].[15]

Sobre o predomínio de uma cultura visual na fabricação das aparências

Parece não haver dúvidas acerca do *visível* na definição de tudo o que concerne aos corpos no Ocidente. Parece também que essa *cultura visual*, predominante e potencializada pela *tecnociência*, alimenta essa atenção obsessiva e exagerada ao corpo que se vive hoje, atenção que cria e explora, de forma contundente, novas fragilidades acompanhando a ascensão do individualismo contemporâneo, ou, para valer-me das reflexões de Richard Sennet,[16] do *declínio do homem público*. Talvez porque, sob a aparente delimitação do *visível*, de fato, regulam-se em definitivo e são colocadas em jogo, outras dimensões do indivíduo e da sociedade, de espessura mais profunda. Ou ainda porque as tecnologias

[15] FOUCAULT, 1980, p. 18.

[16] Refiro-me aqui à obra de SENNET, Richard. *O declínio do homem público: as tiranias da intimidade.* São Paulo: Companhia das Letras, 1988.

que interferem na aparência, num certo sentido, e dada sua crescente e insidiosa sofisticação, liberam o visível da "prisão da idade", fazendo da juventude uma norma de vida e não mais uma categoria de idade. Assim, a *excelência corporal* ou o *corpo performance* inscrevem-se como um inegável estimulante na estruturação contemporânea das relações interindividuais quando não são mesmo, o vetor estratégico da forma social de reconhecimento ou de notoriedade.

> [...] Aquele ou aquela cujo rosto e corpo atestam lentidão e flacidez causadas pelo tempo, pela duração, de imediato se vê, aos olhos dos outros, como portador de um assombroso troféu. O desafio que a matéria lança ao imaterial é bastante desigual [...] e parece que a transformação do corpo, a estetização das linhas e das formas, são igualmente vitórias sobre o destino, sobre o ser determinado *no* e *pelo* corpo.[17]

A queda das transcendências políticas, morais e religiosas e o esfacelamento dos grandes sistemas de significação reforçam essa importância de uma consciência corporal, de uma espontaneidade sempre renovada: experimentar mais, sentir mais e melhor, aumentar sempre o registro das sensibilidades, não envelhecer. Evidencia-se o investimento físico como o último recurso de duração, de certezas, de engajamento personalizado, de um certo tipo de autodomínio atravessado por uma atenção ao corpo, à sua aparência e ao seu imediatismo.[18]

É nesse universo de imediatismo e de centralidade nas sensações íntimas e individuais que o esporte desbanca as chamadas "ginásticas suaves" e surge como modelo; ele torna-se o princípio máximo de uma cultura de heroísmo e de individualismo do *"faça você mesmo"*: não sucumba diante dos exploradores, seja excepcional, identifique-se com eles, torne-os suportes modelares, pois, cada indivíduo pode ser excepcional, inventando-se e compactando somente as suas próprias forças.[19]

---

[17] TACUSSEL, 1993, p. 118.

[18] Conforme as análises de VIGARELLO, Georges. Mieux être ou ne pas être, *Nouvel Observateur*, les collections, n. 21, p. 70-71, 1995; ver também RAGO, Margareth. Cultura do narcisismo, política e cuidado de si. In: SOARES, Carmen. *Pesquisas sobre o corpo: ciências humanas e educação*, Campinas: Autores Associados, 1997 (no prelo).

[19] As análises que procedo aqui acerca do esporte como modelo de aparência heroica, como forma de gerir o corpo e a aparência tornando-se empresário de si mesmo estão apoiadas na ampla pesquisa que empreendeu EHRENBERG, Alain, especialmente no livro *Le culte de la performance*, Paris: Calmann-Lévy, 1991. p. 182.

O individualismo contemporâneo pode ser também revelado pelo imperativo do consumo, que não escapa das *aparências*, das práticas corporais de moda e do *estilo de vida ativo, esportivo*. A conquista de uma dada aparência parece fazer parte do triunfo de práticas consumistas e alimenta ideias *totalitárias de perfeição corporal*. Os jogos de sedução e a perversidade desse mundo das superfícies em que se vive, orquestrado pela publicidade, tanto de produtos, quanto de atos cotidianos, incitam a consumir não apenas coisas, produtos, mas, sobretudo, desejos que internalizam uma certa obsessão pelo *si mesmo*, por "estar bem" com seu corpo e, acima disso, com sua aparência. Os medos e os temas da ordem do coletivo são cada vez mais escassos e quase invisíveis, imperceptíveis.

Pode-se afirmar que jamais essa atenção ao corpo e à aparência mobilizaram tantas referências, tantas políticas, incluindo aí as políticas públicas de esporte e lazer. Poderíamos afirmar que essa retórica atualiza a retórica higiênica, de corte sanitarista do século XIX, mas de um modo um tanto perverso e diverso, pois a docilidade dos corpos já teve seu triunfo e trata-se, hoje, de fazer o indivíduo *desejar* os controles exteriores traduzidos, entre outras coisas, por uma responsabilidade dele consigo próprio, tornando-o *um manager de seu corpo*.

Enfatizando o tema do prazer e de uma aparência com frescor juvenil, essa *ideologia da vida e do "estar bem"* alimenta as práticas consumistas que concernem diretamente ao corpo e a uma cultura corporal alheia à esfera pública, na qual se pode ler os imperativos hedonistas do: "escolha só o que te faz bem"; "neste verão desperte seus sentidos". Os *pacotes de prazer* que se vendem em diferentes espaços de cuidados com o corpo e a conquista de uma suposta saúde, beleza e juventude insistem sempre em *jogar o jogo do bem-estar,* propondo sempre conselhos adaptados à *"sua" necessidade,* numa conversa *íntima com você.*

As aparências, a performance esportiva e os modelos de gestão de si

Fazer menção à *aparência corporal* é buscar as denominações dadas por certo tipo de saber que se consolida, o saber formado por uma *cultura visual* na qual a anatomia, como ciência visual, possui, sem dúvida, um peso significativo. Vejamos, por exemplo, como o *desejo* de outras aparências é traduzido por uma *linguagem anatômica,* por definições e explicações anatômicas, chegando-se, então, ao veredicto da possibilidade ou não de realização do desejo de transformar as aparências: *diminuir o abdômen e aumentar e definir sua musculatura; aumentar e definir os glúteos; endurecer a musculatura das coxas; aumentar ou diminuir os seios, fortalecer a musculatura da vagina;* exercitar com especificidade a *musculatura da face* etc., etc... São *lições* presentes em nosso cotidiano e que se valem de uma nominação oriunda da *anatomia,* tendo sempre como princípio a sobrepujança, a performance e a excelência do corpo, ou seja, *sempre mais* (!).

Pensemos por exemplo no simples emprego da expressão *fazer a anatomia,* eventualmente do verbo "dissecar"; *fazer anatomia* é uma expressão que alude à aparição da verdade escondida das coisas. Isso apenas para reafirmar ou constatar que se a anatomia não reina mais, embora ainda seja central na formação da área da saúde, os sedimentos que depositou na cultura, pelo contrário, estão sempre lá.[20]

As aparências físicas, bem carnais e explicadas pela anatomia, vão desempenhar um papel também fundamental na exposição do mal, na exibição ou ocultamento das deformidades, das anormalidades do ser, da degenerescência e das consequentes associações com seus opostos e os modos de existência, com o indivíduo e seus comportamentos, padrões de hábitos, atitudes. As aparências físicas também estarão no âmago da transformação das sensibilidades e de criação de uma base comum do sensível.[21]

O trabalho *das* e *nas* aparências, ressignificado a cada época, revela sociedades. Das correções visíveis sobre aparências "indesejáveis", correções que caminham de uma *ortopedia* constituída por aparelhos, de um peso material perceptível e impressionante para as *ginásticas,* num deslocamento radical da exterioridade do "tratamento" para uma interioridade orgânica gerida pelo indivíduo, tem-se, claramente, um trabalho que *manipula o visível,* o trabalho muscular, os contornos, as margens, o desenho final.

O trabalho das aparências por muito tempo esteve "fora do corpo", o artifício estava fora, localizava-se no que vinha de fora: eram os espartilhos, as cruzes de ferro, os saltos altos, as botas ortopédicas, entre outros artifícios aceitos. Os contornos, os volumes, os desenhos eram construídos por artefatos exteriores que sustentavam uma dada aparência. Melhorar a obra do Criador? Mentir para dar a ilusão do que não se é? Orgulhar-se

[20] MANDRESSI, 2003, p. 272.

[21] Ver a respeito HUNT, Lynn . *A nova História Cultural.* São Paulo: Martins Fontes, 1992.

de poder refazer-se? Por muito tempo essas alterações seguiram circunscritas a esse conjunto de *elementos exteriores*. Esse reino da artificialidade exterior vai sendo paulatinamente combatido com severidade por médicos, filósofos e pedagogos ao longo de todo o século XVIII, sendo Rousseau um de seus expoentes. Nesse contexto em que reinava uma "ortopedia", a postura reta e endireitada do corpo não era sustentada pela força de músculos, pela combinação adequada das forças que deveriam ser geridas pelo indivíduo, mas, sim, pelos artifícios exteriores.[22]

O combate a esse modelo de "educação do corpo" e de fabricação das aparências" vai permitindo, nesse mesmo movimento, o nascimento de uma defesa de sutilezas que educam o corpo orgânico, de intervenções fundamentadas numa ciência que se dedica a esse *corpo orgânico* e na qual as ginásticas, assim como as cirurgias corretoras, vão triunfar. O corpo torna-se, assim, *superfície de múltiplas experiências* de transformação do visível.

No romance *Madame Bovary*, de Gustave Flaubert, pode-se verificar esse mesmo movimento de fabricação das aparências no que tange à moda e aos exercícios físicos. Emma Bovary vai adquirir tudo o que pode para livrar-se de uma *aparência provinciana*, pobre, comum, seu corpo vai sendo moldado pelo seu *desejo de parecer outra*. Talvez essa personagem já seja a concentração dos deslocamentos que não cessam de ocorrer e que vão da *materialidade física do organismo* para a subjetividade do indivíduo, sua vontade, seu desejo.

Pode-se chegar a outras camadas? Talvez elas não mais existam e o trabalho inscrito na superfície seja mesmo aquele que dá visibilidade às *pedagogias que não cessam* de fabricar as aparências. Esse resultado visível não será mais alcançado apenas pelo trabalho no corpo pensado no momento das disciplinas que tornavam os corpos dóceis e úteis. Essa passagem vai mostrar que é no *imaterial*, naquilo que podemos chamar de subjetividade, num lento e obstinado trabalho nas emoções, na vontade do indivíduo que se vai agir. Domesticar o desejo pelas superfícies lisas e luminosas, pelas aparências de excelência corporal. Não é mais o trabalho das ginásticas e das cirurgias que conta, elas são apenas meios, é o trabalho de domesticação dos desejos e onde a fórmula higiênica que potencializava o vigor dos corpos deve ser substituída.[23]

---

[22] Ver a respeito a extensa pesquisa de VIGARELLO, Georges. *Les corps redressé: histoire d'un pouvoir pédagogique*. Paris: Jean-Pierre Delarge, 1978.

[23] VIGARELLO, 1978.

O que faz com que se deseje esse ou aquele corpo, essa aparência e não outra, o que faz com que as aparências estejam cada vez mais imbricadas no que se poderia chamar de *performance*? O que faz com que uma visão muscular da vida triunfe fazendo das múltiplas faces da *performance* e de suas *eficácias*, expressões centrais da vida humana? Há também – e largamente – uma performance das emoções, um culto da emoção conforme expressão de Michel Lacroix. É possível perceber claramente que "[...] o culto da emoção é a manifestação suprema do individualismo. Representa a culminância do culto do eu. Para o homem contemporâneo, todo projeto de expansão passa agora pela atualização de seu 'potencial emocional' [...]".[24]

O deslocamento da ortopedia para as ginásticas e das formas de intervenção ligadas às tecnologias da beleza e da saúde para a *subjetividade* é um processo muito mais complexo e de alcance muito superior. A potência do corpo e de seus gestos, sua performance e excelência sempre plenas são vetores da emoção. É claro que esse "culto da emoção" a que se refere Lacroix está intimamente ligado ao lugar conferido ao corpo nesse momento histórico. Poder-se-ia inferir que em parte é mesmo esse interesse pelo corpo que vai explicar

> [...] o ardor com que o homem contemporâneo redescobre a emoção. Ao reabilitar o corpo, é-se levado, pelo mesmo movimento a reabilitar a emoção. O culto da emoção e o culto do corpo são as duas faces de uma mesma revolução das mentalidades [...] a emoção é carnal. É sensibilidade encarnada. Viver emocionalmente, portanto, é viver tão perto quanto possível do próprio corpo. Deixar as emoções falarem equivale a dar a palavra ao corpo. O culto da emoção seduz o homem contemporâneo porque legitima uma maneira orgânica e básica de viver. Ao nos abandonarmos a nossas emoções, reaprendemos a *ser* nosso corpo. Sentimos os deliciosos afloramentos da fisiologia sob o envoltório cultural [...].[25]

As formas de afirmar esse deslocamento são múltiplas, e a profissionalização da identidade sob a égide da imagem, da aparência pode ser uma delas. Conforme Ehrenberg,[26] "[...] este processo oculta a diferenciação entre espaço íntimo de identidade (quem sou eu?) e espaço público do êxito (o que eu faço?). Ela assimila a identidade e sua aparência onde eu sou aquilo que pareço ser – pois somente a imagem de minha performance é importante".

[24] LACROIX, Michel. *O culto da emoção*. Rio de Janeiro: José Olympio, 2006. p. 53.
[25] LACROIX, 2006, p. 40.
[26] EHRENBERG, 1991, p. 212.

O trabalho das aparências é, em grande medida, um trabalho que toma por referência o *esporte* no sentido que Ehrenberg o analisa, ou seja, de uma atividade que se evadiu de si mesma e se tornou algo muito maior, se tornou um estilo de vida, um estado de espírito, uma busca constante e um prazer pelo desafio e pela aventura, seja individual seja coletiva. Sua simbologia, nesse sentido, também é ampliada e ele promete a imagem de um indivíduo autônomo, aquele que gerencia sua saúde e sua *aparência* física, mas que não esquece das implicações dessas duas dimensões em sua vida profissional.

De fato, o indivíduo esportivo é o empresário de sua própria existência, é o *manager de seu próprio corpo.*[27] *Por essa razão, talvez é que o sucesso dos chamados esportes radicais seja tão grande, pois essas práticas corporais*[28] *prescindem de um esforço muscular tal qual o ato de nadar, correr ou mesmo "jogar bola",* por exemplo. Ao reduzir esse esforço muscular em prol de outros elementos para praticá-los, abrem-se possibilidades infinitas para a euforia, o êxtase, a vertigem, o júbilo. Pensemos, por exemplo, nos patins, nos parapentes e asas deltas, nas canoas e seus caminhos serpentuosos em corredeiras desconhecidas, na prática do rapel e de seus saltos do alto de montanhas. O que são essas práticas senão meios generosos que proporcionam *emoções fortes* e, ao mesmo tempo, colam a imagem/aparência do praticante a um ideal de *aventura*, de associação plena entre *vitória e sobrevivência*, aliás, uma máxima bem conhecida dos chamados *esportes de aventura*?

O momento das *disciplinas* pensava no governo dos homens em sua similitude, cada qual possuía seu lugar na hierarquia social. "[...] disciplina constituía uma técnica que colocava em forma a coexistência dos semelhantes. Ela foi uma igualdade sem liberdade repousando sobre uma hierarquia onde cada um devia ter seu lugar".[29]

É interessante perceber, por exemplo, o quanto as ginásticas foram centrais nesse momento, compondo uma cartografia do detalhe e atuando nos mais íntimos espaços do corpo. Foi assim que as ginásticas integraram procedimentos educativos, aqueles mesmos exigidos nos processos de trabalho industrial, bem na passagem do século XVIII para o XIX, quando a repetição dos gestos precisos e especializados se vinculavam diretamente

---

[27] EHRENBERG, 1991, p.177.

[28] Prefiro utilizar a expressão "práticas corporais" em vez de *esporte*, pois muitas delas, não se caracterizam como tal, embora sejam assim denominadas, o que dá bem a ideia de certa *domesticação* empreendida pelo esporte em relação ao conjunto dessas práticas.

[29] EHRENBERG, 1991, p. 219-220.

aos lucros dos objetos "fabricados". Era imprescindível *decompor* os gestos humanos, estudá-los separadamente e *"treiná-los"*. As ginásticas concorriam para esse fim, para o desenvolvimento de uma *destreza específica* e, sobretudo, de uma *disposição precisa das forças*. Eram uma técnica adequada de adestramento dos corpos pensados em suas similitudes, todos deviam ser iguais.

De modo inverso, o *esporte* e, mais ainda, o *esporte de aventura* e o espírito empresarial que funda uma *profissionalização da identidade* vão constituir uma maneira totalmente inédita de exercer um poder que tem seu fundamento primeiro sobre uma simulação de autonomia. "[...] Agir sobre si mesmo não tendo outro representante que *si mesmo* é o ponto central da gestão participativa, como a obediência imposta do exterior foi aquela da disciplina."[30]

O sentimento de liberdade de ação, ou melhor, a aparência de liberdade, torna a sujeição muito mais eficaz. O esporte é, assim, protagonista de um estilo de vida, de um estado de espírito e não se reduz a um conjunto de procedimentos corporais com vistas a obter resultados específicos. Ele também não é mera distração ou pedagogia virtuosa do corpo. Ancora-se na vida cotidiana e torna-se referência generalizada à existência, aos modos de cuidar de si mesmo.

> [...] Empregado a título de referência, de metáfora ou de princípio de ação em registros cada vez mais ampliados de nossa realidade contemporânea, (o esporte torna-se) um sistema de condutas de si que consiste em implicar o indivíduo na formação de sua autonomia e de sua responsabilidade [...] uma técnica de fabricação da autonomia, uma aprendizagem do governo de si que joga tudo tanto na vida privada quanto na vida pública.[31]

Se por muito tempo o esporte foi mantido em uma inferioridade social, na atualidade ele rompeu com tudo isso e, lentamente, ajudou a inventar uma outra sensibilidade. *Forma física e aparência corporal imperam* tanto no âmbito do privado quanto do público, e é o esporte que fornece o modelo para ampliar as eficácias, aumentar as performances alimentando a ilusão da *autonomia*. Conforme Ehrenberg:

> [...] O ponto vital desta mitologia que une performance e autonomia reside nas transformações da narrativa esportiva: ela rompeu com a moral disciplinar

[30] EHRENBERG, 1991, p. 229.
[31] EHRENBERG, 1991, p. 177, 178, 179.

de submissão a interesses superiores – a Pátria, Cristo-Rei, o homem novo. Hoje, o esporte é um aspecto da "galáxia da autonomia": não mais um constrangimento que é imposto em nome de qualquer coisa de superior a você mesmo, mas uma liberação que se impõe a si mesmo em nome de si mesmo, de sua saúde, de seu stress, de sua aparência física etc. [...] O esporte é desde então qualquer coisa de inerente ao desejo de ser sujeito por si mesmo e não objeto de qualquer coisa; é por isso que ele passa mais por um ideal de liberação que por uma moral estreita ou uma alienação...[32]

De um ponto de vista mais amplo, essa nova mitologia esportiva coloca em evidência um único modelo, aquele do indivíduo que cuida de sua forma física e de sua aparência, uma aparência sempre jovem, reforçando desse modo a ideia de *juventude* não mais como categoria de idade e sim como norma de vida. O indivíduo modelado por essa nova mitologia esportiva contemporânea é sempre heroico, é aquele que se arrisca sempre em vez de se proteger pelas instituições, procurando agir sobre si mesmo e não se deixar comandar pelos outros e definindo sua imagem idealizada, qual seja, de "[...] um indivíduo puro, sem raízes e sem passado, que não se refere senão a ele mesmo".[33]

Reservatório de significações performáticas, o esporte afirma-se como um sistema de referências convincentes para a vida em sociedade nos moldes como se vive hoje, ou seja, naqueles em que a performance, a concorrência e a ilusão da autonomia se impõem. Molde em que a fabricação da aparência é o resultado de uma *performance da própria subjetividade*.

O *trabalho das aparências*, sempre vinculado à sobrepujança, desloca-se hoje para o *imaterial da existência humana*, para o que se poderia chamar de subjetividade. Não se cuida do corpo apenas para manter a saúde, mas para estar alerta e pronto, com vontade de agir sobre si mesmo, concorrer sempre e vencer cada vez mais, sendo eternamente jovem. Os corpos vigorosos que desfilam aos nossos olhos nas inúmeras revistas de saúde ou peças publicitárias na TV, lisos, leves e sempre com a "cor do verão", escapam, sem dúvida, das prescrições dadas pela velha ginástica, desviando-se das "[...] disciplinas coletivas e de seus comandos decisivos para privilegiar as expectativas circunstanciais e frágeis de cada um", conforme sugere Vigarello.[34]

[32] EHRENBERG, 1991, p. 182.
[33] EHRENBERG, 1991, p. 183.
[34] VIGARELLO, 1995, p. 70.

O triunfo de um indivíduo cada vez mais independente da esfera pública e dependente das redes informacionais e armadilhas midiáticas, autocontrolado, sem dúvida[35] coloca no centro do debate sobre o corpo e as práticas corporais sua parcela de contribuição para o *declínio de uma cultura pública, da esfera pública.* A aparência corporal e sua exibição como espetáculo calculado de performances perversas parece ser o que se busca à exaustão e cujo resultado compõe mesmo a ideia do imediatismo em que tudo deve existir: seja magro o mais rápido possível, seja bronzeado com a cor do verão, seja jovem para sempre, evite o envelhecimento! Aqui se desenha a queda de tudo o que está mais adiante e apagam-se grandes mensagens, referências que iriam além dos centímetros a perder ou a ganhar. Uma verdade quase única se impõe num rigor enganoso de normas e exigências sobre o corpo e suas performances, sejam elas esportivas, sexuais, de beleza, sejam suas possíveis combinações vinculadas à ideia de um *bem-estar pleno e de uma aparência modelar.* Parece que a aparência corporal torna-se, efetivamente, o último objeto de valorização íntima que se exibe como conquista individual.

---

[35] Ver entre outros RAGO, 1997 (no prelo); FRAGA, Alex Branco. *Exercício da informação: governo dos corpos no mercado da vida ativa,* Campinas: Autores Associados, 2006.

Michel Foucault e os paradoxos do corpo e da história

Denise Bernuzzi de Sant'Anna

No final do livro *As palavras e as coisas*, Michel Foucault escreveu que o homem inventado no final do século XVIII poderia desvanecer, tal como um rosto desenhado na areia à beira mar. Essa bela imagem serviu a inúmeros mal-entendidos. Se para alguns contemporâneos de Foucault ela possibilitava uma nova abertura do pensamento, uma espécie de estímulo para ampliar os horizontes da cultura, para outros, ao contrário, sua dissolução ameaçava as alternativas de resistência e criação. E, nesse caso, infelizmente, houve acusações abusivas: alguns intelectuais chegaram a dizer que, como se não bastasse a morte de Deus, Foucault havia eliminado o homem e a própria vida.

No entanto, pelo menos desde a publicação do livro *História da loucura*, Foucault não tinha como pressuposto a ideia de uma consciência se desenrolando ao longo do tempo, unificada em torno de um sujeito universal. Ao historicizar os modos de dizer a verdade, o filósofo afirmou seu propósito de pesquisar problemas históricos bastante informativos sobre a própria constituição da noção de sujeito. Mesmo assim, e talvez por isso mesmo, houve críticas sarcásticas voltadas a associar Foucault à imagem sombria e doentia do pesquisador obcecado pelo poder. Como se, especialmente em *Vigiar e punir*, entre o *Panóptico* de Geremy Bentham e o Goulag, a distância fosse mínima, pois o autor seria partidário de um fragmentado mundo sem sujeito, quiçá desprovido de seres humanos. Em resumo, e seguindo o que escreveu Elizabeth Roudinesco, Foucault, foi acusado de tudo.[1] Além disso, mesmo tendo comprovado uma erudição, assombrosa,

---

[1] ROUDINESCO, Elisabeth. *Filósofos na tormenta. Canguilhem, Sartre, Foucault, Althusser, Deleuze e Derrida*. Rio de Janeiro: Jorge Zahar, 2007, p. 115-117.

sua contundente crítica ao humanismo permaneceu, em grande medida, sob suspeita. Néstor Canclini, por exemplo, escreveu que o caráter reativo e reducionista de estudos como os de Foucault negam o sujeito e, por conseguinte, impedem a emergência de ações transformadoras.[2]

Face a tantas críticas, é difícil conter a tentação de inverter o lugar da suspeita e perguntar: afinal, por quais razões vários intelectuais se inquietaram diante da hipótese do desaparecimento da "forma homem" inventada no final do século XVIII? Pois se tratava bem de uma forma homem e não certamente do ser humano. Ou ainda, qual temor e qual desejo alimentaram essa inquietação?

Pensar nessas perguntas talvez seja um trabalho mais instigante hoje do que aquele de sair em defesa, seja de Foucault, seja dos que o criticaram. Aliás, Foucault se posicionou diante de diversas interpretações feitas sobre o seu trabalho. Por exemplo, em resposta ao historiador francês Jacques Léonard, numa carta intitulada "A poeira e a nuvem", Foucault demonstrou o equívoco que representa buscar em seus textos aquilo que ele não se propôs a fazer, ou então o esforço de neles buscar a história de um período, a legitimação de alguma verdade.[3] Pois toda a trajetória filosófica de Foucault levou-o a historicizar a noção de verdade e a escrever sobre os "*a priori* históricos do pensamento" (proposta que para muitos soava como uma contradição entre os termos). Isso porque Foucault possuía como ponto de partida não o sujeito ou o objeto constituído, e sim os acontecimentos – no sentido deleuziano do termo.

A partir dessas ideias introdutórias, bastante conhecidas para os leitores de Foucault, eu gostaria de apresentar uma rudimentar hipótese de trabalho: tendo em vista que o ponto de partida das análises de Foucault não era o sujeito delimitado de uma vez por todas nem o objeto já constituído, esse filósofo precisou trabalhar com uma certa noção de historicidade distinta de diversos conceitos de História utilizados por historiadores até então. Uma historicidade intensiva – e não somente extensiva à moda de uma tapeçaria sobre a qual se distribuiriam naturalmente os homens, os tempos e os espaços. No lugar de distribuir alguma coisa, essa historicidade é inventada compondo o sentido, no momento mesmo de sua disjunção.

---

[2] CANCLINI, Néstor Garcia. *Diferentes, desiguais e desconectados*. Rio de Janeiro: UFRJ, 2006, p. 192.

[3] FOUCAULT, Michel. La poussière et le nuage. In: PERROT, Michelle (Org.). *L'impossible prison*. Paris : Seuil, 1980, p. 59-63.

Historicidade, portanto, antes de tudo, paradoxal, capaz de conjugar as *condições de possibilidade* da razão e da desrazão, do clínico e do paciente clinicável, dos investimentos feitos ao corpo e do desejo de jamais deixar de falar em seu nome. Foucault convocaria assim a figura do paradoxo, poderosíssima na tradição ocidental, pois ela remonta às fragilidades da lógica binária do pensamento, repleto de oposições naturalizadas ao longo dos séculos. Potente figura também, porque o paradoxo não deixa de evocar certo controle do tempo, um tipo de astúcia ou *métis* de desfazer, feito Penélope, a obra que precipita os homens à beira do que os constrange e os abate.

Esse seria um dos aspectos da historicidade paradoxal colocada em funcionamento na obra de Foucault. Mas há outros que eu gostaria de mencionar rapidamente a seguir:

O primeiro se refere à dimensão literária da noção de paradoxo. Para Foucault, a literatura representa uma forma de conhecimento privilegiada. Não por acaso, a exposição oral de seu pensamento tendia a tomar a forma de desenhos, intimamente inspirados na ficção e nas artes. E, como se sabe, a antiga figura do paradoxo contribuiu para que diversos escritores, de Lewis Caroll a Jorge Luis Borges, inventassem fábulas sobre mundos tão irresolutos quanto avessos ao descarte de todos os limites. Também na filosofia, graças ao paradoxo, pode-se desarmar a naturalidade com que uma série de clichês parecem funcionar como se fossem a artéria principal de um conceito. Gilles Deleuze, por exemplo, fez uso da noção de paradoxo para construir uma lógica do sentido.[4] Embora a noção de paradoxo não apareça de modo explícito nos textos de Foucault, seu funcionamento é expresso na medida em que as oposições binárias, constituintes de boa parte do pensamento ocidental, são consideradas feixes de novos problemas e não unicamente soluções.

Na verdade, desde as definições dos dicionários até o trabalho literário como o de Borges, a figura do paradoxo indica não apenas a reunião de incompatíveis, mas, sobretudo, a impossibilidade da comunhão imediata entre eles. Diferente do antigo imaginário cristão da completude das duas metades, distante da adequação de uma ideia dentro da harmonia de uma ação, a noção de paradoxo não se acostuma bem a tantos confortos. Por

[4] DELEUZE, Gilles. *Lógica do sentido*. Tradução de Luiz Roberto Salinas Fortes. São Paulo: Perspectiva, 1974.

isso, talvez, ela funciona como uma espécie de álibi contra o florescimento compulsivo da falta de vontade de pensar, ou, se preferirem, do cultivo da imbecilidade. Isso porque, como veremos adiante, a imbecilidade, tanto quanto os seus opostos, não são da natureza do ser humano e sim tendências que se cultivam e se fabricam industrialmente, ou mesmo artesanalmente.

Um segundo aspecto está na visão de história resultante do trabalho de Arlette Farge e de Michelle Perrot untamente com Foucault. Depois de trabalharem com filósofo, elas concluíram que a história não seria um romance, nem exatamente uma narrativa. Contudo, ela também não se limitaria apenas aos limites de uma análise dos sujeitos e de suas ações. A história seria, sobretudo, um *instrumento*. E não qualquer instrumento. Mas um instrumento utilizado para inventar problemas onde aparentemente eles não existem. Ou, indo mais longe, um instrumento para cada um deixar de ser o que é e pensar o que ainda não pensou; um instrumento enfim arquitetado pelo desassossego do homem moderno e votado a não lhe oferecer calmante nem consolo.

Um terceiro aspecto está no fato de Foucault trabalhar com uma perspectiva histórica que não é linear nem cíclica, pois ela congrega o antigo para fomentar não necessariamente o novo, mas, sobretudo, o impensado. E, como há muito se sabe, o instrumento histórico é capaz de fabricá-lo. Em algumas entrevistas Foucault explicou que ao escrever sobre a morte do homem talvez tivesse dado a impressão de que as ciências humanas teriam enfim encontrado esse homem. Mas na verdade não era isso. Tratava-se de mostrar o quanto o homem é ele mesmo histórico na medida em que se entende a história não como uma interpretação global do passado, tampouco como um bucólico mergulho no detalhe antigo, desvencilhado do presente.

Um último aspecto, intimamente relacionado aos anteriores, está na ausência de garantias desse trabalho historiográfico e, ainda, da própria experiência de pensar. A partir de Nietzsche, Foucault postulou que o conhecimento não é natural.[5] Pensar exigiria trabalho. E esse trabalho jamais possuiria mão única, nunca poderia garantir um conhecimento de antemão, pois se assim fosse não seria de fato pensamento mas, muito mais, o cumprimento de um destino ou, numa versão menos dramática, o cumprimento de um reflexo.

---

[5] FOUCAULT, Michel. *A verdade e as formas jurídicas.* Rio de Janeiro : PUC/NAU, 1976, p. 17.

Como se sabe, uma coisa é o reflexo, outra, a reflexão. Palavras semelhantes, cujos conteúdos trocam informações diariamente, "reflexo e reflexão" não formam as duas metades da mente humana. Reflexo e reflexão são diferentes, mas ao mesmo tempo concomitantes. No entanto, é principalmente com o desenvolvimento da biopolítica que se pôde assistir à produção em massa de um estranhíssimo divórcio: de um lado, os seres que agem por puro reflexo, e de outro os que dispõe de reflexão. Como se fosse possível existir seres que fossem pura reflexão ou unicamente reflexo (embora, nesse segundo caso, é bom lembrar, existe a ameba, ser vivo muito simples: a única membrana que possui realiza toda a separação entre seu interior e o fora. Por isso a ameba é obrigada a responder imediatamente aos estímulos externos; ela parece, de fato, um ser desprovido de tempo para refletir).

Na época contemporânea, permeada por prazos de validade curtíssimos, dentro dos quais o risco do descarte e o da obsolescência são bem reais, entre a reflexão problematizadora do mundo e o reflexo imediato, que não se depara com nenhuma dúvida, opta-se, várias vezes, pelo reflexo. Como se um pudesse existir sem o outro. Ocorre que o reflexo parece mais rápido do que a reflexão. O reflexo tende a ser mais barato e mais leve do que aquela, pois, como foi sugerido, para refletir é preciso dispor de algum tempo. Por reunir um conjunto de expressões e de gestos cuja familiaridade foi construída ao longo dos anos, o reflexo é mais seguro do que a reflexão, mais submisso ao controle do que ela, mais previsível do que os volteios reflexivos... e num mundo em que a publicidade da insegurança não cessa de ser bombardeada sobre todos, não é de se estranhar que a figura do reflexo adquira um valor inestimável.

Entretanto, para perceber problemas onde aparentemente eles não existem, é preciso refletir, e refletir sobretudo sobre os próprios reflexos. Por isso, a reflexão incomoda mais do que acomoda, desestabiliza mais do que apazigua, o que torna as coisas ainda mais difíceis para quem quer continuar refletindo, pois como já é possível deduzir, a reflexão não é promessa de lucro, sucesso ou alegria. Ou melhor, ela não é promessa nem necessariamente solução. Ora, então por que insistir nessa ideia? Não seria mais pertinente refletir cada vez menos? Se a reflexão não possui garantias, a não ser aquela de que ela é a sua própria condição de existência, para quê refletir?

Sobre tais questões, interessante lembrar de um livro recentemente traduzido no Brasil intitulado *Como me tornei estúpido*.[6] Nele há um personagem chamado Antoine, professor de aramaico, que num certo momento da vida decidiu parar de refletir. Estava cansado de refletir sobre as causas de quase tudo e começou a pensar na possibilidade de emburrecer. Desejava cessar de problematizar o que estava em jogo na fabricação de um tênis Nike, por exemplo, queria deixar de ficar triste sempre que descobria o quanto na história do imperativo tênis havia a exploração do trabalho de criancinhas do Terceiro Mundo. Talvez seja possível deduzir que como professor ele fosse mal remunerado, passasse os dias ensinando a pensar, mas duvidava que isso ainda fizesse algum sentido.

Então Antoine resolveu empreender uma série de trabalhos para ficar imbecil. Seu médico lhe disse que uma lobotomia não seria recomendável, o que não lhe dava outra alternativa a não ser a de transformar, graças ao esforço pessoal, o próprio pensamento numa espécie de guia muito simplificado da boa forma. Antoine não apenas ingressou numa academia de ginástica e foi trabalhar na bolsa de valores, como também expulsou de sua casa livros e a lembrança de antigos amigos. Qual era o grande inimigo de Antoine nesse momento? Creio que eram os paradoxos. Como pode uma coisa ser isto e aquilo simultaneamente? Como pode uma verdade ter uma história repleta de mentiras?

O processo de emburrecimento de Antoine foi voluntário. No cotidiano atual, o emburrecimento é, em geral, pouco percebido como sendo consciente, visível e diagnosticável. Raramente ele toma a forma de um projeto de vida, pronto e acabado. Emburrecer, no sentido de tornar as reflexões miúdas e ralas, pode ser uma tendência difusa, arraigada à banalidade dos hábitos.

Permitam-me abrir aqui parênteses para contar-lhes um episódio fictício capaz de ilustrar melhor o que acabo de afirmar. Imaginem uma mulher que, sem nada para fazer no aeroporto – os voos atrasados – prostra-se desligadamente diante de uma televisão, no saguão de embarque. E, disposta a assistir a qualquer coisa, ela se depara com uma cena comum nos programas televisivos brasileiros da atualidade: quatro homens fardados correndo atrás de três jovens sem fardas. Diante disso, a mulher pergunta ao homem que está sentado a seu lado:

---

[6] PAGE, Martin. *Como me tornei estúpido*. Rio de Janeiro: Rocco, 2006.

– Quem são os três rapazes?

Ao que o homem responde:

– Ora, são bandidos.

Depois de alguns instantes de silêncio, a mulher, não satisfeita com aquela estimulante resposta, insiste:

– Mas o que eles fizeram, os bandidos?

E o vizinho lhe responde no mesmo tom:

Não sei, são bandidos, a polícia está atrás deles!

Nesse sucinto diálogo, nada é complicado. Pois se conclui que quando homens sem farda fogem de homens com farda estamos falando de bandidos e policiais. Ou seja, se são policiais correndo atrás de seres humanos, esses são realmente bandidos. E se esses são bandidos, aqueles homens que os perseguem são, de fato, policiais. Reflexão alguma cabe aqui. Apenas o reflexo que junta de tal modo a dupla bandido e polícia impedindo que algum sopro reflexivo possa desgrudá-los.

Ora, quando essa forma de ver o mundo, baseada no automatismo de um reflexo, toma a maior parte da vida cotidiana, a primeira coisa que fica anêmica é a potência de se apaixonar. E isso por várias razões:

Primeiro porque tal potência tende a ter os olhos de um detetive voltado à pesquisa do mundo. O apaixonado é um intenso pesquisador, ele depende, portanto, da ação reflexiva, pois raramente está completamente seguro sobre os sentimentos do outro; no fundo da ebulição de seus afetos, ele sabe que justamente naquilo que parece mais familiar no objeto de seu amor, reside uma incomensurável diferença entre ambos. Por isso ele é de certo modo ofegante intranquilo na busca de todas as pistas do objeto de sua paixão, ciente da provisoriedade e da finitude de cada criação, de cada pensamento, de cada paixão. O apaixonado também parece uma figura ameaçada por aquelas obsessões contemporâneas voltadas a extirpar totalmente o sofrimento de dentro dos afetos.

Uma segunda razão está no fato de o apaixonado ser, conforme indica Gilles Deleuze no livro *Proust e os signos*,[7] o pesquisador que roça o impensado não forçosamente em lugares totalmente novos, distantes de

---

[7] DELEUZE, Gilles. *Proust e os signos*. Tradução de Antonio Carlos Piquet e Roberto Machado. Rio de Janeiro: Forense-Universitária, 1987.

sua morada. Muitas vezes é em meio à trivialidade que a apaixonada flagra tudo o que vai lhe forçar a pensar o que jamais sonhara. Na medida em que faz isto, o apaixonado experimenta a vivência de um tempo único, cuja densidade não lhe cabe controlar. Um tempo no qual o objeto de sua paixão, assim como a sua própria existência, ganham uma dimensão singular, incomparável e, ao mesmo tempo, profundamente humana.

Uma terceira razão refere-se à própria natureza da experiência da paixão: embora as suas representações estejam cada vez mais misturadas a clichês, ela é sempre uma abertura silenciosa rumo à transfiguração física e psíquica, dentro da qual há zonas emocionais absolutamente indescritíveis. Zonas em certa medida semelhantes ao que Roland Barthes chamou de Neutro.[8]

Mais do que qualquer qualidade ou vício, o neutro é algo difícil de ser pensado. Barthes propõe uma noção de neutro distante de ser simplesmente sinônimo de falta e próxima a um volume de intensidade avesso às definições acabadas e, ainda, arredio à tentativa de representação. Diante do neutro – que não é isso nem aquilo – nossas certezas patinam. Ao perceber a presença do objeto da paixão, essa sensação incompreensível do neutro é inventada a partir do corpo apaixonado: zona destituída de significado imediato, paisagem escorregadia, onde nada parece ter destaque e diante da qual tudo é avesso à tendência de se apegar a uma única explicação, o neutro é difícil de ser pensado não porque seja algo exótico, inusitado, mas porque, diferente dos contrates entre o sim e o não, o bom e o mau, o muito e o pouco, facilmente representáveis, o neutro não pede adesão nem recusa. Assim como o objeto da paixão que ainda não é totalmente dominado, o neutro tende a escorregar para fora dos contrastes grandiloquentes. Por isso tal estado é vivido pelo apaixonado na medida em que ele se entrega ao que pouco conhece de si e do outro e, ao mesmo tempo, aprimora a pesquisa para entender "o que se passa", aprendendo a sentir a dor e o prazer de diferentes formas, detalhadamente, miúda e intensamente.

A partir dessa experiência, os clichês tendem a ficar nus e sem teto. E talvez seja em meio a esse desalento que se possa pensar paradoxalmente suas condições de possibilidade. Pois tentar reduzir os clichês a pó ainda não é suficiente. E o apaixonado teria todas essas lições para aprender e muitas outras a esquecer. O apaixonado vive intensos momentos de

---

[8] BARTHES, Roland. *O Neutro*. Tradução de Yvone Castilho Benedetti. São Paulo: Martins Fontes, 2003.

confrontação com o neutro, ao contrário do que irradia a publicidade sobre os contrastes amorosos midiatizados. Momentos que beiram o não sentido, mas que, nem por isso, carecem dele. Figura de difícil apreensão e por isso mesmo potente ferramenta capaz de mobilizar o pensamento.

★★★

Retomando, enfim, a imagem do rosto que desaparece na areia da praia, mencionado no começo desta apresentação e no desfecho do livro *As palavras e as coisas*, talvez fosse o caso de pensar que a mesma onda capaz de apagar tal figura tenha, ela mesma, a potência de sugerir os traços de uma outra. No entanto, o escopo imagético desses traços ainda não foi capturado pela visão daquele homem que se apagou. E o que não se consegue ver, longe de ser o nada niilista, dentro do qual impera a falta, seja talvez a seara do neutro, aquela fenda cavada pela paixão de problematizar o mundo e de refletir sobre si empreendida por Foucault, diante da qual os clichês duvidam deles mesmos, Antoine fracassa em seu projeto de emburrecer, e nós fracassamos também na tentativa de transformar as belas ideias em joias a serem ostentadas e não em ferramentas de pesquisa e armas de combate.

Às margens d'*O Mediterrâneo*
Michel Foucault, historiador dos espaços

Durval Muniz de Albuquerque Júnior

A Escola dos Annales e, mais particularmente, Fernand Braudel e seu livro *O Mediterrâneo e o Mundo Mediterrânico na Época de Felipe II*[1] são normalmente considerados como aqueles que teriam introduzido os espaços como tema da historiografia ocidental, que teriam inaugurado uma geoistória, retirando da naturalização essa categoria. Talvez seja esse interesse por fazer a história de espaços que explique, em parte, a admiração que Braudel sempre demonstrou em relação aos escritos de Michel Foucault. Já em 1962, Braudel comenta de forma entusiástica, em nota publicada na *Revista dos annales*, o livro a *História da loucura* e, mais tarde, também será um dos primeiros a elogiar *As palavras e as coisas*, muito contribuindo para sua consagração imediata, sendo um dos historiadores profissionais que o reconhecem como um livro de história, apesar da reação negativa de muitos profissionais da área.[2] Sendo já considerado o mais poderoso historiador francês do momento, Braudel terá um papel importante, e Foucault reconhecerá isso várias vezes, na carreira do filósofo, no seu reconhecimento como praticante de uma nova maneira de fazer história. Em 1964, Foucault chega a assinar um contrato com a Editora Flamarion para escrever uma história da histeria que seria publicada na coleção intitulada Nouvelle Bibliotèque Scientifique dirigida por Braudel.[3] Eles estarão juntos, em 1965, na chamada Comissão dos Dezoito, nomeada pelo Ministro da Educação Christian Fouchet para elaborar uma proposta

---

[1] BRAUDEL, Fernand. *O Mediterrâneo e o mundo mediterrânico na época de Felipe II*. 2 v. Lisboa: Martins Fontes, 1984.

[2] Ver ERIBON, Didier. *Michel Foucault: uma biografia*. São Paulo: Companhia das Letras, 1990, p. 124-125.

[3] ERIBON, 1990, p. 149.

de reforma universitária; a indicação do nome de Foucault teria sido feita por Braudel.[4] Em 1967, quando Foucault procura uma colocação em uma Universidade localizada em Paris, Braudel se dispõe a recebê-lo na VI sessão da École Pratique des Hautes Études, que dirigia.[5] Braudel se empenha fortemente para ver a candidatura de Michel Foucault ao Collége de France vitoriosa e se encontra na plateia no dia em que este profere sua aula inaugural.[6] A propósito desse episódio, Foucault escreve uma carta a Braudel em que demonstra toda sua gratidão pelo que o grande historiador havia feito por ele. Diz Foucault: "Desejaria dizer-lhe quanto lhe sou grato por tudo o que fez por mim durante o ano que termina. E sinto-me ainda mais emocionado, porque esta benevolência vem de alguém que admiro muito".[7] Quando Foucault falece, Braudel, em entrevista para o *Le Nouvel Observateur*, fala de luto nacional e conclui dizendo: "A França perde uma das cabeças mais brilhantes de sua época, um de seus intelectuais mais generosos".[8]

Fernand Braudel e Michel Foucault, no entanto, nunca foram amigos; eram personalidades e tinham estilos de vida muito diferentes. O historia-dor já estava consagrado quando o filósofo inicia a sua trajetória intelectual. Foucault confessa que até escrever sua tese de doutorado, publicada como *História da loucura*, não conhecia a obra de Braudel, estando mais familiari-zado com os trabalhos de Lucien Febvre e Marc Bloch.[9] Mas em entrevista a Raymond Bellour para *Les Lettres Françaises*, onde comenta as reações que se seguiram à publicação de *As palavras e as coisas*, Foucault critica a maneira tradicional de se conceber o trabalho do historiador e cita, como exemplo de autores que teriam aberto esse saber para novas aventuras, o nome de Braudel junto com os de Dumézil, Lacan, Levi-Strauss, as pesquisas das escolas históricas de Cambridge e soviética, devendo incluir-se nessa lista ainda os livros de François Furret, Denis Richet e de Le Roy Ladurie.[10] É recorrente, ao se comentar essa nova história, aproximar Braudel e

---

[4] ERIBON, 1990, p. 140.

[5] ERIBON, 1990, p. 184.

[6] ERIBON, 1990, p. 184.

[7] ERIBON, Didier. *Michel Foucault e os seus contemporâneos*. Rio de Janeiro: Jorge Zahar Editor, 1996, p. 219, nota 11.

[8] ERIBON, 1990, p. 308.

[9] ERIBON, 1996, p. 101.

[10] ERIBON, 1996, p. 108.

Foucault ao identificá-los como aqueles que representariam uma leitura estruturalista da história, uma história quase imóvel, uma história marcada pela longa duração, uma história caracterizada pela descrição de estratos de temporalidades diversas, superpostos e articulados, uma história que desprezaria os acontecimentos, que suprimiria o sujeito ou que colocaria os indivíduos subordinados aos ditames das estruturas. Mas, apesar do mútuo reconhecimento que ligava esses dois intelectuais, apesar das referências elogiosas que um faz ao trabalho do outro, existiria mesmo uma identidade na maneira com que ambos lidaram com a história? Foucault e Braudel pensaram e escreveram a história da mesma forma?

É inegável que ambos praticam uma espacialização da história. Em conferência proferida no Círculo de Estudos Arquitetônicos, em 1967, Foucault define o século XX como a época dos espaços. Se o tempo teria sido a grande obsessão do século XIX, preocupado que esteve com temas como o do progresso, do desenvolvimento ou da estagnação, da decadência, da crise e do ciclo, tendo no princípio da termodinâmica o seu principal mito, o século XX seria a época do simultâneo, da justaposição, do próximo e do longínquo, do lado a lado, do disperso. O século passado seria um momento em que experimentaríamos o mundo menos como uma grande via que se desenrolaria através dos tempos e mais como uma rede que religa pontos e que entrecruza tramas. Inclusive, as polêmicas políticas e ideológicas que atravessaram o século passado poderiam ser descritas como o embate entre os que chama de "piedosos defensores do tempo" e os "habitantes encarniçados do espaço". Segundo Foucault, costuma-se pensar que os embates políticos que atravessam uma sociedade estão mais ligados a seus valores do que as suas formas, que estas poderiam ser facilmente modificadas, abandonadas, que somente o sentido se enraizaria profundamente. Para ele, o combate de formas no Ocidente foi tão encarniçado, senão mais do que o das ideias e dos valores. Ele lembra que, no século que acabava, os formalistas foram perseguidos tanto por stalinistas quanto por fascistas, como formuladores de uma ideologia inimiga e execrável. A polêmica acirrada em torno do estruturalismo, nos anos 1960, ele vê como mais um capítulo da luta entre aqueles que enfatizam a temporalidade linear, contínua, historicista, como elemento central na história e em seus projetos de transformação e aqueles que se esforçariam para estabelecer, entre os eventos dispersos no tempo, um conjunto de relações que os faria aparecer como uma espécie de configuração. Isso não seria uma negação do tempo, mas uma maneira de tratá-lo e o que se chama de história.[11] É inegável, também, que essa espacialização da história, que teria seus antecedentes na relação dos historiadores dos Annales com a escola geográfica de Vidal de La Blache, da qual Braudel é herdeiro e principal representante naquele momento, foi acentuada a partir do desafio lançado à história pela etnografia estrutural de Levi-Strauss, à qual a obra de Braudel busca responder. Foucault não cansou de referir-se a Levi-Strauss, juntamente com Dumézil e Lacan, como um dos responsáveis pela orientação que dava a seus escritos, pela forma que dava a suas histórias.

Naquela conferência, que foi publicada com o título de *Outros espaços*, Foucault claramente propõe que se faça uma história da categoria espaço e esboça uma análise da passagem da organização espacial característica da Idade Média, em que prevaleceria o espaço como localização, para a organização espacial do mundo moderno, onde prevalece o espaço como extensão; forma de organização espacial da qual estaríamos saindo para uma espacialidade marcada pela posição.[12] Em debate publicado pela revista *Heródote* entre Foucault e alguns geógrafos, vai se ressaltar o caráter espacializante da história que escreve, não apenas porque trata da história de determinados espaços institucionais como o asilo, o hospital e a prisão, mas pelo próprio vocabulário, pelo uso continuado de conceitos e metáforas espaciais em seus textos, como os de território, domínio, região, deslocamento, paisagem, campo, solo, horizonte, quadro, configuração, fronteiras, limites, margens.[13] Mas será que Foucault, ao praticar uma história dos espaços, o faz da mesma forma que fizera Fernand Braudel? Será que realmente seus escritos estão inspirados na tradição dos Annales, como chega a afirmar algumas vezes? Em vários textos e entrevistas em que tematiza a história e busca explicar como pratica a história, Foucault parece, muitas vezes, estar dirigindo uma crítica direta à história praticada por Braudel, notadamente, em sua obra clássica. Nessas falas, as diferenças entre a forma como concebe a história e a forma como o historiador de *O mediterrâneo* a praticou aparecem claramente. Nesses textos e falas

---

[11] FOUCAULT, Michel. Outros Espaços. In: *Ditos e escritos*. v. III. Rio de Janeiro: Forense Universitária, 2002, p. 410-413.

[12] FOUCAULT, 2002, p. 412.

[13] Ver "Sobre a Geografia", em FOUCAULT, Michel. *Microfísica do Poder*. 4. ed. Rio de Janeiro: Edições Graal, 1984, p. 153-165.

Foucault parece refazer, nos discursos, o que fizera em grande parte de sua própria vida pessoal, ou seja, se colocar à margem de O mediterrâneo, olhando de fora, de outro lugar, como estrangeiro, o mundo que Braudel descrevera e do qual sempre se colocara como fazendo parte, seja na vida, seja na obra. Para Braudel, o Mediterrâneo é o centro do mundo no século XVI, o mundo todo vai se tornando uma extensão das civilizações que se desenvolveram às margens do mar interior, e o Mediterrâneo é o centro de seu mundo, da civilização que estuda como historiador e que assume como sendo a sua. Braudel faz a história que Foucault não quer mais fazer, a história de uma identidade, de uma civilização, a história de uma nacionalidade, história em que o historiador se identifica com o próprio objeto que estuda, em que é ao mesmo tempo sujeito e objeto de sua escrita. Uma história de reconhecimento de uma identidade, de uma continuidade entre passado e presente, a história que projeta para o passado o mesmo rosto do tempo presente. Não seria o clássico de Braudel a reafirmação da centralidade da Europa na história, da Europa mediterrânica, da qual faz parte a França, seu país? Braudel não vai, em várias passagens de seu livro, se referir aos povos que vivem fora da influência do mar interior, notadamente aos orientais e não cristãos, como sendo bárbaros?[14] Braudel parece estar longe de ter aprendido, com a etnografia, a estranhar sua própria cultura, a se tornar um estrangeiro em sua própria terra, como foi sempre a tentativa da vida e da obra de Foucault.

Afinal, muitos dos fatos significativos na vida de Michel Foucault se passaram distantes desse mundo descrito por Braudel, desse mundo mediterrânico. Dele Foucault buscou fugir, incomodado com a intolerância à sua condição de homossexual, característica dessas sociedades católicas, conservadoras em relação à mudança nos hábitos e valores. Em 1955, não conseguindo, segundo declara "suportar alguns aspectos da vida social e cultural francesa", vai residir na Suécia, em Uppsala, onde exerce o cargo de leitor de francês, por cerca de três anos. É aí que escreve grande parte de sua tese de doutorado, a História da loucura, ajudado pela rica biblioteca da cidade, a Carolina Rediviva. Em 1958, vai para a Polônia dirigir a Maison de France de Varsóvia. Em 1960 estará em Hamburgo, dirigindo o Instituto Cultural aí criado, onde redige sua tese complementar, a tradução

---

[14] BRAUDEL, Fernand. Os Confins ou o Maior Mediterrâneo. In: BRAUDEL, 1984, v. I, p. 191-256.

da *Antropologia* de Kant.[15] Se vivera até então em países que, poderíamos dizer, estiveram sempre na fronteira desse mundo mediterrânico – dois deles países do norte, países reformados, e um deles, neste momento, um país por trás do que se chamava de cortina de ferro, um país socialista – em 1966, já consagrado após a publicação de *As palavras e as coisas*, vai para a outra margem do Mediterrâneo, a margem africana deste mundo, vai para a Tunísia, ensinar filosofia na Faculdade de Ciências e Letras de Túnis. Mora numa pequena aldeia, que fica próxima às ruínas da antiga Cartago, Sidi Bou Said, onde diz ter lido sob o sol do mar africano a obra solar de Nietzsche e praticado delícias sobre as areias com os morenos guias de camelo. Vai ficar aí até 1969, não participando deste outro acontecimento decisivo para a história da França, para a história do Ocidente, e que teve repercussões diretas na forma de se pensar e escrever a história, o Maio de 1968. Mas voltará transformado de sua experiência africana. A ela atribuirá o deslocamento de sua trajetória pessoal e acadêmica, seu interesse crescente pela política, seu engajamento, sua preocupação com o poder, em fazer a sua genealogia. Teriam sido as revoltas estudantis que presenciou e da qual chegou a participar em Túnis que o teriam transformado subjetivamente, não o Maio de 1968, como foi comum a muitos de sua geração. Em 1967, com a derrota dos exércitos dos países árabes para o exército israelense na Guerra dos Sete Dias, movimentos de solidariedade aos palestinos desandam em tumultos antissemitas. Diante da repressão, os movimentos estudantis se voltam contra o governo Bordiga. Foucault assiste a prisões e espancamentos de estudantes e é levado a se posicionar, sendo inclusive espancado quando retorna uma noite para casa por agentes da polícia do regime. Esconde estudantes perseguidos em sua casa e o pequeno mimeógrafo no qual imprimem seus panfletos. O que teria impressionado Foucault em sua experiência tunisina teria sido a força das ideologias, dos mitos; como os estudantes reivindicavam o marxismo com uma violência, uma intensidade, uma paixão, que os levavam a ter a vontade, o gosto, a disposição para um sacrifício absoluto; como jovens colocavam, generosamente, suas vidas em risco, em nome de uma causa, o que dava a eles uma energia moral inigualável, diante da qual os agentes do poder se quedavam humilhados. Diferentemente do clima que vivera na França, onde os grupelhos desencadeavam infindáveis discussões

---

[15] ERIBON, 1990, p. 85-108.

teóricas, lançando anátemas em relação a qualquer opinião divergente, os estudantes tunisinos o teriam ensinado a desconfiar de todo palavrório e empreender sempre lutas concretas, localizadas, precisas, em torno de objetivos imediatos.[16] Terá sido mera coincidência ter sido na Tunísia onde proferiu a conferência onde desenvolve a noção de heterotopia, como sendo aqueles lugares existentes em qualquer cultura, em qualquer sociedade, onde as utopias vêm se materializar, como sendo lugares de contraposicionamento às posições nelas dominantes, espécie de lugares que estão fora de todos os lugares, embora sejam efetivamente localizáveis?[17]

Mesmo tendo retornado à França e sido incorporado a uma das mais prestigiadas instituições acadêmicas francesas, o Collége de France, Foucault continuou tendo a vida marcada pelo signo das viagens, para não dizer do exílio. Continuou sonhando em deixar a França, chegou a pensar em residir nos Estados Unidos, no Japão e no Brasil. Parecia ser uma obsessão sua estar em outro lugar, sempre em outro lugar.[18] Não seria essa afinal uma marca de seu pensamento, daquilo que realizou em sua obra? Viver em deslocamento, provocar o deslocamento do que parecia cristalizado, fixo, não foi uma das marcas de sua trajetória como pensador e como pessoa? Foucault parece ter sempre querido fugir deste mundo mediterrânico que Braudel vê se espalhar por onde vai. Braudel também viaja, também mora fora da França, Braudel também vive na Argélia, na outra margem do Mediterrâneo, vive no Brasil, mas esses espaços aparecem em sua obra clássica como um prolongamento do mundo criado em torno do mar interior. Braudel viaja, mas não sai de casa, não sai do lugar. Braudel encontra o Mediterrâneo e o mundo que este havia criado onde quer que vá. Braudel é capaz de escrever O mediterrâneo, é capaz de reencontrá-lo até num espaço heterotópico, tal como o definiu Foucault, em um não lugar, em um campo de concentração nazista. Diante da ameaça da morte, diante da desterritorialização absoluta, o grande historiador recorre à memória, recorre aos arquivos que traz consigo, para restaurar o mundo em que fora formado, em que se formara a civilização que ele agora via ameaçada mais uma vez, como no século XVI, pelas forças da barbárie. Se Foucault vive e busca a diferença, o estranhamento, Braudel

[16] ERIBON, 1990, p. 175-184.
[17] FOUCAULT, 2002, p. 416-421.
[18] ERIBON, 1990, p. 288-296.

vive e busca a semelhança, o reconhecimento. Braudel se refugia, se exila no Mediterrâneo, foge ao seu encontro, Foucault se refugia, se exila do Mediterrâneo, foge de reencontrá-lo.

Braudel é um historiador que busca o que é central em uma dada época, as estruturas mais significativas, essenciais. Ele diz ser o Mediterrâneo o centro da história da segunda metade do século XVI e, na vida deste mar, por sua vez, o centro seriam as cidades italianas. Braudel flagra a história do Mediterrâneo no momento em que esse ainda não havia sido jogado para as margens pela prevalência do oceano Atlântico na história ocidental. Ele trata, inclusive, de retardar a data em que isto ocorre. Como ele próprio reconhecerá em seu comentário a *História da loucura*, Foucault já estreia fazendo a história do que seriam as próprias fronteiras, as próprias margens internas da civilização ocidental. Tratar da loucura era, como os etnógrafos fizeram com as sociedades exóticas, encontrar o estranho que habitava a própria cultura ocidental racionalista e humanista.[19] Foucault sempre olhou para a história não em busca do que é central, mas do que foi jogado para as margens, das práticas e discursos em ruptura com a norma, com o hegemônico, com o majoritário. Foucault foi o cartógrafo das margens, dos limites e das fronteiras que complexificam, que dividem, que tornam problemática essa pretensa unidade civilizacional e cultural que Braudel encontra por toda parte no Ocidente. Braudel só tem olhos para o majoritário, para o que é o mediano, para o que é prevalecente na história. Tudo o que é singular, o que é desviante, o que é único, o que sai da norma, ele joga para a margem de seu texto, com um gesto impaciente. Ele pratica a história justamente em busca daquela grande via que os ocidentais, os mediterrânicos, os latinos, os franceses haveriam percorrido no tempo, até se tornarem o que seriam no presente. Tudo o que possa significar descaminho, desvio, atalho, espaço à parte, deve ser deixado de lado, é mera curiosidade, é mera marola na superfície deste mar da história; não nos interessaria, pois não seriam uma parte desse nós que a história pretensamente teria construído. Braudel parece sempre ter olhado para a história a partir de uma dada margem do Mediterrâneo, a margem europeia, mesmo tendo estado do outro lado, na Argélia. Mas estivera numa Argélia que ainda era possessão francesa, que percebe como continuidade da outra margem, de seu próprio país:

[19] BRAUDEL, Fernand. Nota. In: *Annales*, ESC, 17 ano, n. 4, jul./ago. 1962, p. 771-772.

No amplo espaço do Mediterrâneo, a evolução das sociedades parece no século XVI bastante simples. Com a condição, evidentemente, de nos retermos ao conjunto, desprezarmos os pormenores, os casos locais, as anomalias, as ocasiões perdidas (foram numerosas) e as perturbações mais dramáticas ainda que profundas: surgem, depois apagam-se.[20]

Assim continuo tentado, perante um homem, a vê-lo encerrado dentro de um destino que dificilmente constrói, dentro de uma paisagem que desenha por detrás de si e na sua frente as perspectivas infinitas da longa duração. Na análise histórica, tal como a vejo – assumindo a inteira responsabilidade –, é sempre o tempo longo que acaba por vencer. Negando uma multidão de acontecimentos, todos aqueles que não chega a incluir em sua própria corrente, e que afasta impiedosamente, claro que limita a liberdade dos homens e a parte do próprio acaso. Por temperamento sou "estruturalista", pouco solicitado pelo acontecimento, e apenas em parte pela conjuntura, esse agrupamento de *acontecimentos* com mesmo sinal.[21]

Nessa obra consegui formular com maior precisão meus pontos de vista, referidos à sobrevivência – espantosa até para mim próprio – da relativa prosperidade do Mediterrâneo. E, pelo menos, esta conquista alcançada por este livro já há muitos anos, continua imune a qualquer contestação. Com tal me regozijo, na perspectiva, algo ingênua, de ter conseguido devolver à Espanha, à Itália e a outros países do mar Interior momentos felizes – ou, pelo menos, muito brilhantes – de que a história tradicional os havia despojado.[22]

Já Foucault parece fazer da experiência tunisina uma forma de olhar de fora, de mirar de uma outra margem, a africana, a história de seu próprio país, de sua própria cultura, de sua civilização. Vivendo perto das ruínas de Cartago, num país onde nascera Aníbal e Santo Agostinho, Foucault parece ter a sensibilidade aguçada para a possibilidade de se pensar a civilização descentrada da Europa, pensar a possibilidade de que outros espaços possam ter significação para a história além daquele que girava em torno da França.

Mas é nos textos que tematizam a atividade do historiador que Michel Foucault parece transformar essa sua experiência das margens numa maneira de pensar a história, que estaria em desacordo com alguns dos procedimentos que caracterizam a empresa braudeliana. No texto que escreve

[20] BRAUDEL, 1984, v. II, p. 65.
[21] BRAUDEL, 1984, v. II, p. 625.
[22] BRAUDEL, 1984, v. I, p. 29.

em resposta às críticas que Jacques Leonard fez a *Vigiar e punir*, enuncia como diferença básica entre a história que pratica e aquela feita pelos historiadores o fato de que seus livros tratariam de problemas, não de períodos. Seu trabalho não consistiria em se dar um objeto e então tentar resolver seus problemas, mas sim em se dar um problema e então analisar os domínios de objeto em que este aparece investido.[23] O livro *O Mediterrâneo* de Braudel, desde seu título, enuncia que é o estudo de um período, de uma época, a do reinado de Felipe II. Ele se dá um objeto, o Mediterrâneo e o seu mundo na época de Felipe II, e vai tratar dos inúmeros problemas, de diferentes ordens, que compõem a história deste período. O que unifica a impressionante gama de eventos, de estruturas e conjunturas com as quais trabalha neste texto é o período, os cinquenta anos finais do século XVI. Se nos perguntarmos qual o problema que organiza o texto, não o encontraremos. Em 1.400 páginas apenas uma miríade de pequenas questões que não nos ajuda a visualizar uma tese nuclear para a obra, mesmo tendo sido avisados de que foram os estudiosos dos Annales que fundaram a história problema:

> Chegamos assim a uma decomposição da história em planos sobrepostos; ou, se se quiser, à distinção, no tempo da história, de um tempo geográfico, de um tempo social e de um tempo individual. Ou ainda, se preferir, à decomposição do homem num cortejo de personagens... Se me for feita a crítica de ter conectado mal os elementos, espero, não obstante, que os críticos encontrem esses elementos devidamente elaborados e de acordo com as boas regras de nossas oficinas.[24]

Se *Vigiar e punir*[25] trata de um problema, ou seja, que racionalidade explica a aceitação da prisão como forma de punir, no curto espaço de tempo, que vai dos fins do século XVIII até os anos 40 do século XIX, falta ao grande monumento historiográfico braudeliano um problema, que o faça ir além da descrição das múltiplas camadas que compõem a historicidade das sociedades do mundo mediterrânico durante o reinado do Imperador. Braudel, como Foucault, faz uma história dos espaços, toma o próprio mar, como metáfora da história que pratica, mas sua história dos espaços poderíamos chamá-la de geológica, seus espaços são estruturados

---

[23] FOUCAULT, Michel. A poeira e a nuvem. In: *Ditos e escritos*. v. IV. Rio de Janeiro: Forense Universitária, 2003, p. 323-334.

[24] BRAUDEL, 1984, v. I, p. 26.

[25] FOUCAULT, Michel. *Vigiar e punir*. 3. ed. Petrópolis: Vozes, 1984.

por estratos justapostos, alguns estratos quase imóveis, quase congelados, e a relação entre eles é de superposição. Estruturas, conjunturas, eventos; tempo longo, tempo médio, tempo curto; fatos geográficos, fatos demográficos, fatos econômicos e sociais, fatos políticos e ideológicos se sobrepõem numa hierarquia que parte do que seria mais fundamental, do que seriam os fundamentos mesmo da história, até atingir o que é episódico, simples espuma sem qualquer importância. Se a história dos espaços braudeliana é geologia, a história dos espaços foucaultiana seria genealogia, seria geopolítica. Ele perscrutaria justamente as falhas geológicas, as fissuras, os estratos heterogêneos, os abalos sísmicos, os desabamentos que tornariam o solo da história móvel e instável. Enquanto Braudel cartografa uma grande placa imóvel e monótona, Foucault busca ver as placas em movimento, em choque, em deslizamento. Braudel constrói um Mediterrâneo utópico, Foucault sonha com lugares heterotópicos:

> Mas quando a história não se limita a meros acidentes ou processos locais torna-se possível observar um sincronismo, ainda que rudimentar, entre todos estes lentos ciclos "geográficos"[...]
>
> Mas estas mais lentas marés não se desenvolvem isoladamente; às oscilações gerais entre o homem e o meio em que vive há que acrescentar outras flutuações como a da economia que, embora por vezes lentas, são normalmente mais reduzidas. Todos estes movimentos se sobrepõem, regulando a complexa vida dos homens, que só podem vingar se respeitarem, deliberadamente ou inconscientemente, estes fluxos e refluxos. Por outras palavras, a observação geográfica permite-nos detectar as mais lentas oscilações que a história experimenta.[26]
>
> Ao procurar o imóvel, ou o quase-imóvel, não exitamos em ultrapassar os limites cronológicos de uma investigação restrita, em princípios, à segunda metade do século XVI, e em utilizar testemunhos de outras épocas, até do tempo presente.[27]

Ao contrário da inversão operada por Braudel, a partir do próprio título da obra, no qual a história política é remetida para um lugar secundário, numa análise que privilegia as estruturas econômicas e sociais, as análises dos espaços feitas por Foucault têm sempre como preocupação a dimensão política dos espaços, de seus recortes, de suas classificações, de seus domínios,

---

[26] BRAUDEL, 1984, v. I, p. 119.
[27] BRAUDEL, 1984, v. I, p. 399.

de suas partições. O poder, que não é reduzido ao Estado, como em Braudel, seria imanente a todas as demarcações espaciais, que nasceriam das relações de poder, sendo fruto dos enfrentamentos históricos entre forças divergentes. Os espaços seriam cartografados, segmentados, divididos, ordenados, organizados, discriminados, privilegiados, sacralizados, marcados, excluídos a partir do diagrama de forças que atravessam o social, das lutas e conflitos, de diferentes naturezas, que são constitutivas da história.[28]

Braudel, em sua obra ciclópica, tem a pretensão de dar conta de todos os níveis que compõem uma totalidade. Foucault nunca quis restituir a totalidade de um dado real, nem achava isso possível, buscava apenas estudar a racionalidade de uma dada prática, inclusive dadas práticas de espaço, práticas que o instituíam e demarcavam. Não propõe um princípio global, uma estrutura fundamental para a análise da sociedade, nem faz dessa o horizonte geral de sua análise. O que sempre buscou, segundo ele, foi tratar da relação entre o poder e o saber, das formas de partição entre o verdadeiro e o falso, dos poderes e dos discursos que a esses servem, práticas discursivas e não discursivas, responsáveis pela criação dos espaços que nos dividem, que nos cercam, que nos definem, que nos adestram, que vêm habitar nossa própria subjetividade, esse espaço interior onde vem se alojar uma dada forma de ser sujeito, historicamente constituída. O que teria buscado, em cada momento em que fez história dos espaços, não foi saber como um dado espaço exerceu influência sobre os homens, como esse teria pretensamente impresso neles suas marcas, antropogeografia, mas o que sempre o interessou foi como se opera a divisão, o corte; como se traça a fronteira, o limite; como se diferencia o que é centro e margem; que deslocamentos, que articulações entre poder e verdade rearrumam as configurações espaciais, num dado momento; como as formas espaciais estão conectadas com dadas dominações, dadas redes de poder, como atualizam e cristalizam dados regimes de verdade; que funcionalidade possuem na manutenção e reprodução de um dado sistema econômico, político, jurídico, acadêmico, ético, etc. Ele faz história das práticas de divisão, de demarcação, de separação, de definição de um dentro e de um fora, de um centro e de uma margem. Ele poderia fazer a análise do discurso historiográfico de Braudel, definindo um centro para a história e para o mundo. Seu alvo sempre foram as práticas, os regimes de práticas espaciais e espacializantes,

---

[28] Ver FOUCAULT, Michel. A casa dos loucos e O asilo ilimitado. In: *Ditos e escritos*. v. I. Rio de Janeiro: Forense Universitária, 1999, p. 281-286; 294-297.

lugares de encadeamento do que se diz e do que se faz, lugares de programação das condutas, lugares onde se gestam o social e a história.[29]

Mas, talvez, a diferença mais significativa entre a história praticada por Braudel e a praticada por Foucault seja o lugar reservado ao acontecimento. Foucault vai, numa mesa-redonda que em 20 de maio de 1978 reuniu alguns dos principais historiadores contemporâneos para discutir seu livro sobre as prisões, chamar de desacontencimentalização o que vinha ocorrendo com a história nas últimas décadas.[30] Quem mais do que Braudel poderia ser responsabilizado por esse desprezo pelos acontecimentos que vinha assolando a seara dos historiadores? Em vários momentos de seu livro tese, ele faz uma diatribe contra a história que privilegia o acontecimento e o remete para a aparência, a superfície do que seria verdadeiramente a história, do que nela seria significativo, do que importava para apanhar o seu verdadeiro significado. O acontecimento, o tempo curto, seria enganador. Somente quem visualizava a história nas sinuosas curvas que descrevia em um recorte de tempo razoavelmente longo poderia apanhar o que nela havia de fundamental, de estrutural, como gosta de chamar. O acontecimento seria sempre remetido a um mecanismo ou a uma estrutura que deveria ser unitária, necessária, universal, a mais exterior ao tempo possível, e essa estrutura é que o explicaria. Ele não tendo significado ou importância por si mesmo. Após nos brindar com 56 páginas em que descreve a batalha de Lepanto, ele conclui por sua pouca importância histórica, ao contrário do que fizera a historiografia que o antecedeu e que chama de tradicional:

> Contudo, se não nos prendermos apenas aos acontecimentos, a essa camada superficial e brilhante da história, surgirão milhares de realidades novas, que sem alarido, sem pompa, sucedem para além de Lepanto.
>
> [...]
>
> Será exagerado afirmar que Lepanto originou, por si só, estas múltiplas conseqüências. Mas contribuiu para isso. E o seu interesse, enquanto experiência histórica, consiste talvez em marcar, num exemplo brilhante, os limites exatos da história dos acontecimentos.[31]

---

[29] FOUCAULT, Michel. Sobre as maneiras de se escrever a história. In: *Ditos e escritos*. v. II. Rio de Janeiro: Forense Universitária, 2000, p. 62-77.

[30] FOUCAULT, Michel. Mesa-redonda em 20 de maio de 1978. In: FOUCAULT, 2003, p. 339-346.

[31] BRAUDEL, 1984, v. II, p. 465-466.

> Coisa curiosa: se Lepanto não serviu para nada, a vitória turca de Tunes não foi mais decisiva.[32]

Foucault alerta para não se dissolver o acontecimento singular em uma continuidade ideal, tentando mapear o que ele tem de único e agudo, tomando-o como a inversão de uma força, um poder confiscado, uma dominação que se enfraquece, etc. O historiador não deveria ver nas diferentes cenas históricas figuras sucessivas de uma mesma significação. Essas palavras de Foucault não teriam como alvo não declarado o seu mestre Braudel? Foucault critica as constantes históricas e enuncia como tarefa do historiador fazer surgir as singularidades, mostrar que nada é tão necessário assim na história; esta é feita por acontecimentos aleatórios, por combinações, por conjugações, por conjuntos de eventos dispersos, pela dispersão dos alvos e dos projetos. Nada na história seria tão evidente, cabendo ao historiador justamente dar conta da ruptura com as evidências. Se, para nós, os recortes espaciais parecem evidentes, parecem naturais, caberia ao historiador romper com essas evidências, com essas naturalizações fazendo uma arqueologia dos saberes e uma genealogia dos poderes que participaram da constituição destas espacialidades. Os espaços são acontecimentos, tanto como conceito, quando como práticas e relações. É a história dos conceitos, das práticas e das relações espaciais que um historiador dos espaços deve fazer.[33]

Braudel descreve uma civilização na qual os barcos têm uma enorme centralidade, mas os pensa apenas como instrumentos de desenvolvimento econômico e de dominação política, de dominação colonial. Foucault pensa os barcos como reservas de imaginação, um pedaço de espaço flutuante, um lugar sem lugar, que vive por si mesmo, que, embora fechado em si mesmo, está lançado ao mar, espaço liso por excelência, difícil de ser estriado pelo poder. Braudel faz a grande história da vitória dos Estados Nacionais, dos Estados territoriais, grandes máquinas de sedentarização e de territorialização, de prisão dos homens à terra, à sua terra, mesmo quando são enviados a viajar, mesmo quando vão em missão ao exterior. Foucault também fez essa história, mas preferiu também ver nela as reservas de sonho, as possibilidades de nomadismos,

---

[32] BRAUDEL, 1984, v. II, p. 520.

[33] FOUCAULT, Michel. Retornar à História. In: FOUCAULT, 2000, p. 282-295.

de desterritorialização, os lugares de passagem que habitam por dentro dessas grandes maquinarias, como as saunas gays californianas, lugares fora do lugar. Diz Foucault: "Nas civilizações sem barcos os sonhos se esgotam, a espionagem ali substitui a aventura e a polícia, os corsários e os piratas".[34] Vivemos uma época de novos espaços e de novas piratarias, isso quer dizer que ainda podemos sonhar.

---

[34] FOUCAULT, Michel. Outros Espaços. In: FOUCAULT, 2002, p. 428.

Michel Foucault e os guerreiros insurgentes
Anotações sobre coragem e verdade no anarquismo contemporâneo

Edson Passetti

Foucault inquietava o presente trazendo para um tempo que esgotava os sonhos revolucionários outras maneiras de notar práticas éticas associadas à questão política e capazes de arruinar os conservadores.

A história política desde Foucault provoca o pesquisador inopinado a avançar pelo emaranhado das relações de poder que apanham os anarquismos, desde o final de *Vigiar e punir*, quando se fala abertamente da reversão da identificação do criminoso, agora associado à burguesia, numa época em que Pierre-Joseph Proudhon publicava *O que é a propriedade?* explicitando o roubo da propriedade capitalista associado às ilegalidades que sustentam a lei com base no direito universal.

Práticas de liberação acontecem, produzem éticas e problematizam a política. Não acolhem formalizações, mas delas se desvencilham. Foucault reparava, nos anos 1970 e 1980, como as práticas de liberação gradativamente se domesticavam sob o regime de direitos com mais direitos, abandonando o que tinham de experimentação inovadora. Em *A hermenêutica do sujeito* registrou a importância filosófica e política dos anarquistas, no século XIX, em função da constituição de um sujeito autônomo e livre, inclusive ultrapassando esses limites, dando atenção, ainda que brevemente, a Max Stirner. Mas o que acontece depois dos anos 1980?

Interesso-me por práticas de liberação e libertação anarquistas problematizando os saudosistas, utópicos e intérpretes ajustados tanto ao anarquismo quanto a Foucault. No presente importa a permanência da inventividade liberadora que não se apartou da anarquia, sua parte viva e que vem sendo arruinada, capturada.

Gostaria de enfrentar esse acontecimento no presente por meio de uma conversação sobre uma prática histórica tratada com atualidade por

Foucault, conhecida como parrésia (parrhèsía).[1] Ela é um ato que pretende nada ocultar ao outro que não desconhece o que está sendo dito. A parrésia está no interior do cuidado de si e emerge na época da crise das instituições democráticas. É dizer a verdade como atividade e não somente mais um problema da verdade.

Mas como tratar da parrésia e ser um parresiasta numa era de culto global à democracia e de captura da anarquia? Foucault mostrava em seu curso *O nascimento da biopolítica*, que a democracia – nesta sociedade que já não era mais só disciplinar e que mais tarde Gilles Deleuze anunciou como sociedade de controle, de intermináveis controles –, ampliava conservadorismos políticos, penalidades e religiosidades. Então, um parresiasta se atualiza ao questionar a democracia não pela sua bula, mas pelo paradoxo que faz conviver crescimento de liberdades com ampliação de assujeitamentos; ao discutir os anarquismos diante de sua incorporação no interior de lutas democráticas.

Um parresiasta problematiza com coragem ao explicitar a fala e o que diz sem usar da retórica. Ele não busca consenso, consentimentos e tampouco pretende usar sensacionismos. Pratica a verdade como atividade, pela fala direta e dizendo o que é perigoso para consigo. Ele sabe que quem fala está numa posição abaixo da de quem ouve. Ele pretende criticar e não demonstrar a verdade. O parresiasta lida com hierarquias e suas respectivas retrações decorrentes de experimentações de liberdade. Reconhece que a verdade se produz pelo confronto entre forças.

O parresiasta é próprio da democracia ateniense e também da anarquia contemporânea. Ele pratica a verdade como obrigação e exige franqueza; escolhe a fala em vez do silêncio; reconhece o risco de morte sobre a segurança; evita a lisonja; faz de sua atitude uma obrigação moral em vez de agir segundo uma conduta relativa ao próprio interesse ou ao aparato moral. No campo filosófico a parrésia está relacionada com o cuidado de si. A palavra parrésia, que apareceu primeiro na tragédia mais racional de Eurípedes, em latim se transformou em *libertas* (liberdade de quem fala).

Os guerreiros insurgentes

Os anarquismos não cessam de acontecer. No campo e nas cidades, na produção e na cultura, na vida diária, eles inventam costumes libertários

---

[1] FOUCAULT, Michel. Coraje y verdad (Fearless Speech, Semiotext (e) Inc. 2001). In. ABRAHAM, Tomás. *El último Foucault*. Buenos Aires: Editorial Sudamericana, 2003. p. 263-406.

que desintegram hierarquias, abalam a propriedade, corroem os Estados, estraçalham o Indivíduo. A anarquia é uma singularidade que procria grupos de afinidades, organizações, associações com existências muitas vezes breves, outras vigorosas, algumas apenas circunstanciais, e que atua intensificando os acontecimentos.

O anarquista não se prepara para a revolução. Ele pratica insurreições todos os dias, associando-se aos parceiros e experimentando *outros* costumes. A associação é o lugar da existência amistosa e conflituosa, estabelecida por pessoas contundentes, livres de regras fixas, constantes e imutáveis. Relaciona-se formando federações, compostas de miríades de associações que atravessam territórios, fronteiras e certezas. Os anarquistas são nômades, máquinas de guerra voltadas para destruir desigualdades, hierarquias e experimentar libertarismos. Eles inventam seus próprios percursos.

A anarquia é o exercício da diferença na igualdade; é a obstrução a modelos, semelhanças, representações e programas. Diante de insistentes sentenças de morte, decretadas por adversários e inimigos, no Brasil e nos continentes, cabe perguntar: até quando sua vital permanência evitará sua captura?

Em poucas palavras, a anarquia foi considerada morta, pela primeira vez, nos desdobramentos da Internacional de Trabalhadores, em 1868, quando Marx pretendeu levar a melhor sobre Bakunin. Começava ali uma batalha sem fim entre comunistas e anarquistas. Estava em jogo, de um lado, liderar uma revolução social e científica contra o modo de produção capitalista, e de outro lado, uma revolução para dar fim ao regime da propriedade. Era o embate entre o regime da propriedade (da propriedade estatal, sob o governo da ditadura do proletariado) por meio de uma teoria do *socialismo científico* e a abolição imediata da propriedade e do Estado, associada às análises políticas no interior do acontecimento. A diferença entre essas duas forças não se reduzia aos meios em relação ao mesmo fim como pretendeu justificar Lênin, no início do século XX, ao comparar as propostas de Marx e Proudhon. Nas palavras da anarquista Emma Goldman, meios autoritários levam a fins autoritários, e meios libertários levam a fins libertários.

A tensa e vigorosa história entre socialistas opõe autoritários e libertários e, às vezes, colocam-nos numa incômoda proximidade. A anarquia considera a revolução um fato possível e não o epicentro da mudança. Para os anarquistas, as liberações de costumes no amor, na educação, na arte, no aprendizado, nas comemorações festivas, antecedem e acompanham a revolução como fato libertador. Diferencia-se da visão socialista autoritária disciplinadora, rígida e hierárquica, dirigida por uma vanguarda com plenos poderes para planejar a revolução, determinar seu início, governar o Estado e estatizar a propriedade.

Desde a segunda metade do século XIX, os insatisfeitos, iracundos e convictos trabalhadores, sob o regime da dominação e da exploração, experimentaram itinerários autoritários e percursos libertários de socialismo. O massacre da libertária Comuna de Paris pelas forças da ordem, em 1871, levou o proletariado europeu a inclinar-se para a luta socialista sob a direção partidária social-democrata. Com isso, a anarquia como movimento social se retraiu, para reaparecer transbordante no noticiário policial e social, no final do século, com as ações terroristas de jovens rebeldes, na França e na Itália, levando adiante a mobilização anarquista de propaganda pela ação, que implicava confronto armado e ocupação de propriedades e agências governamentais.[2] Esses acontecimentos radicais propiciaram o fortalecimento das propostas sindicalistas revolucionárias que redimensionaram e revigoraram a anarquia, mobilizando para lutas imediatas e criando associações cada vez mais solidárias. No final daquele século, o sindicato passou a ser para os anarquistas um meio para a revolução, distinguindo os anarcossindicalistas dos demais sindicalistas revolucionários, para quem o sindicato era meio e fim.

A hora e a vez

Nunca é demais relembrar que o final da Guerra Civil Espanhola – quando os anarquistas foram massacrados pelas forças fascistas das falanges de Franco e pelo socialismo autoritário soviético –, é considerado o marco internacional derradeiro da existência do anarquismo como movimento social.[3] Todavia, a anarquia não é um movimento linear. Sua singularidade

---

[2] AVELINO, Nildo. Anarquias, ilegalismos, terrorismos. In: PASSETTI, Edson; OLIVEIRA, Salete. *Terrorismos*. São Paulo: Educ, 2006, p. 125-138. AUGUSTO, Acácio. Terrorismo anarquista e a luta contra as prisões. Idem, p. 139-149; DEGENSZAJN, André. Terrorismos e invulnerabilidades. Idem, p. 163-175; Edson Passetti. Terrorismos, demônios e insurgências. Idem, p. 95-121.

[3] No final da II Guerra Mundial, conservadores articularam uma nova crítica radical ao socialismo, ampliando as formuladas pela escola austríaca, liderada por Ludwig Von Mises. Criaram uma nova versão liberal da sociedade de mercado chamada anarcocapitalismo e muitos deles passaram a se chamar libertários. Seu principal mentor intelectual foi Murray Rothbard, que redigiu, em 1973, *For a new liberty – The libertarian manifesto* (Disponível em: http://www.mises.org/rothbard/newliberty.asp) Esse talvez tenha sido o primeiro movimento de captura do anarquismo na sociedade de controle,

está em produzir diversos anarquismos e não ser apanhada por um modelo. É composta por uma miríade diferenciada de associações que começam com as pessoas livres, e ultrapassam impérios aristocráticos, capitalistas e socialistas. Enfrenta diretamente ou contorna circunstâncias históricas desfavoráveis, aparecendo ora como criação de anarquistas, ora de libertários.[4] Por isso mesmo, em seu interior coexistem diversos anarquismos (individualista, mutualista, coletivista, verde, comunista libertário, anarcossindicalista, naturista, ecologista social, feminista, anarcopunk...).

Os desdobramentos posteriores à tragédia espanhola, segundo historiadores como George Woodcock e James Joll, sociólogos como Hans Magnus Enzensberger ou mesmo estudiosos anarquistas como Daniel Guérin,[5] sinalizaram deslocamentos significativos nos anarquismos. Se alguns, como Joll e Woodcock, abreviaram o fim dos anarquismos como força social e política, também não deixaram de notar que desde os anos 1940, com a publicação inglesa *Freedom*, aumentava entre os trabalhadores intelectuais o interesse pela anarquia, fato que se tornará marcante depois de *Maio de 1968*. A vida produtiva se deslocava do domínio industrial e disciplinar em que a minoria no trabalho intelectual administrava a maioria no trabalho manual, para o controle computo-informacional e de informação sustentado no trabalho intelectual. Essa reviravolta indicava que as resistências libertárias tenderiam a se deslocar dos contraposicionamentos para os contrafluxos.

As rebeldias dos anos 1960 explicitaram a mudança e propuseram outras ações. Na Europa e nos Estados Unidos questionaram o capitalismo, o consumismo, a guerra e a autoridade centralizada; na Europa Oriental e Ocidental, em especial, contestaram o socialismo soviético. Capitalismo e socialismo, democracia e totalitarismos, sociedade de mercado e sociedade planejada, enfim, as dicotomias e a Guerra Fria estavam em xeque.

---

quando não se pretende mais o confronto, mas imobilizar, levar ao esquecimento e apropriar-se de conceitos sob conteúdos conservadores.

[4] Libertário entre os anarquistas, procede da utilização por Sébastien Faure da palavra criada por Joseph Déjacque, em 1858, para dar título ao periódico "Le Libertaire", no final do século XIX, durante o período em que a anarquia e os anarquismos estiveram de modo proposital associados com desordem e terrorismo.

[5] WOODCOCK, George. *Anarchism, a history of libertarian ideas and movements*. Londres: Penguin Books, 1986; JOLL, James. *Anarquistas e anarquismos*. Lisboa: Publicações Dom Quixote, 1970; ENZENSBERGER, Hans Magnus. *O curto verão da Anarquia: Buenaventura Durruti e a Guerra Civil Espanhola*. São Paulo: Companhia das Letras, 1987; GUÉRIN, Daniel. *El anarquismo: de la doctrina a la acción*. Buenos Aires/Montevidéu: Editorial Altamira/Editorial Nordan-Comunidad, 1975.

No Brasil, jovens inopinados e mobilizadores profissionais enfrentavam a ditadura militar, quando o restante da América Latina mal podia imaginar que, em poucos anos, e sob a influência estadunidense, o continente estaria governado pelos tiranos. Ao mesmo tempo, o socialismo chinês, com sua visão terceiro-mundista, era saudado pelos jovens europeus e latino-americanos como a grande *rebeldia* contra o domínio soviético. Na mesma América Latina, exaltava-se a ditadura do proletariado derivada da revolução cubana e lamentava-se a disseminação das ditaduras militares fomentadoras de mais um ciclo estatal-autoritário para as duas décadas seguintes. Perante tantos paradoxos, os saberes e as práticas eram convulsionados, a autoridade central instituída abalada e as utopias igualitárias e libertárias se propagavam. Emergia revigorada a prática anarquista, transformando costumes (sexo livre, mulheres livres, uso livre de drogas), liberando universidades de seus catedráticos questionando escolas como centros de obediência compulsória, combatendo o monopólio privado e estatal de meios de comunicação com diversificação de meios de informação livres, indicando as destruições do meio ambiente, fortalecendo a luta contra racismos e preconceitos, apartando-se de partidos e sindicatos velhacos e burocratizados, afirmando possibilidades de associações múltiplas voltadas para a existência libertária e estabelecendo conversações com demais práticas liberadoras.

De fato, o que se passou com comunistas e anarquistas e suas maneiras de atuar na primeira metade do século XX, expressou o fim da predominância da sociedade disciplinar e de suas maneiras de resistir por contraposicionamentos. Na atual sociedade de controle,[6] os comunistas de múltiplas procedências oscilam entre posicionar-se compondo com regimes democratas ou ditaduras do proletariado e contraposicionar-se habitando contestações reformistas como o Movimento Antiglobalização

---

[6] Considera-se como sociedade disciplinar aquela de controles descontínuos sobre espaços delimitados, procurando extrair o máximo de energias econômicas do corpo e reduzindo ao mínimo as energias políticas. (Cf. FOUCAULT, Michel. *A vontade de saber.* Rio de Janeiro: Graal, 1977). A sociedade de controle, que aparece após a II Guerra Mundial, tem por base a comunicação instantânea e o controle contínuo (Cf. DELEUZE, Gilles. *Conversações.* São Paulo: 34 Letras, 1991). Sobre sociedade de controle e anarquismos, Passetti (PASSETTI, Edson. *Anarquismos e sociedade de controle.* São Paulo: Cortez, 2003), mostra a relação entre a passagem da biopolítica para a ecopolítica em que o centro do investimento deixa de estar no corpo da espécie e passa a se concentrar no planeta. Trata-se de um acontecimento em que se busca extrair e ampliar as forças econômicas inteligentes em programas democráticos. Não se investe mais em destruir ou minimizar resistências, mas em capturá-las e incluí-las, por meio da convocação à participação.

e o Fórum Social Mundial. Os anarquistas, por sua vez, visando a abolição do Estado e da propriedade, foram pertinentes, minoritários e influentes, principalmente durante o acontecimento 1968 e posteriores prolongamentos, atuando nos fluxos planetários da vida computo-informatizada, por vezes ultrapassando a vivência por contraposicionamentos, e outras tantas correndo o risco de soçobrar, assemelhando-se às demais resistências.

Nomadismo anarquista

Os anarquismos são descontínuos. Seus reaparecimentos recentes advêm do processo político de distensão apressado por uma geração rebelde que experimentou potências de liberdades. Essa descontinuidade atingiu estudantes e também jovens editores, intelectuais e professores. Fez da universidade uma das novidades na anarquia. O que fora razoavelmente aceito desde Proudhon, e criticado por Bakunin e Kropotkin, agora se tornava presente como expressão da mudança das relações de trabalho em âmbito planetário na sociedade de controle, e não mais apenas como lugar de conhecimento e preparação para o trabalho e a vida obediente como exigia a sociedade disciplinar. A universidade se atualizou não mais como formadora de elite governamental ou vanguarda revolucionária, mas como parte constitutiva da exigência na formação do trabalhador intelectual para a economia computo-informatizada e, por conseguinte, foi atravessada pela anarquia. Dessa maneira, abriu-se, também, um fluxo de captura. O modo mais imediato foi imobilizando-a academicamente por meio de sua autoridade científica, traçando dois itinerários. O primeiro, já conhecido por nós, fomentando estudos e pesquisas sobre os primórdios da classe operária; o segundo, mais recente, incorporando seletivamente o anarquismo como força política identificada com o passado do movimento social.

O anarquismo é uma prática nômade, no dizer de Gilles Deleuze, para quem o proletário, segundo a conquista e a transformação do aparelho de Estado, "representa o ponto de vista de uma *força de trabalho*, mas enquanto quer ou quereria uma destruição do Estado, representa o ponto de vista de uma *força de nomadização*".[7] A anarquia não habita um território, inventa percursos e distribui as pessoas num espaço aberto. Como o nômade, o anarquista sabe esperar, é paciente e se "reterritorializa na própria

---

[7] DELEUZE, Gilles. *Mil platôs: capitalismo e esquizofrenia*, São Paulo: 34 Letras, 1997, v. 5, p. 59.

desterritorialização".[8] O seu espaço é localizado, mas não delimitado, e é onde acontece uma máquina de guerra diante de um Estado. A Anarquia não é, enfim, o oposto de Estado, mas se encontra na luta em que ocorre a pertinência de ambos. Daqui decorrem as importantes e generosas anotações deleuzianas legadas aos libertários e à desmedida dos anarquismos.

Os escritos de Foucault sobre a ética remetem o pesquisador para a atualidade dos cuidados de si, a estética da existência, compondo um espaço de relações agonísticas de poder e liberdade, de lutas contra assujeitamentos. Remete a heterotopias,[9] espaços dessacralizados onde se realizam imediatamente as utopias. Com isso nos leva a invadir, rever e ampliar a ética de Kropotkin,[10] ao problematizar não só as relações de afinidades entre os anarquistas e a autonomia do sujeito, mas também o afastamento de universais e possíveis uniformidades, desvencilhando-se do risco do pluralismo próprio dos liberais. Os escritos de Foucault, desde as análises genealógicas, provocam o deslocamento da existência para a fronteira, levando ao desaparecimento do limite entre posicionamentos e contraposicionamentos, o que implica dar forma à impaciente liberdade.

Ao articular associações em mudanças constantes, independentemente da revolução planetária, pode-se, então, falar de anarquismo como heterotopia.[11] Dar forma à liberdade é um ensaio da existência, problematização do mundo em que vivemos e atuação nos jogos da

[8] DELEUZE, 1997, p. 59.

[9] FOUCAULT, Michel. Outros espaços. In: MOTTA, Manoel da (Org.). *Estética: literatura e pintura, música e cinema. Michel Foucault Ditos e Escritos III*. Rio de Janeiro: Forense Universitária, 2001, p. 411-422.

[10] KROPOTKIN, Piotr. *Ética* [1924]. Tradução do russo de Nicolas Tasin. Buenos Aires: Editorial Argonauta, 1925.

[11] Entre os diversos princípios que orientam Foucault a mostrar as variadas heterotopias, poderíamos acrescentar o dos lugares das realizações anarquistas, sempre em aberto e se redimensionando, chamando-o de *heterotopia de invenção*. Cf. PASSETTI, Edson. Vivendo e revirando-se: heterotopias libertárias na sociedade de controle. *Verve*, São Paulo: Nu-Sol, 2003, v. 4, p. 32-55; Heterotopias anarquistas. *Verve*, 2002, v. 2, p. 141-173; Heterotopia, anarquismo e pirataria. In: RAGO, Margareth; VEIGA-NETO, Alfredo (Orgs.). *Figuras de Foucault*, Belo Horizonte: Autêntica, 2006, p. 109-118. Sobre a aproximação da Anarquia à filosofia de Foucault, consultar Wilhelm Schmitt, Salvo Vaccaro e Todd May, na Revista Margem (São Paulo: Faculdade de Ciências Sociais PUC-SP, 1992), Saul Newman, na Revista Verve, (Nu-Sol: São Paulo, v. 7, 8 e 9), Margareth Rago (*Foucault, história e anarquismo*. Rio de Janeiro: Achiamé, 2004; *Entre a história e a liberdade*. São Paulo: Unesp, 2001) e Edson Passetti (*Éticas dos amigos. Invenções libertárias da vida*. São Paulo: Imaginário, 2003).

verdade – em que se joga com regras para a produção de verdade, como jogos de poder[12] – convulsionando normas voltadas para a consagração da verdade verdadeira, provocando ruídos e outras maneiras de viver. O ensaio, portanto, não se restringe a uma mera atividade intelectual; é uma invenção de percursos e um método de demolição. O ensaísta é um nômade que arruína itinerários. Seus mapas procriam cartografias de problematizações, intermináveis relações de resistências e não buscam instantes heroicos. Ele quer a vida livre de absolutos.[13]

Da captura dos anarquismos

Se a captura do operariado contundente aconteceu pelo vaivém das ditaduras até o preponderante conformismo atual, as pesquisas sobre a história política dos anarquismos caminharam em sentido oposto. Ancoradas nas inaugurais pesquisas de Edgar Rodrigues,[14] na crítica contundente à historiografia marxista e liberal tardia, elas tomaram novos rumos, muitas vezes relacionados às sugestões de Deleuze e Foucault,[15] quando

[12] FOUCAULT, Foucault, L'éthique du souci de soi comme pratique de la liberté. In. DEFERT, Daniel; EWALD, François (Orgs.). *Dits et écrits*, Paris, Gallimard, v. IV, 1994. p. 708-729.

[13] Desde o anarquismo de Proudhon é impossível afirmar a sociedade sem poder. Atento às implicações decorrentes das revoluções e da afirmação do absoluto, por meio de sua análise serial procurou mostrar a impossibilidade de uma sociedade sem poder, até mesmo a anarquista. Foi um inventor de percursos, evitando o fácil itinerário revolucionário proclamado por parte dos anarquismos que lhe seguiram. PROUDHON, Pierre-Joseph. *De la capacité politique des classes ouvrières*. Paris: Marcel Rivière, 1924.

[14] RODRIGUES, Edgar. *Os libertários*. Rio de Janeiro: VJR–Editores Associados, 1993; *O anarquismo no banco dos réus (1969-1972)*. Rio de Janeiro: VJR–Editores Associados, 1993; *Entre ditaduras (1948-1962)*. Rio de Janeiro: Achiamé, 1993; *Os companheiros*. Florianópolis: Insular, 1997, 5 v.

[15] PASSETTI, Edson; RESENDE, Paulo. *Proudhon*. São Paulo: Ática, 1986. (Coleção Grandes Cientistas Sociais. v. 56). RAGO, Margareth. *Do cabaré ao lar*. Rio de Janeiro: Paz e Terra, 1987; BORGES, Paulo Eduardo. *Jaime Cubero e o movimento anarquista em São Paulo (1945-1954)*, 1996, Dissertação (Mestrado em Ciências Sociais) – Pontifícia Universidade Católica, São Paulo, 1996; GALLO, Sílvio. *Anarquismo:uma introdução filosófica e política*. Rio de Janeiro: Achiamé, 1998. MASCIMENTO, Rogério H. Z. *Florentino de Carvalho: pensamento social de um anarquista*. Rio de Janeiro: Achiamé, 2000; PARRA, Lucia Silva. *Combates pela liberdade, o movimento anarquista sob a vigilância do Deops-SP (1924-1945)*. São Paulo: Arquivo do Estado/Imprensa Oficial do Estado de São Paulo, 2003; PASSETTI, Edson. Anarquismo, amizade e sociabilidade libertária. Florianópolis: Anais do XX Simpósio Nacional da ANPUH: História-Fronteiras, v. 1, 1998 p. 117-125. RAGO, Margareth. *Entre a história e a liberdade: Luce Fabbri e o anarquismo contemporâneo*. São Paulo: UNESP, 2001. ROMANI, Carlo. *Oresti Ristori: uma aventura anarquista*. São Paulo: Annablume/FAPESP, 2002. SAMIS, Alexandre. *Clevelândia: anarquismo, sindicalismo e repressão política no Brasil*. São Paulo/Rio de Janeiro: Imaginário/Achiamé, 2002. Sobre a escola moderna e

a universidade passou também a ser o local de recrutamento, militância, estudos e resistências libertárias.

Na sociedade de controle e comunicação permanentes, sob o regime neoliberal, as liberações entraram em contração, simultaneamente à expansão dos fluxos de inclusão. Esse é o seu momento conservador, no qual se convoca trabalhadores e cidadãos a participar em programas (computacionais, sociais, partidários, universitários, televisivos, recreativos...), esperando que eles acatem e ampliem protocolos, configurando uma conduta diplomática. Trata-se de um momento em que a participação democrática fica assentada em pletora de direitos, dentre os quais sobressaem os multiculturalistas, e que propicia a organização da inclusão por meio de elites minoritárias (mulheres, gays, negros, jovens ...) conformadas às periferias das metrópoles. Mais do que isso, o funcionamento do controle da inclusão por elites minoritárias requer uma crescente penalização, compondo um fluxo que vai das penas alternativas à *supermax* (prisões de controle ininterrupto).[16] Estamos numa época em que se espera obter a satisfação pelo emprego, em oposição à época anterior, expressa pelo acontecimento *Maio de 1968*, quando se viveu o sonho de *mudar o mundo*.

As liberações entraram *em baixa*. Desafio maior aos anarquistas, pois os demais socialistas, rapidamente, se travestiram de democratas e administraram seus programas, aguardando a melhor ocasião para ampliar suas influências. Com isso não está mais em questão, pelo menos da parte deles, decretar a morte dos anarquismos. Agora, importa tanto aos adversários quanto aos inimigos a captura institucional, por inclusão, dos anarquismos. Foi assim, aos poucos, e evidentemente durante o Movimento Antiglobalização e o Fórum Social Mundial, que socialistas autoritários

---

a pedagogia libertária no Brasil, consultar: GALLO, Sílvio. *Educação Anarquista: um paradigma para hoje*. Piracicaba: Editora UNIMEP, 1995; GALLO, Sílvio. *Pedagogia do Risco: experiências anarquistas em educação*. Campinas: Papirus, 1995; SIEBERT, Raquel Stela de Sá *et alli*. *Educação libertária: textos de um seminário*. Rio de Janeiro, Florianópolis:Achiamé/Movimento – Centro de Cultura e Autoformação, 1996; CORRÊA, Guilherme Carlos *et alli*. *Pedagogia libertária: experiências hoje*. São Paulo: Imaginário, 2000. Sobre o anticlericalismo, ver VALADARES, Eduardo. *Anarquismo e anticlericalismo*. São Paulo: Nu-Sol, Imaginário, Soma, 2000. AZEVEDO, Raquel. *A resistência anarquista. Uma questão de identidade (1927-1937)*. São Paulo: Arquivo do Estado/Imprensa Oficial do Estado de São Paulo, 2002. AVELINO, Nildo. *Anarquistas. Ética e antologia de existências*. Rio e Janeiro: Achiamé, 2004. CORRÊA, Guilherme. *Educação, comunicação, Anarquia: procedências da sociedade de controle no Brasil*, São Paulo: Cortez, 2006.

[16] Cf. http://www.supermaxed.com.

e democráticos aproximaram-se de anarquistas *enraizados* nas práticas herdeiras do século XIX e início do XX, dentro e fora de universidades, para juntos circunscreverem seus protestos.

Bakunin considerava a atitude rebelde como decisiva na história da humanidade por mobilizar para a realização simultânea da justiça e da liberdade.[17] Acompanhava as reflexões instauradoras de Proudhon, para quem o resultado parcial dos embates entre as forças sociais envolvidas em cada fato é que faz a história ser mais livre ou autoritária. Não somos, enfim, governados por ideias, mas por efeitos de lutas. O anarquista só é o combatente das grandes e pequenas desigualdades, e das imediatas e transcendentais hierarquias,[18] quando permanece rebelde.

Na atualidade, ecoa certa retórica calcada na repetição das palavras de Bakunin. A rebeldia exige mais do que se mover pelas ruas e infovias fomentando passeatas e polêmicas com a ordem, propagando os ideais libertários, pois em pouquíssimo tempo esses anarquistas da ocasião, combinados com tradicionais anarquistas *enraizados*, acabam *empregados* ou conservam-se embolorados repetindo palavras de um ou outro rebelde de outrora. Cabe ao anarquista de agora, onde estiver trabalhando ou sob efeitos do desemprego, atiçar a rebeldia, provocar espanto e inventar uma nova associação, pois um anarquista não subordina sua espontaneidade em nome de valores superiores de quem quer que seja. Ele vive da sua rebeldia, e isso nenhuma teoria é capaz de criar ou dirigir.

O risco de morte diante da certeza da obediência foi, é e será um acontecimento inevitável. As rebeldias escapam, burlam, habitam e muitas vezes são inimigas das revoluções. Dizer que a revolução acolhe a insurreição é restringi-la ao interior de uma história racional e controlável. Ao contrário, a insurgência é um fato e introduz a subjetividade na história.[19]

O ano de 1968 liberou as forças inventivas e foi libertário ao propiciar novas associações, estilos de vida, rompimentos definitivos com a velhacaria sindical, partidária, burocrática, moralista, universitária, consumista e estadista. Os anarquismos estavam vivos, menos como resistências e mais como forças

---

[17] BAKUNIN, Mikhail. *Deus e o Estado*. São Paulo: Nu-Sol/Imaginário/Soma, 1999.

[18] PROUDHON, Pierre-Joseph. *De la création de l'ordre dans l'humanité*. Paris: Marcel Rivière, 1927.

[19] FOUCAULT, Michel. É inútil revoltar-se? (1979). In: MOTTA, Manoel Barros da (Org.). *Michel Foucault. Ética, sexualidade, política. Coleção Ditos e Escritos V.* Tradução: Elisa Monteiro e Inês A. D. Barbosa. Rio de Janeiro: Forense Universitária, 2004, p. 77-81.

ativas inventivas, provocando reviravoltas e combatendo as forças reativas. Mas o refluxo conservador veio avassalador, sustentado em sua medida para todas as coisas: a *democracia*. O Estado fascista precisava de democracia, o socialismo necessitava ser democrático, a social-democracia mais democrática e aberta para o mercado, a democracia estadunidense mais democrática, contemplando múltiplos direitos e culturas: somente democracia, não mais rebeldias; apenas inclusões democráticas via ampliação de pletora de direitos. O neoliberalismo respondeu, no limite, ao medo liberal, democrata, social-democrata e socialista. Formulou o acordo democrático por meio de um fluxo conservador e pluralista: incluir para obstruir singularidades!

A outra globalização

Os anarquistas chegaram a essas arregimentações globais do início do século XXI, misturados a marxistas renovados pelas atuais reflexões de Antonio Negri e Michael Hardt, que se aproveitaram, pelo outro lado, das reflexões de Foucault e Deleuze para acomodarem uma nova revolução molar jamais pensada por aqueles filósofos, agora com perfil democrático, contra o Império. Menos inspirados, anarquistas orientados pelas bravatas de Noam Chomsky vieram somar aos contestadores *in totum* dos Estados Unidos e, menos sutis que os seguidores de Hardt & Negri, entraram em confrontos compondo com as vicissitudes do próprio Estado. Fragmentaram-se em manifestantes inopinados inventores de associações, mas também em militantes de *week-end* em favelas e periferias, desenvolvendo programas de subsistência alternativos com o nome de autogestão e não menos que organizadores de ONGs independentes. Em grande parte desconheceram ou esvaziaram os efeitos das TAZ (zonas autônomas temporárias) e aderiram também ao requentado anarquismo acadêmico estadunidense de David Graeber[20] e de coletivos autodenominados antiautoritários como Another World is Possible e o Peoples Global Action.

A captura funcionou por meio do afastamento da anarquia das relações de trabalho, da adesão ao exercício social-filantrópico, do crescimento do recrutamento de militantes *enraizados* e por meio de organizações eletrônicas alternativas. A anarquia está sendo governamentalizada. Assim, esses anarquistas funcionaram em eventos mundiais como massa imaginando

---

[20] GRAEBER, David. *Fragments of an anarchist anthropology*. Chicago: Prickly Paradigm Press, 2004.

ser uma *multidão*,[21] sustentando uma duvidosa retórica em defesa de *outra* globalização como recuo estratégico. Numa era conservadora, uma parte dos anarquismos, no Brasil ou nos Estados Unidos, também se tornou conservadora. E mesmo berrando o contrário, uma parte dos combalidos anarquismos brasileiros seguiu as orientações estadunidenses. Emerge um quase caudaloso fluxo que pretende eternizar o anarcossindicalismo,[22] as palavras de Kropotkin, o jeito de lutar de Bakunin, a agitação de Malatesta, a análise de Proudhon. Perdidos nas infovias, marxistas e anarquistas parecem andar juntos. Ao lado de Hardt & Negri, que compõem S. Francisco de Assis, com Lênin e Madison, os anarquistas, à sua maneira, glorificam S. Makhno, S. Bakunin... Adeus, rebeldias! Mais uma vez a diferença entre eles não foi de meios, ainda que muitos anarquistas tenham passado a acreditar nisso.

Lembrando os desdobramentos de *1968*, a experimentação e o risco fazem os libertários mostrarem aos burocratas organizadores dos trabalhadores, estudantes e desavisados, que a ideia de organização está falida, enfraquecida ou torpe. O alvo, então, deixa de ser a reforma da sociedade, mas deixá-la morrer. Os grandes da anarquia do século XIX e do início do XX ganham atualidade quando anarquizados por Max Stirner, Gilles Deleuze, Michel Foucault, liberando a anarquia de idealizações e de capturas, reinventando os anarquismos como máquinas de guerra.

Inventar a vida é mais do que resistir aos efeitos de dominação e contrapropor maneiras de ultrapassar a exploração e a dominação. É preciso recusar o soberano sobre si e promover a vida libertária por miríades de associações. Restrita ao movimento social, a anarquia estará reduzida à posição de resistente, a compor um fluxo alternativo, a reescrever uma polêmica com o Estado e à economia atual; quem sabe até assujeitada ao marxismo ou mesmo a uma contraordem organizativa interna que julgue o que é anarquismo e o que não é, segundo um modelo, uma doutrina. Limitado ao movimento social o anarquismo é somente utopia de revolução, risco de restauração de um soberano, iminência do terror. O parresiasta não desaparece, atinge.

---

[21] Para uma profícua conversação sobre uma procedência do conceito de multidão, considerar a noção de massa aberta elaborada por Elias Canetti (Cf. *Massa e poder*. Tradução de Sérgio Tellaroli. São Paulo: Companhia das Letras, 1995.), pela qual é possível captar a emergência da responsabilidade e da dignidade em cada um em benefício do bem-comum.

[22] Ver *Actualité de l'Anarco-syndicalisme* (2003), em http://cnt-ait.info/article.php3?id_article=603 e Bases de Acordo, Núcleo pró FOSP (Federação Operária de São Paulo) COB (Confederação Operária Brasileira) em http://fosp.cob-ait.revolt.org/.

Discurso e autoria
A escrita terapêutica

Eugênia Correia Krutzen

> *A arqueologia é uma máquina [...] que pelo menos*
> *deveria ter uma função libertadora. Na medida em que*
> *passamos a atribuir à poesia uma função libertadora, [...]*
> *eu desejaria que ela fosse poética.*
>
> Michel Foucault.

Aceitando os riscos do cunho autobiográfico que terá esse texto, espero compartilhar com o leitor as mudanças nas formas como entendi M. Foucault. Como foi que me assombrei com a magnificência dessa obra; como consegui esquecê-la – condição para desenvolver uma prática profissional –, para agora reencontrar, com muito gosto, a oportunidade de reconhecer sua presença no que tenho feito nos últimos anos.

A obra foucaultiana pode ser classificada em três grandes fases. Conforme Gregolin,[1] o período arqueológico inaugura um método de pesquisa, seguido do desenvolvimento da genealogia e, por fim, de estudos voltados para a governamentalidade, de si e dos outros.

O que espero destacar aqui é o fato de que o leitor, ele mesmo, interpreta os textos conforme sua maneira de entender a si e aos outros, na medida em que vai construindo uma prática. O mesmo artigo, "O que é um autor?", de 1969, me provocou diferentes reações, a depender do momento ético/estético em que eu própria me encontrei. Claro que está fora de cogitação um Foucault genuíno, puro, a quem eu deturparia com essa construção. Os comentários que escrevi a respeito de Foucault, no percurso desses vinte anos, são bem expressivos desse movimento.

---

[1] GREGOLIN, Maria do Rosário. *Foucault e Pêcheux na análise do discurso: diálogos e duelos.* São Carlos: Claraluz, 2004.

Minha hipótese é: será pertinente aproximar "cuidado de si" e "autoria", de maneira positiva e estruturante, por meio do cuidado do "outro de si"? Desse modo se faz possível interpretar de uma nova maneira o lugar do "comentador", agora relacionado ao terapeuta. É o que gostaria de demonstrar.

Fascínio e horror

No final dos anos 1970, além do movimento estudantil, com as guerrilhas urbanas atravessando toda uma geração, um tipo especial de turbulência permeava a prática clínica, principalmente de natureza institucional: o susto incontornável que se apresentava sob a forma da "morte do humanismo". Como ser psicóloga, depois de *Vigiar e punir*, *Microfísica do poder* e *História da loucura*? Como assinar um laudo sem ser cúmplice do conjunto de práticas disciplinares responsáveis pela manutenção do poder, explorando e humilhando o conjunto dos excluídos, alijados da possibilidade de humanização que cada profissional da saúde se encarregava de manter naquela forma?

Como fazer parte de um grupo de pesquisa, sem corroborar a passagem para a episteme moderna, quando o duplo empírico-transcendental chamado "homem" pôde se manifestar como objeto de conhecimento, submetido às estratégias que impedem sua expressão em outra forma que não seja compatível com práticas disciplinares e campos empíricos de saber? Quando escrevo essas frases, que agora me parecem bordões quase automaticamente encadeados, o efeito é diferente da síntese elegante que me pareciam constituir naquela época.

"Franjas do pensamento", por exemplo, não é um primor de expressão, para dizer sobre o que escaparia do monopólio da epistemê? E naquele tempo, nada escapava, pois entre as brechas e lacunas estava sempre o crítico, o filósofo do cotidiano, à espreita de formulações inusitadas sobre o velho e desafiante poder. O tom era peremptório: "Isso não é tão novo assim... vai acabar como sempre, normatizando as pessoas..."

Mesmo que a proposta de Foucault fosse de estilhaçar o poder, retirando-o da mão de um único soberano para diluí-lo nas malhas das relações sociais, o efeito era ainda mais tirânico, já que as próprias relações traziam, em si mesmo, o ritmo da sujeição. Para mim, o resultado era paralisante.

Um exemplo: situando-nos no contexto do psicopatológico, era e ainda nos é impossível recusar a presença da Psiquiatria, com seus medicamentos e internações. Como, então, situar o cuidado ao sofrimento psíquico, em um campo diferente da "doença"? Nosso intuito terapêutico conduzia, inevitavelmente, para o desenvolvimento de uma autonomia, a consolidação de uma liberdade a ser conquistada, mas como fazê-lo, se, do lado oposto, supostamente o "fim" para onde conduzir nosso paciente, o que nos esperava era, novamente, ilusão e alienação?

Em *O Poder psiquiátrico*,[2] publicado mais recentemente, Foucault explicita o custo terrível a ser pago pela ilusão de que a vontade possa se determinar a si mesma. A transformação da loucura em doença é uma maneira de afastar o questionamento das condições que suscitam seu aparecimento e, dessa forma, manter a ilusão de uma razão autossuficiente. Dizer isso é fundamental para bem situar a luta antimanicomial, a truculência de práticas psiquiátricas que ainda hoje atravessam políticas públicas voltadas para a loucura. Mas não seria aí, na legitimidade dessa ilusão, que se manteria uma parte considerável da prática psicológica? Como evitar a conotação libertadora de um processo terapêutico? E como evitar que "libertação" carregue consigo resquícios de uma razão autossuficiente?

Roland Barthes[3] denominava "ideosfera" esse conjunto de ideias e práticas das quais não se consegue saída, capturando cada movimento, gerando citações mutuamente refletidas. Paul Veyne, historiador especializado na história grega e na epistemologia foucaultiana, resumia: "[...] cada prática discursiva [...] é prisioneira de si mesma, e a história universal é tecida apenas com estes fios".[4]

Embora hoje critique esse "encapsulamento", é com um tipo de orgulhosa surpresa que verifico saber de cor este trecho de *As palavras e as coisas:*

> O homem não é o problema mais antigo nem o mais constante para o saber humano [...]. O homem é uma invenção que a arqueologia de nosso pensamento mostra facilmente a data recente. E, talvez, seu fim se aproxime.[5]

Mas e aí? O que restava depois que o humanismo ficava gasto? Uma estrutura engolindo tudo? Não conseguindo superar esses impasses, a situação ia se tornando crítica. Meu mestrado em Filosofia foi uma tentativa de romper tal círculo vicioso.

---

[2] FOUCAULT, Michel. *O Poder psiquiátrico*. São Paulo: Martins Fontes, 2007.

[3] BARTHES, Roland. *O grão da voz*. São Paulo: Martins Fontes, 2004.

[4] VEYNE, Paul. O último Foucault e sua moral. *Critique*, Paris, v. XLII, n. 471-472, p. 933-941, 1985.

[5] FOUCAULT, Michel. *As palavras e as coisas*. São Paulo: Martins Fontes, 1981. p. 403.

De Foucault a Lacan

A Psicanálise me chegou antes de tudo como recurso terapêutico para minha angústia. Foi a partir do meu próprio sofrimento que valorizei essa teoria, e é principalmente por isso que tenho procurado encadear minha prática nessa direção.

O tipo de "laço social" inaugurado pela noção de "transferência" me parece escapar da natureza "ideosférica" do estruturalismo. Para Foucault, como se sabe, a verdade é uma produção histórica, um tipo de resultante dos embates entre as forças que compõem uma epistemê. Não há como produzir esse efeito de convicção e apaziguamento da razão a não ser por meio do "efeito verdade", de maneira histórica, ou seja, imerso em fatores que são predominantemente opressores e alienantes. Mas a convicção com que essa produção impregna as vísceras, os músculos de cada pessoa, é uma experiência, no sentido pleno desse termo; é irredutível a sua formalização. Para mim, essa experiência, esse repouso das construções, mesmo que durasse um "momento" de verdade, tinha de ser explicado de modo menos destrutivo.

Essa ânsia pela verdade não era histórica, mas atávica, humana, e me foi bem-vindo esse retorno do humanismo morto, a ressurreição do recalcado.

Grossman[6] interpreta a morte do humanismo de maneira bem original e instigante, ao propor que se trata, de fato, de uma denegação. Ao propor tal declínio, Foucault estaria anunciando a construção gradativa de uma nova forma de humanismo, não mais invocando a dialética por onde novamente se escoaria, mas pela afirmação, sem explicações ou retóricas, de uma construção afeita a cada sujeito.

Haveria, assim, uma ressonância com a proposta lacaniana de que não há metalinguagem (não existe relação sexual) e a ausência da obra em Foucault. Grossman propõe que em vez da interpretação costumeira, preconizando que a verdade é histórica, e portanto tributária das formas em que se corporifica, é preciso não se deixar paralisar na estabilidade da ausência, mas privilegiar o momento que cava, por exemplo, obras literárias limites, como as de Beckett, Artaud, Blanchot.

---

[6] GROSSMAN, Evelyn. Il n'y a pas de métalangage: Lacan et Beckett. Em MARTY, E. (Org.). *Lacan & la Littérature*. Paris: Manucius, 2005.

Foram principalmente as referências de Lacan a Foucault, ao contrapor o conceito de verdade em suas formas jurídicas (tal como definido no texto que leva esse título), ao Seminário XXVI de Lacan (2006), onde a conferência de Foucault é comentada, que um esclarecimento maior se constituiu.

Embora Lacan elogie a conferência de Foucault, certamente não se podem ignorar as críticas contundentes que se fazem reciprocamente. Deixo essa questão para outra vez, procurando manter o fio na passagem ao segundo momento que procuro descrever aqui, fruto da leitura do Seminário XXVI de Lacan, onde são feitas as referências ao texto "O que é um autor?"

A construção das oficinas de histórias

Inspirando-me na minha análise, comecei a desenvolver uma prática terapêutica. Propus então uma modalidade de trabalho em grupo, "oficinas de histórias", incentivando adolescentes em situação de risco social, a produzirem comentários e criarem textos de ficção. Privilegiei o gênero fantástico, mítico e os contos de fada, e sempre que me referia ao termo "história", o eco da arqueologia e da genealogia foucaultiana se fazia sentir. O resultado foi que finalmente defendi a tese de doutorado e encontrei certo estilo de clínica, rompendo o crivo impiedoso da crítica.

Somente após essa travessia, colocando o pé em um "outro" lugar, é que a diferença constituiu o contraste capaz de delinear duas leituras do texto foucaultiano. As oficinas pretendem incentivar produções que, ao final, tenderiam a conservar um teor autobiográfico. Ora, em "O que é um autor" Foucault defende que essa modalidade de estilo é uma das várias formas de controle do que pode ser dito. O poder não suporta a ideia de um discurso desenfreado, por isso estabeleceria certas formas para que o dizer se tornasse legítimo.

Assim como Barthes esclarecia o autoritarismo do "obrigar a dizer", Foucault sublinhava que a autoria fazia parte do conjunto de estratégias originadas na modernidade, para controlar a proliferação dos discursos. Ou seja: em vez da suposta liberdade de expressão e de pensamento, de que tanto nos orgulhamos na modernidade, o que se vê, de fato, são modalidades de contenção, principalmente dos momentos privilegiados em que um discurso faz sua aparição inaugural. Em "A ordem dos discursos", Foucault indica que os sistemas de controle procuram apagar, principalmente, as "marcas de irrupção" dos discursos. Gregolin resume a proposta de

"A ordem dos discursos" situando a autoria como parte do segundo grupo de estratégias de controle da "logofobia" que caracteriza nosso tempo:

No primeiro grupo de princípios de controle, que Foucault denomina "procedimentos externos", estão incluídas a interdição, a segregação e a vontade de verdade. A interdição, que revela a ligação do discurso com o desejo e o poder, determina que algumas palavras sejam proibidas, isto é, que não se tem direito a dizer tudo [...] em qualquer circunstância.[7]

Essa é a forma mais explícita de exercício da exclusão da palavra autoral. Para falar é preciso estar inscrito em certos "rituais de palavra", traçados com antecedência e sobre os quais não se tem acesso. A verdade, então, é subsumida a uma "vontade de verdade", produzida pelos rituais de palavra.

O segundo grupo de princípios de controle do discurso nos interessa mais de perto: são os "procedimentos internos", por sua vez formados por outros três procedimentos, agora internamente controlados pela própria forma do discurso. São eles: o comentário, o autor e a disciplina. O comentário permite separar os textos importantes daqueles que seriam secundários, mas também dá acesso a outra construção, a que permite a alguém dizer explicitamente o que estava silenciosamente dito no texto principal.

O comentador é, então, fundamental para que se forme a verdade, ou a vontade de verdade que move alguém a considerar um texto como canônico. É o comentário que permite a volta de um texto antigo. Resumindo então Foucault (numa citação bem escolhida por Gregolin[8]): "O novo não está no que é dito, mas no acontecimento de sua volta". É o comentador que dá acesso ao retorno do texto, ao encadeamento do autor à contemporaneidade, tornando esse retorno um acontecimento.

O ponto a destacar é que na leitura que eu fazia, inicialmente, a ênfase caía no aspecto destrutivo do comentário. Inútil comentar por que não há nada de libertário nessa prática; o que se faz, inevitavelmente é obedecer aos ditames que nos forçam a escamotear certos autores, revigorando outros, etc.

Na segunda leitura que faço do comentário, a partir das oficinas, o destaque é para o crítico de arte, no sentido de ser um "curador" (fazendo trocadilho com o terapeuta, que também cura, trata alguma coisa, reconhecendo e dando um lugar nas prateleiras da nossa organização libidinal). O comentador, nesse sentido, é aquele que recolhe as aparas produzidas

---

[7] GREGOLIN, 2004, p. 97.

[8] GREGOLIN, 2004, p. 99.

pelo recorte feito pelo autor em sua obra. O crítico vai recuperando essas migalhas, esses restos, concedendo a eles um lugar privilegiado na obra.

O que é um autor?

O autor é aquele que, uma vez defrontado com a crítica, encadeia as migalhas na forma de frases, que novamente reincorpora em seu trabalho. Não é aquele que controla sua produção, portanto, autor não é quem sabe o que quer dizer, nem aquele que supõe controlar sua mensagem. Autor é quem se arvora a perder essa autonomia do dizer, para em seguida recuperar na forma de cintilações, efêmeras e provisórias, sempre construídas a partir das interlocuções. Como se vê, não existe autor sem comentador, nem comentário sem contexto no qual um "acontecimento" possa se fazer.

A função do autor é uma das mais esmiuçadas por Foucault, principalmente no texto de 1969. Fazendo parte do processo de individualização iniciado no século XVIII, a ilusão de uma originalidade, genuína e psicologizada seria impensável em sociedades nas quais os discursos circulassem no "anonimato do murmúrio". Em um contexto assim, anterior ao tipo de humanismo que permeia nossa forma de autoria, não faria o menor sentido a pergunta "quem disse?" ou "quem de fato escreveu?", já que o próprio conceito de individualidade não seria pensável.

Foi então, relendo os mesmos textos, que prestei atenção no último parágrafo de "A verdade e as formas jurídicas". O autor afirma, explicitamente, que a interlocução conveniente a seu discurso, não deveria ser necessariamente um juízo lógico, um texto linear, universitário, mas que poderia ser uma música, uma pintura, o que para mim pode ser resumido no termo "poética". "Gostaria de acrescentar que a arqueologia [...] deve ser realizada através de livros, discursos e discussões como esta, através de ações políticas, da pintura, da música."[9]

Essas práticas, pintar, compor, fazer música, não devem ter como referências as "belas artes", o narcisismo da sociedade do espetáculo, mas sim a busca por um estilo, o desenvolvimento da capacidade referida por Freud como definidoras do final da análise: ser possível criar, amar e trabalhar. Estetizar o sujeito, nesse sentido, envolve a busca por uma harmonia entre os vários domínios, tanto retirando a ética do registro do

[9] FOUCAULT 1983, p.133.

"bem" quanto deslocando a estética do domínio do "belo". Estetizar leva a procurar a erótica a que tanto se refere Foucault, o ponto em comum que poderia constituir uma possibilidade de libertação.

Uma estetização do sujeito

Aí estava, portanto, o vínculo que eu procurava para me encorajar na prática psicoterapêutica, escapando dos perigos de contribuir para uma normativização, encontrando também compatibilidade para o encalço à singularidade inspirada na Psicanálise. Encontrei, finalmente, esse respaldo no próprio texto de Foucault, agora lido de outra forma, enfatizando-se o que há de libertador na função poética do método proposto por ele em "A verdade e as formas jurídicas":"A arqueologia é uma máquina [...] que pelo menos deveria ter uma função libertadora. Na medida em que passamos a atribuir à poesia uma função libertadora, [...] eu diria, desejaria, que ela (a arqueologia) fosse poética".[10]

A poética, então, se apresentava como prática capaz de envolver qualquer exercício expressivo, não apenas a escrita, poesia no sentido estrito, mas as formas plásticas de expressão, as musicais, as teatrais, os trabalhos com sucata, as instalações e as coreografias. Qualquer forma de arte capaz de inscrever um percurso em uma superfície (não apenas uma sucessão de caracteres alfabéticos) constitui uma poética. E, nesse sentido, há uma genealogia a ser recuperada pelo crítico ou comentador.

É então, no mesmo texto, que encontrei duas formulações diferentes: uma em que o autor é considerado uma das formas de controle do discurso e outra na sugestão dos indícios capazes de superar a paralisia de ter sua palavra alienada no outro:

> O que é preciso fazer é prestar atenção no espaço esvaziado pelo desaparecimento do autor; seguir atentamente a repartição das lacunas e das falhas, e espreitar os lugares, as funções livres que esse desaparecimento faz aparecer.[11]

A saída, então, é prestar atenção naquilo que desapareceu, olhar o que vem no seu lugar, não esperando que retorne uma nova forma para o já visto, mas sabendo que há pistas a seguir, pegadas, sinais deixados

[10] FOUCAULT, 1983, p. 131.
[11] FOUCAULT, 1969, p. 72.

pelo "espaço esvaziado", que provocarão um "novo" irredutível, embora genealogicamente encadeado.

Associando então a "autoria", nesse novo sentido, ao "cuidado de si", foi possível encontrar respaldo para minha prática nas Oficinas Terapêuticas.

Em seus últimos trabalhos, Foucault remetia seus argumentos à filosofia grega como recurso, não para propor uma volta aos parâmetros da Antiguidade, mas para compor uma genealogia em que o cuidado de si e dos outros se tornasse visível. Não se trata de propor uma volta à moralidade grega, mas de procurar um contraste, uma inspiração capaz de trazer nitidez à contemporaneidade. Essa atitude frente ao passado, verdadeiro cerne do método arqueológico, é assim resumido por Veyne: "[...] não se encontrará jamais a solução de um problema atual em um problema que, por estar situado em outra época, não é o mesmo senão que por semelhança falaz".[12]

Seu método não situa a história como fio linear a trazer o presente inexoravelmente, mas uma recriação feita a partir do presente, como recurso estratégico para projetar um porvir.

O conceito de "cuidado de si", então, principalmente como delineado em "As técnicas de si",[13] no contexto do estudo sobre a governamentalidade, vai adquirir seus contornos éticos e estéticos baseando-se no projeto de cada leitor, na medida em que o "si mesmo" encontre nos outros, na pólis, seu suporte.

O conceito foucaultiano de "cuidado", então, me chegou como uma alternativa capaz de dar conta da exigência em relação a minha prática: que desse conta das questões éticas próprias do meu tempo, sem perder, entretanto, o enraizamento do encalço a uma verdade capaz de transcender a objetividade do presente. Inútil, portanto, procurar esse fundamento no exercício de "conhecer", formulado a partir de um saber descarnado, por mais erudito e elegante que seja, mas antes disso, no "cuidado", no esforço, há tanto tempo registrado na história humana, de se voltar para o semelhante em situação de sofrimento.

Veyne sublinha que a predominância do sentido de "conhecimento" como independente ou anterior ao "cuidado" é um dos equívocos da tradição ocidental. O célebre "Conhece-te a ti mesmo" de Sócrates

[12] VEYNE, 1985.

[13] FOUCAULT, Michel. *Dits et Écrits*. Paris:Gallimard, 1994. v. IV.

estaria de fato circunscrito no projeto mais amplo de cultivar, cuidar de si como atividade inevitavelmente simultânea ao cuidar do outro, cuidar da cidade, da pólis.

O cuidado de si, nesse sentido, consiste em admitir aquilo que, no movimento posterior ao traço que inicia um percurso, permite reconhecer o que ultrapassou a intenção de quem desenhou o primeiro signo. Ou seja: a autoria não se esgota no primeiro movimento, exigindo sempre que o autor prossiga seu trabalho de modo a poder voltar-se sobre si, se contorne em seu próprio eixo, se veja naquilo que extrapolou sua intenção e possa, então, acolher esse movimento. Acolher aquilo que é seu faz parte do seu ser, embora esteja fora da jurisdição do eu. É nesse movimento que o cuidado de si encontra sintonia no cuidado do outro.

Conforme a proposta das Oficinas: autor-esteta, como quem sabe exercer tal cuidado de si, é aquele que procura espreitar o espaço esvaziado da autoria, no embate de interlocuções fecundas. É quem busca articular sua produção discursiva com outra, não por meio dos elementos positivados, mas pelo baixo relevo, o contorno delineado naquilo que lhe escapa como autor, porém que está presente em sua obra, à sua revelia. Mais resumidamente: acolher o que lhe escapa mas está presente, sem seu controle ou permissão.

Essa operação não remete ao conhecimento de si nem do outro, à governamentalidade de si nem do outro, mas como o artesão grego, à busca por uma "aretê", uma excelência no refinamento de um estilo, um saber o que fazer com sua vida, um estilo de viver.

Estetização e Temporalidade

Permitir que o que se passou possa se converter em passado, parece condição para o cuidado ser viável. A maneira como a "libertação" é associada ao processo de conquista arqueológica da história, sugere uma relação entre cuidado e terapêutica, que é justamente nossa proposta nas oficinas:

> [...] meu discurso não procura obedecer às mesmas leis de verificação que regem a história propriamente dita, uma vez que esta tem como único fim dizer o que se passou, no nível do elemento, do processo [...]. Eu diria que, no fundo, minha máquina é boa [...] na medida em que

ela consegue dar do que se passou um modelo tal que permita que nos libertemos do que se passou.[14]

Em "As técnicas de si", Foucault abre outras pistas sobre as possibilidades desse cuidado se aproximarem da forma terapêutica. Seguindo suas pesquisas sobre a antiguidade grega, refere-se a Philon de Alexandria, que, por sua vez, faz referência a um grupo, – os *therapeuen* – caracterizado por sua obstinada busca de um estilo de viver, associado a um cuidado de si e dos outros, uma estetização capaz de abranger a arqueologia como poética.

Os *therapeuen* desenvolveriam sua proposta na periferia da cultura helenística e hebraica, realizando encontros de celebração das produções construídas em cada período. Essas práticas "artísticas" encontrariam sua origem na missão de cuidado de si.

Observa-se, assim, que Foucault descobre em períodos historicamente tão distantes, – e distintos da tradição helenística –, a mesma tarefa de articular cuidado (de si e do outro): a estetização. Se o cuidado remete à conservação da vida, em uma relação especial com a morte, há um "tempo" a ser explicitado. Não o tempo cronológico dos físicos, mas aquele marcado pela tragédia, a angústia, a experiência. A poética, antes restrita às práticas da linguagem, passa a ocupar o lugar da busca por esse ritmo no tempo da vida.

O esforço em procurar desenvolver um estilo que seja afeito ao autor/artista – entendido como aquele que busca uma excelência sobre si, sobre um estilo na arte de viver – reuniria, então, cuidado e estetização.

A genealogia é uma "máquina poética" capaz de ligar o autor a uma obra, somente acessível através de certa leitura da história, do passado e da morte. Ao se dar conta de seu próprio desaparecimento, ou seja, ao perceber que "não está onde pensa se encontrar" (lembrando o aforisma lacaniano), a escrita que almejamos incentivar nas Oficinas encontra um fundamento inesperado, justamente em Foucault, esse autor de quem eu procurara há anos me desvencilhar.

Outra citação de "O que é o autor?": "Na escrita, não há a manifestação ou exaltação do gesto de escrever; não se trata da alfinetada de um sujeito na linguagem; mas sim a questão da abertura de um espaço onde o sujeito escritor não cessa de desaparecer."[15]

---

[14] FOUCAULT. *A verdade e as formas jurídicas* – mimeo. Rio de Janeiro: PUC, 1973. p. 131.

[15] FOUCAULT, Michel. O que é um autor? *Dits et Écrits*. Paris: Gallimard, 2001, p. 821, edição francesa.

Como Sherazade, que arriscando a própria vida, apostou na narrativa como recurso estratégico e teve como resultado o cuidado do próprio soberano, o rei Shariar, que ao longo das 1001 noites, restaurou em si a capacidade de amar.

Embora os textos produzidos nas oficinas tenham caráter autobiográfico, não é o "eu" quem comanda o fio da história. Lembrei da polêmica recente sobre a biografia de Roberto Carlos, que se recusou a receber o jornalista que trabalhara nela há quatro anos, e depois, ao se deparar com interpretações que julgou grosseiras, de incidentes largamente conhecidos de sua história, proibiu a circulação do livro. Há quem julgue sua atitude autoritária e próxima do exercício da censura, mas, de fato, que sentido pode haver no exercício de escrever a história de alguém à revelia de sua aquiescência? Não seria então, mais digno, escrever a própria história de crítico, de fã, atravessada pela obra do compositor, sem tomar dele a palavra relativa ao "si mesmo"?

Compreendo esse esforço no caso da biografia de alguém que já tenha morrido, mas será que essa pressa, em relação ao cantor, não teria chegado a ele como um desrespeito a seu tempo pessoal de elaboração?

Em outro trabalho sobre a escrita biográfica, que também cita Foucault, Perpétua salienta o caráter repetitivo e destituído de autenticidade das biografias de três mulheres consideradas pobres. Uma patroa transcreve a história da empregada, concedendo relevância para o que julgou mais importante, assim como uma operária conta sua história, mas sempre ressaltando a dimensão miserável de sua existência.

O que haveria em comum entre essas três biografias? Suponho que seja a recusa em admitir que é preciso morrer como autor (consciente) para renascer como autor de seu texto, ali, justamente onde não controla sua produção. Mas isso não significa cair no oposto de delegar ao *ghost writer* a missão de formular essa poética exclusiva de cada um. Não é a informação que faz a escrita autoral. Não se trata da palavra em seu encadeamento linear, mas é, como bem afirmou Foucault, a capacidade de constatar em suas "franjas" a própria morte, e dali escolher as brechas por onde se possa renascer. Franjas que não se reduzem à bidimensionalidade do papel, mas que tremulam, vibram e certamente sugerem outras visibilidades para além do que se encontra diretamente acessível. O objeto da escrita, nesse sentido, deixa de estar sob a jurisdição do "eu" e passa a ser objeto da pulsão, essa força que escapa ao controle do autor, constituindo-o de forma ainda mais radical.

Enfim, quem ocupa esse espaço do qual o sujeito não cessa de desaparecer é a vida pulsional, o sujeito do inconsciente, o resto de si que tantas vezes nos surpreende como sendo mais "nós" do que nós próprios estamos prontos a admitir.

Esse reconhecimento possibilita o cuidado de si como outro de si e, desse modo, o acolhimento à alteridade. Para isso, é preciso elaborar um percurso no tempo, e é desse modo que entendo a história em Foucault, assim como a presença de sua obra em minha própria vida.

Atitude-limite e relações de poder
Uma interpretação sobre o estatuto da liberdade em Michel Foucault

Guilherme Castelo Branco

Campo geral

Nos últimos anos sua vida, encerrada prematuramente, Michel Foucault (1926-1984) deixa de lado sua proposta de analisar a correlação saber-poder para pensar as relações de poder e as resistências ao poder. De 1977 até 1984, o filósofo francês não considera seu projeto anterior de realizar uma leitura descritiva dos jogos de poder e passa a ponderar sobre a possibilidade de se criarem atitudes transformadoras tanto da submissão e assujeitamento das subjetividades quanto das relações de poder hegemônicas nas sociedades contemporâneas. Enfim, Foucault passa de uma posição mais analítica para uma posição analítica e também militante. Foucault, nunca devemos esquecer disto, era um militante esclarecido, determinado e cultivado. Não era um professor que aspirava ter uma vida tranquila e cômoda, mas um homem preocupado com as tarefas abertas pelo diagnóstico do presente.

No "último Foucault", a análise fria e racional convive com palavras de ordem que se apresentam, aqui e ali, nos seus textos, com real vigor. Em *O sujeito e o poder* (1982), a título de exemplo, dois momentos chamam a atenção: 1) "sem dúvida, o objetivo principal, na atualidade, não o de descobrirmos o que somos, mas o de nos recusarmos a ser o que somos";[1] 2)

> [...] o problema ao mesmo tempo político, ético, social e filosófico que se impõe a nós na atualidade não é o de procurar libertar o indivíduo do Estado e de suas instituições, mas o de nos liberarmos, *a nós mesmos*, do Estado e do tipo de individuação a ele vinculado. É preciso promover

[1] FOUCAULT, Michel. Dits et Écrits. v. 4. Paris : Gallimard, 1994, p. 232.

novas formas de subjetividade, recusando o tipo de individualidade que nos foi imposto por tantos séculos.[2]

Cabe notar que não é uma crítica fechada em si mesma: a crítica da sociedade de controle, primeira etapa da análise da atualidade, recebe um complemento positivo: a meta política e a ética advinda daí é a criação de uma subjetividade livre e autônoma, na contramão das técnicas postas em ação pelos poderes hegemônicos para padronizar, normalizar, disciplinar as pessoas e as massas.

Uma percepção constante de Foucault foi a de que, do século XVII em diante, a disciplinarização e a normalização dos indivíduos e das populações tornou-se um fato social e político decisivo; na verdade, todo esse processo foi antecipado por uma preocupação da Igreja Católica, que dizia respeito à prática da confissão, nos séculos XV e XVI: tratava-se do poder pastoral. Com técnicas sutis de obtenção de relatos sobre a vida íntima e particular das pessoas, o poder pastoral representou uma etapa prévia de extração de dados sobre a vida das pessoas. Como lembra o filósofo francês, o conhecimento do que os indivíduos pensam e o controle de suas práticas na coletividade são duas faces da estratégia de poder desde então praticada. No limiar da Idade Clássica, portanto, o poder pastoral já praticava e antecipava um saber-poder cada vez mais valorizado e exercido. O poder pastoral, cabe lembrar, "[...] não pode se exercer sem conhecer o que se passa na cabeça das pessoas, sem explorar suas almas, sem forçá-las a revelar seus segredos mais íntimos. Ele implica num conhecimento da consciência e numa aptidão em dirigi-la".[3]

No limiar da modernidade, tornando ainda mais complexo o arsenal de técnicas disciplinares e procedimentos normalizadores, um conjunto formidável de saberes foi posto a serviço da produção de subjetividades e de individualidades. Inúmeros saberes e/ou ciências participam da trama complexa do poder, entram na dança dos saberes legitimados, Economia, Administração, Pedagogia, Sociologia, Demografia, Psicologia, História, Filosofia, Direito, todos com estatuto, contestado por muitos, mas ainda assim denominados como Ciências Humanas e Ciências Sociais. Para Foucault, antes de serem saberes de contestação e de resistência ao poder, como muitos acreditam, as "Ciências do Homem" são saberes

[2] FOUCAULT, 1994, p. 232.
[3] FOUCAULT, 1994, p. 229.

produtivos, contribuindo para o processo de construção de individualidades conformadas às estruturas de poder consolidadas.

Os leitores mais apressados correm a tentação de pensar que a analítica foucaultiana do poder seria um pessimismo: com tantas modalidades de utilização dos poderes, por meio do uso de saberes, tecnologias, procedimentos de controle e – no limite –, mediante o uso do terror, não seria o pensamento do filósofo uma modalidade recente de constatação e descrição de que estamos submetidos a estruturas de poder tão poderosas que nada há a fazer? Se o poder, antes de tudo, é produtivo, antes de ser repressivo, como Foucault mesmo alerta, não estamos vivendo desde já uma sociedade consumada de controle total dos sujeitos e dos povos, capaz de superar todos os eventuais transtornos sociais com medidas eficazes de assujeitamento individual e coletivo? Não estamos condenados a aceitar os jogos do poder como uma fatalidade insuperável, resultados das relações de poder existentes, há muito tempo, nas sociedades ocidentais, e, portanto, determinantes do modo de pensar e de agir atuais? A resposta vem do próprio Foucault e é categórica: seu ponto de partida teórico, nesta fase de seu pensamento, é tomar as diversas resistências aos diferentes tipos de poder como ponto de partida de seus trabalhos.[4] Foucault, insistimos, é um pensador e um militante.

Todavia, nada de lugares-comuns: o igualitarismo radical, o ideal comunista cego, por outro lado, não comovem nem mobilizam Foucault. E a razão é bem simples: inexiste mundo sem forças, o mundo em que estamos é feito de forças advindas dos corpos e do encontro entre corpos. As relações de poder decorrem de um mundo de forças em afrontamento, de contraste e quiçá de combate entre campos de intensidade diferentes. E, por esse motivo, Foucault afirma:

> [...] uma sociedade sem "relações de poder" nada mais é do que uma abstração. [...] Pois dizer que não pode existir sociedade sem relações de poder não significa dizer que elas [as relações de poder] são necessárias, nem significa dizer que toda modalidade de poder, no seio da sociedade, constitui uma fatalidade insuperável; significa, todavia, que a análise, a elaboração, o questionamento das relações de poder, a "agonística" entre as relações de poder e a intransitividade da liberdade são uma tarefa política incessante; que ela é, propriamente, a tarefa política inerente a toda existência social.[5]

[4] FOUCAULT, 1994, p. 225.
[5] FOUCAULT, 1994, p. 239.

Liberdade e poder, no Foucault pós-1978, se enfrentam de maneira constante e sem síntese dialética, isto é, sem nenhuma solução pensável a médio e longo prazo. Toda experiência, seja de exercício da liberdade, seja de dominação nas relações de poder, ocorre tão somente em ato. O poder e as resistências a ele, dizendo de outra maneira, são faces diversas da moeda, em contraste permanente. Pode até mesmo ocorrer equilíbrio provisório de forças, nunca uma forma de paz durável vinda da ausência de lutadores na arena da agonística. Como Foucault já afirmara na *História da sexualidade I – A vontade de saber*, onde há poder, há resistências. De tal modo que é possível e até mesmo imaginável que a "dominação" nas relações de poder não seja o modo principal de relacionamento político em sociedades onde as estratégias e as táticas de resistência aos poderes têm êxito em transformar situações aparentemente insuperáveis. Inexiste, na verdade, situações políticas e quadros políticos permanentes, pouco importa onde no planeta, qualquer que seja a época. O que vale para todo modo de convivência humana, pois, segundo Foucault, "aquilo ao qual estou atento é o fato de que toda relação humana é, num certo sentido, uma relação de poder. Nós nos movimentamos num mundo de relações estratégicas perpétuas. Nenhuma relação de poder é má nela mesma, mas é um fato que comporta perigos, sempre".[6]

Os dois polos, poder hegemônico e liberdade, no seu embate agonístico, geram contextos éticos e políticos sempre provisórios. É até mesmo possível que certas relações de dominação possam perdurar – séculos ou milênios, em certas partes do planeta: todavia, isso não quer dizer que suas relações de poder não tenham passado por transformações inevitáveis, resultado dos constantes enfrentamentos das resistências ao poder, nem significa que estruturas de poder aparentemente inabaláveis um dia caiam por terra. É incontestável: não há, não houve, nem haverá Estado, relações de poder, impérios que durem eternamente.

Uma observação: existem também razões filosóficas para essa concepção agonística do poder no último Foucault. Uma percepção agonística do poder não tem nenhuma vinculação nem com o contratualismo, nem com consentimentos ou servidões voluntárias, nem com a crença numa hipotética expropriação originária (mesmo em suas diversas variantes dialéticas). Num mundo pautado pela agonística, por outro lado, não poderia

---

[6] FOUCAULT, 1994, p. 374.

existir finalismo histórico nem qualquer modalidade de crença num *telos* ou destinação humana. O enfrentamento agonístico pressupõe campos de lutas sempre abertos, pela razão de que são constituídos por forças em lutas estratégicas sem descanso. Entre relações estratégicas e liberdade, portanto, fundam-se diversos campos acontecimentais do poder e da história.

"Acontecimento", cabe alertar, é um conceito filosófico, muito importante, e que tem um sentido muito peculiar. Muitos pensam que um acontecimento é o mesmo que um fato. Ledo engano. Acontecimento, Foucault compreendeu bem seu estatuto ontológico,[7] não é um fato, uma mera ocorrência para os órgãos sensoriais; antes disto, é um efeito transitório decorrente da força inerente a toda coisa do mundo, a todo corpo, de onde emanam forças de diferentes tipos. Dos corpos, do nexo entre corpos, no devir desses encontros decorrem efeitos, transitórios, temporários, e é isso que os estoicos[8] foram os primeiros a designar como acontecimentos. Tradutores infelizes e de pouca cultura filosófica, aqui e ali, traduziram "acontecimento" por "evento".[9] O acontecimento é um efeito temporário do jogo de forças e dos encontros corporais. O acontecimento, portanto, não é um corpo, mas decorre dos corpos, o que levou Foucault a repetir, inúmeras vezes, que a sua teoria era tributária do "materialismo do incorporal". Acontecimentos-forças induzem a um mundo agonístico de relações cujo caráter é vitalista. O mundo é um complexo campo de forças vitais, que entretém umas com as outras modalidades diversas de articulação e causalidade que não constituem um mundo simples, óbvio, monótono. O mundo é complexo, feito de feixes

---

[7] Pois Foucault estudou os livros de Bréhier sobre os estoicos e escreveu o importante texto sobre o *Lógica do sentido*, de Gilles Deleuze, texto número 80 do *Dits et écrits*, traduzido e publicado em Portugal no opúsculo que tem o mesmo nome que recebeu em francês: *Teatrum philosophicum*. Lá está esboçado um projeto de ontologia que perdura em muitos de seus textos, desde então, sem que nunca tenha recebido nenhum acabamento final. A vida, mais que a teoria, o presente, mais que reflexão distanciada e fria, afetaram o pensamento de Foucault de modo decisivo.

[8] A teoria dos acontecimentos dos estoicos, e seu materialismo do incorporal (como bem designou Bréhier tais ideias filosóficas), faço questão de ressaltar, que tanto influenciaram teorias filosóficas ao longo da história, foram retomados com real vigor pelo pensamento francês contemporâneo, em especial a partir dos anos 50 do século XX.

[9] Tal tradução tem uma consequência: Foucault fala, em inúmeros textos, do caráter "acontecimental" das relações de poder; se fosse evento, sairia caráter "eventual" das relações de poder. Daria, mais ainda, margem a equívocos, um problema a mais para que se compreenda um filósofo como Foucault, cujo pensamento atrapalha o lugar comum de tantos e tantos que estão felizes em repetir ideias gastas e infundadas.

diferentes de conexão entre forças, onde o embate é parte constitutiva e no qual a vida e a força estão no ponto de irrupção das relações existentes.

Sem dúvida, Foucault é vitalista. Seu vitalismo, associado a seu anti-humanismo, leva-o a pensar uma visão da história e da subjetividade acontecimental, multicausal, descontínua.

Campo específico

A análise das relações do poder e da insubmissão da liberdade prescinde de qualquer recurso – mesmo didático – às práticas éticas antigas e modernas, essa é a hipótese que procuramos demonstrar neste texto. Ademais, sustentamos que o tema do Esclarecimento desempenha papel decisivo na elucidação da agonística entre relações de poder e liberdade, sempre ancorado na atualidade e no presente histórico. A longa passagem a seguir é importante e merece leitura atenta:

Quando Kant pergunta, em 1784, "*Was ist Auflärung?*", ele quer dizer: "O que se passa, neste exato momento?", "O que está acontecendo com a gente?", "O que é este mundo, este período, este momento preciso em que estamos?".

Dizendo de outro modo: "Quem somos nós?", "Quem somos nós enquanto '*Aufklärer*', enquanto testemunhas deste século do Esclarecimento?". Comparemos com a questão cartesiana: "Quem sou?". Eu, enquanto sujeito único mas universal, "a-histórico". Quem sou *eu, eu*, pois Descartes é todo mundo, não importa em que lugar nem em qual momento.

Mas a questão que Kant levanta é diferente: quem somos nós neste momento preciso da história? Esta questão, o que ela analisa é, ao mesmo tempo, nós mesmos e nossa situação atual.

O outro aspecto, o da "filosofia universal", não desapareceu. Mas a análise crítica do mundo constitui, cada vez mais, a grande tarefa filosófica. "Sem dúvida, o problema filosófico mais relevante é o da época atual, é o do que nós somos neste momento preciso".[10]

O que Foucault faz com essas considerações é indicar que a atualidade, que a recusa do padrão de subjetividade produzido pelos saberes

---

[10] FOUCAULT, 1994, p. 231-232. É importante lembrar que, na continuação dessas análises, Foucault enuncia as palavras de ordem que indicamos no início deste texto, que dizem respeito à nossa tarefa de reinvenção da subjetividade e aos indicativos da liberdade no tempo atual.

e poderes, e que a recusa do padrão de totalidade social posto em jogo pelas relações de poder instituídas, tudo isso decorre de uma concepção antissubstancialista do homem. Em Foucault, inexiste essência do homem, homem do homem, natureza humana, origem determinada e fixa ou finalidade em conformidade com o modo de ser constante do ser humano. Desde os anos 1960, Foucault deixou claro que era anti-humanista. Seu anti-humanismo, na sua juventude, foi tributário de Louis Althusser e dos pensadores estruturalistas.[11] Nunca é demais lembrar que a influência de Nietzsche predomina a partir do início dos anos 1970. Finalmente, que a partir de fins dos anos 1970, seu anti-humanismo recebe nome próprio: a subjetividade, a individualidade, o mundo social, todos decorrem de um campo de tensão agonístico e histórico, resultam do confronto entre as relações de poder e as insubmissões das liberdades, situados no instável e contingente campo da atualidade. O homem, assim pensado, nada mais é que uma série de ocorrências transitórias num campo de lutas sempre aberto. Essa é precisamente a problematização central que mobiliza o "último Foucault", no que diz respeito à ética e à política: como criar novas formas de subjetividade e de experimentações políticas com base em forças que agem no sentido de determinar os sujeitos e assujeitá-los?

Foucault procura resolver esta complexa questão, com inventividade invulgar, em especial no seu pequeno e denso texto *"Qu'est-ce que les Lumières?"*[12] ("O que é Esclarecimento?"), inspirado em texto com igual título, escrito séculos atrás por Imanuel Kant. O esclarecimento, lembra Foucault, deixando claro que está seguindo o caminho aberto por Kant, é a passagem da minoridade para a maioridade, processo que acontece quando uma pessoa ou uma coletividade ousa pensar e agir com autonomia, sem necessidade de recorrer a guias, autoridades e mestres. A maioridade depende da modificação, portanto, do uso da razão, da vontade, da relação com a autoridade. Nesse processo de passagem da minoridade para a maioridade já está em ação um embate agonístico, importa lembrar.

---

[11] Para entender essas referências no pensamento do Foucault dos anos 1960, a leitura de sua famosa entrevista com Madeleine Chapsal é obrigatória, vide texto 37 dos *Dits et écrits*. Essa entrevista foi publicada também, em coletânea de textos teóricos do estruturalismo, em versão que saiu, originalmente em Portugal: *Estuturalismo. Antologia de textos teóricos*, Ed. Martins Fontes. Nunca é demais lembrar que apenas um ano depois Foucault recusa, da maneira mais firme e veemente, qualquer vínculo com o pensamento estruturalista.

[12] Vide texto 339 do *Dits et écrits*, v. IV.

Maior é todo aquele que deseja pensar e agir, por si próprio, sem líderes que pensam e agem em seu lugar; menor é quem acata aqueles que se outorgam a tarefa de cuidar dele, deixando-o, consequentemente, na condição de minoridade. Todavia, Kant já chamava a atenção para isso no seu texto, o responsável por se estar na minoridade é aquele que abre mão de autonomia e que aceita ser tutelado, manipulado, guiado.

A novidade de Foucault face a Kant, malgrado toda sua deferência ao filósofo alemão, está na percepção de que o esclarecimento e a maioridade não devem ser entendidos como um período da história ou como uma etapa do espírito humano; ao contrário, Foucault define o esclarecimento como um fato agonístico, a partir do qual o esclarecimento é percebido como uma "atitude de modernidade", que comporta riscos e acarreta temores:

> [...] o que quero dizer por atitude: um modo de relação com a atualidade; uma escolha voluntária, que é feita por alguns; enfim, uma maneira de pensar e sentir, também uma maneira de agir e de se conduzir que, ao mesmo tempo marca um pertencimento e se apresenta como uma tarefa.[13]

Esclarecimento e liberdade se imbricam, de forma vivida, sentida, experimentada, num processo agonístico que ocorre entre liberdade e submissão, entre assujeitamento e experimentação da autonomia.

A atitude de modernidade consiste, portanto, num *ethos* filosófico, que "[...] consiste numa crítica do que somos, pensamos e fazemos, através de uma ontologia histórica de nós mesmos".[14] Totalmente interessada na atualidade, a atitude de modernidade torna realizável o que percebe ser a tarefa que se apresenta logo depois do diagnóstico do presente. Nesse exato momento, a atitude de modernidade torna-se atitude-limite, prática transformadora da vida, subjetiva ou social. Assim, a atitude-limite, nas palavras de Foucault, escapa da velha imagem do dentro e do fora, para se situar nas fronteiras, dirigindo-se, na medida do possível, para a ultrapassagem dos limites, para a ampliação do exercício da liberdade. E nesse momento, fica marcada a distância entre a crítica em Foucault e a de Kant: para o primeiro, "trata-se de transformar a crítica exercida na forma de uma limitação necessária numa crítica prática na forma de uma liberação possível".[15] A atitude-limite, tem seu pleno estatuto e função,

---

[13] FOUCAULT, 1994, p. 568.
[14] FOUCAULT, 1994, p. 574.
[15] FOUCAULT, 1994, p. 574.

a partir do momento e quando "procura relançar, tão longe e tão ampla-mente quanto possível o trabalho indefinido da liberdade".[16]

É interessante observar que a expressão "ultrapassagem" ou "libera-ção" (*franchissement*) é bem diferente da expressão "transgressão" (*trans-gression*). Além de não possuir as denotações psicológicas e psicanalíticas totalmente estranhas às operações da ontologia crítica de nós mesmos, trata-se, no processo de liberação, de abrir caminhos para a invenção de novas práticas de pensamento, de práticas éticas novas e de práticas políticas inovadoras. Na atitude-limite, porque está na fronteira, no limiar, porque está num campo estratégico de luta, toda transformação mostra-se parcial e circunscrita (por oposição a todo projeto de transformação social global e radical). Específica é a luta de liberação, como parciais são os resultados práticos das lutas advindas da recusa do assujeitamento. Nada de gestos demasiado heroicos nem de perspectivas de futuro messiânicas. Os projetos de transformação sociais postos em jogo no século XX, pouco importando sua coloração ideológica, não levaram a nada além de decepções, sacrifí-cios coletivos, dores do mundo. As razões parciais e sob limites, apesar de todos os riscos, realizam transformações que podem ser tanto individuais quanto coletivas ou comunitárias, pois esses são agentes em relações de poder com força para transformarem e ultrapassarem limites sempre que se apresentarem situações oportunas. Em todo caso toda tarefa de libertação é resultado do "[...] trabalho de nós mesmos sobre nós mesmos enquanto seres livres".[17] As tarefas de liberação individuais ou coletivas, porque são feitos numa ótica parcial e por estarem sempre diante de uma limitação a ser superada, acabam por levar Foucault a postular a hipótese da agonística interminável da liberdade e de suas lutas nas relações de poder: "a expe-riência teórica e prática que fazemos sobre nossos limites e sua superação possível é sempre limitada, determinada, devendo, pois, recomeçar".[18] As lutas de liberação são constantes e diversas, nos seus escopos próprios, múltiplas dimensões, momentos variados da vida individual ou da histó-ria das coletividades, comportando diferentes modalidades de realização na experiência humana. Não são apenas as lutas que são muitas, mas são muitos os momentos, graus, gradientes e etapas dessas lutas, dependendo

[16] FOUCAULT, 1994, p. 574.
[17] FOUCAULT, 1994, p. 575.
[18] FOUCAULT, 1994, p. 575.

de muitos fatores, o que faz da ultrapassagem um ganho conquistado diferencialmente pelas pessoas e pelas sociedades.

A atitude-limite, portanto, tem na prática sua prova. Iniciada, quiçá, na teoria, em certos casos, a atitude-limite tem sua vida plena e toda sua força nas experiências de transformação dos sujeitos e das relações de poder. É por esse motivo que o trabalho crítico é sua condição prévia: a razão, quando põe limites ao uso da razão, à própria razão e à consciência, exige, logo depois, com bem lembrou Foucault num momento de retórica, "[...] o trabalho sobre nossos limites, isto é, um labor paciente que dá forma à impaciência da liberdade".[19] Como se vê, trata-se de lutas de libertação, subjetivas ou não, e de superação de limites. Por outro lado, a questão é ampliar o campo da liberdade, por intermédio da invenção de novas formas de vida e de novas experiências subjetivas, o que refuta, de modo categórico a crença – que tem sido desenvolvida por alguns – de que o último Foucault está preocupado com o cuidado de si, na forma da relação do sujeito com sua própria verdade e identidade, ao longo da história. Tal hipótese é difícil de sustentar. O que interessa Foucault é a atualidade e o porvir, o que vale a pena é inventar-se e reinventar o mundo, realizando o devir e a promessa de futuro intrínseca aos nexos da liberdade.

Não é à toa que Foucault, na longa passagem que citamos no início do texto, a propósito da questão do esclarecimento em Kant, faz questão de opor o filósofo alemão a Descartes. O sujeito cartesiano, supostamente universal e "a-histórico", é posto em xeque por Kant, inaugurando a idade da Crítica, por meio da qual a razão passa a impor limites ao excesso de racionalização nas sociedades de controle, logo aos excessos de controle de nossas vidas. Devido a ela, temos condição de "[...] compreender por quais mecanismos nós nos tornamos prisioneiros de nossa própria história".[20] A Crítica tem o efeito paradoxal de levar a uma experiência de libertação, de superação de limites, chegando a uma situação na qual o sujeito se percebe, logo depois, dentro de limites, que vêm a ser ultrapassados, processo interminável de invenção de novas formas de vida e de novas experiências sociais. O trabalho da liberdade e seu papel de resistência nas relações de poder, realizado pelas atitudes-limite, é interminável, o que é uma demonstração cabal do poder da liberdade.

---

[19] FOUCAULT, 1994, p. 578.
[20] FOUCAULT, 1994, p. 225.

Participando diretamente em movimentos sobre as prisões, os manicômios, as lutas de gênero, a favor do aborto, sobre ecologia, contra a exploração econômica dos povos do Terceiro Mundo, até mesmo de Direitos Humanos (como lutas de resistência ao poder) e, principalmente, nas lutas contra o biopoder e o racismo de Estado, Michel Foucault sempre deixou claro que era um pensador voltado para seu tempo e interessado no futuro. O passado é mera ilustração, e o futuro, o resultado agonístico das forças em jogo no presente, nas quais podemos atuar e intervir a favor de um mundo mais luminoso e independente. Lutar é preciso.

Cartografias minoritárias do enclausuramento
Sobre Michel Foucault e Charles Fourier

Heliana de Barros Conde Rodrigues

De bicicleta pelo carcerário

Por meio destes artigos, compilados sob o título Cartografias das margens, Foucault devém outro, ou outros — Fourier, Benjamin, Clarice — que, extraídos de espaços-tempos dispersos, alimentam nosso desejo de falar *com* Foucault, ou seja, aliando-nos a seu intento de "não ter mais um rosto".[1] Renunciamos assim a qualquer presumido mergulho profundo que descobriria um Foucault autor-soberano em correlação com a unidade-coerência de uma obra, colocando-nos à disposição do que se põe *ao lado* — espaços, margens, limites, fronteiras.

Interceptada por Fourier, Benjamin, Clarice, quiçá a *palavra de ordem* que também portamos — ao retomar, de certo modo, a ingrata função de comentadores — possa nem sempre estar onde a própria ordem discursiva nos espreita, mas onde a observamos, rindo.[2]

No caso de meu ensaio, gostaria que fosse recebido em um radical nominalismo. Pois não se trata aqui da busca de eventuais precursores e/ou influências, mas de um relato que, em lugar de representar a suposta realidade de dois pensadores e respectivas obras, pretende ser um passeio por *Vigiar e punir*, anexando-se à produção de real encetada por esse pequeno paralelepípedo... pirotécnico.[3]

Diz-nos Michel de Certeau que Foucault "visitava os livros como circulava por Paris de bicicleta, [...] com uma atenção exata e vigilante

---

[1] FOUCAULT, Michel. *Arqueologia do saber*. Rio de Janeiro: Forense Universitária, 1987, p. 20.

[2] FOUCAULT, 1987, p. 20.

[3] Ver FOUCAULT, Michel. Eu sou um pirotécnico. In: POL-DROIT, Roger. *Michel Foucault, entrevistas*. Rio de Janeiro: Graal, 2006.

para apreender, ao virar uma página ou uma rua, o clarão de uma estrangeiridade [...] as citações de um impensado". E acrescenta: "Elas estão lá, dizia Foucault, bem legíveis, mas não lidas porque surpreendem o previsto e o codificado. Ao descobri-las, ele rolava de rir".[4]

Andei passeando de bicicleta por *Vigiar e punir*, passeio favorecido pela professora-leitora que (também) sou. Volta e meia, exemplares por demais marcados, anotados – ah... professores-comentadores vigilantes... – se tornam intoleráveis e se adquire um novo espaço-livro menos estriado, pré-visto e pré-codificado. Configura-se assim a oportunidade da surpresa, por pequena que seja. Pois somos leitores, como *se dizia* Foucault,[5] mas, em acréscimo, leitores de Foucault, de Foucault leitor de Foucault,[6] dos comentadores de Foucault. A despeito do peso disciplinador dessa posição subjetiva, pude experienciar, nos embates com meu novo exemplar de *Vigiar e punir*, inúmeras derivas laterais... e algumas boas risadas.

Uma experiência é algo que se faz sozinho, com o risco de atribuí-la a um sujeito-soberano, mas pode também proliferar. Dela se sai eventualmente transformado ou, melhor dizendo, talvez não se a faça efetivamente "senão na medida em que ela escape à pura subjetividade e que os outros possam, não diria retomá-la exatamente, mas ao menos cruzá-la e atravessá-la".[7]

É justamente esse o convite de "Cartografias minoritária do encarceramento. Sobre Michel Foucault e Charles Fourier": convite a um passeio que nos desprenda de nós mesmos via conexões até então desapercebidas. Elas têm muito de ficção e, espero, de respiração-conspiração.[8]

Detalhes tão pequenos

Vigiar e punir? – indagaria alguém. Aparentemente, nada de novo no *front*: o Grupo de Informação sobre as Prisões – GIP (ah... as lutas

---

[4] CERTEAU, Michel de. Le rire de Michel Foucault. In: *Histoire et psychanalyse entre science et fiction*. Paris: Gallimard, 2002, p. 138.

[5] CERTEAU, 2002, p. 138.

[6] Ver CHARTIER, Roger. El poder, el sujeto, la verdad. Foucault lector de Foucault. In: *Escribir las prácticas – Foucault, De Certeau, Marin*. Buenos Aires: Manantial, 1996.

[7] FOUCAULT, Michel. Entretien avec Michel Foucault. In: *Dits et Écrits*, v. IV. Paris: Gallimard, 1994, p. 47.

[8] "Conspirar quer dizer respirar junto", afirma Felix Guattari. Ver GUATTARI, Felix. Milhões e milhões de Alices no ar. In: *Revolução molecular*. São Paulo: Brasiliense, 1987, p. 59.

transversais dos anos 60/70... do século passado!), o panoptismo, o arqui-pélago carcerário — apenas reminiscências e sufocamento? Bem, comentadores que somos, seduzidos pela ética-estética da existência, pelo último Foucault (que está sempre por vir) — pelas resistências, em suma —, também anotamos, particularmente felizes, a última frase do livro: "[...] temos que ouvir o ronco surdo da batalha".[9]

O espaço, porém, tornou-se mais liso, não há marcas visíveis, e a volta à página traz a citação do impensado: após um breve *discurso do método* — regras para o estudo correlativo da alma moderna e de um novo poder de punir —, tropeço em uma observação aparentemente ocasional: "[...] não tenho a pretensão de ter sido o primeiro a trabalhar nessa direção".[10] Curiosa, dirijo-me à nota de rodapé correspondente: "Ser-me-ia impossível medir por referências ou citações o quanto este livro deve a Gilles Deleuze e ao trabalho feito por ele com Felix Guattari [...]".[11]

Ora, que impensado refulge aqui? Pois já não sabemos que Foucault sempre usou *O anti-Édipo* para fustigar os psicanalistas e prefaciou a edição norte-americana da obra, atribuindo-lhe o estatuto de um livro de ética?[12] E que Deleuze, muito antes de seu famoso Foucault,[13] redigido após a morte do amigo, lhe rendera homenagens ("novo arquivista", "novo cartógrafo") e lhe enviara, inclusive, as hoje célebres notas-provocação *Desejo e Prazer*?[14]

Entre tantos antes e tantos depois de *Vigiar e punir*, persiste a inquietude: será apenas isso? Em um livro de exatidão quase geométrica, uma referência tão explícita a Deleuze e Guattari (e a *O anti-Édipo*) derivaria simplesmente de créditos biográficos e bibliográficos recíprocos, gentileza comum nos meios intelectuais e acadêmicos?

Minha leitura prossegue, mas o passeio está assaltado pelo detalhe: a cada momento, a bicicleta se vê sacudida por oscilações do terreno — agora

---

[9] FOUCAULT, Michel. *Vigiar e punir*. Petrópolis: Vozes, 2004, p. 254.

[10] FOUCAULT, 2004, p. 24.

[11] FOUCAULT, 2004, p. 57. A bem da precisão, cumpre dizer que Foucault acrescenta: "Eu deveria igualmente citar muitas páginas do 'psicanalismo' de R. Castel e dizer o quanto devo a P. Nora". Não nos deteremos, porém, nessas referências.

[12] FOUCAULT, Michel. O anti-Édipo. Uma introdução à vida não-fascista. In: ESCOBAR, Carlos Henrique (Org.). *Dossier Deleuze*. São Paulo: Hólon, 1991.

[13] DELEUZE, Gilles. *Foucault*. São Paulo: Brasiliense, 1988.

[14] DELEUZE, Gilles. Desejo e Prazer. *Cadernos de Subjetividade*. Número especial Gilles Deleuze, jun. 1986.

composto de corpos, forças e multidões, aos quais a hegemonização de certos regimes discursivo-prático-subjetivantes anexa (pois as totalidades estão sempre ao lado) almas, docilidades e multiplicidades analíticas. É sempre de corpos que se trata, de uma radical materialidade, de um regime dito, em *O anti-Édipo*, maquínico. Embora pudesse caracterizá-lo por inumeráveis citações, aqui o trago mediante apenas três fragmentos de *Vigiar e punir*, grifando, por minha conta, certos termos:

> [O poder disciplinar] adestra as *multidões* confusas, móveis, inúteis de *corpos* e *forças* para uma multiplicidade de elementos individuais – pequenas células separadas, autonomias orgânicas, identidades e continuidades genéticas, segmentos combinatórios.[15]

> A *multidão*, massa compacta, local de *múltiplas trocas*, indivíduos que *se fundem*, efeito *coletivo*, é abolida em proveito de uma coleção de indivíduos separados [...] multiplicidade enumerável e controlável [...] solidão seqüestrada e olhada [...].[16]

> A disciplina [...] modela os comportamentos e faz os *corpos* entrarem em uma máquina, as *forças* numa economia.[17]

Ora, comentadora – dirá alguém –, não vê você o hirsuto bigode de Nietzsche como pincel comum para as tintas da *cartografia do carcerário* e da *cartografia produtivo-desejante*? Nada retruco, permaneço atenta ao detalhe. Também ele está sempre ao lado, nas simultaneidades desapercebidas porque reterritorializações-sobrecodificações as tornam invisíveis.

Dobro em inumeráveis transversais: a mesa de trabalho, antes quadro ordenado, contém agora a máquina de costura ao lado do guarda-chuva, ou mesmo a Enciclopédia Chinesa.[18] Quando novamente localizo *Vigiar e punir* nessa multidão "confusa, móvel e inútil", capitulo ao panoptismo detalhista do próprio discurso de Foucault, pois as regras podem ser estrategicamente lançadas contra seus (supostos) detentores – bela definição, aliás, de *acontecimento*. A respeito, mais uma vez apelo a Certeau:

> O visível constitui para Foucault o teatro contemporâneo de nossas opções fundamentais. Ali se defrontam um uso policial do espaço e uma vigilância ao que sobrevém de outro [...]; o trabalho filosófico opõe, aos sistemas

---

[15] FOUCAULT, 2004, p. 143.

[16] FOUCAULT, 2004, p. 166.

[17] FOUCAULT, 2004, p. 173-174.

[18] Ver FOUCAULT, Michel. *As palavras e as coisas*. São Paulo: Martins Fontes, 2000, p. IX-XXII.

que assujeitam o espaço à vigilância, os paradoxos que os acasos abrem no nivelamento panóptico.[19]

E é justamente no capítulo intitulado "O Panoptismo" que, disponível aos paradoxos, deparo-me com a primeira menção a Charles Fourier:

> Só se reconhece nele [panoptismo] uma pequena utopia estranha, o sonho de uma maldade – um pouco como se Bentham tivesse sido o Fourier de uma sociedade policial, cujo Falanstério houvesse tido a forma do Panóptico.[20]

A frase poderia ser uma das inúmeras tiradas retóricas de Foucault, que, vale dizer, tanto nos servem de ferramenta quando o pensamento fenece por falta de provocação. Na orgia de minha mesa de trabalho, busco o índice geral de *Dits et écrits*: nenhuma referência a Fourier. No Google, se não lhe aponho o prenome Charles, ele sucumbe: só emerge muitas páginas depois da abertura, discreto, estando as primeiras ocupadas por Joseph Fourier, o matemático, criador das séries trigonométricas e do *Tratado Analítico do Calor*, feito barão por Napoleão. Mais tarde descobrirei que Charles e Joseph eram primos. Perceberei também que Foucault volta a Fourier – melhor dizendo, a seus partidários de *La Phalange* – nos dois últimos capítulos de *Vigiar e punir*. Mas não nos antecipemos.

Amigos e livros-amigos – ficções

Em uma entrevista datada de 1986, perguntou-se a Deleuze se ele e Foucault pertenciam ao "mesmo time". A resposta nos leva a compor séries: "Penso que sim [...]. Ser do mesmo time é rir das mesmas coisas ou então calar-se, não precisar explicar-se...". Referindo-se a ele próprio, Guattari, Schérer, Lyotard e Foucault, Deleuze adenda: "Não possuíamos o gosto pelas abstrações, o Uno, o Todo, a Razão, o Sujeito. Nossa tarefa era analisar estados mistos, agenciamentos, aquilo que Foucault chamava de dispositivos".[21]

Autorizamo-nos a ficcionar. Em *O anti-Édipo*, são duas as referências a Charles Fourier. Na primeira, uma "utopia à Fourier" – lembremo-nos de que ele é chamado (quiçá acusado) de *socialista utópico* – é descrita como

---

[19] CERTEAU, 2002, p. 142.

[20] FOUCAULT, 2004, p. 185.

[21] DELEUZE, Gilles. Rachar as coisas, rachar as palavras. In: *Conversações*. Rio de Janeiro: Ed. 34, 1992, p. 108-109.

algo bastante distinto de um modelo ideal, consolo das belas almas. Trata-se, ao contrário, de ação e paixão revolucionárias, da produção desejante, de afetos que integram a infraestrutura do *socius* e impõem sua regra à instituição.[22] Na segunda referência, Deleuze e Guattari afirmam ter Fourier demonstrado amplamente que o objeto do desejo não são pessoas nem coisas, mas "meios inteiros que ele percorre, vibrações e fluxos de qualquer tipo a que ele se une, introduzindo neles cortes, capturas – em suma, um desejo nômade e migrante cuja principal característica é o 'gigantismo'".[23]

Não sabemos (nem importa, talvez) se Foucault leu tão minuciosamente *O anti-Édipo* a ponto de se interessar em especial por Fourier, e menos ainda podemos assegurar que lhe tenha explorado a imensa produção escrita, publicada em 12 volumes.[24] Mas o Foucault crítico da categoria *influência* – vaga atribuição de andamento causal a fenômenos de semelhança e repetição – jamais repudia a história efetiva das *transmissões*. Quanto a isso, vale recordar que no "time" de que fala Deleuze está René Schérer, que a caracterização acadêmica às vezes supersimplifica sob o rótulo "filósofo fourierista".

Se a influência é etérea, a transmissão é bem concreta: entre 1967 e 1973, Schérer publicou duas coletâneas de textos de Fourier, bem como o livro *Charles Fourier ou a contestação global*. Neste, elabora uma genealogia da utopia que, provavelmente, terá levado o time a rir das mesmas coisas sem precisar explicar-se: "Abandonando o espaço das ilhas bem-aventuradas, a utopia se introduz na dimensão de um devir. Não somente aquele de um futuro [...], mas no movimento mesmo da história se fazendo, para opor resistência à sua aparente inelutabilidade [...]".[25] Schérer várias vezes frisa, em outros de seus escritos, a conexão Fourier-Deleuze-Guattari, pouco preocupado com o fato de que o primeiro raramente seja uma referência para os últimos.[26]

---

[22] DELEUZE, Gilles; GUATTARI, Felix. *O anti-Édipo*. Lisboa: Assírio & Alvim, s.d., p. 53.

[23] DELEUZE; GUATTARI, s.d., p. 235.

[24] A obra de Charles Fourier foi reeditada em seu conjunto pelas Éditions Anthropos, sob a direção de Simone Debout, entre 1966 e 1968.

[25] SCHÉRER, René. *Charles Fourier ou la contestation globale*. Paris: Seghers, 1970. Utilizamos a edição revista e aumentada, datada de 1996, p. 14.

[26] Consultar SCHÉRER, René. *L'écosophie de Charles Fourier*. Paris: Anthropos, 2001 e SCHÉRER, René. *Regards sur Deleuze*. Paris: Kimé, 1998.

Tampouco nos inquieta demais se Foucault leu intensamente Fourier, ou se sua evocação do Falanstério está ligada aos anos de filiação ao Partido Comunista Francês – onde, supomos, certa celebração de Fourier devesse ser acompanhada de brutal desqualificação (socialismo utópico *versus* socialismo científico). Mas nos soa bastante verossímil que uma transmissão-Fourier tenha afetado Foucault pela via da amizade com Schérer. E quem poderia, ao pensar *com* Foucault, privilegiar etéreas influências autorais quando comparadas à amizade como modo de vida?[27]

Além do mais, Foucault sugeria que lêssemos Schérer. Em entrevista datada de 1976, afirma: "Leia o livro de Schérer e Hocquenghem: ele mostra que a criança tem um regime de prazer para o qual o código do sexo constitui uma verdadeira prisão".[28] O livro mencionado é *Álbum sistemático da infância*[29] e nele proliferam as atrações passionais fourieristas, em nítida contraposição às sobrecodificações disciplinares.

É preciso admitir, mais uma vez, que todas essas redes de conexões laterais nada provam acerca de um seguro nexo Foucault-Fourier. Podem não ser mais que ficções. Nem por isso estão fora da verdade: nela podem desempenhar seu papel, fazendo com que *certa* verdade fabrique *algo que ainda não existe*.[30] No caso, cartografias minoritárias do enclausuramento saídas da atração passional Foucault-Fourier, como veremos a seguir.

Casos, acasos

Nascido em Besançon em 1772, sob o mesmo Luís XV que Damiens ousou desafiar, Charles Fourier... nunca ria! Filho de ricos comerciantes, viveu a Revolução Francesa e, em especial, o período do Terror, durante o qual não só foi preso como perdeu a fortuna herdada do pai, em desastrados negócios. Nunca pôde livrar-se do destino de empregado do comércio que odiava – função que, diz-se, exerceu com notáveis

---

[27] Ver FOUCAULT, Michel. De l'amitié comme mode de vie. In: *Dits et écrits*, v. IV. Paris: Gallimard, 1994.

[28] FOUCAULT, Michel. Não ao sexo rei. In: *Microfísica do poder*. Rio de Janeiro: Graal, 1979, p. 296.

[29] SCHÉRER, René; HOCQUENGHEM, Guy. *Co-ire. Album systématique de l'enfance*. Paris: Recherches, 1976.

[30] FOUCAULT, Michel. Les rapports de pouvoir passent à l'interieur des corps. In: *Dits et Écrits* – v. III. Paris: Gallimard, 1994, p. 236.

negligência e incapacidade. Sonhava com uma existência luxuosa, mas passou grande parte da vida em um quarto parisiense alugado, atulhado de vasos de flores, eterno celibatário que encantava as prostitutas ao lhes anunciar o papel honorável que teriam na ordem futura, a Harmonia Universal. Dela, aliás, se dizia o descobridor (Cristóvão Colombo) e o cientista − novo Newton, cuja teoria da atração rege tanto o mundo físico como o instintual, o orgânico, o social e o... aromal. Pretendia instaurar essa nova ordem partindo do primeiro Falanstério. Mas a criação dessa colônia agrícola-industrial-amorosa − descrita minuciosa, e mesmo matematicamente (números e figuras) quanto a arquitetura, habitantes, trabalho, refeições, lazer, sexualidade, etc. − demandava recursos financeiros. E Fourier aguardou diariamente em seu quarto, ao meio-dia, o mecenas do Falanstério, pois, nessa direção, escrevia a financistas e governantes europeus ou mesmo latino-americanos (conta-se que Simon Bolívar recebeu suas cartas e seus livros). Porém nenhum deles jamais compareceu ao encontro.

No mundo fourierista, "mundo às direitas" − a "Civilização", sinônimo de capitalismo, é que seria subversiva −, reinam as paixões (12+1), notadamente as três distributivas: a cabalística (ou intrigante), a borboleteante (ou alternante) e a compósita (ou engrenante). Dada a analogia existente entre os elementos, em Harmonia não só homens, mulheres e crianças viverão a contínua e intensiva atração passional associativa − desconstruindo o egoísmo, a personalidade, o casal e a família conjugal, a usura, ou seja, tudo o que forja o indivíduo, artifício da civilização − como se preveem mudanças paralelas na anatomia humana, no mundo natural, no reino animal, na dimensão cósmica. Do corpo humano brotará um membro potente e sensível, o arquibraço, análogo à tromba do elefante e que poderá servir de para-quedas; a atual fauna marinha será substituída por servidores anfíbios e veremos nascer antibaleias e antitubarões que colaborarão com os humanos na pesca e no transporte; os mares deixarão de ser salgados e terão o gosto de uma espécie de limonada; os planetas copularão. Viveremos o que Fourier denomina "caorgia universal", em lugar da triste civilização do comércio e do casamento. Quanto a esta, sempre atento ao detalhe e ao cômputo, ele descreve 36 tipos de falências (da "falência infantil" à "falência de fazer rir") e 64 tipos de cornos (do "corno potencial" ao "corno póstumo").[31]

---

[31] As informações contidas nesta seção foram obtidas em: PETITFILS, Jean Christian. *Os socialismos utópicos*. São Paulo: Círculo do Livro, 1977; DEBÛ-BRIDEL, Jacques. *L'actualité de Fourier*. Paris: France-Empire, 1978; BRUCKNER, Pascal. *Fourier*. Paris: Seuil, 1975.

Victor Hugo, que não apreciava o primo de Charles, o barão Joseph Fourier, previa que no futuro ninguém se lembraria deste último: as gerações subsequentes honrariam apenas Charles Fourier, "*l'homme du grenier*" (o homem do sótão), o louco da família.[32] Já Armand e Maublanc descrevem Charles Fourier como um velho maníaco, celibatário e *gourmand*, cujos sonhos seriam meras transferências dos desejos de um *habitué* de tabernas e bordéis.[33] O escritor argentino Sarmiento, autor de *Facundo*, ao entrar em contato com os textos de Fourier durante uma viagem à França na década de 1840, exclama em carta a um amigo: "Você acredita que esse sistema tenha sido elaborado fora de um hospital de loucos?".[34]

Eis parte do que nos chega de Charles Fourier via uma acumulação documental da qual *Vigiar e punir* expõe as baixas raízes. "Quem fará a história do exame?" — indaga Foucault —, pois este,

> [...] como fixação ao mesmo tempo ritual e 'científica' das diferenças individuais [...], indica bem a aparição de uma nova modalidade de poder em que cada um recebe como status sua própria individualidade e onde está estatutariamente ligado aos traços, às medidas, aos desvios, às "notas" que o caracterizam e fazem dele, de qualquer modo, um "caso".[35]

Contudo, diferentemente do que alegam os que apreciam as totalizações, há, em Foucault, casos e casos-acasos. E estes últimos, os da estrangeiridade, são os melhores aliados na constituição de uma *história das lutas*.

Para uma estudiosa de Foucault como Judith Revel, essa estrangeiridade reside nos "textos periféricos" — pequenos escritos que seriam laboratório e lugar de crítica dos "grandes livros", contra os quais Foucault emitiria uma "palavra de desordem",[36] minando incansavelmente o acabamento da obra. Segundo Revel, a noção de *caso* é desejavelmente ambígua:

> [...] ela tradicionalmente designa [...] um fato certamente isolado, mas que se procura recuperar por força de uma regra geral ou de uma lei [...]. O uso

---

[32] DEBÛ-BRIDEL, 1978, p. 22.

[33] ARMAND, Felix; MAUBLANC, René. *Charles Fourier*. Paris: Éditions Sociales, 1937, v. 1, p. 31.

[34] GONZÁLEZ, Horacio. Careo com Fourier. *Página 12*, Buenos Aires, 12 abr. 2004.

[35] FOUCAULT, 2004, p. 160.

[36] REVEL, Judith. O pensamento vertical: uma ética da problematização. In: GROS, Fréderic (Org.). *A coragem da verdade*. São Paulo: Parábola, 2004, p. 42.

foucaultiano é ligeiramente diferente: [...] o caso é precisamente o que parece não querer voltar para as malhas de nosso quadro interpretativo, ou seja [...] o que se impõe em uma singularidade absoluta e afirma, no contrafluxo dos processos de identificação e classificação discursivos, o extraordinário.[37]

Embora tomados na rede discursiva de Revel, para quem a noção foucaultiana de caso permitiria, em conexão com Deleuze, "pensar diferencialmente a diferença", fazendo dela "o fundo do comum",[38] avaliamos que o contraste entre textos periféricos e grandes livros dificilmente resiste à leitura de *Vigiar e punir*. Pois lá estão, em provocação recíproca, os casos submetidos à unidade de um gênero – disciplinar, ou já biopolítico? – e os casos-acasos, todos mergulhados, por assim dizer, na imanência dos jogos de forças.

A nosso ver, essa diferença imanente percorre todo o livro – da análise dos suplícios à das tecnologias disciplinares –, escapando, a cada passo, a uma redução totalizante a ideias ou mentalidades – humanismos, compaixões, razões ou sensibilidades de certa época. Mas em nenhum lugar é tão fulgurante quanto na análise da gestão dos ilegalismos.

Um jornalismo radical

A prisão forja a delinquência. Não pelas tão alegadas promiscuidades ambientais, mas, primordialmente – é a tese de Foucault –, porque a delinquência é o efeito de um hiato, de produção árdua, difícil, entre ela e o que seria justamente seu fundo diferencial comum: as ilegalidades populares.

Muito se tem falado de certas características desse *forjar*: rede disciplinar (oficina-escola-quartel-hospital-prisão) e rede disciplinar em proporção geométrica (complexo justiça-polícia-prisão). Bem menos se disse acerca da análise foucaultiana de certos discursos – os do jornalismo popular –, esmiuçados nos últimos capítulos de *Vigiar e punir*.

Podemos hoje reler alguns desses discursos e nos surpreender com sua perturbadora atualidade, embora datem da primeira metade do século XIX. Em 1844-1845, *L'Atelier* e *La Démocratie Pacifique*, em campanha contra as presumidas vantagens do trabalho penal, apoiam

---

[37] REVEL, 2004, p. 75.
[38] REVEL, 2004, p. 80.

petição feita à Câmara de Paris para que os detentos sejam encarregados dos trabalhos "insalubres e perigosos". Os jornais indagam: "por que os condenados não trabalham com mercúrio e alvaiade?".[39] Vendo rejeitada a petição, *L'Atelier* proclama: "A Câmara preferiu Barrabás a nós".[40] Ainda em 1845, o mesmo jornal lamenta: "Que se há de fazer, é preciso ter roubado ou matado para atrair o interesse dos outros".[41] E publica carta enviada pelos operários de tipografia ao ministro, após saberem da instalação de uma gráfica na Central de Melun: "Tendes a escolher entre reprovados justamente atingidos pela lei e cidadãos que sacrificam seus dias, na abnegação e na probidade, à existência de suas famílias, tanto quanto à riqueza da pátria".[42]

Para Foucault, todavia, a história não é uma jaula. A despeito do impacto dessas evidências documentais, que poderiam levar a crer que os efeitos do poder sejam invariavelmente reconduzidos pela posição dos que são dominados, ele abre caminho às diferenças entre diferenças: a tática de isolar uma agora *delinquência* das ilegalidades populares está longe de um definitivo triunfo. Conquanto sejam inegáveis as manifestações de hostilidade, ao lado delas emerge uma "batalha em torno da penalidade".[43]

Os jornais populares, que eventualmente demandavam, para os delinquentes, que se os deixasse morrer – o tema da biopolítica se insinua, e com que intensidade, em *Vigiar e punir* –, também encetam uma análise política da criminalidade. Tal análise segue duas linhas principais (as mesmas que se adotam no presente, parece-me).

A primeira situa a origem do crime não no indivíduo, mas na sociedade: "O homem que vos traz a morte não é livre de não trazê-la. A sociedade é a culpada ou, para dizer melhor, a má organização social", diz *L'Humanitaire*, em 1841.[44]

A esse crime por necessidade soma-se o crime por repressão, cujas causas, segundo as palavras de *La Fraternité*, em 1845, são "a falsa instrução,

[39] FOUCAULT, 2004, p. 261.
[40] FOUCAULT, 2004, p. 203.
[41] FOUCAULT, 2004, p. 203.
[42] FOUCAULT, 2004, p. 203.
[43] FOUCAULT, 2004, p. 238.
[44] FOUCAULT, 2004, p. 238.

as aptidões e as forças não consultadas, a inteligência e o coração comprimidos por um trabalho forçado numa idade muito tenra".[45]

Já a segunda linha de análise postula que a ênfase posta na criminalidade popular mascara a desconsideração quanto a uma outra criminalidade, a "delinquência de cima". Diz *La Ruche Populaire* em 1842: "Enquanto a miséria cobre de cadáveres vossas ruas, de ladrões e assassinos vossas prisões, que vemos da parte dos escroques da fina sociedade? [...] Os exemplos mais corruptores, o mais revoltante cinismo, o banditismo mais desavergonhado [...]".[46]

Dessa segunda linha de análise decorrem duas táticas: fazer dos processos criminais uma arena para o debate político e implicar os prisioneiros ditos "políticos", que podem se fazer ouvir, na defesa de todos os detentos. Instaura-se assim, conforme as palavras de Foucault, um "contranoticiário policial" em que a luta de classes substitui o "repertório de melodrama".[47] Nesse contranoticiário, a burguesia é o novo réu... e o novo monstro.

A positividade (fourierista) do crime

Abandonamos, momentos atrás, Charles Fourier – visionário, lunático, delirante... louco? Nos dois últimos capítulos de *Vigiar e punir*, Foucault não nos falará propriamente dele, mas de seus partidários de *La Phalange*: quanto à análise política do crime, eles teriam ido "mais longe que os outros".[48]

A esse respeito, mais uma vez, cumpre não totalizar. Os fourieristas nem sempre foram longe: não se cansavam de censurar detalhes da vida e dos escritos de Charles Fourier. Tanto que jamais permitiram que o livro *O novo mundo amoroso*,[49] imprescindível contraface (sexual, desejante) de *O novo mundo industrial e societário*[50] (social, produtivo) fosse editado – o conteúdo integral do primeiro, por sinal, só chegou ao grande público ao final dos anos 1960.

Mas voltemos a *Vigiar e punir*, lembrando que *La Phalange* foi fundada em 1836, um ano antes da morte de Fourier. Na publicação, apesar das

---

[45] FOUCAULT, 2004, p. 238

[46] FOUCAULT, 2004, p. 239

[47] FOUCAULT, 2004, p. 239.

[48] FOUCAULT, 2004, p. 239.

[49] FOURIER, Charles. *Le nouveau monde amoureux*. Paris: Anthropos, 1967.

[50] FOURIER, Charles. *Le nouveau monde industriel et sociétaire*. Paris: Flammarion, 1973.

pudicícias acima evocadas, ressoam as teses fourieristas da atração universal, da inclusão radical do passional – da imanência produtivo-desejante, melhor dizendo. Pela primeira vez, afirma Foucault, surge uma teoria política do crime em que este é valorizado positivamente, como é visível neste fragmento de *La Phalange*, datado de 1837:

> A ordem social dominada pela fatalidade de seu princípio compressivo continua a matar pela mão do carrasco ou com a prisão aquele cujo natural robusto rejeita ou desdenha suas prescrições, aqueles que por serem fortes demais para ficar presos nesses cueiros acanhados, os desfazem e rasgam, homens que não querem permanecer crianças.[51]

Inexiste, aqui, natureza criminosa. Ou melhor, em termos mais estritamente fourieristas, no mundo simultaneamente natural, social e divino (um Deus espinozista, frise-se), só há ilegalidades, só há diferenças, e exclusivamente as práticas divisoras conduzirão condutas ao poderio ou à prisão: pobres, os magistrados de hoje povoariam os campos de trabalhos forçados; e os forçados, se bem nascidos, "tomariam assento nos tribunais e aí distribuiriam justiça".[52]

Com *La Phalange* aparece, segundo Foucault, um *novo* contranoticiário policial: seu intuito não é a mera inversão, ou seja, acusar o adversário (burguês) de imoralidade. Embora se coloque ao lado dos explorados, o jornal traz à luz, pela primeira vez, o jogo de forças que instaura... a própria existência de dois lados.

Béasse, o embaralhador de códigos

Em 1840, relata *La Gazette des Tribunaux*:

O Presidente – Deve-se dormir em casa

Béasse – Eu tenho um em casa?

– O senhor vive em perpétua vagabundagem.

– Eu trabalho para ganhar a vida.

– Qual é a sua profissão?

– Minha profissão? Em primeiro lugar, tenho 36; mas não trabalho para ninguém. Já faz algum tempo, estou por minha conta. Tenho minhas

---

[51] FOUCAULT, 2004, p. 240.

[52] *La Phalange*, 1838. *Apud* FOUCAULT, Michel, 2004, p. 240.

ocupações, de dia e de noite. Assim, por exemplo, de dia distribuo ingressos grátis a todos os passantes; corro atrás das diligências que chegam para carregar os pacotes; dou o meu show na Avenida de Neully; de noite, são os espetáculos; vou abrir as portas, vendo senhas de saída; sou muito ocupado.

– Seria melhor para o senhor estar colocado numa boa casa e lá fazer seu aprendizado.

– Ah, é sim, uma boa casa, um aprendizado, é chato. Mas esses burgueses resmungam sempre e eu fico sem a minha liberdade.

– Seu pai não o chama?

– Não tenho mais pai.

– E sua mãe?

– Também não, nem parentes, nem amigos, livre e independente.

Ouvindo sua condenação a dois anos de correção, Béasse faz uma careta feia; depois, recobrando o bom-humor: "Dois anos nunca duram mais que 24 meses. Vamos embora, vamos indo".[53]

Eis Béasse, o menos conhecido, talvez, dos casos-acasos de Foucault. É raro, nas apreciações de *Vigiar e punir*, que se ignore Vidocq ou se esqueça Lacenaire. Também "casos", certamente, porém sobrecodificados pelas forças que se hegemonizaram a ponto de se transformarem em quase exemplares de quase gêneros: respectivamente, o do delinquente tão instrumentalizado pela polícia que se torna... chefe de polícia; e o do delinquente-escritor, que eleva o assassinato a uma das belas artes e alimenta profundo desprezo pelo populacho rude, das inegalidades anestéticas.

Béasse, todavia, é o infame por excelência: breve aparição cuja notoriedade não durou senão um dia. Mais em nome das disciplinas que do código estrito, a Justiça torna *delinquência* (policia/condena/encarcera) suas *inegalidades* (ou alegalidades?) rebeldes. À época, apenas *La Phalange* atentou para esse embaralhador de códigos de 13 anos de idade. Pois haveria maior evidência de embate de forças? De multiplicidade de atrações passionais? De paixões borboleteantes? Béasse já é Harmonia, já é o Falanstério inscrito no tempo – inquietante heterotopia –, enquanto a tríade justiça-polícia-prisão, condensada no Presidente do Tribunal, é a civilização molar, coercitiva, a exigir que se tenha casa, família, profissão e patrão.

[53] FOUCAULT, 2004, p. 241.

Se a Lei for tomada à letra, Béasse não cometeu propriamente infrações; entretanto, colonizada que está pela norma, a Lei investe a própria vida (que, apesar de tudo, resiste ou reexiste...). Nas palavras de *La Phalange*, "é trabalho, despreocupação, devassidão; é tudo, menos ordem...".[54]

Respirações minoritárias

Foucault apressa-se em dizer que as análises de *La Phalange* não podem ser ditas representativas das discussões que os jornais populares faziam então sobre o crime e a penalidade. Mas vê nessas análises um acontecimento, e acontecimentos nunca estão perdidos para a política libertária e a história efetiva.

As análises fourieristas de *La Phalange* serão despertadas quando, na segunda metade do século XIX, os anarquistas quiserem restabelecer a unidade política das ilegalidades populares.[55]

Serão também despertadas quando, no começo dos anos 1970, o GIP vier a promover suas pesquisas-intolerância, cujo alvo parece ser unicamente a prisão, mas que entoam palavras de desordem em série: "São intoleráveis: os tribunais, os tiras, os hospitais, os asilos, a escola, o serviço militar, a imprensa, a televisão, o Estado".[56]

Serão despertadas ainda quando, hoje, historiadores afetados pelas "marcas da pantera"[57] — notável expressão de Margareth Rago para designar a viva ferida que Foucault provocou em nossos historicismos anestesiantes — se puserem à espreita, no passado e no presente, da ruptura, do inatual ou intempestivo que nos desprenda de nós mesmos e impeça que permaneçamos insistindo em ser o tão pouco de forças, conexões, atrações e multidão (confusa e inútil) que temos sido.

Serão despertadas, enfim, quando, como homens e mulheres livres, afirmarmos intransigentemente nossa liberdade ao enfrentar práticas de docilização dos corpos e controle da vida.

---

[54] *La Phalange*, 1840. *Apud* FOUCAULT, 2004, p. 242.

[55] FOUCAULT, 2004, p. 242.

[56] *L'intolerable*, n. 1, 1971. *Apud* ERIBON, Didier. *Michel Foucault: uma biogfia*. São Paulo: Cia. das Letras, 1988.

[57] RAGO, Margareth. As marcas da pantera. Foucault para historiadores. *Resgate*, n. 5, 1993, p. 22-32.

Para concluir, recordo o convite inicial, voltado a uma respiração-conspiração. E não resisto a trazer uma anedota, presente em *Vigiar e punir*, relatada por Kropotkin, e que Georges Canguilhem, decerto rolando de rir, repassou a Foucault. Uma anedota na qual há um pequeno detalhe, o nome do grão-duque: "Bem, dizia um dia o grão-duque *Michel*, diante de quem as tropas haviam acabado de manobrar: 'mas eles estão respirando...'".[58]

---

[58] KROPOTKINE, Pierre. *Autour d'une vie*, 1902, p. 9, *apud* FOUCAULT, 2004, p. 157.

Clarice Lispector, "perto do coração selvagem"
Uma cartografia das singularidades selvagens à luz de Michel Foucault

Ilza Matias de Sousa

No texto *Linguagem e literatura*, Michel Foucault[1] inicia sua reflexão discutindo a questão nunca encerrada – *O que é a literatura*, lançada como um objeto estranho e exterior, mas como se tivesse seu lugar de origem na própria literatura. Localizar essa exterioridade passa a ser também a nossa preocupação.

Estabelecer o pensamento do suspenso fora: é o projeto foucaultiano, o projétil, cuja força de impulso corresponderá a uma força de criação tal que é capaz de produzir um impacto violento contra as determinações do pensamento institucionalizado. Essa afetação traria algo do fora que, segundo Deleuze,[2] analisando a genitalidade do pensamento em Artaud, se pode comparar a um impensado, *vindo de um fora mais longínquo que todo mundo exterior*. Algo que tomaria a forma de um lance, um lance de dados, evocando a obra do poeta Mallarmé:

O acaso

Cai

a pluma

rítmica pausa do sinistro

sepultar-se

nas escumas originais

donde há pouco sobressaltara seu delírio até um cimo

esmaecido

pela neutralidade idêntica do abismo

---

[1] FOUCAULT, Michel. *Linguagem e literatura*. In: MACHADO, Roberto. *Foucault, a filosofia e a literatura*. Rio de Janeiro Zahar, 2000, anexo, p.137-174.

[2] DELEUZE, Gilles. *A univocidade do ser* (II). In: BADIOU, Alain: *DELEUZE: o clamor do ser*. (Tradução de Lucy Magalhães). Rio de Janeiro: Zahar, 1997, p.125-150.

Assim se refere seu tradutor, José Lino Grünewald[3]: *o acaso espreita na folha em branco*. Deleuze[4] se apoia no acaso mallarmiano para desenvolver sua reflexão sobre o lance de dados, que exprime a relação de força e de poder na forma simplificada de jogo de dados (caras e coroas), para, em seguida, concluir: *E o fora é isto: a linha não cessa de reencadear as tiragens ao acaso; e a cada vez inventar as séries que vão da vizinhança de uma singularidade até a vizinha de outra.*

O projétil, em sua trajetória, percorre essa linha, esse fora, atingindo, por acaso, um alvo a ser inventado, uma singularidade que resiste às racionalidades instrumentalizadoras.

Foucault[5] expõe, na sua aula inaugural no Collège de France, o pensamento esboçado e banido do seio acadêmico: "É sempre possível dizer o verdadeiro no espaço de uma exterioridade selvagem; mas não nos encontramos no verdadeiro senão obedecendo às regras de uma 'polícia' discursiva que devemos reativar em cada um de nossos discursos".

O autor francês da arqueologia do saber nos remete, assim, a uma exterioridade selvagem que precisaria ser disciplinada, submetida a uma "boa" ordem, a um policiamento do instinto, para dar lugar à corporação discursiva, à civilização.

Deleuze[6] afirmará que esse pensamento *constituiu o evento das singularidades selvagens que permanecem fora, sem entrar em relações nem deixar-se integrar... É, por fim, aquilo que não entra ainda na experiência.*

A palavra dicionarizada apresenta-nos a singularidade, o singular como extravagância. Um fazer exceção de, salientar-se, distinguir-se dos outros, sintomatizando esse andar fora do número, da espécie, da ordem, da coleção.

Afetando a relação sujeito e objeto do conhecimento racional, a abordagem das singularidades selvagens exige tocar a exceção, deixar-se extravaganciar, haver-se com o estranho, dar-se à dissipação. A exceção é da ordem da exclusão – exclusão da regra, da norma geral. Nas línguas, a

---

[3] GRÜNEWALD, José Lino. Introdução. In: *MALLARMÉ: poemas*. (Tradução e notas de José Lino Grünewald). Rio de Janeiro: Nova Fronteira, 1990, p. 7-9.

[4] DELEUZE, 1997, p. 150.

[5] FOUCAULT, Michel. *A ordem do discurso*. (Tradução de Laura Fraga de Almeida Sampaio). São Paulo: Loyola, 1999, p. 19.

[6] DELEUZE, 1997.

gramática torna presente o pensamento da exclusão quando arrola normas e exceções. Estas restam ao lado do normativo como inquietantes formas, ou melhor, alguma coisa a meio caminho entre a morfologia e a escapada dela, revestindo-a de sombras.

A exceção, diz-nos Beatriz Sarlo,[7] é a qualidade do sujeito apaixonado. As exceções e os excessos são os primeiros excluídos, deixando em suspenso a vigência da norma.

Está atacada a objetividade pura do conhecimento. O sujeito e o objeto recebem o investimento selvagem, e este aponta para aquilo que não entrou ainda na experiência discursiva, domada; abala as bases sólidas dos cânones científicos, desorienta e leva a se interrogar o que se faz com esse estranho... selvagem.

Diríamos que as exterioridades e singularidades selvagens convergem para aquilo que Jacques Derrida[8] encontra nas margens dos escritos de Artaud e que este nomeia de *subjétil*.

A singular leitura derridiana sobre essas margens discursivas de Antonin Artaud busca esquadrinhar as linhas dos desenhos, que transtorna a espacialidade das páginas, como certamente o dramaturgo francês do teatro da crueldade pensaria, *senão como a alucinação dispersa da agonia*, apropriando-nos de uma frase do *Lance de dados* mallarmiano.

O filósofo da desconstrução descobre nesses traços forças melódicas, timbres, ritmos surpreendentes, esquivos a uma determinação geométrica, mais próxima à constituição de linhas de fuga, no sentido musical que deu Bach ao termo, chegando de acaso em acaso a formas indomáveis, às quais reage o próprio Artaud ao tentar interpretá-las como elementos intrusos.

Nos livros *Inabilidade sexual de Deus* e *Desenho para olhar de través* é que se mostram as cenas do subjétil.[9] Dessa maneira, pensar tais singularidades e exterioridades seria pensar essa "subjetilidade", como um arremesso no discurso *daquilo que pode tomar o lugar do sujeito ou do objeto, entretanto não é nem um nem outro*.[10] Algo não nomeável subtrai-se ao controle e é,

---

[7] SARLO, Beatriz. *A paixão e a exceção*: Borges, Eva Perón, Montoneros. (Tradução de Rosa Freire d'Aguiar *et al.*). São Paulo: Companhia das Letras; Belo Horizonte: Editora UFMG, 2005, p. 28.

[8] DERRIDA, Jacques. *Enlouquecer o subjétil*. (Tradução de Geraldo Gerson de Souza, pinturas, desenhos e recortes textuais de Lena Bergstein). São Paulo: Editora UNESP, s/d, p. 23.

[9] DERRIDA, s/d.

[10] DERRIDA, s/d.

ao mesmo tempo, demasiado revelador, ao ponto de nos trair (de trair Artaud... e Derrida?!) e nos fazer cair em lapsos. Leva-nos a lançar o olhar para os abismos.

Esclarece-nos Derrida[11] que subjétil é uma velha palavra francesa que vem do jargão da pintura e designa o que está de certo modo deitado embaixo (*sub-jectum*) como substância, um sujeito ou um súcubo. Ele, o subjétil, força a língua com a sua presença de corpo estranho, intraduzível. É o subjacente, o que subjaz, caído na cena da representação discursiva. O nascente e já inscrito num epitáfio: Aqui jaz...

A outra palavra do subjétil é *enlouquecida*. Dela nasce o texto de transe. O texto artauniano e o texto das singularidades selvagens. Essa palavra referente ao código pictórico, estranhada na nossa língua, alude a um forçamento, a um lance de dados, a uma perfuração acidental no que é domesticado e submisso, alterando as letras, as notas, o tom do discurso artauniano. Nessa subjetilidade, para Artaud, estão a terrível reserva de forças e as suas armas, seus projéteis. O subjétil deverá ser capturado *em camadas, e dos partos de camadas.*[12]

No romance *Perto do coração selvagem*, o primeiro de Clarice, publicado em 1944, quando ela tinha 17 anos, ocorre essa "subjetilidade" no discurso da mulher, que trai o modelo da perfeição e da plenitude da beleza e lança o enigma do seu drama: a cena da perfuração. Como Joana D'Arc, a santa guerreira, sua protagonista do mesmo nome sente que as forças de uma fraca mulher não lhe bastavam e ouve vozes que lhe permitem elevar essas forças ao infinito. Consome-se numa intensa atividade de imaginação. Órfã de mãe, desde criança, torna-se também órfã de pai. Essa dupla orfandade rasga-lhe o corpo em territórios ainda por conquistar, onde transitam o feminino, a memória, o amor e a morte.

Ascender vertiginosamente a um conhecimento todo o tempo estrangeiro mostrar-se-á o modo como enfrentar o caminho acidentado a percorrer. Podemos dizer o mesmo que Sarlo[13] a respeito de Eva Perón: Joana torna-se filha de suas próprias palavras e das que escuta ao redor..

A maneira como a personagem clariciana se via revela que o vazio de qualidades que tinha a seu próprio respeito continuava à espera de ser

---

[11] DERRIDA, s/d, p. 26.
[12] DERRIDA, s/d, p. 124.
[13] SARLO, 2005, p. 38.

preenchido. Ali pusera papéis secundários que a consumiam e roubavam-lhe a cena principal. Sua vida seria um exercício de humilhação. Não aparecia diante da tia, nem do pai ou dos homens com os quais se ligara, tampouco da professora de sua infância ou do professor de sua adolescência, ao menos como uma promessa interessante. A tia com quem fora morar, depois da morte do pai, dissera ao marido, numa conversa ouvida pela menina, que ela era "um pequeno demônio, uma víbora fria".[14]

Serão esses os traços que violenta e dolorosamente comporão o seu rosto enigmático. Um bicho estranho. *Quem era ela?* Sentia-se como um animal nu, um animal bêbedo.[15] A víbora Joana só pode ser nomeada de subjétil, a que perfura as camadas da representação humana, rasteja e enfrenta as sombras com sangue frio. Um ser que se constitui como uma singularidade selvagem, feita de pontos indecifráveis, obscuros.

Esse animal-estar dá lugar a pegadas, rastros que saem do espaço da casa e se espalha nas areias, perdendo-se nelas. Advém daí um trabalho da narradora clariciana que é o do cartografar minimamente, através de um saber indicial, qual uma decifradora de crimes, mapeamentos com as marcas do rastejamento da mulher/animal-estar, consteladas de sangue, dor, sofrimento, numa escrita do mal que convoca para a realidade sem triunfos.

Os autores do texto *Conhecimento e cartografia: tempestade de possíveis*[16] permite-nos pensar, dentro do caráter das exterioridades selvagens e do lançamento do subjétil, que a cartografia com que nos deparamos no romance pertence a essa ordem: a um remontar a uma tempestade... Tempestade de escolher rotas a serem criadas, constituir uma geografia de endereços, de registros de navegação, buscar passagens...

Assim parece-nos o que se dá com *Perto do coração selvagem*. A narradora, com sobreposições de falas com a personagem, Joana, coloca-se em confrontação com tradicionais rotas para as narrativas, trazendo para o ponto do feminino o papel da navegadora.

O texto da mulher sofre tempestades solares. Movendo-se entre clarões, constrói ficcionalmente a tempestade do possível, por meio de perturbação violenta no cotidiano e do tumulto de sentimentos. Nem o

[14] LISPECTOR, Clarice. *Perto do coração selvagem*. Rio de Janeiro: Nova Fronteira, 1980, p. 52-53.

[15] LISPECTOR, 1980, p. 103.

[16] In: FONSECA, Tânia Maria Galli; KIRST, Patrícia Gomes. (Orgs.). *Cartografias e devires: a construção do presente*. Porto Alegre: Editora da UFRGS, 2003, p. 91.

palácio de cristal da bela adormecida, nem a casa/lar, refúgio seguro, sim, o vislumbrar de uma vida de viajante, "andarilha", de porto em porto, partidas e partidas.

A engenhosa Joana tinha sido invisível para ela mesma e para os outros. Não era sequer o protótipo de sensualidade, infiel ao corpo. Aperfeiçoara o seu olhar de esguelha, de soslaio, oblíquo. Concebera a sua diferença com relação a uma série de qualidades ausentes. Procurara transformar isso num estilo próprio, tornar isso sua arma.

O sujeito faz-se subjétil, projeta-se para um destino em construção de linha de fuga. Retira-se da reta para algo que reside na transitoriedade. E atinge como um projétil a rede de conceitos em que a mulher é encerrada, com um pensamento que se tomaria como um pensamento insensato, vizinho da loucura, no entanto, de uma lucidez perfuradora.

Joana, a única. Dotada, qual a sua homônima da história francesa, Joana D'Arc, de uma extravagante escuta de vozes. Joana, a paixão e a exceção à regra. Precoce e indisciplinada, desenha a sua singularidade selvagem, numa exterioridade fora da casa. Olhando de través para o quintal do vizinho, o faz um lugar inaugural, onde a menina se extasia com a terra, com o pequeno pedaço de terra, o sol, os bichos, a galinha que representa o intraduzível da origem – quem veio antes: o ovo ou a galinha? A questão insolúvel. Pronto. Aí está o subjétil, o que jaz naquele terreno, pedaço de natureza evocador de uma Mãe-Terra, anterior ao trabalho da mão humana. Nesse sítio arqueológico, instaura-se na menina um estado de outramento:[17]

> Encostando a testa na vidraça brilhante e fria olhava para o quintal do vizinho, para o grande mundo das galinhas-que-não-sabiam-que-iam-morrer. E podia sentir como se estivesse bem próxima de seu nariz a terra quente, socada, tão cheirosa e seca, onde bem sabia, bem sabia, uma ou outra minhoca se espreguiçava antes de ser comida pela galinha que as pessoas iam comer.

Jacques Derrida[18] permite-nos pesquisar em Joana esse animal-estar. Estados do sujeito que se identificam com qualidades de animal: Joana coloca-nos face a essas identificações num desconcertante arquivo de espelhos: galinha, lagartixa, cadela, mariposa e cavalo definiriam nela a

---

[17] LISPECTOR, 1980, p. 11.

[18] DERRIDA, Jacques. *O animal que logo sou a seguir.* (Tradução de Fábio Landa). São Paulo, 2002.

fêmea, criando na precariedade da perspectiva em estudo de si própria, a força de impulsão para o fora, para os espaços vazios.

Joana, a fêmea, a obscena. É como se, diz o filósofo argelino,[19] *o animal que sou devesse escrever uma autobiografia.* O animal que logo seria – a seguir –, batizada com o nome próprio Joana, devesse escrever sua autobiografia. Fazer-se corpo escrito, um corpo grifado, sublinhado pelo seu animal-estar. Como ela, então, se escreveria? Como víbora, fria, rastejante, loba do lobo, ou como cavalo novo ressurgido das travessias de fronteiras que teve de enfrentar para sobreviver? Ela é louca! É o que repetiam o pai, a tia, Lídia, a amante de Otávio, seu marido. Só um *lobo do mar*, o desconhecido, que surgira no seu caminho, poderia reconhecer-se como um par para Joana. Ela, desse modo, inventa-se como "animal autobiográfico".

O "desenho" do corpo-grifo surge lancinante, cortante, desfigurando os semblantes da mulher. O subjétil, aí, se deixa atravessar, abrir passagem na espessura da relação entre o que está incubado e o parasitário nessa representação do feminino, que sucumbe ao forçamento do corpo estranho.

Joana banca a fera. Parafraseando Derrida, a mulher comeu a víbora, sentindo a abjeção da sujeira. Comeu o nome, consome a substância da escrita. Saboreia-o no seu animal-estar.

Derrida afirma que

> Ao passar as fronteiras ou os fins do homem, chego ao animal: ao animal em si, ao animal em mim e ao animal em falta de si-mesmo, a esse homem de que Nietzsche dizia, aproximadamente, não sei exatamente onde, ser um animal ainda indeterminado, um animal em falta de si mesmo.[20]

Joana, sem pai nem mãe, se não é uma promessa interessante, transforma-se num "animal de promessas", cumprindo esse destino. Para Derrida,[21] "há muito tempo, há tanto tempo, então, desde sempre e pelo tempo que resta a vir, nós estaríamos em via de nos entregar à promessa desse animal em falta-de-si-mesmo".

Joana, o bicho estranho, o subjétil, escreverá a sua "autobiogrifografia" (tradução livre para *autobiogriffures,* encontrada em Derrida[22]). Da inscrição

---

[19] DERRIDA, 2002, p. 13
[20] DERRIDA, 2002, p. 15.
[21] DERRIDA, 2002, p. 15.
[22] DERRIDA 2002, p. 19.

"autobiogrifografada", surge a poesia em Joana. Pois, segundo Derrida,[23] "o pensamento do animal, se pensamento houver, cabe à poesia". Do ovinho que se sentira, ao nascimento da víbora e seu renascimento em cavalo novo, Joana herdava sua herança[24]:

> [...] ah, Deus, e tudo venha e caia sobre mim, até a incompreensão de mim mesma em certos momentos brancos porque basta me cumprir e então nada impedirá meu caminho até a morte-sem-medo, de qualquer luta ou descanso me levantarei forte e bela como um cavalo novo.

Fala antes: "eu serei forte como a alma de um animal". Sai da estase, elimina os conteúdos de consistência e se ergue na direção do clarão do novo devir.

Joana escapa da normalização do corpo e evita cair nas armadilhas domésticas das casas e dos interiores burgueses. Faz a sua inserção no universo por intermédio do bizarro índice de um bestiário, ao modo de um Borges. Joana, o bicho estranho, o grifo. Um animal fabuloso, o que contém o mistério do ovo, a sinuosidade da serpente, o temperamento solitário dos lobos, algo de ave, de pássaro, com a liberdade de um cavalo novo e os olhos de soslaio − olhos de gato.

A partir desse olhar, a protagonista clariciana descreverá a exterioridade selvagem, nos tempestuosos anos de sua trajetória de vida. Cava, por assim dizer, metaforicamente, um buraco no quintal para, com suas iscas poéticas, capturar a sua subjetilidade, ou, melhor dizendo, sutilizá-la poeticamente. Dirige ao pai a palavra subjetilizada, enlouquecida:[25]

> − Papai, inventei uma poesia.
>
> − Como é o nome?
>
> − Eu e o sol. − Sem esperar muito recitou:
>
> − As galinhas que estão no quintal já comeram duas minhocas mas eu não vi.
>
> − Sim? Que é que você e o sol têm a ver com a poesia?
>
> Ela olhou-o um segundo. Ele não compreendera...
>
> − O sol está em cima das minhocas, papai, e eu fiz a poesia e não vi as minhocas...

[23] DERRIDA, 2002, p. 22.

[24] LISPECTOR, op. cit., p. 216.

[25] LISPECTOR, 1980, p. 12.

Pausa.

– Posso inventar outra agora mesmo: Ó sol, vem brincar comigo. Outra maior: Vi uma nuvem pequena, coitada da minhoca, acho que ela não viu.

A menina faz a inscrição de sua extravagância, de sua vacância. Da exceção em que ela se situaria, em face à norma da casa. Joana procura passagens para se inventar outra. Ela não quer brincar com bonecas, nem estudar. O pai vocifera:

– Bata com a cabeça na parede![26]

Bater com a cabeça na parede configura um ato insano, um ato de loucura. Chamar-lhe-ia o pai de louca? Geraria ele identificações alucinadas na cabeça da menina Joana? Vulnerável, ela estará sempre se pondo diante de espelhos. Nestes se refletem sonhos esgarçados, inícios de visões. Ela, Joana, é atravessada por *sensações longínquas e agudas, por ideias luminosas e rápidas.*

Os espelhos refletem as linhas tênues das cartografias secretas da mulher, onde jaz o subjétil, o nascente lançado, ali, como um morto. O que faz Joana? Tem de se haver com o estádio do espelho e lhe propor – algumas questões, do ponto de vista do animal, precisamente,[27] não o da perversão narcísica, evocada no conto *Branca de neve*, no mirar-se da bela e má rainha, mas sim o do animal com que a tia a identificou – a víbora fria. Joana joga com a lei do *azarão.*

Em Foucault, há também nascidos dos espelhos, nos intervalos entre a ciência, a epistemologia. Em *As palavras e as coisas,* meditando sobre as palavras de Descartes, o acento é colocado na visibilidade do espelho e na visibilidade das coisas, uma implicando a outra. Angèle Kremer-Marietti[28] dá a seguinte interpretação:

> Assim, as coisas em si mesmas são visíveis a partir da visibilidade do espelho do olho e da representação [...]. Querendo conhecer o espelho, são as coisas que ele apresenta que eu conheço; querendo conhecer as coisas, são apenas as coisas refletidas por esse espelho que penetram em meu saber: quanto mais eu pretenda conhecer as coisas, mais descubro meu espírito apreendendo essas coisas; o que resulta no que se chama um saber.

---

[26] LISPECTOR, 1980, p. 13.

[27] DERRIDA, 2002, p. 23.

[28] KREMER-MARIETTI, Angèle. *Introdução ao pensamento de Michel Foucault.* (Tradução de César Chaves Fernandes). Rio de Janeiro: Zahar, 1977.

Em Foucault, o espelho, entretanto, vai se abrir em subjetilidades, pois o que nos devolve são imagens. Um saber se constitui, sim, pela percepção. Mas essa se mostra vertiginosa, precipitada, traindo esse saber, produzindo nele um orifício, por onde mina algo ignorado, reiterativo e incômodo. Foucault sente-se como Baudelaire numa floresta de signos, semblantes, semelhanças e diferenças, a qual o enreda.

A relação entre o visível e o invisível projeta manchas que não asseguram uma leitura por planos da pintura *Las meninas*, de Velásquez, cujo tema se produz, antes, como uma variação, uma linha de fuga.

Eis o olhar de Foucault[29] sobre o quadro e sua representação:

> Aparentemente esse lugar é simples; é um lugar de pura reciprocidade; olhamos para um quadro de onde um pintor nos contempla. Nada mais que um face a face, uns olhos que se surpreendem, dois olhares frente a frente que se cruzam e se sobrepõem. E no entanto, esta subtil linha de visibilidade envolve toda uma complexa rede de incertezas, de permutas e de rodeios.

O olho de Foucault lança-se numa abissalidade tal que pode arremetê-lo à cegueira. A figura do olho no paradigma óptico é conduzida ao limiar da morte. Ocorre na experiência foucaultiana uma espécie de *desocularização*, conforme expressão de Bataille no prefácio ao seu romance,[30] um dos grandes filósofos constantes na bilbioteca pessoal de Foucault: *o olho que vê* se transforma no *olho (desocularizado) visto*.

Também Foucault perseguirá, na literatura e nas artes, que lhe acenem com uma promessa interessante, diversa da ciência, do social, do geométrico pensamento racional. Interessa-o sobretudo o surrealismo com seus deslizamentos oníricos e imagens alucinantes. Nessas linguagens, se dariam, para ele, acontecimentos excepcionais.

Essas lhe fornecem, como a Joana, nossa personagem clariciana, entrada no emaranhado de representações visíveis, ocultadas ou silenciadas, mesmo com o risco de se perder, como os pequenos heróis dos contos infantis. Uma chegada perto do coração selvagem. Um esboço de discurso não completado. Um bosquejo.

---

[29] FOUCAULT, Michel. *As palavras e as coisas*. Tradução de António Ramos Rosa. Prefácios de Eduardo Lourenço e Vergílio Ferreira. Lisboa: Portugália Editora; São Paulo: Martins Fontes, 1966, p. 19.

[30] *A história do olho, Madame Edwarda e o morto*. (Tradução de Glória Correia Ramos). São Paulo: Escrita, 1981.

Ao fazer o estudo de *Isto não é um cachimbo*,[31] legenda ao desenho do surrealista Magritte, Foucault deve se ausentar da humanidade – que vê como assassinada – para adotar também o seu animal-estar diante do espelho, o seu próprio estádio do espelho e ver neste o jazigo de sua subjetilidade.

Um cachimbo e seu desenho. Uma legenda caligráfica. Pergunta-se:

> Tudo isso faz pensar no quadro negro de uma sala de aula: talvez uma esfregadela de pano logo apagará o desenho e o texto; talvez, ainda, apagará um ou outro apenas para corrigir o "erro" (desenhar alguma coisa que não será realmente um cachimbo, ou escrever uma frase afirmando que se trata mesmo de um cachimbo). Mal-feito provisório (um "mal-escrito", como quem diria um mal-entendido) que um gesto vai dissipar numa poeira branca?[32]

Mas o subjétil resiste ao apagamento. O orifício do olho transfere-se para a superfície plana. O quadro parece desmoronar em brechas. Foucault é o aluno que olha a lousa e a vê como espelho, que pode corrigir o erro, as marcas de uma abjeção: a do desenho que trai a representação e convoca-o a sair da representação, ir para fora, ausentar-se da sala de aula.

A aula de caligrafia remete-o ao grifo, ao estranhamento provocado por um cachimbo desmedido, flutuante, ideal. Aquele grafismo elementar é intensamente revelador. Ele lê:

> Não busquem no alto um cachimbo verdadeiro; é o sonho do cachimbo; mas o desenho que está lá sobre o quadro, bem firme e rigorosamente traçado, é este desenho que deve ser tomado por uma verdade manifesta.[33]

O menino Foucault pensa – e se o cavalete desabasse, o que restaria? Madeiras quebradas, figuras em fragmentos, letras separadas. Desastre da arte? O olhar perfura a tela, arranca-a de sua inteireza e estabilidade. O bom aluno quer corrigir o "erro", mas o subjétil arranca-o do jogo de similitudes, da tranquilidade das semelhanças. O desenho de Magritte lança-o ao chão. E o menino Foucault ali jaz. Ressurge no homem da arqueologia do saber, na potente cabeça de pesquisador.

---

[31] FOUCAULT, Michel *Isto não é um cachimbo*.(Tradução de Jorge Coli).Rio de Janeiro: Paz e Terra, 1988.

[32] FOUCAULT, 1988, p. 12.

[33] FOUCAULT, 1988, p..15.

O espelho, conclui ele, "funciona um pouco ao modo de uma tela radioscópica. Mas com todo um jogo de diferenças".[34] Em todos os planos do espelho "escorregam-se similitudes que nenhuma referência vem fixar; translações sem ponto de partida nem suporte".[35] Assim se desenham as cartografias e as espacialidades. Há faces visíveis, as invisíveis e as cegas.

É igualmente no intercruzamento e sobreposições das faces refletidoras, invisíveis, visíveis e as faces cegas que Clarice, aos 17 anos, especula em seu enredo romanesco as relações entre as palavras e as coisas e a problemática do espelho. Procede à sua arqueologia no espelho mais próximo. Lá se depara com imagens inquietantes e insólitas. A perdição de si própria traz para sua escrita a identificação com o que jaz expulso, excluído, por se dar para além da encenação do sentido.

Daí, o profundo desconcerto que se fez entre Joana e o pai. Ele encerrado no discurso cultura, temeroso de se lançar fora de si. Ela, destemida, lança-se a esse fora de si, dá-se a uma experiência de perda. O espelho passa a ser lugar de violentas irrupções.

Os olhos de Joana refletem ódio ou tédio, medo, angústia, ou se projetam abstratos sobre a cena. Que visibilidade restaria num espelho com pontos escuros? Que saber poderia nascer, incomunicável, dali? Que imagens destorcidas?

Sentia a coisa sem possuí-la, diz a narradora.[36] A fala corria paralela à palavra. Joana sentia que as palavras possuíam uma porta falsa, disfarçada, por onde se ia encontrar seu verdadeiro sentido. As coisas, ora, as coisas parecem ganhar um voo autoconsumidor, como o voo de Ícaro. Vertiginoso. Sente a impotência do desejo de possuir a coisa. A visão concernia a *surpreender o símbolo das coisas nas próprias coisas.*[37] O que se via passava a existir, reflete Joana.

Suas cartografias espelhadas são espaços de transladação, de mudança de um lugar para outro, de imagens que extravasam o espelho. Ela, diríamos, usando o discurso de Foucault para analisar o quadro de Magritte *As ligações perigosas*, tem diante de si o espelho, entretanto é como se ela o arrebatasse e "o apertasse contra seu próprio corpo para melhor escondê-lo".[38]

[34] FOUCAULT, 1988, p. 70.
[35] FOUCAULT, 1988.
[36] LISPECTOR, 1980, p. 22.
[37] LISPECTOR, 1980, p. 46.
[38] FOUCAULT, 1988, p. 70-71.

A vidraça é do mesmo modo lugar de translações, transferências. Funcional na sua transparência é elemento inaugural da cena do quintal. Introduz a menina Joana nas perspectivas bizarras e no sentimento de ausência em meio à falsa plenitude das imagens. Dali as similitudes erguem-se para participar do ritual de sacrifício que constituirá a ficção da menina/mulher na ordem convulsiva da escrita, envolta pela curiosidade de descobrir o não ser, de descobrir o outro, de descobrir-se outra, numa concretude de experiência que beira à morte simbólica.

O pai chama a menina Joana ao jogo de identificações redundantes às quais ela resiste. Não aceita a unidade *clássica*, então profundamente envolvida com a *pesquisa* da desordem caótica, na dissolução das formas. Quebras, disfunções desalojam continuidades, negando a representação convencional e as pretendidas passagens lineares entre as palavras e as coisas. Não parecia disposta a colocar-se no modelo estético de menina bem comportada. A menina, de olhos expectantes, quer *ver mais*.

Para Joana, o pensamento era "feito de linhas retas, finas, soltas".[39] Como tal, vai construindo sua cartografia como uma máquina autopoiética e alopoética, como assim designa as máquinas desejantes, Guattari.[40]Aquela que se autoproduzem, no cruzamento de universos do si mesmo e do outro, não permanecendo nunca encerradas em si próprias, construindo-se como efeitos de subjetividades, numa distribuição polifônica de vozes.

A música constitui para Joana uma categoria do pensamento,[41] abrindo na substância transparente e frágil do espelho e da vidraça passagens musicais. Estabelece novos limiares entre palavras, coisas, linguagem, som e silêncio. A musicalidade com que orquestra sua cartografia tinha afinidades cromáticas com a música de Bach, a música tonal, composta como uma série de semitons ou, como na pintura, uma gradação de cores.

Os sentidos se comunicam. Acolhem-se numa espécie de zona musical, feita de intensidades, densidades variadas. Joana instaura contiguidades: pensamento e música, na sua imaterialidade. Redesenha com esse pensamento o pensamento verbal, imprimindo entre eles as semelhanças:

---

[39] LISPECTOR. 1980, p. 72.

[40] GUATTARI, Félix. *Caosmose: um novo paradigma estético*. Tradução de Ana Lúcia de Oliveira e Lúcia Cláudia Leão. Rio de Janeiro: Editora 34, p. 51.

[41] LISPECTOR, 1980, p. 46.

palavras, letras, narrativas e partituras, como linguagens que participam de movimentos melódicos, tons, semitons, timbres, ritmo.

Talvez se possa associar aqui o pensamento foucaultiano sobre música,[42] no século XX:

> Não se pode falar de uma única relação da cultura contemporânea com a música em geral, mas de uma tolerância, mais ou menos benevolente, com relação a um grande número de músicas. A cada uma é concedido o "direito" à existência e esse direito é sentido como uma igualdade de valor.

Tomando essa fala de Foucault, entendemos que o romance de Clarice faz-se espaço que dá direito à existência da música na literatura com igualdade de valor. Ou mesmo faz a defesa da proposição de substituir o sentido da literatura como metanarrativa, esgotada no seu âmbito histórico pelas falências utópicas. Enquanto tal, tidas como formas de dominação, nelas, o centramento no logos, na palavra e seu poder simbólico.

O intercruzamento de códigos, a pintura, o desenho, figurativos ou não, da música e do seu poder de mergulhar na contemplação ou na mais intensa abstração, na obra de Clarice, revelaria a literatura em sua própria ausência. E a destruição da eficácia da articulação da linguagem, como definida pelos linguistas franceses. Destruição essa que se manifesta como um escândalo, ferindo a utilidade comunicativa.

Provoca igualmente uma discussão sobre a monumentalidade da construção arquitetônica da linguagem. Foucault atenta para isso nas indagações feitas em o *Retorno da linguagem*,[43] numa reflexão entre parênteses):

> (Que é a linguagem? Que é um signo? O que é mudo no mundo, nos nossos gestos, em todo o brasão enigmático das nossas condutas, nos nossos sonhos e nas nossas doenças – tudo isso fala, e que linguagem fala, a que leis gramaticais obedece? Tudo é significante, ou que coisa o é, e para quem e que regras obedece? Que relação há entre a linguagem e o ser, e é, realmente ao ser que se dirige sempre a linguagem, aquela, pelo menos que fala verdadeiramente. Que é, pois, tal linguagem que nada diz, jamais se cala e a que se chama literatura?).

Esse questionamento intercalado no discurso foucaultiano traduz, para nós inquietações encontradas no romance clariciano e que conduzem mais

---

[42] BAUMAN *apud* MORAES.
[43] FOUCAULT, 1966, p. 399.

uma vez a se pensar na problemática da ausência e a da materialidade ima-terialidade. E mais: a da literatura como vertente de espaços de linguagens.

Enquanto a "subjetilidade" em Artaud se dá no intervalo entre a letra e o desenho. Essa forma excremencial, para o dramaturgo francês, que o perturba, porque parece uma formação do inconsciente, depositada numa zona obscura, à margem do texto *solar*. Em Clarice, a subjetilidade encontra-se no seio do texto *lunar,* no entrecruzamento do relato e do musical, do figurativo e do imaterial. O instante do relato e o instante musical aproximam-se e afastam-se da narração mental. A matéria do sujeito cai em dispersão. Isso é assustador, pois se trataria de uma *selvageria* narrativa, uma perda da *doma* narrativa, utilizando as palavras de Jean-Pierre Faye,[44] para outro contexto, mas que nos parece pertinente para a nossa interpretação.

Narrar num espaço literário, num tempo musical, numa escala musical: Joana[45] *não pensava pensamentos, porém música.* Uma imagem atravessa a paisagem musical e que nos é suscitada por um fragmento do poeta alemão Hölderlin, citada por Faye[46]: "Somos um monstro privado de sentido".

Como se haver com esse pensamento poético desnorteador, mas tão presente na obra clariciana, quando não em todos nós?

Mais uma vez Faye[47] vem em nosso auxílio com uma expressão igual-mente enigmática – *arkhegos philosophias,* para falar de Hesíodo, Sólon e Péricles, os primeiros filosofantes. Arvoro-me a dizer que o pensamento da "subjetilidade" faz tanto de Artaud quanto de Clarice (quiçá de Foucault, de Derrida) primeiros filosofantes do enlouquecimento do subjétil. Agem *a meio caminho entre o arconte e o estrategista*.[48] Suas atividades de linguagem se definirão como uma atividade genealógica, no sentido foucaultiano.

A narradora clariciana se comporta estrategicamente como arconte, investida de uma autogestão de si, de seu ato de narrar e das estratégias narrativas, na arte de combinar linguagens, na arte do espelho, no mistério

---

[44] FAYE, Jean-Pierre. *A razão narrativa: a filosofia heideggeriana e o nacional-socialismo.* Tradução de Paula Martins *et al.* São Paulo: Ed. 34, 1996, p. 228.

[45] LISPECTOR, 1980, p. 76.

[46] LISPECTOR, 1980, p. 62.

[47] LISPECTOR, 1980, p. 192.

[48] LISPECTOR, 1980, p. 192.

do vidro, como forma de arte, na virtualidade que ele contém, o mesmo acontecendo com a arte musical. A estrategista, como Artaud, se trai nas inabilidades. Elas falam de suas travessias no subjétil. Incluem nas suas artes conhecimentos e vozes marginais.

Em Artaud, fala Derrida:[49]

> A pictografia se escuta também como a música... Ela ressoa sempre – em Artaud e segundo Artaud. É antes de tudo o tom na língua, desde o limiar do glossema. Um tom vale tanto para a cor quanto para a música, entre o espaço e o tempo, entre o visível e o invisível. Sua força vence o suporte, e o tom de uma pintura tem o poder de evocar, de fazer vir, segundo a voz, o que se chama literalmente e por figura um timbre.

Colocamos sob os olhos os escritos foucaultianos em *Isto não é um cachimbo*,[50] para finalmente concluirmos: transmissores de luz, esses *arkhegos philosophias* trazem também pontos vacilantes de luz, arquejos, mas é essa vacilação que potencializa as suas subjetilidades.

O que relatam é o ente, o subjétil, o nascente e jacente. Essa singularidade selvagem que nenhuma razão subjuga.

[49] DERRIDA, 1997, p. 53.
[50] DERRIDA, 1997, p. 71.

A crise da governamentalidade e o poder ubuesco

José Luís Câmara Leme

Os leitores de Foucault sabem que o riso não é uma realidade homogênea; nem todos se riem das mesmas coisas nem pelas mesmas razões. Veja-se o riso que denuncia a experiência de um limite, o confronto com algo que não se deixa pensar. O choque com o que se mostra, mas que escapa aos conceitos, tem um efeito de retorno sobre o sujeito: de repente, não é o que se quer pensar que está em causa, mas sim a nossa própria impossibilidade de o fazer. É esse confronto consigo mesmo, com os nossos próprios limites, que nos sacode e inaugura um leque de respostas possíveis, que vão desde a rigidez da defesa à volúpia da curiosidade.[1]

Nesse sentido, quando nos deparamos com uma história que é narrada de um modo aparentemente inofensivo, como se se tratasse de uma anedota, de um relaxe merecido que interrompe a seriedade do momento, é bom ficarmos atentos, pois talvez seja aí que as coisas decisivas estejam em jogo.

Nos anais da Psicologia Experimental há uma pequena história, quase uma lenda, que é narrada a título de incidente anódino: um daqueles percalços inofensivos que só ocorrem aos principiantes, mas que encerram uma moral.

Ao realizar experiências com ratos brancos Sprague-Dawley, em caixas-labirinto, um jovem psicólogo desobedeceu ao protocolo de investigação; como não tinha à mão os delicados ratinhos, utilizou ratos que capturou numa lixeira. Qual não foi o seu espanto e terror quando viu que os ratos, em vez de aprenderem o caminho, roeram as paredes do labirinto.[2]

---

[1] FOUCAULT, Michel. *Les mots et les choses*. Paris: Gallimard, 1966, p. 7.

[2] SPRINTHALL, Norman A. *Psicologia Educacional*. Lisboa: McGraw-Hill, 1990, p. 38.

Não é difícil de imaginar o cenário e as consequências dessa catástrofe; o silêncio envergonhado do incumprimento do protocolo, o terror perante a monstruosidade do ocorrido e, finalmente, o riso e a pequena anedota que mitigam o choque.

Ora, vale a pena perguntar: não será a comicidade dessa estória, que é irresistível, também uma forma de exorcizar o que ela tem de horroroso?

★★★

É digno de nota o facto de Foucault nunca ter desenvolvido uma teoria da crise. Creio que podem ser avançadas várias razões para essa ausência. A primeira, a mais óbvia, tem a ver com o grau de saturação do termo. Porém, a ausência deste não significa que a questão não tenha sido abordada. Com efeito, se tivermos em conta o seu entendimento da filosofia – uma política da verdade que se efectiva numa ontologia do presente –, então a carência efectiva surpreenderia, já que o conceito de crise foi sempre decisivo no exercício do diagnóstico. Não é justamente a crise correlativa a uma friabilidade?

Ora, se procurarmos na obra de Foucault uma coerência em torno do termo, cedo nos damos conta de que esse é um trabalho inglório, pois ou ele surge na sua acepção corrente, quase banal, ou, no pior dos casos, a noção é relegada para um estatuto de mediocridade filosófica.

Por exemplo, em 1975, Foucault afirma que o termo "crise" o faz rir. Por um lado, tal termo denuncia a incapacidade daqueles que o usam em captar o presente; é uma forma dos filósofos, políticos e economistas darem ao presente um estatuto para o qual não têm instrumentos de análise.[3] Por outro lado, se considerarmos o modo como a noção de crise é empregue, constamos que ela assinala mais do que uma simples consciência da transformação de forças; ela acusa o ponto de ruptura entre dois períodos históricos: o fim de um e o início de outro. Falar de crise é, assim, falar de recomeço. A apetência pela noção enraíza-se então no milenarismo ocidental, ou seja, falar de crise é anunciar a possibilidade de uma outra aurora.

Temos, desse modo, as duas faces de uma mesma armadilha: o *pathos* que a noção atribui ao presente releva, por um lado, de um déficit teórico, por outro, de uma compensação imaginária.

---

[3] FOUCAULT, Michel. *Dits et écrits II*. Paris: Gallimard, 1994, p. 702-704.

Depois desse argumento poder-se-ia concluir que Foucault descarta a noção. Infelizmente, as coisas são mais complicadas. Com efeito, encontramos um uso que, não sendo copioso, está suficientemente presente para nos obrigar a refletir sobre o seu alcance. Talvez a maneira mais profícua de esclarecer esse assunto seja considerar o seu uso concreto.

★★★

Nos finais da década de 1970, a propósito da história da governamentalidade no Ocidente – nos dois cursos proferidos no Colégio de França, *Território, Segurança, População*[4] e *Nascimento da Biopolítica*,[5] mas também numa série de entrevistas –, Foucault insistiu na ideia de que o mundo ocidental estava a atravessar uma crise de governamentalidade e que essa crise se assemelhava, com as devidas reservas, no seu alcance e intensidade, com a crise vivida nas sociedades ocidentais nos séculos XV e XVI a propósito da reorganização das formas de governo.[6]

Como compreender essa crise? Como é que a podemos determinar? O que é que ela significa? Não creio que se possa dar uma resposta cabal a essas questões, não só porque a noção de governamentalidade é de tal forma ampla que fazê-lo implicaria uma coragem hercúlea, mas fundamentalmente porque esse trabalho, para que possa ter alguma pertinência, deve ser realizado sobre domínios muito precisos e circunscritos.

O meu propósito é abordar a atual crise de governamentalidade com base na tese formulada por Foucault a propósito das cinco formas de governar pela verdade que atravessam as sociedades ocidentais desde o século XVII até os nossos dias.

Em 1980, primeiro no colégio de França, no curso *O Governo dos Vivo*,[7] e depois em Lovaina, num ciclo de conferências,[8] Foucault introduziu e explanou um novo conceito, o de *aleturgia*. O termo foi forjado a partir do adjetivo grego que qualifica o sujeito que diz a verdade, que é

---

[4] FOUCAULT, Michel. *Sécurité, Territoire, Population*. Paris: Gallimard, 2004a.

[5] FOUCAULT, Michel. *Naissance de la biopolitique*. Paris: Gallimard, 2004b.

[6] FOUCAULT, 1994, p. 93-94.

[7] FOUCAULT, Michel. Du gouvernement des vivants. In: FOUCAULT, 1994. Os cursos e textos inéditos de Michel Foucault podem ser consultados no INEC, 9 rue Bleue, 75009, Paris.

[8] FOUCAULT, Michel. *Mal Faire, Dire Vrai. Fonctions d l'aveu*. Seis conferências inéditas, proferidas na Universidade Católica de Lovaina em 1981.

verídico. Assim, o barbarismo leva-o a fazer o seguinte jogo de palavras: da mesma forma que, no grego, o termo hegemonia significa o exercício do poder, o encontrar-se à cabeça dos outros, o comandá-los, a *aleturgia* é o conjunto de procedimentos (verbais ou não) que trazem à luz a verdade e que manifestam desse modo o esplendor e a legitimidade da hegemonia.

Aleturgia significa então "a manifestação da verdade correlativa ao exercício do poder". Com este conceito, Foucault procurou mostrar que os jogos de verdade correlativos ao exercício do poder não relevam apenas de um benefício cognitivo. Sem prejuízo para a sua utilidade, pois não é possível governar sem se conhecer minimamente a ordem das coisas e a conduta dos homens, há, no entanto, uma manifestação da verdade que ultrapassa largamente essa economia de conhecimentos. Trata-se de um ritual, de uma despesa suntuária, mas também de um domínio em que se trava o exercício do poder; ou seja, quem governa tem que ter mais do que a verdade do seu lado, tem que inscrever os seus atos numa necessidade, numa ordem, que o eleva acima do arbítrio, e assim o legitima. Desnecessário será insistir que estes jogos não comprometem forçosamente a positividade dos conhecimentos, ou seja, se por um lado estes têm índices de verdade diferentes, por outro não devem ser reduzidos a um mero epifenómeno ideológico.

Atente-se nos três exemplos que Foucault apresentou na primeira aula do curso citado para ilustrar essas formas de *aleturgia*: o uso da astrologia pelo imperador romano Septimus Severus, os círculos humanistas na Renascença e a constituição de uma Razão de Estado a partir do século XVI.[9]

Creio que um exemplo contemporâneo muito claro desse fenômeno foi a corrida espacial entre os Estados Unidos da América e a União Soviética: se, por um lado, a positividade e eficácia dos conhecimentos foram levadas aos seus extremos, por outro assistiu-se a uma despesa suntuária da verdade, necessária para legitimar os regimes em causa. Dito de outro modo, se é uma banalidade afirmar que o célebre repto do Presidente Kennedy, o programa Apollo, foi muito mais do que um desafio científico e tecnológico, já não é tão evidente saber qual é o conceito que nos permite pensar com acuidade filosófica essa corrida.

Como manifestação suntuária da verdade, como ritual necessário ao exercício do governo, o conceito de *aleturgia* permitiu a Foucault inteirar-se de duas coisas: primeiro, desembaraçar-se definitivamente da

---

[9] FOUCAULT, Michel, *Du gouvernement des vivants*, aula de 9 de Janeiro de 1980.

falsa antinomia entre verdade e poder; segundo, desenvolver a ideia de um "governo pela verdade".

Como vimos, não há que tomar a *aleturgia* como um ritual arcaico que vale apenas para um saber sem positividade e irrefutável; o escopo do conceito é amplo, porque compreende todos os fenómenos em que o exercício do poder se realiza pela enunciação da verdade. Por conseguinte, para esse conceito não é importante saber – de acordo com o nosso regime de verdade – se a verdade que é manifestada tem ou não positividade. Mas o que é importante reter é que Foucault afasta a oposição entre o exercício do poder e a enunciação da verdade, para, em seu lugar, mostrar a correlação que os une. É por essa razão que ele substitui a noção ampla de poder pela mais precisa de governo. Efetivamente, com essa noção, percebemos que o exercício do poder através da verdade aprisiona os homens a uma ordem que transcende a arbitrariedade da imposição física ou da distorção ideológica. Foi portanto a noção de "governo pela verdade" que permitiu a Foucault realizar a deslocação explícita do eixo do poder para o eixo do *ethos*. Assim, para completar o balanço em relação ao ciclo anterior, aquele que tinha começado com o curso de 1976 e que incidia fundamentalmente sobre o eixo do poder político, Foucault apresentou uma hipótese/conclusão.

Segundo Foucault, desde o século XVII até os nossos dias, é possível reconhecer cinco formas principais de relação entre a arte de governar e os jogos de verdade no pensamento político: o princípio da racionalidade, o princípio da evidência, o princípio da especialização, o princípio da consciência e o princípio do terror.

A forma que dá origem ao princípio da racionalidade é a que surge no século XVII com a Razão de Estado. É a forma mais geral de relacionar o governo com a verdade nas sociedades modernas, porque indexa as ações daqueles que governam a um conjunto de conhecimentos exactos, que decorrem do conhecimento da estrutura racional do Estado. É um saber que não releva nem da sabedoria do príncipe nem da sabedoria geral; é uma verdade fundada na racionalidade estatal.

O princípio da evidência afirma que o governo governa pela verdade se se constituir como seu indicador, isto é, como superfície de reflexão de um conjunto de processos que têm a sua própria autonomia e racionalidade. De acordo com esse princípio, é a verdade das coisas – a população, a produção de riquezas, o trabalho, o comércio, o mercado, etc. – que deve governar, e não as decisões que são impostas de cima. Trata-se, portanto, de um governo que, no limite, tende a desaparecer, um governo frugal; por um lado, porque a ação governativa se dissolve com as próprias coisas; por outro, porque as regras da evidência já não separam os governantes dos governados. Temos, assim, a verdade como princípio de incontestabilidade política.

Com o princípio da especialização, temos a ideia de que a atividade governativa está ligada à descoberta de uma verdade que resulta de um conhecimento pericial. Contudo, agora não é fundamentalmente o Estado que está em causa, como para o princípio da racionalidade, mas precisamente os domínios que, para o princípio da evidência, se impõem por si; ou seja, temos a acção governativa como técnica. A verdade da acção governativa desdobra-se, e é o domínio exclusivo dos especialistas.

O inverso desse princípio é, segundo Foucault, o princípio da consciência. Esse princípio diz que, se um conjunto de especialistas querem impor a sua verdade, *"é porque, no fundo, têm qualquer coisa a esconder"*. Desse modo, se a população chegar a conhecer a verdade, a competência dos especialistas já não serve para ocultar interesses. Isto é, o princípio da consciência diz que é preciso fazer cair as máscaras; por exemplo, fazer com que os processos econômicos se tornem conhecidos, porque a partir do momento em se toma consciência deles, deixam de valer. Sucintamente, a verdade é um princípio de queda dos governos.

O princípio do terror é, por sua vez, o inverso do anterior. O terror é uma forma de governar pela exposição dos seus motivos e mecanismos; o governo, em vez de cair, fortalece-se pela exibição do modo como funciona. Não é portanto um governo que oculta, mas sim um que manifesta a inevitabilidade da sua engrenagem. A eficácia do terror é proporcional à sua notoriedade, à sua verdade.

Apesar de esses cinco princípios não descreverem exaustivamente as formas de governo, para Foucault eles podem ser reconhecidos historicamente. Nesse sentido, cada um deles pode ser denominado de acordo com o autor que o formulou explicitamente: Botero para a Razão de Estado, Quesnau para a racionalidade econômica, Saint-Simon para a especialização científica, Rosa Luxemburg para a revolta e Soljénitsyne para a inevitabilidade.

Todavia, se cada uma dessas formas pode ser encontrada historicamente, elas não descrevem, no entanto, etapas ou eras. São apenas princípios de descrição, que assinalam a forma como o governo e a verdade são correlacionados em função de um certo real. Por outras palavras, esses cinco princípios são formas de problematizar a relação entre o exercício do poder e a verdade, através da constituição de noções como o Estado, os processos espontâneos, a sociedade, o sujeito da revolta ou o sujeito de fascinação no terror.

Com esses cinco princípios, Foucault propõe um ponto de vista sobre a política muito mais fino e decisivo do que a simples análise dos conteúdos programáticos da ação governativa: antes de mais nada, esses princípios efetivam a célebre regra de prudência da análise do poder que Foucault preconizava, a regra que convida a considerar primeiro o "como" do poder, ou seja, de que forma a ação governativa se efetiva. A partir desta exterioridade, constatamos que é possível pensar a política a partir de um horizonte de problematização mais crucial do que aquele que há dois séculos divide o espectro político, a relação com a revolução.

Por outras palavras, com esses princípios de análise das formas de governar, Foucault mostra que os governos à Direita ou à Esquerda, e os respectivos partidos políticos, governam de acordo com princípios cuja relevância política já não decorre tanto do modo como a revolução é pensada, mas antes da forma como a verdade é experimentada. Desse modo, um partido que se encontra na oposição pode circunscrever a sua atividade ao princípio da consciência na revelação da "verdade" – seja a exploração de uma classe, seja a denúncia de uma conspiração engendrada por grupo, etnia ou organização secreta –, como pode também revelar-se candidato à governação no modo frugal de publicitar a verdade através do princípio da racionalidade.

Esses princípios de análise podem então ser tomados analogamente aos princípios de rarefação do discurso; isto é, da mesma forma que um princípio como o da disciplina não se resume à ciência, mas permite pensar o modo como o discurso científico se organiza,[10] também um princípio como o da evidência não se consubstancia num governo de tecnocratas, embora permita reconhecer qual é o princípio organizador dessa forma de governar. Finalmente, esse horizonte de problematização da ação governativa não compromete a tomada de posição política em

---

[10] FOUCAULT, Michel. *L'ordre du discours*. Paris: Gallimard, 1971.

relação a conteúdos programáticos dos partidos e dos governos, embora possa surpreender famílias políticas que se apresentam *prima facie* como antagónicas ou rivais.

★★★

Posto isso, a hipótese que quero formular é a seguinte: sem prejuízo para o valor histórico e heurístico dos cinco princípios enunciados, talvez se possa desdobrá-los de forma a podermos dar conta de uma nova dimensão da crise. A esta dimensão vou dar o título provisório de "As razões do motorista de táxi".

Não sei se é uma experiência generalizável, mas no meu país [Portugal] os motoristas de táxi representam um grupo profissional que tem dotes intelectuais invejáveis: sabem que o mundo vai de mal a pior e conhecem os responsáveis, os políticos. Estes dividem-se, infalivelmente, em dois grupos, os corruptos e os burros. Sobre a corrupção não me quero pronunciar de imediato, já que é a burrice que me surpreende, pois não vejo razões para pensar que a distribuição da inteligência e da burrice varie tão significativamente ao longo do tempo de tal forma que possamos determinar períodos de maior incidência da burrice nos cargos políticos. Assim, se pressupusermos que a taxa de repartição dessa característica é constante, o enigma é saber por que razão há cada vez mais pessoas a aderir ao argumento dos taxistas. O que é que mudou, então?

Uma das conclusões que Foucault retirou do seu estudo sobre as artes de governar no Ocidente foi a distinção entre sabedoria e racionalidade como critérios de regulação do exercício do poder.[11] A partir dos séculos XVI e XVII, o que assinala as formas modernas da tecnologia governamental é o fato de elas serem reguladas a partir da racionalidade, e não, como anteriormente, a partir da sabedoria dos governantes. Se até o século XVII se perguntava pela sabedoria do soberano, era na medida em que se podia através dessa questão mensurar e limitar o seu poder, já que este devia uma obediência às leis, humanas e divinas. Nesse sentido, a sabedoria do soberano era o ajustamento dos seus atos à verdade do texto religioso, da revelação, ou da ordem do mundo. Com a Idade Moderna assiste-se a um deslocamento para a racionalidade; agora não é tanto a sabedoria do soberano que está em causa e que serve de princípio regulador, e sim a racionalidade dos governados. O soberano é tanto mais racional quanto

---

[11] FOUCAULT, 2004, p. 315-316.

ajusta os seus atos a essa racionalidade que o ultrapassa e no limite o destitui, porque se vê obrigado a obedecer a um real que se impõe e que é mais forte do que o seu arbítrio. Recorde-se que os três primeiros princípios de análise das formas modernas de governo acima referidos, os princípios da racionalidade, da evidência e da especialização, são correlativos a noções que determinam um certo real – o Estado, os processos espontâneos, a sociedade – e consequentemente a racionalidade dos governados.

Podemos agora formular a hipótese: se suspendermos o plano das formas de subjetivação da análise da atual crise de governamentalidade, então uma vertente desta resulta da transformação e do definhamento das formas de *aleturgia* acima citadas.

Numa primeira abordagem poder-se-ia dizer que a crise decorre do fato de as formas de racionalidade que informavam a actividade governativa estarem esgotadas. Isso significa que se vai procurar na sabedoria dos governantes um princípio de governação que, entretanto, eles já não podem oferecer. Há assim um vazio, que resulta de um jogo de reenvio entre a racionalidade esgotada e a sabedoria perdida. Isso explicaria naturalmente a putativa burrice dos governantes, dado que o princípio de inteligibilidade da acção governativa parece obedecer às vicissitudes de um arbítrio. Essa hipótese não é totalmente errônea e preenche um requisito digno: explicar por que razão se apela tão veementemente à qualidade dos políticos, quando se deveria prestar atenção aos mecanismos de tomada de decisão que regulam a atividade governativa.

Uma forma de aprofundar essa hipótese, salvaguardando a sensatez de aceitar o fato de poder haver imbecis e ilustres em lugares de liderança, é descrever a mecânica de poder que está em causa. O desafio é descrever a mecânica de poder que se manifesta como burrice, e não o simples exercício narcísico de improperar este ou aquele governante.

Embora Foucault tenha descrito essa mecânica a propósito do poder psiquiátrico, a mecânica ubuesca do poder, o seu alcance e proveniência relevam, como ele sublinhou, das estruturas de poder político. Recorde-se que, ao arrepio do que os motoristas de táxi possam pensar, o ubuesco não é, para Foucault, uma categoria de injúrias. Não se trata de um epíteto, mas de uma mecânica muito precisa, que consiste na "maximização dos efeitos do poder a partir da desqualificação de quem os produz".[12]

---

[12] "*[...] la maximalisation des effets de pouvoir à partir de la disqualification de celui qui les produit [...]*" (FOUCAULT, Michel. *Les anormaux*. Paris: Gallimard, 1999, p. 12).

Foucault designa de grotesco o fato de um indivíduo "deter por estatuto efeitos de poder dos quais a sua qualidade intrínseca deveria privá-lo".[13] Ora o que, prima facie, poderia parecer uma falha mecânica ou um acidente na história do poder, é, para Foucault, uma engrenagem antiquíssima no funcionamento político das sociedades ocidentais. Cabe então perguntar como é que ela funciona e porque é que reaparece ciclicamente. Por que é que o lugar estatutário do poder pode ser ocupado por figuras medíocres, nulas, imbecis?

Para Foucault, uma forma de compreender essa mecânica é compará-la com as cerimônias praticadas nas sociedades arcaicas em que o chefe é ridicularizado ou tornado abjeto. Ora esses rituais, essa mecânica da indignidade do poder descrita por Pierre Clastres, visam limitar os efeitos de poder daquele a quem ele é dado.[14] Nas sociedades ocidentais, a mecânica ubuesca do poder, ou seja, a colocação no lugar estatuário do poder de alguém que aparentemente não possuiu os atributos para ocupar esse lugar, visa, pelo contrário, manifestar a incontornabilidade do poder. Não se trata portanto de enfraquecer o poder, mas de manifestar a sua inevitabilidade. Se, apesar de nulo e ridículo, Ubu está no poder, então o seu poder é inelutável. Mais, ele pode ser imbecil, mas justamente ao manifestar a sua própria indignidade ele desqualifica-se como interlocutor possível e incapacita simultaneamente aqueles que querem exercer os seus direitos políticos de o fazer de uma forma racional. Temos, desse modo, um mecanismo de *double bind* que enfraquece e paralisa a oposição política.

Vejamos agora a outra injúria de que os políticos são alvo por parte dos motoristas de táxi, a corrupção. Tomemos a mentira como uma forma de corrupção.

Comecemos por recordar que a mentira é um jogo de verdade; isto é, para que um enunciado possa ser considerado mentiroso, tem de obedecer a um conjunto de regras segundo as quais a distinção entre o verdadeiro e o falso é estabelecida. Consideremos três determinações da mentira: primeira, a sua enunciação pressupõe que o sujeito da enunciação esteja na posse da "verdade"; segunda, o enunciado formulado não corresponde ao enunciado não formulado que o sujeito da enunciação

---

[13] "*J'appellerai 'grotesque' le fait, pour un discours ou pour un individu, détenir par statut des effets de pouvoir dont leur qualité intrinsèque devrait les priver*" FOUCAULT, 1999, p. 12).

[14] CLASTRES, Pierre. *La Société contre l'État*. Paris: Éditions Minuit, 1974.

considera verdadeiro; terceira, a enunciação da falsidade tem efeitos de verdade no destinatário, a saber, este percepciona e age de acordo com o pressuposto de que a informação é fidedigna. Embora banais, essas três determinações permitem-nos compreender a mentira ubuesca.

A mentira ubuesca é uma mentira invertida. Numa primeira abordagem, como a enunciação da mentira não tem efeitos de verdade, porque tanto o emissor como o destinatário sabem que o enunciado é falso, parece tratar-se de um malogro. Portanto, a eficácia da mentira ubuesca não deve ser procurada na ocultação dos fatos e na determinação da conduta que essa ocultação pode ter no destinatário da mentira, mas sim nos efeitos de poder que comporta, a saber: manifestar o poder de mentir, agir de acordo com essa mentira e qualificar-se a si mesmo como mentiroso.

Vejamos um exemplo simples: se Antônio mente e João sabe que ele mente, e António sabe que João sabe que ele mente e, apesar de tudo isso, Antônio age de acordo com a mentira que formula e sustenta que João está de má-fé porque não partilha da sua "verdade", então o que Antônio realiza ao mentir é exercitar o seu poder ubuesco. Quer dizer, ele joga o papel do trapaceiro, desqualifica-se como interlocutor e incapacita o seu interlocutor de exercer o seu direito de resposta, pois não só os laços do respeito e da razoabilidade foram rompidos, como aparentemente nada é para tomar a sério.

Por conseguinte, não nos devemos surpreender pelo fato de alguém aparentemente desqualificado ocupar os lugares estatutários do poder, devemos antes tentar perceber por que é que é essa a mecânica do poder vigente, e quais são, em nós, os seus efeitos de subjetivação. Atente-se que estamos perante um desdobramento do princípio do terror, ou seja, a exibição da imbecilidade e da mentira dos governantes é uma forma de fortalecer o poder; a força da sua engrenagem é tão mais forte quanto é notória a imbecilidade que exibem.

Essa breve caracterização do poder ubuesco é, porém, insuficiente se não for correlacionada com a outra dimensão dessa mecânica, a vertente doutoral. Com efeito, se o burlesco é a sua face visível e pública, a outra, velada e supostamente séria, é representada pelos institutos de investigação, os centros de assessoramento da ação governativa, os *think tanks*. De um lado temos o bobo, o mentiroso, o imbecil, do outro temos o pesquisador míope enclausurado no seu centro. A meu ver, na moderna mecânica do poder ubuesco, as duas personagens complementam-se. Recorde-se que, para Foucault, o grotesco era correlativo à soberania arbitrária. Era nomeadamente assim que ele se manifestava no império romano. Ora, creio que esse arbítrio é presentemente substituído por um jogo de saber, por uma *aleturgia* que cauciona as mentiras públicas.

Antes de considerarmos essa dimensão, tenhamos presente o argumento em discussão: uma forma de promover programas políticos difíceis nas sociedades democráticas ocidentais, ou seja, programas que podem suscitar uma resistência superior à que é tolerável para a ação governativa, consiste em recorrer à mecânica ubuesca, uma vez que um dos efeitos dela é a despolitização da vida pública por meio da sua aparente paródia, burrice, impunidade. Como é evidente, não se trata de uma mecânica necessariamente vitoriosa, mas ela é uma virtualidade que se manifesta sempre que, por exemplo, um governo quer levar por diante uma guerra injustificável, evitar que a corrupção seja combatida, que a sua ilegitimidade seja inquirida, ou que a política de precarização seja recusada.

Desses quatro casos paradigmáticos, vou considerar apenas o primeiro, a guerra injustificada.

A hipótese é então a seguinte: para que a mentira ubuesca tenha os seus efeitos paralisantes, tem que ter por fundo um saber que a caucione como verdade. Poder-se-ia dizer que esse saber é uma mentira de segundo grau, mas não é esse o meu entendimento; trata-se antes de um saber que desfatualiza, ou seja, que nega os fatos e a contingência inerente a eles para se exercer no plano das representações desprovidas de qualquer relação com dados que as possam infirmar.

A ideia de um saber desfatualizado ou de um saber que desfatualiza foi formulada por Hannah Arendt num artigo notável, publicado no início da década de 1970, *A Mentira na Política*.[15] Apesar do tema da mentira, e especificamente da mentira na política, já ter sido abordado pela autora noutros escritos,[16] o que desencadeou essa nova reflexão foi a publicação, em 1971, pelo jornal *The New York Times*, dos Documentos do Pentágono, isto é, um estudo secreto encomendado pelo Secretário de Estado da Defesa, Robert McNamara, sobre o modo como foram tomadas as decisões norte-americanas em relação à política vietnamita.

---

[15] ARENDT, Hannah. *Crises of the Republic*. New York: Harvest Book, 1972, p. 3-47.

[16] ARENDT, Hannah. *Between Past and Future*. New York: Penguin Books, 1993, p. 227-264.

Comecemos por recordar alguns fatos referidos por Arendt sobre a intervenção militar dos EUA no Vietnã, e que servem de fundo para as suas reflexões. Antes de mais, o fato de a guerra ter atravessado várias presidências americanas, Eisenhower, Kennedy, Johnson e mais tarde Nixon, o que prova claramente que a engrenagem era independente desta ou daquela administração. Depois, é preciso ter em conta que a intervenção começou de uma forma velada, primeiro com o apoio financeiro e logístico à França, depois ao exército privado liderado por Nhu, o irmão do presidente Ngo Dinh Diem; que foi um processo em grande parte ilegal, ou porque o Congresso não era informado ou porque a autorização era solicitada depois do fato consumado; que recorreu a pretextos forjados, por exemplo o incidente no golfo de Tonquim (1964), em que supostamente a armada americana foi atacada, que foi largamente publicitado nos meios de comunicação social e que fez com que a escalada aberta fosse inevitável; o que foi uma guerra sustentada por teorias factualmente falsas ou inconsistentes, como a teoria do dominó, a suposição do bloco Sino-Soviético, e a ideia estratégica de que o bombardeamento do Vietnã do Norte cortaria o suprimento da guerrilha no sul; e finalmente que tinha objectivos intangíveis: a vitória psicológica e a derrota não humilhante.

A partir desses dados, Arendt sustenta que

> [...] o que causou a desastrosa derrota da intervenção armada e da política norte-americana não foi, na verdade, o atoleiro ("a política de 'mais um degrau...'") mas a indiferença teimosa e deliberada de todos os fatos históricos, políticos e geográficos, durante mais de vinte e cinco anos.[17]

Posto isso, o que a publicação dos Documentos do Pentágono revelou não foram tanto os segredos de Estado ou as mentiras deliberadas que finalmente foram desmascaradas, pois a informação fidedigna circulava na impressa de qualidade, mas sim o modo de funcionamento e os objetivos da máquina governamental: o intento de construir uma imagem pública, o recurso à mentira e o efeito de autoengano, a justificação ideológica em roda livre e os processos de desfatualização que caucionavam as decisões.

Dessas cinco características, vejamos a última. Para Arendt, o estudo dos Documentos do Pentágono permitiu acrescentar duas novas variedades

---

[17] *"What caused the disastrous defeat of American policies and armed intervention was indeed no quagmire ('the policy of 'one more step...') but the wilful, deliberate disregard of all facts, historical, political, geographical, for more than twenty-five years"* (ARENDT, 1993, p. 32).

da arte de mentir ao já longo rol que a história política conhece desde os seus primórdios: as relações públicas (o que hoje se designa de *spin doctors*) e os intitulados *problem-solvers*, os conselheiros oriundos das universidades e dos *think tanks*.

Uma vez que a missão dos *spin doctors* é bem conhecida, concentremo-nos na última categoria. Arendt começa por sublinhar um aparente paradoxo: se por um lado a integridade dos relatores e a inteligência de muitos dos conselheiros é inquestionável, por outro essas qualidades não os impediram de participar no jogo de embustes e falsidades. Como é que isso foi possível?

São fundamentalmente duas as explicações que a autora avança para esse paradoxo: primeiro, sustentados pela crença psicológica de que os homens são manipuláveis, concebiam a política como uma espécie de relações públicas; segundo, viam-se a si mesmos como homens de saber racional, ou seja, isentos de sentimentalismo, que lidavam com leis que lhes facultavam a capacidade de predizer factos políticos e históricos. Essa putativa racionalidade era suportada pela teoria dos jogos e pela análise de sistemas.

A tese de Arendt é então a seguinte: por meio da formalização das escolhas e da sua redução a dilemas mutuamente exclusivos, estes métodos têm o condão de negar a contingência da acção humana, ou seja, a sua capacidade intrínseca de iniciar acções novas e imprevisíveis, isto é, a liberdade. Por conseguinte, não obstante os dados recolhidos pela CIA serem sólidos, os métodos de análise a que eram sujeitos desfatualizavam-nos. Dito de outro modo, a contingência e espessura dos fatos eram negados para darem lugar a um jogo abstrato de representações psicológicas supostamente passíveis de serem geridas pela alteração de variáveis. Na tradução dos fatos para dados quantificados, a compreensão era substituída pelo cálculo, pelo jogo das percentagens de perdas e ganhos, sem nenhuma consideração pela singularidade de cada um dos acontecimentos em causa. O resultado desse saber normativo e abstrato é que a arrogância do decisor era tanto maior quanto mais se encontrava empedernido o seu juízo.

★★★

Sugeri acima que a guerra injustificada, a corrupção, a ilegalidade e as políticas de precarização são exemplos paradigmáticos de conjunturas ou programas políticos em que o recurso à mecânica ubuesca é uma virtualidade nas sociedades ocidentais. Disse também que essa não é necessariamente uma mecânica vitoriosa – nenhuma o é em absoluto, como qualquer leitor de Foucault sabe –, mas que implica, contudo, um confronto para o qual é preciso estar preparado. Nesse sentido, é preciso ter em conta que as duas dimensões da mecânica ubuesca, a imbecil e a douta, variam de acordo com a conjuntura e o programa. Por outras palavras, se em relação à guerra, as mentiras públicas são caucionadas por um saber desfatualizante, como é o caso da teoria dos jogos, que retira aos intervenientes toda a espessura histórica e cultural para, de maneira abstrata, pensá-la como uma simples partida, já nos outros domínios é preciso considerar caso a caso esse saber caucionante. O *Nascimento da Biopolítica*[18] é, desse ponto de vista, um estudo fundamental.

Considerem-se, por exemplo, as aulas sobre o neoliberalismo, mormente sobre Gary Becker,[19] o célebre economista americano da escola de Chicago, laureado com o prêmio Nobel da Economia em 1992. Ora, aquilo que ainda em 1978 parecia ser uma excentricidade, a extensão do modelo economicista a todos os domínios da vida, à educação, ao casamento e ao adultério, à discriminação, à criminalidade, etc., no fundo a ideia de que todo homem é o empresário de si mesmo – e que na altura fez rir o auditório no Colégio de França – cauciona presentemente as atuais políticas de precarização.

★★★

Reencontramos assim o riso. É com ele que vou concluir.

Em 1978, a propósito da espiritualidade política, Foucault terminava um artigo sobre o Irã afirmando que sabia que este tema fazia rir os seus compatriotas.[20] Cabe perguntar porque é que ele era risível, e se ainda o é.

Como sublinhei acima, a formulação da hipótese de que a atual crise de governamentalidade resulta do definhamento e da transformação das formas *aletúrgicas* correlativas ao poder político implicava suspender da análise o plano das formas de subjectivação. Ora qualquer leitor de Foucault sabe que uma das teses cruciais que ele formulou nos últimos anos da sua vida foi a de que a análise da questão do poder nos termos da governamentalidade mostra que a principal forma de resistência ao poder político se efetiva no plano das relações de si para consigo.[21] O argumento

---

[18] FOUCAULT, 2004b.

[19] FOUCAULT, 2004b, p. 271-274.

[20] FOUCAULT, 1994, p. 694.

[21] FOUCAULT, Michel. *L'herméneutique du sujet*. Paris: Gallimard, 2001, p. 241-242.

era o seguinte: uma vez que a teoria do poder político como instituição está fundada numa concepção jurídica do sujeito, a deslocação da análise do poder para a governamentalidade faz com que a natureza móvel, transformável e reversível das relações de poder se manifeste. Assim que o campo estratégico das relações de poder deixa de ser pensado como negatividade, o sujeito de direito dá lugar ao *ethos*, isto é, o sujeito deixa de ser apenas o efeito de uma sujeição para ser também o resultado de um exercício de si sobre si mesmo. Nesse sentido, Foucault descobre, na relação de si para consigo, o limite primeiro e derradeiro da possibilidade de uma governação; em suma, descobre o foco irredutível da resistência.

Consideremos então a espiritualidade política como uma forma de subjectivação, de resistência ao poder político, que convoca e compromete plenamente a existência daquele que a cultiva. Se tal tema emergiu da experiência iraniana que Foucault viveu aquando da queda do regime do Xá, ele não é, contudo, exclusivo da cultura islâmica. Com efeito, Foucault sustenta que o Ocidente esqueceu essa possibilidade quando, após a Renascença e as grandes crises do Cristianismo, a governamentalidade nas sociedades ocidentais se deslocou do plano da sabedoria dos governantes para o plano da racionalidade dos governados.[22] Ora, é bom recordar que o pressuposto derradeiro dessa racionalidade é o princípio da autopreservação. Numa palavra, o medo da morte. Tenha-se assim presente a leitura que Foucault fez de Hobbes.[23]

O mote da sua interpretação era a questão: por que razão o cinismo de Hobbes encanta os timoratos? Porque ele, apesar de alguma evidência em contrário, foi o filósofo que pensou o estado de guerra como um teatro de representações trocadas. Com efeito, sublinha Foucault, no célebre capítulo 13 do *Leviatã* não encontramos nem cadáveres nem batalhas, nem vencidos nem vencedores, encontramos apenas o medo; ou seja, encontramos um jogo de representações que impulsiona a razão a encontrar os teoremas que tornem possível preservar a vida. É por essa razão que não é a guerra que engendra o Estado em Hobbes, é antes a concessão do direito de representação a alguém que não teme a morte. Ora essa pessoa que não teme a morte e que representa todos aqueles que a temem (e que são impulsionados pelo seu medo a essa concessão) é o Leviatã.

---

[22] FOUCAULT, 1994, p. 694.

[23] FOUCAULT, Michel. *Il faut défendre la société*. Paris: Gallimard, 1997, p. 77-86.

Portanto a espiritualidade política é, para Foucault, a possibilidade derradeira que escapa à história e que a interrompe: a possibilidade de não obedecer, mesmo que isso implique a morte.[24] Em suma, é repelir da ação e do cálculo político o medo da morte. Ora, se toda a teoria política moderna decorre da suposição que a possibilidade de governar os indivíduos – ou seja, de alterar e prever de uma forma ou doutra as suas ações – tem como pressuposto que a conduta dos súditos obedece ao princípio da autopreservação, quer na forma da dialéctica da renúncia no sujeito de direito, quer na dialética da multiplicação no *homo aeconomicus*, então a crise que nos atravessa atualmente tem duas faces: de um lado temos um poder que se manifesta como desrazão, e que aparentemente nada compreende, e do outro temos um novo hóspede que não só arruinou o pressuposto derradeiro da governamentalidade moderna como, na sua embriaguez, se transformou num novo ogro.

[24] FOUCAULT, 1994, p. 790.

Clínica da saúde e biopolítica

Lore Fortes

Biopolítica, liberalismo e saúde pública

A biopolítica foi introduzida por Michel Foucault em conferência proferida em 1974 no Rio de Janeiro, quando relacionou esse termo com o nascimento da medicina social, que foi o tema de sua conferência.[1]

Ao pesquisar sobre a prática médica como processo evolutivo na sociedade ocidental, verificou que desde o século XVIII novas formas de racionalização dos problemas propostos à prática governamental estavam sendo geradas para tratar de temas sociais relacionados à saúde, higiene, natalidade, raças, etc. No século XIX essas questões políticas e econômicas passam a se constituir na concepção de biopolítica, e muitos estudiosos desenvolvem esse tema com base nos princípios então identificados por Foucault.

Os problemas de racionalidade política estavam relacionados com a ideologia do liberalismo, que desde o século XVI tinha buscado no fortalecimento do Estado a possibilidade de justificar uma governabilidade crescente e regular do desenvolvimento, e a partir do século XVIII rompeu com a razão do Estado. O liberalismo rege-se pelo princípio "governa-se sempre demais", mas para Foucault[2] não importa avaliar como e a que custo se atinge esses efeitos, mas sim a sua legitimidade. Para isso é necessário descobrir na sociedade a relação complexa dos aspectos exteriores e interiores que interferem nessa relação com o Estado.

---

[1] PELBART, Peter Pál. *Vida capital: ensaios de biopolítica*. São Paulo: Iluminuras, 2000.

[2] FOUCAULT, Michel. *Resumos dos cursos do Collège de France (1970-1982)*. Rio de Janeiro: Zahar, 1998, p. 91.

O tema deste trabalho é o de mostrar o conceito de biopolítica relacionado à clínica da saúde, portanto, o que interessa é rever as interpretações de Foucault sobre o nascimento da clínica, do hospital, da Medicina Social, focalizando a Política de Saúde dos séculos XVIII e XIX na Europa. Ao analisar a prática de saúde na fase que se inicia na passagem do século XVIII ao XIX, interessa verificar como se reorganiza a profissão médica e a sua prática fundamentada em uma nova relação médico-paciente e como ela vai se tornar característica da concepção de saúde da sociedade medicalizada de hoje. A análise mais detalhada será com base na política de Estado desenvolvida nesse período na Alemanha – a *Polizeiwissenschaft*, procurando caracterizar o contexto político-ideológico da Prússia e dos valores institucionalizados naquele momento histórico e que permanecem influenciando as políticas alemãs de saúde pública até hoje. Essa é a contribuição que se pretende dar neste artigo, ao retomar a análise que Foucault já tinha desenvolvido sobre esse tema.

Ao analisar historicamente o surgimento da clínica, Foucault[3] se preocupou em caracterizar as mudanças na organização do conhecimento e da prática médica, verificando que houve uma ruptura na organização conceitual de seus objetos, conceitos e métodos. Cientificamente há uma fundamentação cada vez maior no estudo da anatomia humana, sendo que a prática clínica vai se caracterizar por uma medicina classificatória das espécies patológicas. Institucionalmente surge o hospital, que até então estava dedicado ao pobre e à preparação da morte; a partir desse período torna-se o local privilegiado de exercício da medicina, cumprindo duas funções diferenciadas, mas interdependentes: cura e ensino.

A concepção de doença na medicina moderna assume o papel de um saber sobre o corpo doente, em que o tratamento deverá atender à singularidade da doença. A clínica cria espacialidades sociais e o médico adquire uma consciência política tornando-se um detentor de saber e gestor das instituições do campo de saúde. Importante ainda é caracterizar que a análise que Foucault realiza sobre a clínica integra um projeto mais amplo de crítica histórico-filosófica às estruturas políticas e epistemológicas que regem a racionalidade do mundo moderno.[4]

---

[3] FOUCAULT, Michel. *O nascimento da clínica*. 6. ed. Rio de Janeiro: Forense Universitária, 2006.

[4] FOUCAULT, Michel. Entrevista com Michel Foucault. In: ROUANET, Sérgio P. (Org.) *O homem e o discurso*. Rio de Janeiro: Tempo Brasileiro, 1971. p. 31-38; FOUCAULT, Michel. *Microfísica do poder*. 21. ed. Rio de Janeiro: Graal, 2005.

Como hipótese Foucault coloca a questão de que com o capitalismo não ocorreu uma passagem da medicina coletiva para uma medicina privada, mas sim o contrário. Na mudança do século XVIII ao XIX, o corpo foi socializado como força de produção e força de trabalho. Ele quer demonstrar que isso se dá pelo controle do corpo muito mais do que pela ideologia. "O corpo se torna uma realidade bio-política. A medicina é uma estratégia bio-política".[5]

Na relação da biopolítica e da ideologia do liberalismo importa questionar se realmente seria preciso governar e porque é preciso governar. Naquele momento era necessário para a sociedade se criar uma *tecnologia própria de governo*.[6] Mas o liberalismo é praticado de diversas formas, ou seja, existe um polimorfismo de práticas governamentais. Foucault pretendia identificar as regras de gestão desse tipo de problemas relacionados ao liberalismo e para isso analisou a legislação de saúde pública na Inglaterra, na França e a *Polizeiwissenschaft* da Alemanha, políticas de medicina social que adotaram naquela época novas regras para o setor sanitário. A história da medicina da Alemanha encontra um exemplo da forte atuação do Estado quando em 1786 Johann Peter Frank criou o sistema de polícia médica, se bem que Foucault[7] já identifique em 1764 essa noção de polícia médica sendo introduzida por W. T. Rau.

Políticas de saúde pública na Europa e a *Polizeiwissenchaft*

Se na Alemanha desenvolveu-se uma Medicina do Estado, na França uma Medicina Urbana, na Inglaterra manifestou-se como um controle da saúde e do corpo das classes mais pobres, com o intuito de torná-las mais aptas para o trabalho e menos perigosas para as classes mais ricas.[8] O sistema inglês de Simon permitiu a interligação entre três orientações políticas que definem a Medicina Social até hoje: medicina assistencial, voltada aos pobres; medicina administrativa mais geral, significava o controle da saúde da força de trabalho e, na prática, traduzia-se por

---

[5] FOUCAULT, 2005, p. 80.
[6] FOUCAULT, 1998, p. 91-92.
[7] FOUCAULT, 2005.
[8] FOUCAULT, 2005, p. 97.

medidas de vacinação, controle das epidemias, etc. e medicina privada, que beneficiava os que podiam pagar.

Para este trabalho, a abordagem dentro dessa perspectiva de análise foucaultiana deverá apresentar como se desenvolveu essa política de saúde pública na Alemanha, a chamada *Polizeiwissenschaft*, entendida por Foucault como biopolítica e também caracterizada como a primeira iniciativa de Política do Estado. Essa política de saúde pública foi introduzida na Alemanha na segunda metade do século XVIII, permaneceu até meados do século XIX e pretendeu introduzir uma nova ordem que definia os fundamentos dos seguintes campos profissionais: Direito, Administração e Economia, que se desenvolveram no decorrer do século XIX, podendo-se considerar uma política de saúde pública que fazia parte da Administração do Estado.

As primeiras cátedras, denominadas *Cameralia Oeconomica* e *Policeywissenschaft,* datam de 1727 do governo prussiano do Rei Frederico Guilherme I (Friedrich Wilhelm I), introduzidas em Halle (Saale) e em Frankfurt (Oder). Eram disciplinas desenvolvidas no período absolutista e mercantilista (séculos XVI e XVII), nas diversas cortes alemãs, com a finalidade de ensinar os fundamentos econômicos e administrativos para a exploração e o aproveitamento dos bens principescos e para a organização das finanças dos Estados. Atualmente esse conceito pertence mais ao campo da polícia; portanto, esse conceito aplicado à medicina social, mencionado por Foucault, pertence somente à política de saúde pública efetuada nos séculos XVIII e XIX.

De acordo com Foucault,[9] essa era uma política de saúde que seguia o seguinte princípio: atenção insuficiente, muita coisa fora do controle, falta de regulamentação e necessidade de regras para o controle da população, falta de ordem e, em relação à administração, partia-se do princípio de que se governa pouco. Como forma de tecnologia governamental, a *Polizeiwissenschaft* seguia o princípio de razão do Estado, considerando essas medidas políticas como um procedimento "natural", tendo em vista o bem-estar da população. A *Polizeiwissenschaft* atuou como força do Estado no campo da saúde, natalidade e higiene.

Essas modificações introduzidas na administração pública reorganizaram o saber e as instituições do campo médico e visavam fornecer informações (estatísticas sobre natalidade, morbidade, epidemias, etc.),

[9] FOUCAULT, 2005.

classificando as doenças dentro de um padrão fundamentado na bipolaridade normal-patológico, e pretendiam ainda funcionar como controle e coação sobre a população. Nesse sentido, constituíam efetivamente como controle institucional por meio de novas normas e regras comportamentais relativas ao médico e a todas as instituições onde atuavam, assim como com a função "polícia" junto com população em geral, controlando as habitações, cemitérios; comércio de pão, vinho e carne, regulamentação de matadouros, tinturarias, proibição de habitações insalubres, sendo que para isso foi criado um corpo de inspetores de saúde, responsáveis pelo departamento provincial de saúde pública.

Para Foucault a importância da Prússia, que existiu no período de 1701-1901, foi a de ter sido o primeiro Estado moderno. "A Prússia nasceu no coração da Europa pobre, menos desenvolvida economicamente e mais conflituada politicamente. E enquanto a França e Inglaterra arrastavam velhas estruturas, a Prússia foi o primeiro modelo de Estado moderno".[10]

Para visualizar melhor esse período da história alemã e suas influências culturais sobre a biopolítica da *Polizeiwissenschaft*, é necessário abordar rapidamente o que significou a Prússia em termos de moralidade, avaliando sua influência marcante na cultura da Alemanha. Em 2001 completaram-se 300 anos do início da Prússia e foi publicado um Almanaque,[11] apresentando uma avaliação dessas influências, que, em parte, foram marcadas pela Reforma Protestante, mas cujos valores culturais foram introduzidos com a política prussiana de Frederico I (1701-1713) e que tiveram o seu apogeu com Frederico II, o Grande (1740-1786).

Esses valores culturais permanecem até hoje nas instituições, incutidos na mentalidade alemã e no comportamento dos alemães, Entre eles, foram mencionados os seguintes valores: modéstia (humildade), servir ao Estado, disciplina, austeridade (poupança).

Berlim surgiu naquela época como a capital cultural da Europa. Deixou marcas histórico-culturais não só como uma importante cidade por sua arquitetura, mas principalmente por sua herança histórica, traduzida por seus castelos, óperas, museus, teatros, academias de arte e de ciência, bem como a universidade de Berlim e sua comunidade científica. Tudo provém

---

[10] FOUCAULT, 2005, p. 82.
[11] PREUSSENJAHRBUCH: *ein Almanach*. Berlim: MD, 2001.

desse período. Sempre atraiu imigrantes de diversos países, fazendo do pensamento fundamentado na tolerância a base do seu desenvolvimento. No século XVII um entre quatro berlinenses era um estrangeiro.[12]

Dessa época também se forma o preconceito entre Berlim e Baviera, isso porque a Baviera se caracterizava por valores camponeses, enquanto Berlim representava os valores da elite. Essas diferenças permanecem até hoje. A Baviera tem sido uma região conservadora, tradicional, de resistência a novos valores. Como oposição política, tem até hoje uma Constituição própria e, para representar simbolicamente esse conservadorismo, diz-se que lá os relógios andam ao contrário. Por isso mesmo, Berlim tem sido a capital símbolo da modernidade e do pluralismo cultural.

O Imperativo Categórico de Kant, formulado em 1784, e o frequentemente citado, sentido de direito do Grande Rei, criaram o mito da razão prussiana caracterizada pela sensatez e sobriedade. "A obrigação de prestar uma atenção interior à lei da sensatez transforma-se em uma obrigação de obedecer a um Estado sensato". Essa frase fundamentou a razão do Estado. A base da organização do Estado, segundo Foucault,[13] fundamentou-se na disciplina do exército e das escolas, que depois passa a ser assumida por todas as demais instituições políticas, econômicas e sociais.

O que significou essa política de Estado? Para responder a essa questão Foucault identificou diversas linhas de análise. Além do controle e da contabilidade da natalidade e mortalidade efetuada pelos médicos e hospitais, que também eram realizados na Inglaterra e na França, na Alemanha a observação nos hospitais incluía os fenômenos epidêmicos e endêmicos, o que lhe dava um diferencial em termos de levantamento de dados regulares e comparativos.

Como fenômeno, introduziu a normalização da prática e do saber médicos. Como afirma Foucault, "o médico foi o primeiro indivíduo normalizado na Alemanha".[14] Dessa forma, como organização administrativa que controlava a prática médica além de introduzir uma nova estrutura administrativa, transformou os médicos em funcionários nomeados, oficiais médicos, com a responsabilidade de controlar a população. O médico

[12] FOUCAULT, 2005.
[13] FOUCAULT, 2005.
[14] FOUCAULT, 2005, p. 49.

assume o papel de administrador da saúde. Nesse sentido aplica-se a concepção foucaultiana do *cuidado de si*,[15] especialmente na interpretação apresentada por Frédéric Gros,[16] que caracteriza o *administrador* meticuloso com a *obsessão única* de "assegurar da melhor maneira possível a correspondência entre o que digo que é preciso fazer e o que faço". Segundo Foucault,[17] nenhum outro Estado ousou propor "uma medicina tão nitidamente funcionarizada, coletivizada, estatizada quanto a Alemanha dessa época". Essa eficiência administrativa manteve-se como característica cultural alemã.

Por que na Alemanha houve um desenvolvimento tão fortemente baseado no Estado? Para responder a essa questão, Foucault identifica dois fatores fundamentais: a unificação tardia na Alemanha (meados do século XIX) e o desenvolvimento industrial tardio.

Comparando com a França e Inglaterra, já unificadas há mais tempo, esses países podiam funcionar *naturalmente*, enquanto na Alemanha, formada ainda por diversos *pequenos Estados* ou um *conjunto de reinos*, nada mais eram que os antigos feudos, em constante conflito. Daí a necessidade de uma "consciência discursiva do funcionamento estatal".[18] A Alemanha, portanto, emerge do período feudal sem apresentar uma unidade nacional, situação que persistiu até 1871, período marcado pela ascensão da Prússia e pelo Império de Bismarck, cujo grande feito foi unificar a Alemanha. Essa unificação não foi consequência de uma deliberação do povo, mas de um pacto entre os príncipes, ou seja, de cima para baixo.[19]

Outro motivo apontado por Foucault é o do desenvolvimento industrial tardio, decorrente da Guerra dos Trinta Anos e dos Tratados entre França e Áustria. Para recuperar o atraso em relação à França e à Inglaterra, a solução da Alemanha foi a organização de suas instituições internas.

Esses dois motivos aparentemente negativos acabaram gerando condições para o surgimento do primeiro modelo de Estado Moderno e, dentro desse contexto, da Medicina de Estado na Alemanha.

---

[15] FOUCAULT, Michel. *A hermenêutica do sujeito*. São Paulo: Martins Fontes, 2004.

[16] GROS, Frédéric. O cuidado de si em Michel Foucault. In: RAGO, Margareth; VEIGA-NETO, Alfredo (Orgs.). *Figuras de Foucault*. Belo Horizonte: Autêntica, 2006, p. 134.

[17] FOUCAULT, 2005, p. 50.

[18] FOUCAULT, 2005, p. 48.

[19] GOVERNO DA REPÚBLICA FEDERAL DA ALEMANHA. *Perfil da Alemanha*. Frankfurt/Main, 1996. p. 23.

A Medicina de Estado na Alemanha e a profissionalização do médico

O termo "profissionalização" significa a formação de alguns grupos profissionais que se organizaram como profissões autônomas nos séculos XIX e XX.[20] Esses grupos passam a ter o controle de sua própria formação e desenvolvem um sistema de ética com base numa consciência de grupo. O sucesso da profissionalização está diretamente relacionado com a construção de um monopólio da profissão, com o poder e com os privilégios baseados em elevada avaliação de desempenho. Variáveis analíticas da organização social da profissão médica determinam diretivas diferenciadas como normas, regulamentos e regras éticas, que desempenham a orientação do comportamento dos médicos e do desenvolvimento de suas instituições.

O processo de profissionalização pode ser dividido em diversas fases:

A elaboração de conhecimentos especializados levou à institucionalização de formação de cada profissão, o que pode ser claramente evidenciado por sua institucionalização nas das associações profissionais, na determinação dos critérios de autorização para o exercício profissional e na organização da formação do aperfeiçoamento e da especialização. Num segundo momento surge a necessidade de limitar o campo da profissão médica para garantir sua existência e reduzir a concorrência.

Em suma, o que se quer é o reconhecimento geral pela sociedade e pelo Estado, que representa na prática, no reconhecimento legal que protege a atividade profissional, garante privilégios especiais e uma considerável autonomia da profissão. A profissão médica passa a ser cada vez mais regulamentada pela determinação e controle próprios, efetuados por meio de conselhos e/ou ordens e de associações profissionais.

Foucault[21] verifica que cada processo de profissionalização seguiu uma dinâmica própria, sendo que na Europa a história das profissões se desenvolveu de forma diversa de país a país, comparando-se especialmente a Grã-Bretanha, a França e a Alemanha.

Não se pretende neste artigo comparar todos esses casos, por isso optou-se por analisar o caso da Alemanha, que também foi objeto

---

[20] DINGES, Martin (Org.). Homöopathie: Patienten, Heilkundige, Institutionen; von den Anfangen bis heute. Heidelberg: Haug, 1996.

[21] FOUCAULT, 2005.

de análise de Foucault, talvez porque tenha significado um contraste bem claro com o caso inglês. O desenvolvimento político-econômico tardio da Alemanha colocou-a em uma situação bem diversificada da Grã-Bretanha e da França, e isso representou uma diversidade peculiar também no processo de profissionalização.

Antes de entrar na caracterização do caso alemão, gostaria de lembrar que a principal característica da história das profissões anglo-saxônicas constitui a organização em *grupos ou associações profissionais* e, no caso dos médicos, expressa-se pela organização de um *tipo de corporação*.[22] Segundo o modelo britânico, desenvolveram-se as profissões nos EUA, de modo que as associações profissionais assumiram um papel preponderante.

Keith M. MacDonald compara a história das profissões da Inglaterra, EUA, França e Alemanha, analisando a relação entre o Estado e a profissão médica. No caso da Inglaterra caracteriza o século XV como de unidade política e pluralismo institucional. O sucesso dos barões, em dividir o poder com a coroa, permitiu certa autonomia no desenvolvimento das profissões, sendo que a base cultural fundamentada no equilíbrio institucional possibilitou maior independência, situação que contrastava com outros regimes autocráticos reinantes na Europa. Essa particularidade da história da Inglaterra explica a autonomia das profissões, em especial da Medicina e do Direito.[23]

Também MacDonald descreve como era exercido o controle da profissão médica no século XVI. Sobre a medicina como profissão nos EUA, afirma que a *American Medical Association* era considerada uma das mais poderosas organizações profissionais do mundo, embora tenha sido fundada em 1847, ou seja, bem mais tarde, se comparada com outras organizações internacionais mais antigas. Na metade do século XIX já havia muitas Escolas de Medicina; porém, organizadas como empresas comerciais, muitas tiveram vida curta e muito poucas se aliaram a universidades. No final do século XIX, o surgimento do movimento de saúde pública no período pós-guerra civil e o desenvolvimento da bacteriologia possibilitaram que a medicina ortodoxa firmasse um nível superior na

---

[22] FORTES, Lore. *A institucionalização da homeopatia no Brasil e na Alemanha: uma análise sociológica dos conflitos e convergências entre os seus agentes.* Tese (Doutorado). Brasília: UnB, 2001.

[23] MACDONALD, Keith M. *The Sociology of the Professions.* Londres; Thousand Oaks; Nova Delhi: Sage Publications, 1995, p. 72.

Clínica da saúde e biopolítica   207

hierarquia das profissões, o que permitiu o reconhecimento dos médicos por intermédio da *American Medical Association*, ocorrido especialmente graças à sua reorganização profissional. Portanto, a cultura pluralista existiu nos EUA da mesma forma que na Inglaterra, mas ambos os países contrastavam politicamente, pois as instituições americanas não seguiam um modelo tradicional, mas sim o ideal do *common man* ou do populismo.[24]

Na Alemanha ocorreu um processo de profissionalização completamente diferente, no qual o Estado exerceu um papel muito mais forte e dominador. Isso se deve ao fato da Alemanha emergir do período feudal como um conjunto de reinos, portanto, sem apresentar uma unidade nacional, o que persistiu até 1871, período marcado pela ascensão da Prússia e pelo Império de Bismarck, cujo grande feito foi unificar a Alemanha. Essa unificação não foi consequência de uma deliberação do povo, mas de um pacto entre os príncipes, ou seja, de cima para baixo,

Considerando que a formação das profissões ocorre em interação com o Estado, no caso da Alemanha elas já nascem mais fracas porque estão disseminadas entre os vários reinos alemães. Assim, a consolidação da profissão médica na segunda metade do século XIX, marcada pelo governo de Bismark, cuja atuação política é caracterizada por uma falta de compreensão para com as tendências democráticas da época. Ele "considerava a oposição política como *inimiga do império*".[25] Se, por um lado, a unificação da Alemanha reforça o controle estatal sobre os seus membros, por outro lado ocorre um rápido crescimento econômico do Império Germânico (*Kaiserreich*), o que acaba por fortalecer a sociedade civil, gerando com isso movimentos liberais na política que contribuem para o surgimento de uma economia de mercado. Porém, a profissão dos médicos inicia antes da unificação alemã, o que reduz a possibilidade de organização dos médicos em associações, de modo a desenvolver um maior poder de barganha com Estado, como se pôde constatar pela análise de MacDonald no caso de outros Estados europeus:

Assim, o Estado regulamenta a formação, decide sobre as autorizações para o exercício profissional, vigia todo o exercício profissional. Sempre que na Idade Média e no período dos pequenos Estados absolutistas alemães houve a formação de associações profissionais, a sua existência fundamentava-se no fato de que os donos do poder do Estado entendiam

---

[24] MACDONALD, 1995, p. 84.
[25] MACDONALD, 1995, p. 24.

e tratavam-nas como instrumentos apropriados para a sua política. Associações profissionais eram mais ou menos "órgãos da autoridade". As associações profissionais de médicos e de advogados atualmente existentes não podem reconstituir a sua história além da metade do século XIX.

De acordo com Göckenjan a organização da classe médica na Medicina Social desenvolve-se da seguinte maneira: "Não a associação livre (*freie Assoziation*), mas sim a organização de classe, dotada de direitos regulamentadores é que deverá ser a mantenedora dessa medicina social".[26]

Claudia Huerkamp[27] analisa a organização da classe médica alemã do século XIX, tendo em vista a discussão sobre a reorganização do currículo do curso de medicina e constata que o corpo médico se retraiu. Assim, até o final da década de 1870, a associação médica não tinha sido organizada; isso ocorre só mais tarde, quando os médicos organizados se engajam para proceder a uma revisão do regulamento de exames. A partir de 1873, pode-se acompanhar o fórum anual de debates das "Jornadas Médicas Alemãs" (*Deutschen Ärztetage*), que deveria atender a todas as questões da categoria médica. No entanto, apesar daquele interesse dos médicos em promover uma revisão da formação em medicina, até 1889 não ocorreu nenhuma discussão significativa no palco das jornadas médicas.

O ano de 1883 marca uma nova etapa com a introdução do seguro de saúde para os trabalhadores, iniciando-se uma nova fase da política de profissionalização, com o início da previdência social. É por isso mesmo que o seguro de saúde também é "considerado como um marco do Estado social com inúmeras melhoras nas condições de vida da população".[28] Como consequência foi modificado inteiramente o caráter privado da profissão médica.

Clínica médica e médicos especialistas: nova prática médica e distanciamento médico-paciente

A especialização adquire um significado especial, de modo que o tema da Jornada Médica de 1892 passa a ser "Médicos Especialistas". "A tendência

---

[26] GÖCKENJAN, Gerd. Kurieren und Staat machen Gesundheit und Medizin in der bürgerlichen Welt. v. 30. Frankfurt/M: Suhrkamp, 1985, p. 285.

[27] HUERKAMP, Claudia. *Der Aufstieg der Ärzte im 19. Jahrhundert. Vom gelehrten Stand zum professionellen Experten: Das Beispiel Preußens*. Göttingen: Vanderboeck & Ruprecht, 1985.

[28] GÖCKENJAN, 1985, p. 336.

de retirar tarefas dos clínicos gerais foi fortemente cunhada pelas diferentes especialidades, deparando com um forte e diferenciado ceticismo".[29] Wittern[30] analisa a situação da medicina do século XIX e considera que pode ser descrita da seguinte maneira: a medicina universitária alemã encontravase desde 1840 radicalmente num novo caminho, uma vez que ela começou a se orientar pelas ciências naturais segundo o modelo da Escola de Paris. A medicina tornou-se mais objetiva e, com a procura por sinais mais objetivos, é constatado um maior número de fenômenos físicos isolados. Como consequência perde-se a concepção global das pessoas e os pacientes passam a ser tratados como passivos portadores de sintomas objetivos.

A partir dessas modificações do século XIX é necessário salientar ainda a concepção básica, que mais tarde viria a desempenhar um papel decisivo na relação médico-paciente. No ano de 1896 encontram-se no autor alemão J. Wolf importantes conselhos dados aos *modernos* médicos alemães. O papel do paciente era definido claramente como puro receptor de ordens, quase como se fosse uma diretiva militar, na qual a obediência do paciente fica claramente expressa: "O médico deve ser determinado e seguro nas suas ordens, ele manda, e quanto mais curta for ordem, mais prontamente poderá ser obedecida, maior será a confiança despertada pelo paciente em relação ao médico".[31]

De acordo com essa opinião, a confiança do paciente fica dependente da autoridade do médico, por isso é primordial que o médico não perca nunca a sua autoridade sobre o paciente e que uma consulta não dure muito tempo para que o médico não comece a desenvolver uma conversa sem importância com o paciente, isto porque "consultas demoradas enfraquecem a eficácia de uma receita e roubam a autoridade do médico".[32]

Dentro dessa linha de pensamento, Wolf menciona um médico, Carl von Mettenheimer, que aconselha o seu filho, dizendo que não se deve

---

[29] GÖCKENJAN, 1985, p. 182.

[30] WITTERN, Renate. Le dévelopement de l'homéopathie en Allemagne au XIXe siécle. In: FAURE, Olivier (Org.). *Praticens, Patients et Militants de l'Homéopathie aux XIXe et XXe siècles (1800-1940).* Lyon: Presses Universitaires, 1992, p. 32-58; WITTERN, Renate. Kontinuität und Wandel des Arztbildes im Abendland. In: GESSLER, Ulrich (Org.) *Der Arzt.* München-Deisenhofen: Dusti-Verlag Feistle, 1991, p. 8-27.

[31] WOLF, J. *Der praktische Arzt und sein Beruf.* Stuttgart: Vademecum für angehende Praktiker, 1896, p. 112.

[32] WOLF, 1896, p. 118.

assumir nenhuma posição de médico da família perante bons amigos, porque uma relação pessoal próxima não seria favorável à autoridade do médico. O que se pode constatar, com base nessas colocações, é que ocorre um afastamento do médico em relação ao paciente, apoiado no argumento da autoridade médica.

A análise de Foucault sobre as transformações do saber médico e a decorrente mudança de postura do médico, especialmente na segunda metade do século XIX, demonstrava que essas mudanças já vinham ocorrendo desde o século XVIII, com o nascimento da clínica. Para Ivan Illich[33] foi a partir desse período que se foi perdendo de fato a capacidade por parte do paciente de cuidar de si mesmo, tornando-o dependente não só do médico como também de todo o sistema de saúde.

Talcott Parsons[34] ressaltou o aspecto da competência profissional do médico, que sempre foi importante e mantém-se até hoje. Foucault mostrou como a medicina moderna se organiza de modo a classificar as doenças, "a medicina das epidemias se opõe à medicina das classes, como uma percepção coletiva de um fenômeno global".[35] Segundo Parsons foi fomentada a consulta no consultório particular do médico em vez da visita à casa do paciente. Ele também aborda a questão da autoridade do médico, dizendo que ela pode ser mais bem exercida no seu consultório do que na casa do paciente, onde é observado criticamente pelos parentes e amigos. Para ele o comportamento profissional do médico deveria ser funcional.

As necessidades colocadas pelas grandes cidades e pelo sistema de especializações levaram à implantação da atual relação médico-paciente, que se caracterizou pela orientação universalista, substituída pela visão com base nas especialidades e pela "afetiva neutralidade" definida por Parsons.[36] A antiga relação médico-paciente da clínica geral foi-se modificando gradativamente até chegar aos atuais padrões da medicina moderna.

---

[33] ILLICH, Ivan. *Die Nemesis der Medizin: Von Grenzen des Gesundheitswesens.* Reinbek bei Hamburg: Rowohlt, 1977.

[34] PARSONS, Talcott. Struktur und Funktion der modernen Medizin. Eine soziologische Analyse. In: KÖNIG, René; TÖNNESMANN, Margret. Probleme der Medizinsoziologie. In: *Zeitschrift für Soziologie und Sozialpsychologie.* Sonderheft 3, 1958, p. 10-57.

[35] FOUCAULT, 2006, p. 26.

[36] FOUCAULT, 2006.

No período do nacional-socialismo o Estado se caracterizou por ser extremamente forte e controlou todas as profissões, porém nesse período tratava-se de um governo ditatorial. Mais uma vez é o Estado que define a política de saúde. No entanto, apesar do contexto ditatorial pode-se observar uma relativa autonomia da classe médica. A obrigação de cooperar caracterizou o período de guerras e era não só válida para todos os médicos, assim como para toda a população. Apesar disso, observa-se que os médicos tinham uma situação privilegiada quando comparada a outras profissões, como advogados, odontólogos e veterinários. Os médicos tinham a mais alta renda média.[37] Essa relativa autonomia também funcionou como uma resistência à Política de Medicina Social, implantada em 1933, que durou até 1937 e que pretendeu integrar as diferentes categorias: médicos alopatas, médicos homeopatas e práticos naturalistas leigos. Culminou com a *Lei do Heilpraktiker* (1939), regulamentando a prática naturalista leiga, trazendo-a ao domínio do corpo médico. A partir dessa data todos os práticos leigos devem ter uma formação obrigatória de dois anos, sendo que ao final só poderão receber o certificado de reconhecimento submetendo-se a uma banca constituída por três médicos alopatas. Segundo a opinião do próprio Ministro da Defesa, Goebells, essa lei significou a sentença final ao prático leigo.

A tendência às especializações perdurou até meados do século XX, muda recente e especialmente a partir da década de 1980, os interesses entre os especialistas e os clínicos gerais não são mais tão importantes para a categoria médica e vão sendo substituídos pela diferenciação do corpo médico entre médicos conveniados e não conveniados. Revendo a década de 1980 na Alemanha, observa-se a profissão médica em plena mudança, manifesta-se não somente pelo aumento do número de estudantes de medicina como também pela constante e crescente heterogeneidade dos grupos profissionais. O crescimento do número de estudantes de medicina começou a se estender também para as camadas médias e inferiores da população. Da mesma forma que na Inglaterra e nos EUA, na Alemanha o acesso às profissões para todas as classes ou camadas sociais é possibilitado pelo mecanismo da formação. As tarefas dos médicos modernos ficam cada vez mais limitadas ao diagnóstico e à

---

[37] RÜTHER, Martin. Ärztliches Standeswesen im Nationalsozialismus – 1933-1945. In: JÜTTE, Robert (Org.). *Geschichte der deutschen Ärzteschaft.* Colônia: Deutscher Ärzte-Verlag, 1997, p. 143-193.

terapia, e sua função de esclarecedor ou consultor da saúde diminui. Na verdade, tudo isso pode ser visto de forma relacionada à nova relação médico-paciente, ao acesso de novas camadas sociais, ao fortalecimento do processo de especialização e à consequente diferenciação do corpo médico em profissionais conveniados e não conveniados.[38]

Hoje em dia a solução desses conflitos pode representar um problema bem maior do que a relação com o Estado.[39] Além disso, está na pauta do dia a definição de normas comuns europeias, delimitando claramente o campo profissional médico, entrando em pauta temas como a proteção aos altos honorários, o perigo de uma crescente concorrência e uma consequente explosão de custos no sistema de saúde, considerando o crescimento da população com idade superior a 65 anos.[40]

Cabe rever, à luz da teoria foucaultiana, como se apresentam as práticas médicas atuais e como pode ser definido o perfil do médico como profissional, que ainda continua a obter uma formação especializada, porém deve atuar em um mundo globalizado, no qual as redes de relações se tornam dia a dia mais complexas.

---

[38] HUERKAMP, 1985.

[39] MACDONALD, 1995.

[40] BOURMER, Horst. Statements über die Auswirkung für die 'Freien Berufe'. In Deutschland. In: Verband Freier Berufe im Lande Nordrhein-Westfalen e.V. *Forum Europa: Freie Berufe – Freie Bürger – in einem gemeinsamen Europa*. Düsseldorf, 1993, p. 99-103.

Narrativas infames na cidade
Interseções entre Walter Benjamin e Michel Foucault

Luis Antonio Baptista

> *Afinal, não será um dos traços fundamentais da nossa sociedade o facto de o destino tomar aqui a forma da relação com o poder, da luta com ou contra ele? O ponto mais intenso das nossas vidas, aquele em que se concentra a sua energia, encontra-se efectivamente onde elas se confrontam com o poder, se batem com ele, tentam utilizar-lhe as forças ou escapar-lhe às armadilhas.*
>
> Michel Foucault – *A vida dos homens infames*, p. 99

Arrancadas da noite,[1] vidas infames encontram a luz do poder que as faz falar, cintilar, ganhando corpo e destino. Na noite fria de janeiro algo sucedeu: um estrangeiro, um motorista e algo indefinido vestindo uma saia de veludo viveram uma cena urbana de combate entre a luz do fascismo contemporâneo e a potência noturna do inominável. Em Roma o estrangeiro conheceu a barbárie entranhada no brilho da diferença, e a sua recusa.[2]

O veludo da saia cobre pedaços de um longo corpo, mas não consegue aquecê-lo. Sob a saia curta, a perna morena caminha lentamente. Carros em alta velocidade contrastam com o ritmo dos seus passos. O frio daquela noite contrai ainda mais os músculos exaustos de tanto andar. No bairro construído para ser imortal, o tempo dos movimentos cadenciados

---

[1] Segundo Michel Foucault, no ensaio sobre a Vida dos Homens Infames: "Aquilo que as arranca à noite em que elas poderiam, e talvez devessem sempre, ter ficado, é o encontro com o poder: sem esse choque é indubitável que nenhuma palavra teria ficado para lembrar o seu fugidio trajecto". FOUCAULT, Michel. A Vida dos Homens Infames. In: *O que é um autor*. Lisboa: Passagens, 1992, p. 97.

[2] Essa cena é uma versão modificada da parte de um capítulo do livro de Luis Antônio Baptista, *O veludo, o vidro e o plástico: diversidade e desigualdade na metrópole*, ainda não publicado.

tornam-no discretamente visível. Alguns motoristas desaceleram os motores, atraídos por aquele estranho objeto; outros, desejam a carne musculosa. Homens e mulheres curiosos param os motores; observam o solitário animal noturno sustentado por pernas vigorosas. A curiosidade desse público pouco a pouco o retira do anonimato e da discreta visibilidade, convertendo-o em fera acuada, exposta no zoológico urbano da alta velocidade; mas ele prossegue impávido o passeio, ostentando sensualidade e vigor. O corpo modelado por silicone exibe a transgressão das próteses alheias a destinos ou naturezas. Na imortalidade daquele lugar, a artificialidade do silicone a simular músculos provisórios revela ao viajante um inusitado contraste.

No bairro de Roma denominado EUR, projetado por Mussolini nos anos 1930 do século XX, tudo é passagem ou cenário. O desejo de eternidade e o compromisso com o futuro inscrito em suas linhas emudecem qualquer objeto ou ser vivo que insista emitir sinais de um tempo sem pressa. Nas largas avenidas, o cheiro de gasolina queimada, o rumor de carros em alta velocidade, informam ser descartável e infinitamente só tudo o que é externo à racionalidade do seu desenho. Grandiosos, porém discretos nas cores, os prédios exibem suas fachadas; impingem no espectador ser um ponto minúsculo ansioso em circular, como se a paisagem o estimulasse à busca voraz por algo desconhecido ou então o transformasse em anônima inutilidade. Durante a noite, entre estacionamentos e citações da história romana, o bairro é extremamente silencioso; inexiste qualquer ruído ou vestígio de uso do lugar. Os parques arborizados estão sempre vazios: são caminhos atravessados por passos rápidos, espaço que repele o pedestre, estimulando-o a ser mero passageiro. A grandiloquência dos séculos inscrita nas pilastras neoclássicas, a arquitetura de arcos romanos em celebração ao fascismo sugerem vazio e anacronismo. As centenas de arcos da fachada de mármore branco do "Palazzo della Civiltà", o "Coliseu quadrado", tentam, sem êxito, reviver o passado heroico da história romana. Reduzido a cenário, o "Pallazo" torna-se um vulto incomunicável, desenhado pelos olhares dos passantes em alta velocidade nas pistas. A memória fixada tanto nas construções quanto nas esculturas neoclássicas de EUR não comove. O passado citado é apenas publicidade.

É nesse bairro romano que o estrangeiro a conhece da janela do carro. Olhando para fora, sem saber explicar o percebido, vê sobre as pernas a inoperante saia de veludo. O rapaz brasileiro treme de frio por dentro da curta vestimenta, mas, por fora, o sorriso sedutor convida a plateia ao descartável encontro, ali onde o passado é congelado em outdoor. Oferece-se aos senhores e jovens romanos fascinados pelos seus músculos. Do outro lado da calçada, as colunas brancas dos prédios representam a discrição asséptica dos monumentos erguidos em ode ao modernismo másculo do fascismo, petrificado em futuro ávido por eternidade. Rodeada por desejos de prazer e símbolos que eternizam o passado épico, a saia curta torna-se uma peça desnecessária; ela não consegue agasalhar o corpo moreno, trêmulo de tanta coisa noturna e urbana. Discrepante, imprestável, são as qualidades fixadas ao aconchegante tecido na noite fria de janeiro. A artificialidade do corpo-prótese prenuncia inusitados combates. O homem de saia a violar os ditames do natural mistura-se à escuridão da noite fria; enfrenta desafios que ultrapassam o tempo dos calendários. O que estará por acontecer ao rapaz, devido à inutilidade daquele pano? Que lutas prenunciam o corpo simulacro desenhado pelo silicone?

Faz muito frio; o estrangeiro vê-se impedido de sair do carro para aproximar-se do rapaz da saia de veludo. O motorista italiano provoca-o insistentemente a falar com o travesti brasileiro. Deseja fazê-lo conhecer o objeto exótico que fala português. Para ele, aquilo na calçada necessita de análise. Preocupado, interroga por que só brasileiros, ao contrário dos outros "extracomunitários", realizam esse tipo de coisa. Antropólogo recém-graduado, no momento trabalha como taxista. Havia mudado o comportamento ao saber a nacionalidade do passageiro. Diz ser apaixonado pela "cultura latino-americana". Afirma grande preocupação com a miséria e o destino dos "países do sul". O motivo de ser antropólogo justifica-se na possibilidade de se engajar na criação de uma sociedade multiétnica, integrada, onde as singularidades culturais sejam respeitadas. O jovem pesquisador fala entusiasmado sobre o contemporâneo momento econômico europeu. Para ele, vivemos a pós-modernidade. Sua pronúncia do "pós", com o forte sotaque romano, faz soar ao interlocutor o fim das ideologias, utopias, classes sociais ou polarização entre esquerda e direita. O seu pós faz do passado o reservatório de fantasmas desnecessários. Antenado ao contemporâneo, confere ao futuro o mesmo sentido. Fascinam-no as pluralidades, as tribos urbanas em profusão, as alteridades. Pertencer à comunidade europeia idem. A globalização econômica do capitalismo flexível, diz ele, dá ao mundo uma promissora competitividade. O pós do antropólogo-taxista, inspirado na velocidade do mercado, expurga tempos desnecessários. Agora temos que conviver e aprender com as diferenças. A modernidade está radicalmente morta. A história também.

Tolerância, competitividade, integração democrática fundamentam o seu projeto político e mais nada. Porém, aquilo na calçada destoa do perfil da "cultura brasileira". As próteses de silicone, transgredindo destinos, identidades culturais, naturezas, aturdiam-no. Uma coisa exótica? Efeito da fome? Um problemático sexual? Indaga curioso. Segundo o pesquisador amante das peculiaridades dos povos, o mundo é composto por reluzentes paisagens étnicas diversificadas. Relativizar é o seu instrumento político para o fortalecimento de uma sociedade democrática sem preconceitos. Essências culturais em constante movimento no mundo globalizado fazem parte do seu projeto de pesquisa. O elogio às diferenças das tribos urbanas também. Aquele estrangeiro ambíguo, cheirando a perfume barato, que não é uma coisa nem outra, estimula a sarcástica ironia do pesquisador. Por que o fascina a morte de coisas ainda vivas?

Um vento cortante acentua o desagradável frio da noite escura. O passageiro se recusa a compartilhar do turismo antropológico, entre símbolos e relativizações, mas o mistério do veludo o faz abrir a janela do carro. Irônico, o antropólogo insinua que seu parceiro irá finalmente concretizar o esperado encontro. Roma espreita o encontro insólito, onde nada será o mesmo depois do ocorrido.

★★★

O diálogo é curto, ausente de qualquer calmaria. O travesti pergunta ao interlocutor o que deseja, em italiano, de jeito sedutor e profissional. O outro responde em português que estava conhecendo a cidade; pergunta-lhe como está, se mora há muito tempo em Roma. Perguntas tolas, ditas desajeitadamente para escapar à situação. Alguns segundos de silêncio e constrangimentos, os dois olham-se inseguros. O rapaz da saia de veludo parece primeiro surpreso, diante da recusa daquele homem em entrar no *script*; em seguida, desconcertado por encontrar alguém o fazendo lembrar-se do seu país. A face maquiada sinaliza lacunas; ele não sabe o que fazer. A do outro não consegue refletir nada que ofereça segurança. Para o travesti, ouvir de um desconhecido frases inseguras, fora do estilo dos seus frequentadores costumeiros, dilui suas fronteiras provocando um desconcertante vazio: semelhante ao do ator, quando esquece o texto em cena, ao do acrobata, no salto sem proteção ao encontro do trapézio. Ali onde tudo é sólido, eterno, e cada coisa ou gesto possui funções fixas, um sujeito inseguro dirige-se a ele como se fosse possível sair de si. Trêmulo, não de medo ou vergonha, muito menos de culpa, ignora o que dizer fora do zoológico da alta velocidade. Sair do espetáculo pode transformá-lo em nada.

Os dois ineficientes espantam-se no cortante encontro destituído de reconhecimento. A saia de veludo tenta em vão propor-lhe auxílio, definindo-o em algo desenhado por sua sexualidade ou pela essência latino-americana. O pano oferece defesas anacrônicas; sugere um reconhecível perfil identitário que estampe a clareza do estigma ou os desígnios das classificações. Por alguns segundos o outro experimenta travestir-se de observador imparcial, mas fracassa. As próteses, opondo-se à proteção do tecido, lançam os dois à luta. Semelhante ao fazer da arte que recusa o irremediável, a artificialidade das próteses inicia o enfrentamento contra fascismos de qualquer época. O bairro romano abriga um incomum episódio urbano em que imagens, rostos, pedaços de matéria inorgânica, deslocam-se em combate.

O interlocutor surpreende-se após perceber a mudança na voz e no olhar do rapaz da saia de veludo. Falando como um homem da sua idade, ele diz seu nome e de onde vem. Reclama do frio, do bairro sem ninguém, da saudade do mar. Fala as frases curtas, acompanhadas de uma expressão indizível que pouco a pouco se intensifica. Após o inquieto vazio, gradativamente narra nos olhos uma raiva de difícil leitura. Não a da verdadeira personalidade expondo-se, revelando a autenticidade das emoções após a queda da máscara, nem a de uma crítica sociológica à condição de excluído. É uma raiva seca, sem lágrimas ou mensagens a enviar. Esse olhar sem tradução recusa ao outro identificar-se, reconhecer-se, mas o toca, ressoa nele nervosamente, convidando-o a compartilhar de um nós sem espelhos ou harmonia. Ausente da avidez das fraternidades que procuram cópias no outro ou através do outro, a raiva ilumina os estacionamentos escuros, os parques ausentes de gestos humanos, a fachada branca do "coliseu quadrado", permitindo fragmentar e recompor aquele bairro ou mesmo a cidade de novas maneiras. Apesar da força destrutiva, diferencia-se da imobilidade das emoções carregadas de ressentimentos. Os dois estrangeiros experimentam uma fúria despatriada: a que ignora o solo fixo do eu ou de qualquer pronome no plural.

O usuário do corpo prótese indigna-se com o texto compacto escrito para ele. Por minutos a raiva corta como o fio de uma navalha, despedaça violentamente qualquer tentativa de fazer das suas histórias uma narrativa linear, um romance barato cujo final se conhece no início da leitura.

Surpreendendo, convida o desconcertado parceiro a viver um nós incômodo, impedindo-o do sossego de uma aliança estável composta por iguais. A proteção das identidades refletida nas linhas geométricas do bairro fracassa. Nesse breve momento, o mapa dos dois perde os contornos. O nós nervoso nega repouso ou estabilidade, redesenhando a sua geografia para além dos limites de EUR; refaz fronteiras trazendo-os de volta, irreconhecíveis.

O encontro despido de gestos ou palavras complementares desenraiza os dois estrangeiros, implodindo-os em pedaços do nós dissonante marcado em carne viva. Um enfrentamento atravessado por diálogos ausentes de ego, inconsciente, reflexos do outro, ocupa aquele lugar eterno onde o passado brilha em um outdoor. Sem contornos ou rostos delimitados, os dois participam de heterogêneos tempos e espaços. O outro, ou ele, ou os dois, perturbados e desconhecendo quem são, lembram de um poema de Borges que diz, dos espelhos, "infinitos os vejo, El ementais executores de um antigo pacto, multiplicar o mundo como o ato generativo, insones e fatais".[3] Espelhos multiplicadores recusando repouso incitam o encontro com a perturbadora face da alteridade. O provocador objeto do poeta argentino fabrica coletivos instáveis, cenas inesperadas para quem o vê. Sua fatalidade está em rejeitar ser reflexo de réplicas ratificadoras de percepções familiares; ao contrário, ele dispara imagens incômodas, ultrapassando os limites pacificadores do visível. O outro ou ele desdobram-se em centelhas de inúmeras histórias ruidosas, despidas de qualquer serenidade. Um encontro insone, fatal, acontece sem nenhuma segurança no bairro da memória vigilante e impermeável. O espelho do poeta argentino deixa-os precários, porém vigorosos para o combate.

A ira não pertence a ele nem ao outro. Parece detonada por um coletivo híbrido,[4] composto por dissonantes intensidades que a porosidade da memória faz emergir pelas interpelações do agora ou de qualquer coisa deixada na metade do caminho desdobrando percursos. Por meio desse coletivo, nenhum homem, dor, amorosidade, massacre, compaixão serão estranhados ou reconhecidos como propriedades de um único

---

[3] BORGES, J. L. *O Fazedor*. Rio de Janeiro, Bertrand Brasil, 1987, p. 57.

[4] Por coletivo nos inspiramos na seguinte afirmação de Walter Benjamim: "as ruas são a morada do coletivo. O coletivo é um ser eternamente inquieto, eternamente agitado, que, entre os muros do prédios, vive, experimenta, reconhece e inventa tanto quanto os indivíduos ao abrigo de suas quatro paredes" (BENJAMIM. *Charles Baudelaire um lírico no auge do capitalismo*. São Paulo: Brasiliense, 1989, p. 194).

território, de um dado tempo ou de qualquer corpo em particular. O rapaz de saia emite uma luz raivosa, um amontoado luminoso de coisas vivas, contagiadas pela violação aos limites de qualquer espécie. Os olhos do travesti são instrumento para contato com aquela emoção em turbulência, gerada do desenraizamento de inúmeros objetos, matérias vivas, sufocados ou grudados ao chão pelo peso do inexorável. É uma ira urbana, inventada artificialmente, como o silicone, desprendendo vozes destroçadoras de previsibilidades. A fúria urbana produzida por aquele encontro incomum não despreza as centelhas de tempo de outras lutas noturnas. Apesar da noite escura, as constelações deixam-se ver com nitidez. Um cometa em movimento atravessa como raio luminoso o céu romano; não tem nome, rumo, solidez; possui somente luz, alimentada por uma inominável potência.

Depois do silêncio cortante, ele consegue falar. Vozes desiguais esclarecem o porquê do olhar nervoso: em tom rouco feito macho cansado, confessa o tédio de anos a fio ouvindo sentenças decretadas ao futuro incerto do "Terceiro Mundo". Irritada, a voz de mulher em sua boca diz não aguentar mais compaixões aos excluídos do seu país. O repúdio ao elogio humanístico da tolerância ao exótico é comunicado por uma voz indefinida. Para essa voz, tolerar corre o risco de ser uma doce e cruel violência camuflando vaidades arrogantes; a intolerância também. Um grito infantil estridente mistura-se às vozes dissonantes, afirmando energicamente que a solidariedade é genocida quando se reduz à fraternidade dos iguais. Empostada, solene, parecendo anunciar revelações, uma outra voz profetiza melancolicamente o fim das interpelações desacomodadoras do díspar transformado em espetáculo multicolorido, atraente, destituído da radicalidade provocadora de ação ou fúria. Em silêncio, comunica que o fascismo do tempo dos calendários se mistura a outros, produzindo desencanto, mutações velozes, devires alheios a dores que persistem. Entoando um murmúrio feito velho alquebrado pelo tempo, emite sons quase inaudíveis, próximos ao silêncio.

Atravessado por aquelas vozes, encara o parceiro com os músculos do rosto enrijecidos. Bate na saia, retesa todos os músculos do corpo. A sua fúria transforma a proteção do veludo em trapo. Dizimam-se as salvaguardas das identidades latino-americana, sexual, extracomunitária. A raiva insone, fatal, ressalta e denuncia a armadilha da diferença traduzida em predestinação. O corpo-prótese executa o implacável combate. Uma luta entre o artificial e o inexorável. Fatal e insone, o espelho transfigurador do poeta argentino provoca perplexidade. EUR se preenche de assombro. Os dois também. Após a despedida, o outro observa atento o travesti que se afasta. Não consegue relaxar. As análises profundas das relativizações culturais do motorista antropólogo soam distantes; a vaidosa ironia dele, insinuando o encontro óbvio, fracassava. O estrangeiro, atraído, olha para fora da janela do carro, surpreendendo-se mais uma vez; o acontecido ainda desencadeia cenas inesperadas. O rosto coberto pela maquiagem, a pele perfumada do corpo do nordestino, dissolvem-se. Não avista nem a face contraída que o encarava nem as vozes heterogêneas do nós nervoso, mas personagens, experiências, destroços da cidade deslocando-se em ritmo cinematográfico. São imagens urbanas perturbadoras, metamorfoses impedidoras de repouso ou distração.

Crônicas de combates é o que presencia: cidades em ruínas apontando caminhos novos antes impossíveis de serem criados devido à ausência de tensas experiências compartilhadas; marroquinos, polacos, nigerianos, albaneses, peruanos, exibindo o rosto inconcluso, contra abstrações produtoras de um nada amorfo sem história; memórias irradiando vigor, destruindo compactos blocos de morte fixados ao presente eterno; ruas tatuadas pela estridente polifonia do dia a dia, a que enfrenta sombras do medo que ameaçam preenchê-las de vultos e assepsia; figuras humanas incapazes, desajeitadas, produzindo incômodo ao triunfalismo arrogante de uma felicidade plena ditada pelo mercado. Vislumbra a América do Sul, contando suas mazelas contrastantes, atravessada por narrações de outros continentes que recusam o fatalismo das suas dores e modos de extirpá-las; vê também travestis assassinados, sem-terras, desaparecidos políticos, crianças exterminadas, criaturas infames soprando restos de vida, deixados na metade do caminho à espreita de infindáveis parcerias. A provisoriedade do corpo-prótese presente naquele nós aturde o perceptível, desdobrando-o em obra aberta. O nós nervoso edita um Brasil onde suas dores e lutas incansáveis ampliam-se em imagens destituídas de uma mórbida familiaridade. Uma ira luminosa destrói formas sólidas de negros, criaturas invisíveis, palavras desmaterializadas, cadáveres do ontem e os de hoje, transformando-os em centelhas de fogo em movimento desordenado, compondo e recompondo intermináveis formas. Essa ira apresenta uma coreografia de guerra peculiar. A constelação composta por centelhas impele a história do Brasil, ou a do resto do mundo, a transfigurar-se na imensidão inacabada de formas e vozes, ofuscando com vigor o brilho triunfal do fascismo.

Um carro para; o rapaz brasileiro rapidamente retoca a maquiagem para prosseguir o trabalho. O ritmo noturno da metrópole romana não lhe permite pausa para pensar no desassossego indutor da mudança da voz ou do olhar. Desejos secretos necessitam descartáveis prazeres. O outro, longe alguns quilômetros, pergunta-se sobre o porquê da solidão dos que se agarram ao texto de um único personagem, representado no teatro vazio. Indaga sobre a eficácia mórbida das comunidades de iguais, fundadas no medo ou na segurança. Recorda preocupado dos coletivos fraternos, solidários dentro de suas fronteiras e genocidas quando os limites são interpelados. Depois disso tudo, tenta imaginar como seria o nós dos modos de vida fechados sobre si mesmos, respeitando o diverso, porém ignorando as tramas que o produzem e o neutralizam, à semelhança do bairro ávido por imortalidade, pesado como as botas do Duce em uma noite fria de janeiro. Por que o pano virado trapo busca uma sólida referência?

A saia de veludo não agasalha o corpo do travesti porque é um tecido envelhecido pelo tempo.[5] Foi, no século passado, o preferido dos citadinos angustiados diante das constantes transformações no cotidiano das grandes cidades oitocentistas. Os sonhos do capital destroçando antigas formas de produzir riquezas traziam turbulência e promessas. O veludo deixava vestígios dos seus toques, imprimia identidades, sombras de si, protegendo-as do anonimato. Na madrugada de EUR, ele torna-se obsoleto. A proteção contra os infortúnios da cidade é inútil, porque os perigos e as estratégias para combatê-los nas metrópoles contemporâneas são outros. Capitalismo e subjetividade, retirados do espaço celestial e remetidos ao mundo da imanência onde nada se eterniza, apontam-nos a cidade como usina de produção incessante de virtualidades; nela, a violação à dignidade humana ou a resistência a essa usurpação nunca serão as mesmas. O artifício do corpo-prótese, que despreza a natureza humana essencializada ou a cultura como ilustração de formas imutáveis da vida, mostra-se mais eficiente do que a protetora saia imprimindo rastros. Estranha às verdades sólidas da alma ou da cultura, a artificialidade do silicone assemelha-se à arte, produzindo incômodo ao pensamento aliado ao repouso. Artifícios urbanos construídos pelo fazer da arte, atentos às histórias não exauridas do passado redimidas por insurgências

---

[5] "Desde Luís Felipe pode-se encontrar na burguesia o empenho de ser compensada pela falta de rastros da vida privada na cidade grande. Ela procura isso dentro de suas quatro paredes [...] prefere as cobertas de veludo e felpa, que conservam a marca de todo e qualquer contato." (BENJAMIM, W. Paris, Capital do século XIX. In: KOTHE, F. (Org.). *Walter Benjamim*. São Paulo: Ática, 1985, p. 74).

do agora, talvez sejam uma promissora arma. Que episódios ainda ressoam da saia curta em farrapos? Teria o nós nervoso força para outras guerras?

Thalassa, o mar como experiência e acontecimento: Hals, o sal, mar como matéria; Pelagos, a extensão, mar como imagem; Pontos, mar como vastidão e viagem; Colpos, aquela parte que abraça a costa; Laitma, a profundidade marinha, cara aos poetas e aos suicidas.[6] Nos relatos dos poetas e dos navegadores gregos da Antiguidade, esses termos articulavam-se em composições diferenciadas: matéria – imagem, imagem – profundidade, e assim, ao infinito, transfiguravam a paisagem mediterrânea. Poetas e navegadores desdobravam o mar, produzindo o aturdimento da diferença. O Mediterrâneo multiplicado ao infinito, através da história de seus narradores, ultrapassava os limites das suas margens. O oceano surpreendia a cada narração, impedindo conforto ao pensamento.

A noite, assim como o mar mediterrâneo, recusa às margens a geografia pacífica da diferença. Neles, inspirado na *Vida dos Homens Infames* de Foucault e nos ensaios de Walter Benjamin sobre narrativa e história, o inominável e o que está por vir ocupam um espaço no qual a propriedade exclusiva de um eu ou de um nós estável inexiste. As intensidades noturna e marítima ofuscam o brilho da diferença traduzida na conclusividade da narração, impedindo-a de recusar aquilo que a define para todo o sempre.

---

[6] MATVEJEVÍC, P. *Mediterraneo. Un nuovo breviario*. Milano: Garzanti, 1993, p. 207.

Alteridade e produção de territórios existenciais na "Cidade do Prazer"

Magda Dimenstein
Alex Reinecke de Alverga

Situações cotidianas repletas de uma aparente banalidade frequentemente nos convidam para uma reflexão. Em um aeroporto distante da cidade de Natal, imersos no frenesi e na fugacidade que parece caracterizar esse não lugar como propõe Augé,[1] uma conversa entre dois viajantes fixa nossa atenção no espaço projetado para a circulação. Este fortuito diálogo será o ponto de partida para a discussão que propomos aqui realizar, que trata da articulação entre a produção de territórios urbanos e existenciais.

Avançando nesse sentido, focaremos nas narrativas produzidas sobre Natal nos pacotes turísticos, que servem para divulgação da cidade na mídia e para a própria transmissão feita pelo turista nacional ou internacional, tal como no diálogo de aeroporto acima referido. Consideramos que essas narrativas cumprem a função de orientar o olhar do turista, de oferecer uma seleção dos locais que merecem atenção, dos adjetivos para descrevê-los, possibilitando, na maioria das vezes, um prazer apenas de reconhecimento *in loco*.[2] É em torno, portanto, dessas narrativas, da forma como Natal é apresentada no circuito turístico que pensaremos sobre os modos de vida na "Cidade do Prazer".

Por fim, nos propomos a fazer algumas indagações voltadas a pensar sobre espaços de lutas e de agenciamento de possibilidades de ruptura com os modos de subjetivação atreladas às narrativas turísticas da capital potiguar.

---

[1] AUGÉ, Marc. Não-lugares: introdução a uma antropologia da supermodernidade. Campinas: Papirus, 1994.

[2] CASTRO, Celso. Narrativas e imagens do turismo no Rio de Janeiro. In: VELHO, Gilberto. (Org.). Antropologia urbana: cultura e sociedade no Brasil e em Portugal. Rio de Janeiro: Jorge Zahar, 2006. p. 80-87.

"Seu sonho feito realidade."[3]

A conversação por nós flagrada acontece com a busca, pelo viajante mais jovem, de um lugar para que a sua lua de mel pudesse acontecer como sonhava, uma espécie de romance-aventura no paraíso. Entre as opções de destino mencionadas, o viajante mais velho indicava Natal como sendo o lugar exato para que isso se realizasse. Na sua fala-propaganda, o senhor de meia-idade demonstrava o conhecimento de quem experienciou pelo menos uma viagem à capital do Estado do Rio Grande do Norte. A riqueza com que detalhava os principais pontos turísticos, as opções de lazer, entre outras coisas, pareciam convencer o atento jovem do fato dessa cidade constituir-se como ideal para a realização desse desejo. Natal era narrada como um ponto de convergência de muitos lugares paradisíacos, como uma cidade que poderia ser desfrutada de maneira incomum e inesquecível. Assim, presenciávamos mais um discurso constitutivo de Natal como uma cidade para o prazer.

A imagem de Natal como "Cidade do Prazer" vem sendo configurada há pelo menos quatro décadas. Iremos traçar alguns elementos do relevo de questões que vão afeiçoar a maneira como Natal se funda como rota cada vez mais frequente e desejada do turismo nacional e internacional, ou seja, de como a cidade vai se constituindo como território que se afirma como "Cidade do Prazer". Em outros termos, trataremos do processo de urbanização turística vivenciada por Natal, movimento este que apresenta um maior vigor a partir da década de 1980.

Segundo Lopes Júnior,[4] esse período viabilizará a movimentação de interesses e atores na construção social da "Cidade do Prazer". Uma rápida e esquemática digressão sobre uma história da espacialização de Natal permite a visualização da força que assume o turismo hoje como um vetor de reconstrução da cidade. Os primeiros movimentos da espacialização potiguar ocorreram por conta da sua localização estratégica diante de diversos conflitos bélicos (no tempo da ocupação portuguesa, holandesa, norte-americana). Contudo, embora profundas transformações socioespaciais tenham ocorrido nesse período, o fim dos conflitos decretava uma drástica ruptura na relação de Natal com os países ocupantes e a consequente perda do seu papel de lugar estratégico.

---

[3] Frases retiradas de folders distribuídos por agências de turismo e/ou hotéis de Natal.

[4] LOPES JÚNIOR, Edimilson. A construção social da cidade do prazer: Natal. Natal: EDUFRN, 2000.

Em seguida, destacamos que uma significativa mudança nesse processo urbano ocorrerá com grandes incentivos do Governo do Estado, sobretudo na década de 1970, momento em que Natal irá sentir os espasmos de um processo de industrialização, especialmente da indústria têxtil. A mudança da feição urbana ocasionada pela industrialização requisitava a expansão da oferta de unidades habitacionais. O Governo do Estado, que não permitia que empresas de outros Estados fossem contratadas para a construção dos conjuntos habitacionais, estimulou que o setor da construção civil local se tornasse o grande empreendedor na década seguinte.

Desse modo, a canalização de recursos públicos para setores oligárquicos locais, uma das características da privatização do Estado, é realidade visível na construção da Via Costeira iniciada no final da década de 1970. Os terrenos que margeavam a via pertencentes à Marinha do Brasil foram doados ao Governo do Estado, que por sua vez foram vendidos para os empresários da rede hoteleira a um custo que variou de U$ 0,68 a U$ 5,60 o metro quadrado, enquanto a vizinha Ponta Negra custava na época U$ 55,00 o metro quadrado.[5] Assim, os construtores dos afastados e minúsculos conjuntos habitacionais de ontem são os donos dos suntuosos hotéis e agentes de viagem de hoje. Destarte, a espacialização de Natal estratifica movimentos de ocupação das áreas mais cobiçadas da cidade enquanto afasta a pobreza para áreas mais distantes, pois nessa lógica de esquadrinhamento do espaço, turistas e moradores locais deveriam viver em rotas paralelas, mesmo dentro da mesma cidade.

O surto de industrialização tardia, contudo, foi precocemente abortado, abrindo espaço para a intensificação da atividade comercial, operação de substituição tão concreta que o chão das principais fábricas de ontem tornou-se o chão dos maiores *shoppings centers* da cidade de hoje. Algumas estruturas mudaram, mas as suas lógicas parecem se repetir e a intensificação do consumo é um dos efeitos mais discerníveis. Todavia, essa intensificação não se deu apenas pela construção de lugares de consumo, mas principalmente com o consumo de lugares, um dos aspectos que marcam a atividade turística e a invenção da "Cidade do Prazer" de que iremos tratar a seguir. No momento, é importante que a trajetória até aqui apresentada e seus atravessamentos socioeconômico-espaciais

[5] LOPES JÚNIOR, 2000.

podem ser bem resumidos simplesmente por meio da abrangência da responsabilidade do órgão oficial que cuida atualmente do turismo em Natal: Secretaria Especial de Comércio, Indústria e Turismo (SECTUR). Assim, a indústria têxtil, os *shoppings centers* e atualmente o consumo de lugares turísticos parecem articular elementos cruciais para o desenvolvimento econômico da cidade, tendo a gestão pública municipal aglutinado, não arbitrariamente, todas essas responsabilidades sob um mesmo órgão.

De tal modo, percebemos que a espacialização de um lugar não é algo dado. A "Cidade do Prazer" é uma invenção que vem sendo organizada há muitas décadas. O espaço, o território, a paisagem são efeitos de significação, do discurso, de uma produção. Na invenção de Natal, Estado, poder público, setor privado, entre outros interesses, se articulam, concorrem, rivalizam para o esquadrinhamento do espaço, viabilizando a produção da "Cidade do Prazer". O turismo, a mídia, os negócios, enfim, uma rede de interesses se cria e atualiza uma imagem de cidade, de lugar, de vida para moradores e turistas do mundo inteiro.

"Natal: the dream land"

A este momento imaginamos que uma pergunta se faz pertinente: mas afinal de que prazer se trata? Uma placa localizada estrategicamente na entrada da cidade nos ajuda a refletir sobre essa questão; eis seus dizeres: "Bem-vindo a Natal: a noiva do sol". Este epíteto de "noiva do sol" foi cunhado pelo ilustre historiador potiguar Câmara Cascudo, que empresta seu nome, entre outras coisas, a um museu e um memorial da cidade. Assim, imaginamos que essa poética imagem encontra a força da projeção nacional e paralelamente penetra no patrimônio e na memória local. A imagética sugere um envolvimento peculiar, lança Natal em um horizonte luminoso, liso, romântico, que parece não ter mais fim. Contudo, esse arremesso possui alguns pontos de retenção, pois irá se articular com algumas referências identitárias que iremos tratar adiante.

"Noiva do Sol", "Cidade do Prazer", a cidade se apresenta como uma máquina enunciadora turística. O ordenamento discursivo das narrativas sobre Natal promete o prazer da realização de desejos. As narrativas sobre a cidade instigam os mais fervorosos desejos e, como exemplo, traremos algumas delas colhidas em prospectos que circulam de maneira massiva pelo território nacional:

"Imagine um lugar lindo e acolhedor, pessoas atenciosas e gentis. Imaginou? Agora, prepare-se para ir além".

"Só aqui é assim. Você já fechou os olhos e imaginou o paraíso? E depois se perguntou, será que este lugar existe? Essas praias lindas, coqueirais, dunas de areias brancas e muita hospitalidade? E se tudo isso pudesse ser usufruído sem perder o conforto? Acredite, existe, o endereço é Natal, no Rio Grande do Norte".

"Natal, terra do sol, do mar, do romantismo e da alegria".

"Natal, cidade do Sol".

"Viva intensamente seus melhores momentos".

"Enjoy the magic of Ponta Negra".

"Um cenário perfeito".

"Fique por perto de tudo que é bom".

"Lazer é a nossa praia".

"El lugar perfecto".

"A única forma de misturar negócios com prazer".

"Aqui a diversão é garantida".

"Feliz por natureza, feliz por sua natureza, feliz por seu mar, feliz por seu mais puro ar, feliz por sua gente, feliz por ser contente, feliz por você, Natal... Feliz Cidade".

"Aqui a diversão é garantida".

"Sou uma cidade feliz. Tenho uma magia, um encantamento, que me torna especial entre todas as cidades do mundo. Quem chega aqui se encanta quando olha este céu tão sem nuvens, tão luminoso. Quando vê as praias, o rio, o maior cajueiro do mundo e minha maior riqueza: meu povo hospitaleiro e alegre, acolhendo quem chega com a mesa posta, a rede armada, o pirão de peixe quentinho, o suco de mangaba, a carne-de-sol".[6]

"Aqui só falta você".

Tais narrativas não deixam dúvidas: Natal é a terra dos sonhos, paraíso onde todos os desejos podem ser realizados, onde todos os prazeres podem ser desfrutados, um lugar para ser consumido.

---

[6] TAVARES, Clotilde. *Natal, a noiva do sol.* São Paulo: Cortez, 2005.

A questão do consumo de lugares pode ser tomada como um bom indicativo para a relação que aqui nos interessa entre territórios urbanos e existenciais, uma vez que requer a construção social de paisagens, seja para o refrescamento visual, seja para o deleite, para o usufruto de um recreamento, lazer, o prazer de viver o paraíso. Sabemos que as feições turísticas de um lugar não são naturais, pois diversos aspectos que as compõem são incessantemente produzidos, estabelecidos, negociados. Luz e sombra, silêncio e som, ou em termos foucaultianos, visibilidades e enunciados são elementos de um complexo processo social de estabelecimento de discursos, dispositivos, táticas, estratégias que geram efeitos de atração, seleção, esquadrinhamento.

Nesse sentido, afirma Guattari[7] que as atuais transformações urbanas tornaram suas problemáticas por demais complexas para apenas uma disciplina como o urbanismo, por exemplo, pois frequentemente as análises desse campo não privilegiam o fato de que nas redefinições dos territórios urbanos e existenciais, a dimensão da subjetividade se coloca como uma das principais questões políticas da contemporaneidade, visto que o porvir da humanidade cada vez mais se aproxima do porvir urbano. Desse modo, a cidade será pensada aqui por nós como sugere o referido pensador francês, ao resgatar o historiador e sociólogo Lewis Munford que conceituou as cidades como "megamáquinas". Contudo, adverte Guattari sobre a necessidade de ampliar a noção de funcionamento das "megamáquinas" para além do aspecto técnico, mas de maneira a englobar as dimensões econômicas, ecológicas, abstratas, desejantes. Conceber, segundo o autor, que as dimensões maquínicas não envolvem apenas uma ordem material, mas universos incorporais, territórios existenciais ou a própria produção de subjetividade.

Ao comentar a obra de Guattari, Pelbart[8] afirma que para aquele a subjetividade era pensada não como algo interiorizado, naturalizado, essencializado, mas como um processo de produção, o que implica conceber a subjetividade como exterioridade. Assim, ainda segundo Pelbart, Guattari sugere que a cidade é exterioridade por excelência, ou a própria forma que assume a exterioridade. Disto decorre a perspectiva que iremos

[7] GUATTARI, Félix. *Caosmose: um novo paradigma estético.* São Paulo: 34, 1992.

[8] PELBART, Peter. *A vertigem por um fio: políticas da subjetividade contemporânea.* São Paulo:Iluminuras, 2000.

adotar doravante, pois "[...] pensar a cidade e a subjetividade deveria ser uma e a mesma coisa, desde que ambas fossem remetidas à dimensão de exterioridade que lhes é comum".[9] Nesses termos, consideramos possível pensar a produção dos territórios urbanos como um processo, primordialmente, de fabricação de territórios existenciais e o seu consumo.

"Tudo o que você quer tem aqui"

Natal: megamáquina de prazer, de produção subjetiva, de modos de vida! Uma megamáquina que além de se encarregar pelo aspecto "material" da produção, funciona também como máquina enunciadora para produção de universos incorporais, subjetividade, que sustentam, reforçam a sua produção e instigam o seu consumo, pois articula no território todas as esferas necessárias para sobrevivência do capital: produção, circulação e consumo. A megamáquina mira o absoluto, a autossuficiência, pois "tudo o que você quiser tem aqui"! As narrativas turísticas são um dos pontos fundamentais desse processo.

Muito embora as narrativas turísticas, de uma forma geral, se esforcem com a clara intenção da produção de uma imagem singular de cidade, invista em uma identidade para cada lugar, como pode ser percebido nos trechos apresentados pelos prospectos turísticos e outras publicações locais, porém, paradoxalmente, produz cidades cada vez mais parecidas umas com as outras. Natal não escapou a esse movimento internacional. Esse aspecto pode ser em parte atribuído às interferências do capital estrangeiro em uma forma de reconfiguração urbana voltada, sobretudo, para atender o turismo internacional e não o habitante local.

Assim, pensar a "Cidade do Prazer" é problematizar os modos como o turismo vem se constituindo como uma ferramenta importante no ordenamento da cidade, como o turismo tem sido divulgado e implementado localmente, como ele vem sendo exercido sob um caráter privatista, organizado no sentido de evitar o convívio com a diferença. Fabrica-se a cidade e um turismo que está cada vez mais voltado para reforçar determinados padrões, modos de vida, de circulação no espaço público, de relação com a alteridade, subjetividades orientadas para necessidade de atender um padrão turístico internacional.

---

[9] PELBART, 2000, p. 45.

As belas avenidas da cidade como um espaço liso de aceleração e circulação, adornadas por canteiros floridos onde a pobreza e a miséria tenham dificuldade de se fixar, são algumas das estratégias para não macular a promessa do cartão-postal. Os esforços no sentido da produção de um belo cenário para o exercício do prazer sob um clima de romance-aventura nupcial geram a tentativa de soterramento de diversos estratos da cidade, afastam para as fronteiras mais distantes os embates, despotencializam os confrontos, escondem os focos problemáticos, encobrem os espaços de luta. Um estrato plástico e superficial da cidade tenta sufocar as suas lutas e essa camada corresponde ao território de experienciação da "Cidade do Prazer".

Entendemos que o turismo vem assumindo feições que tornam Natal por excelência uma cidade onde esse prazer pode ser vivido na sua magnitude, justamente pelo não encontro com dimensões da alteridade, com a diferença ou qualquer elemento de desordem que possa causar mal-estar ao seu visitante. Nesse sentido, o turismo está sendo compreendido como uma estratégia biopolítica, tornando-se um ordenador da cidade, da ocupação do espaço público, em outras palavras, um vetor importante na produção de novos modos de existência e de circulação na cidade.

As diversas noções presentes na "Cidade do Prazer", apresentadas até o momento nos remetem a uma das narrativas mais contadas na cultura ocidental moderna: o romance-aventura-tragédia do Fausto. Entendemos que essa narrativa é constantemente convocada na "Cidade do Prazer" e, assim, abriremos espaço para destacar algumas de suas imagens.

A história de Fausto tem sido, ao longo dos últimos quatro séculos, contada e recontada em praticamente todas as línguas, em forma de tragédia ou comédia e em diversas maneiras de expressão artística. Apesar das distintas feições assumidas, a imagem mais propagada é a de um "garotão cabeludo, um intelectual não-conformista, um marginal de caráter suspeito, que perde o controle sobre suas energias mentais, que a partir daí adquirem vida própria em uma dinâmica bastante explosiva".[10] A entrada em cena do "garotão cabeludo" em um solitário quarto de estilo gótico de aparência lúgubre, amontoado de livros, rascunhos, pergaminhos, experimentos e o seu pacto com Mefistófeles, continua

---

[10] BERMAN, Marshall. Tudo que é sólido se desmancha no ar. A aventura da modernidade. São Paulo: Companhia das Letras, 2001. p. 39.

a despertar a atenção de muitos de nós. Não obstante a riqueza e a profundidade da obra, aqui serão destacados dois personagens, Filemo e Báucia, um casal de velhinhos que possuíam um pequeno chalé nas margens de uma grandiosa obra implementada por Fausto e Mefistófeles.

A natureza dessa obra pode ser interpretada como a construção de uma espécie de cidade, um território moderno. Por sua vez, o casal perto do fim da vida se recusava ao convite de Fausto de mudar-se para outro lugar, pois não enxergavam vantagens em sair do lugar onde sempre estiveram, mesmo sendo oferecido dinheiro em troca. Berman[11] chama atenção para o fato de Fausto tornar-se obcecado pelo velho casal e seu pequeno pedaço de terra, que possuía apenas algumas dunas, uma capela, um jardim florido e cheio de árvores, mas que sempre serviu de hospitalidade para os marinheiros e náufragos que por lá passavam. O incômodo de Fausto era o da ameaça que aquele pequeno reduto causava a sua ânsia de controle e desenvolvimento:

> Esse aqui maldito!
>
> É o que me deixa irado e aflito.
>
> Contigo, esperto e apto, é que falo:
>
> Ofende e fere-me em excesso;
>
> Não me é possível aturá-lo,
>
> E envergonhado é que te confesso:
>
> Das tílias quero a possessão,
>
> Ceda o par velho o privilégio!
>
> Os poucos pés que meus não são
>
> Estragam-me o domínio régio.
>
> Lá quero armar, de braço em braço,
>
> Andaimes sobre o vasto espaço,
>
> A fim de contemplar, ao largo,
>
> Tudo que aqui fiz, sem embargo,
>
> E com o olhar cobrir, de cima,
>
> Do espírito humano a obra-prima,
>
> Na vasta e sábia ação que os novos
>
> Espaços doou ao bem dos povos.

[11] BERMAN, 2001.

[...]
A resistência, a teimosia,
O esplendor todo me atrofia,
E é só com ira e a muito custo
Que me conservo ainda justo.[12]

Motivado pela obsessão de desenvolvimento, Fausto convoca Mefistófeles e pede-lhe que retire os velhos do caminho para que lá seja construída uma grande torre de observação. Após algum tempo, retorna Mefistófeles com a notícia de que o trabalho fora feito. Movido por uma súbita curiosidade, Fausto resolve perguntar para que lugar eles foram colocados e fica chocado com notícia de que os velhos foram mortos e sua propriedade incendiada. Fausto esbraveja com o príncipe das trevas, que deixa o ambiente de forma elegante, mas não antes de dar uma sarcástica risada.

A risada de Mefisto pode ser interpretada como uma reação ante a suposta neutralidade e a falta de compromisso com que pretensamente se implementa muitas das ações modernas. E é neste momento que a tragédia vivida por Fausto alcança dimensões além de seu ambicionado controle, pois a partir do momento em que o mesmo não suportava as antigas virtudes que representavam Filemo e Báucia, a generosidade, inocência, humildade, resignação, virtudes de orientação cristã e (in)diretamente mata o casal, perde as últimas referências de seu próprio mundo. O novo e deslumbrante espaço físico e mental criado por Fausto parece estar impregnado de um paradoxo, pois na medida em que ele opera transformações magnificamente diversas no ambiente, expresso em sua suntuosa cidade, constrói dentro de si um pobre deserto. Esse seria um dos aspectos da miséria da dialética modernidade-modernização. O extermínio sistemático de dimensões da alteridade é um de seus componentes, o turismo fáustico seria uma maneira de reeditar este processo.

Mas nem tudo caminha na direção em Natal, algumas teimosias insurgem neste processo, num movimento de capturas e resistências na "Cidade do Prazer". Portanto, diante do que foi tratado, nos perguntamos o que resiste à "Cidade do Prazer"? Quem não deseja se deitar com a "Noiva do Sol"? Em outros termos, quem deseja criar espaços de respiração para o sufocante estrato plástico da "Cidade do Prazer"?

---

[12] GOETHE, Johann Wolfgang. *Fausto*. Belo Horizonte: Itatiaia, 1997. p.424-425

Alteridades, processualidades, invenção... outros prazeres se insinuam na "Cidade do Sol"

Propomos-nos então, para finalizar, trazer alguns pontos que fazem parte de um estudo maior em andamento,[13] consequentemente, apenas algumas indagações preliminares, voltadas a pensar sobre espaços de lutas e de agenciamento de possibilidades de ruptura com os modos de subjetivação atreladas às narrativas turísticas da capital potiguar.

Assim, partindo-se do entendimento de que Natal é atravessada por um processo de urbanização turística, elemento da lógica privatizante, que passa a afirmá-la como "Cidade do Prazer", que acontecimentos são produzidos que se articulam com movimentos de resistência? Nosso interesse é chamar atenção para o caráter contínuo de produção de sociabilidades e subjetividade na contemporaneidade, para a articulação entre transformações urbanas e subjetivas, para a cidade e seus vínculos com os modos de subjetivação, mas especificamente para a necessidade de se buscar sinais no cotidiano dos moradores, pequenos gestos que possam indicar a existência de práticas de resistência, aqui entendidas como práticas discursivas e não discursivas contra certos efeitos de poder, certos estados de dominação, contra propostas de formatação da vida. Ou ainda, por resistência estamos tratando de algo que não pode ser concebido fora das relações de poder, como pensado a partir da analítica foucaultiana e, assim, a resistência não é um ponto exterior ao poder, mas uma ação constitutiva das relações de poder.

Importante destacar ainda que apesar da noção de resistência ser coextensiva e contemporânea da noção de poder, uma vez que onde existe poder, existe resistência, a primeira não deve ser encarada como uma imagem oposta da segunda. A resistência é, dessa maneira, pensada não como um *a priori* ou substância, mas como um acontecimento ou práticas de resistência a certos efeitos do poder, como forças de insubordinação a formas de poder que se pretendem absolutas e, por isso, se afirmam como estados de dominação: "Existir, na fidelidade a uma

---

[13] Pesquisa de doutoramento com o título: *Capturas e resistências na "Cidade do Prazer": produção de territórios urbanos e existenciais*, conta com apoio do Conselho Nacional de Desenvolvimento Científico e Tecnológico – CNPq, por meio de bolsa de doutorado.

sombra dissidente da imagem definitiva. Resistir no instante em que o corpo se dobra num segredo sem forma: o acontecer. Existir é resistir".[14]

Enfim, os acontecimentos se processam em concordância com o que propõem pensadores como Guattari[15] e Certeau,[16] que, embora a partir de angulações diferentes, se aproximam ao indicarem uma valorização exatamente daquilo que se revela muitas vezes na aparente banalidade do cotidiano, nas astúcias dos modos de vida que são produzidos no dia a dia das pessoas que moram na cidade, seja favorecendo a captura, seja favorecendo a afirmação de práticas de resistências perante a produção de territórios existenciais e urbanos. Portanto, entendemos que esses pensadores contribuem com uma perspectiva que visa cartografar os fluxos existentes no território, as forças em sua multiplicidade e o que há de potência criativa, vivências que subvertem estruturas lineares.

Nessa direção, lançamos mão de movimentos em certas áreas da cidade que insinuam um sentido diverso daquelas práticas que refletem uma adesão das pessoas ao isolamento, à valorização absoluta da vida íntima, à tolerância com gosto de indiferença em relação à diversidade de modos de vida, a desqualificação do espaço público e o seu crescente fenecimento que caracterizam algumas vivências da "Cidade do Prazer".

Dois bairros da cidade do Natal, Ponta Negra e Mãe Luíza, enfrentam nas lutas minúsculas do dia a dia o anestesiante torpor político que nos atravessa e nos deixa indiferente a tudo aquilo que não seja a impermeável comunidade dos iguais. Isso faz com que a cidade esteja permanentemente ocupada por diferentes narrativas que se apresentam como uma pedra no caminho do desejo fáustico de abolição da alteridade, da diferença. Ou seja, resguardando as devidas especificidades das experimentações processadas em cada uma dessas áreas, seu sentido e endereçamento, consideramos que os movimentos dos moradores dessas áreas da cidade constituem-se em práticas resistências afirmativas criadas no cotidiano, pois questionam os discursos tomados como verdades e formas de sociabilidades comumente universalizadas. Eles desmascaram os sistemas que silenciosamente nos organizam, dão visibilidade às forças em operação na

---

[14] VILELA, Eugénia. Resistência e acontecimento. As palavras sem centro. GONDRA, José; KOHAN, Walter (Org.). In: *Foucault 80 anos*. Belo Horizonte: Autêntica, 2006. p. 107-127.

[15] GUATTARI, Félix. *Cartografias Esquizoanalíticas*. Buenos Aires: Bordes Manantial, 2000.

[16] CERTEAU, Michel. *A invenção do cotidiano*. *Artes de fazer*. Petrópolis: Vozes, 2005.

cidade que teimam, insistem em transformar o encontro dos moradores e turistas com a noiva do sol em uma aparente lua de mel.

Em Ponta Negra, atualmente, diversas agremiações buscam combater a penetração desenfreada do setor imobiliário no bairro. Lutam para manter as propostas do Plano Diretor de Natal que limita a quantidade e a dimensão das construções na área. Defendem que a reurbanização não perca de vista a expansão e a melhoria da qualidade de vida dos moradores, articulando preservação ambiental e o enfrentamento de alguns problemas sociais como a segregação, a expulsão de antigos moradores, opressão financeira, poluição, violência, dentre outros.

Um dos principais focos de luta apontam para a defesa do Morro do Careca, alvo frequente e cada vez mais cobiçado pelo setor imobiliário. No fim do ano passado, a promotora do meio ambiente de Natal, Gilka da Mata, se posicionou em defesa da sua preservação da seguinte maneira:

"A paisagem do Morro do Careca possui características tão singulares que se tornou a identidade natural e cultural da cidade e de seus moradores. A paisagem é um atrativo até mesmo para o turismo mundial".[17]

Em certo sentido, de maneira muito semelhante à sua vizinha Ponta Negra, aparece Mãe Luíza, inicialmente uma favela e só recentemente um bairro. Localizada em área privilegiada da cidade, com vista para o mar, há tempos que teima em não se tornar uma mera extensão da lógica da urbanização turística que assola a cidade. A partir de diversos movimentos de enfrentamento ao desejo de imobiliárias locais e internacionais de deslocar seus moradores em virtude dos projetos de modernização tencionados para este lugar, surge daí uma imagem de resistência.

Uma fala que ilustra a condição de se encontrar na mira do setor imobiliário é a do padre Sabino Gentili, personagem central nessa histórica luta: "Quem não pensa a maioria das vezes não consegue entender o que de fato está acontecendo. Um bairro pobre e bem localizado como o nosso sempre atiçará a fome da especulação imobiliária".[18]

Recentemente o presidente do Sindicato da Indústria da Construção Civil (Sinducon-RN), Silvio Bezerra, que propõe a revisão do Plano Diretor suprimindo a condição de Área Especial de Interesse Social (AEIS)

---

[17] *Diário de Natal*, entrevista concedida em 30/09/2006.

[18] Jornal *Fala Mãe Luíza*, entrevista concedida em 21/06/2006.

conquistado pelos moradores de Mãe Luíza em negociação com o governo municipal, tenta provar perante os moradores e a prefeitura que não é um inimigo do bairro. Contudo, algumas de suas falas aqui apresentadas revelam claramente os objetivos dessa revisão:

> É um absurdo. Se o morador de Mãe Luíza quer aumentar sua propriedade, seu negócio, não pode. Ninguém pode melhorar de vida. É o único bairro de Natal onde as pessoas não podem decidir sobre seu futuro;

> Se uma coisa hoje vale R$ 10 mil, pode ser vendido por outro preço maior lá adiante. Além disso, a pessoa tem o direito de decidir. Se alguém se propõe a comprar o imóvel, o morador só vende se quiser. Isso que eles chamam de expulsão branca não existe.

Afirma ainda Bezerra que se os parâmetros fossem modificados, o bairro iria poder contar com novos tipos de empresas como academias, escolas, lojas, que trariam mais empregos e desenvolvimento: "Sabemos que há violência em todos os bairros. Mas esse atraso possibilita que esse problema exista ali. Todo dia os jornais mostram isso".[19]

Alguns moradores do bairro, professores universitários, jornalistas locais vêm denunciando que a população não resistiria ao processo de valorização da área proposto pela modificação do plano diretor, criticando ainda os discursos que articulam naturalmente pobreza e criminalidade com a falta de desenvolvimento e modernização do bairro.

Considerações finais

Insurgências e sublevações em Ponta Negra e Mãe Luíza não deixam de se configurarem como táticas produzidas no intuito de não deixar sedimentar determinados processos de captura do espaço urbano e consequentemente da vida dos moradores locais. Táticas de sobrevivência, artimanhas, teimosias são inventadas no enfrentamento do dia a dia em relações de poder que buscam como efeito fixar um processo ordenador e normativo do mercado mundial.

Entendemos que o capital tem colonizado o mundo, mas não tem neutralizado suas potências, o sonho do absoluto espaço liso do cartão-postal encontra sempre acidentes, texturas, relevos, resistências. A dificuldade

---

[19] Jornal *Tribuna do Norte*, entrevista concedida em 30/03/2007.

muitas vezes é de identificar as táticas aparentemente dispersas no cotidiano que contribuem com formas de dominação. As notícias de jornais indicam claramente para algumas dessas formas: a mídia, o setor imobiliário, o turismo. Em ambos os espaços da cidade, observamos a penetração fina do poder nas malhas da vida que se destina a modelar cada indivíduo e a gerir sua existência. A política de regulamentação dos corpos, o biopoder, é a primeira via que o capital recorre. Para produzir-se e reproduzir-se incessantemente, o capitalismo global necessita ser matéria-prima e o destino dos nossos desejos. O biopoder exerce um controle sobre os corpos, uma economia do poder, voltada para "instalar um sistema de individualização que se destina a modelar cada indivíduo e gerir sua existência".[20]

Em Ponta Negra, formas e usos do espaço público que inibem a circulação das pessoas, o comércio do sexo, das drogas e a rede violenta que articula hotéis, restaurantes, polícia e moradores locais, o lixo, a especulação imobiliária, a verticalização desenfreada do bairro, enfim, todo um conjunto de elementos que constituem um cenário perfeitamente identificável em qualquer outra parte do mundo. Pasteurização da paisagem, relação com o espaço da cidade cada vez mais parasitária que dificulta o agenciamento de forças que possam produzir deslocamentos, criar novos territórios existenciais. Turistas fáusticos circulam cotidianamente presos a um plano de organização já conhecido, avessos ao estranho, imunes a tudo que escapa ao juramento e à profecia do cartão-postal.

Em Mãe Luíza, a pressão dos políticos e empresários de todas as partes do mundo para a retirada dos moradores e transformação da área em mais uma das inúmeras ficções de felicidade que estão sendo construídas em Natal, a penetração sorrateira nos espaços do bairro, a promessa de acesso a determinados bens e serviços, a criminalização da pobreza, a possibilidade de se tornarem mais um dos prazeres da cidade têm sido a tônica nos últimos anos, fato que tem implicações importantes no cotidiano local e nas lutas que se insinuam frente a essas demandas.

Emerge um emaranhado de práticas de resistências ativas e reativas nessas áreas, que aqui estão artificialmente separadas. Mesmo não dispondo de uma cartografia mais apurada dessas táticas, alguns indícios se insinuam, singularidades que lutam contra o sentido único fixado pelo modo de produção capitalístico se apresentam.

---

[20] REVEL, Judith. *Michel Foucault: conceitos essenciais*. São Carlos: Claraluz, 2005. p. 30.

As resistências reativas são o alimento da máquina social, são as ações que conduzem à aderência do sujeito a um modo de produção de subjetividades marcado pelo individualismo e pela identidade fixa, gerando a reprodução do mesmo. Observamos isso nos discursos voltados para a defesa de uma referência identitária, massificada, midiatizada, discursos de vitimização e atribuição de culpa, tal como naquele proferido pela promotora do meio ambiente, bem como nas práticas e nos modos como moradores exploram seu entorno, como fabricam seu cotidiano, nos discursos autorreferentes identificados à prostituta, ao delinquente, ao pobre, ao incapaz.

Ao mesmo tempo e com um sentido diverso, estratégias de resistências ativas são fabricadas e podem ser observadas em movimentos que indicam um uso intensivo da própria vida na construção de um outro território existencial, na provocação de uma mudança de lugar, "um cair fora de onde se está determinado". É o que podemos identificar nas marcas produzidas por esses moradores que buscam desmontar as redes de poder, os códigos que os aprisionam; nas marcas que mobilizam a produção desejante, que colocam em análise um mundo sem saída, um circuito social que homogeneiza e que os fazem operar no presente a partir de um outro lugar. A resistência, nesse sentido, é extraordinária, pois se trata da possibilidade de novos modos de viver, indeterminado, inqualificável. Nesses casos, podemos insinuar que não "falta anarquia diante do templo".[21]

Multidão? Constituição do comum? Cedo demais para avançarmos nesse terreno, mas algo se projeta no sentido atribuído ao termo por Hardt e Negri,[22] da relação entre singularidades múltiplas e comuns em torno da crítica do individualismo. Talvez, o único possível nesse momento seja a suspeita de que, na "Cidade do Prazer", alteridades buscam passagem, buscam acrescentar novos sabores, cheiros, tonalidades e superfícies aos desejos aí produzidos.

---

[21] PASSETTI, Edson. Pequenas obediências, intensas contestações. In: PASSETTI, Edson (org.). Kafka, Foucault: sem medos. Cotia: São Paulo: Ateliê Editorial, 2004. p. 123-138.

[22] HARDT, Michael ; NEGRI, Antonio. *Multidão*. São Paulo. Record, 2005.

Entre a vida governada e o governo de si

Márcio Alves da Fonseca

Se por diversas razões Michel Foucault pode ser considerado um pensador dos espaços, das margens e das fronteiras, a maneira pela qual se configura o tema do "governo" em seus trabalhos serve bem para reafirmar esse traço do seu pensamento. Em torno desse tema do governo, conectam-se as abordagens do filósofo acerca dos mecanismos de poder que efetivam o "governo da vida" e aquelas acerca das práticas do sujeito moral que correspondem ao "governo de si".

Especialmente a partir do primeiro volume da *História da sexualidade*[1] e do curso do *Collège de France* do ano de 1976,[2] Foucault efetua um movimento de ampliação dos instrumentos teóricos que até então utilizara em sua "analítica do poder".

Na abordagem sobre o poder realizada nos primeiros cursos[3] do *Collège de France* e em *Vigiar e punir*,[4] tratava-se de apontar para a insuficiência de um modelo de análise essencialista do poder – designado em termos gerais de modelo jurídico-discursivo – pelo qual o poder é identificado quer à instância que impõe restrições e reprime, quer à instância que se confunde com a ordem instaurada pelo enunciado de lei.

---

[1] FOUCAULT, Michel. *História da sexualidade: a vontade de saber*. Rio de Janeiro: Graal, 1997, 12. ed.

[2] FOUCAULT, Michel. *Em Defesa da sociedade*. São Paulo: Martins Fontes, 2000.

[3] Referimo-nos aqui aos cursos: FOUCAULT, Michel. *La Volonté de savoir*. Cours au Collège de France: 1971, inédito; FOUCAULT, Michel. *Théories et institutions pénales*. Cours au Collège de France: 1972, inédito; FOUCAULT, Michel. *La Société punitive*. Cours au Collège de France: 1973, inédito; FOUCAULT, Michel. *O Poder psiquiátrico*. São Paulo: Martins Fontes, 2006; FOUCAULT, Michel. *Os Anormais*. São Paulo: Martins Fontes, 2001.

[4] FOUCAULT, Michel. *Vigiar e punir*. Petrópolis: Vozes, 1988.

Em confronto à concepção que identifica o poder à repressão, *A vontade de saber* procura evidenciar o caráter de incitação e de produção inerente às relações de força; por sua vez, em confronto à concepção que entende o poder como uma expressão da ordem instaurada pela lei, o curso *Em defesa da sociedade* procura pensar as relações de poder a partir da matriz teórica consistente no embate contínuo de forças ou na guerra.

O ponto de chegada comum desses dois trabalhos será uma percepção do poder – referida historicamente à atualidade – como um conjunto de mecanismos que têm na vida (a vida biológica e os seus processos) seu campo fundamental de incidência e de atuação.

Seja, portanto, pela via de uma história da sexualidade, que estuda a constituição do "dispositivo de sexualidade" na época moderna apoiado tanto na disseminação das técnicas que visam à sujeição dos corpos quanto nas diversas formas de intervenção sobre os fenômenos gerais da vida biológica, seja pela via de uma análise do discurso histórico da guerra, que estuda a incorporação do discurso histórico-político da guerra das raças pelo pensamento e pelo Estado Burguês, de tal modo que, na época moderna, a guerra fundamental identificada é aquela que se dá no âmbito da vida dos homens em defesa de sua sociedade; quer por uma quer por outra dessas vias, a analítica do poder realizada por Foucault será ampliada com o estudo dos mecanismos de segurança e de controle da vida consistentes na biopolítica.

Relativamente aos procedimentos do poder disciplinar – discutidos detalhadamente nos primeiros cursos do *Collège de France* e em *Vigiar e punir* – os mecanismos do biopoder implicarão um modo próprio de agenciamento do espaço, uma forma precisa de normalização, assim como a singularização de um corpo específico que será objeto e sujeito das estratégias de poder.

Na biopolítica, o agenciamento do espaço corresponderá ao problema da organização de um "meio" que permita a circulação das coisas e das pessoas. A normalização, por sua vez, irá se referir aos mecanismos de regulação que atuam sobre os processos gerais da vida. E o corpo a ser singularizado como objeto e sujeito dos mecanismos de poder é o corpo coletivo das populações.

Assim é que, com a abordagem dos mecanismos da biopolítica, a ampliação dos instrumentos teóricos que compõem a analítica do poder realizada por Foucault chega ao tema do "governo da vida" ou, ainda, ao problema da "vida como objeto de governo".

É no interior dessas análises que pode ser situado o estudo realizado por Foucault acerca do poder pastoral – entendido pelo filósofo como o "modelo arcaico" das governamentalidades políticas –, bem como seu estudo sobre as "artes de governar" consistentes na razão de Estado (dos séculos XVI e XVII), no liberalismo (do século XVIII) e nos neoliberalismos contemporâneos.[5]

Por outro lado, os trabalhos que compõem o pensamento do chamado "último Foucault" – e que correspondem à discussão acerca da ética[6] – debruçam-se sobre um tema correlato e num certo sentido reverso àquele do governo da vida. Trata-se da discussão acerca do "governo de si".

É no âmbito do problema geral do "governo" que se localiza, portanto, essa importante inflexão que vai das abordagens sobre o "governo da vida" àquelas sobre o "governo de si" nos trabalhos de Foucault. Inflexão, pois com os escritos sobre a ética não se dá uma mudança de direção relativamente aos escritos anteriores. Trata-se, antes, de uma dobra no interior do tema do governo.

Nesse sentido, se nesse movimento de dobra ou inflexão é possível identificar algo como uma fronteira, certamente ela não tem o estatuto de uma demarcação rigorosa entre o final das análises sobre o governo da vida e o início das análises sobre o governo de si. Essa fronteira significa apenas um "lugar de implicação" entre as duas abordagens.

Cabe então perguntar em que medida se pode apreender esse lugar de implicação presente nos escritos do filósofo. Em outros termos, em que medida é possível compreender o significado dessa implicação entre o governo da vida e o governo de si em Foucault.

---

[5] Estudos realizados, em seu conjunto, nos cursos de 1978 e 1979 do *Collège de France*: FOUCAULT, Michel. *Sécurité, territoire, population. Cours au Collège de France. 1977-1978*. Paris: Gallimard/Seuil, 2004; FOUCAULT, Michel. *Naissance de la biopolitique. Cours au Collège de France. 1978-1979*. Paris: Gallimard/Seuil, 2004.

[6] Ver especialmente FOUCAULT, Michel. *História da sexualidade: O uso dos prazeres*. Rio de Janeiro: Graal, 1988, 5ª edição; FOUCAULT, Michel. *História da sexualidade: O cuidado de si*. Rio de Janeiro: Graal, 1985, 3ª edição; FOUCAULT, Michel. *Du gouvernement des vivants*. Cours au Collège de France: 1980, inédito; FOUCAULT, Michel. *Subjectivité et vérité*. Cours au Collège de France: 1981, inédito; FOUCAULT, Michel. *A Hermenêutica do sujeito*. São Paulo: Martins Fontes, 2004; FOUCAULT, Michel. *Le gouvernement de soi et des autres*. Cours au Collège de France: 1983, inédito; FOUCAULT, Michel. *Le gouvernement de soi et des autres: le courage de la vérité*. Cours au Collège de France: 1984, inédito; FOUCAULT, Michel. *Dits et écrits*, v. IV. Paris: Gallimard, 1994.

Parece-nos que a resposta a essa questão deve ser buscada na noção de "crítica", desenvolvida pelo autor. Essa noção encontra a sua elaboração mais precisa na conferência "Qu'est-ce que la critique?",[7] proferida por Foucault na *Société Française de Philosophie*, em maio de 1978.

Seguindo de perto o próprio texto da conferência, propomos explorar essa noção em duas direções. Primeiro, tentar recuperar o conceito de crítica aí desenvolvido, reconhecendo em seu cerne – a partir do seu confronto com um viés da interrogação kantiana sobre as Luzes – um caráter essencialmente emancipatório; segundo, tentar identificar esse conceito na própria maneira pela qual Foucault opera a sua filosofia, segundo os procedimentos de problematização consistentes na arqueologia e na genealogia.

A noção de crítica em Foucault

"O que é a crítica?", pergunta-se Foucault no início da conferência. À questão responderá que "entre a elevada empresa kantiana e as pequenas atividades polêmico-profissionais que levam o nome de crítica, parece ter havido, no Ocidente moderno – desde, grosseira e empiricamente, os séculos XV-XVI – certa maneira de pensar, de dizer, de agir, certo modo de relação com aquilo que existe, com aquilo a que se sabe, com aquilo que se faz, uma forma de relação com a sociedade, com a cultura e também com os outros a que se poderia chamar de atitude crítica".[8]

Trata-se de uma primeira aproximação do conceito que entende claramente a crítica como uma atitude, uma atividade, e que, como tal, somente existe relativamente a algo distinto dela mesma. "Afinal, dirá Foucault, a crítica não existe senão em relação a uma outra coisa, diferente dela própria".[9]

Para o filósofo, seriam vários os caminhos possíveis para se reconstruir a história dessa "atitude crítica". O caminho escolhido na conferência partirá da referência à ideia, constitutiva das práticas da pastoral cristã, de que cada indivíduo – qualquer que fosse sua idade, seu status, os momentos e as situações da sua vida – deveria ser governado e deixar-se governar, deixar-se dirigir, com vistas à salvação, por alguém

---

[7] FOUCAULT, Michel. "Qu'est-ce que la critique?" In: *Bulletin de la Société Française de Philosophie*, LXXXIV, année 84, n. 2, avril-juin 1990, p. 35-63.

[8] FOUCAULT, 1990, p. 36.

[9] FOUCAULT, 1990, p. 36.

a quem estaria ligado por um vínculo – ao mesmo tempo geral e meticuloso – de obediência.

Essa "arte de governar os homens" da pastoral cristã, que permanece por um longo tempo associada à vida religiosa e a grupos relativamente restritos, teria conhecido, segundo Foucault, a partir dos séculos XV-XVI, uma grande difusão. E uma difusão em dois sentidos: tanto no sentido de sua laicização, ou seja, uma expansão do tema da arte de governar para além da esfera religiosa, quanto no sentido de sua multiplicação em variados domínios, pois a partir de então não se tratará apenas de perguntar como governar a vida do cristão com vistas à sua salvação, mas perguntar também "como governar as crianças, como governar os pobres, como governar uma família, como governar as cidades, como governar o próprio corpo".[10]

Ora, dirá Foucault, não se pode dissociar dessa "governamenta-lização" da vida dos homens, característica das sociedades ocidentais europeias a partir do século XVI, a questão fundamental a ela correlata que é "como não ser governado?".[11] Como não ser governado desta ou daquela maneira, em nome destes ou daqueles princípios, em vista de tais ou quais objetivos, por meio de tais ou quais procedimentos.[12]

Essa questão fundamental do "como não ser governado" seria a contra-partida, a parceira e ao mesmo tempo a adversária das artes de governar. Seria a maneira de se desconfiar delas, a maneira de limitá-las, recusá-las, transformá-las. É a essa espécie de "forma cultural geral", de "atitude ao mesmo tempo moral e política", de "maneira de pensar" que Foucault denomina crítica.[13]

Reconhecendo a generalidade dessa definição, a conferência indica três pontos de fixação precisos e historicamente localizados da atitude crítica.

Primeiramente, o autor encontra uma expressão histórica da crítica relativa à arte de governar religiosa, no que concerne à autoridade da Igreja na interpretação das Escrituras. Nesse âmbito, a crítica teria se expressado, segundo Foucault, pelo movimento de retorno às Escrituras, para nelas se encontrar a verdade autêntica, superior ao próprio magistério da Igreja.[14]

[10] FOUCAULT, 1990, p 37.
[11] FOUCAULT, 1990, p. 37.
[12] FOUCAULT, 1990, p. 38.
[13] FOUCAULT, 1990, p. 38.
[14] FOUCAULT, 1990, p. 38-39.

Outra forma histórica da atitude crítica apontada é aquela relativa à arte de governar associada ao do ínio do direito, no que concerne ao vínculo entre as leis políticas consideradas injustas e a autoridade do poder estatal-soberano. Aqui, a crítica teria se expressado pela valorização das regras universais e imprescritíveis do direito natural face às leis – muitas vezes arbitrárias – do direito político.[15]

Por fim, uma terceira forma histórica da atitude crítica seria aquela relativa à arte de governar associada ao domínio do conhecimento, no que concerne ao dogmatismo da verdade que se formula como verdade pelo simples fato de decorrer de uma autoridade. Nesse contexto, a crítica se expressará pela decisão de somente se aceitar como verdade aquilo a respeito do que se pode encontrar, em si mesmo – e não por meio de uma autoridade qualquer – razões suficientes para ser admitido como verdadeiro.[16]

Assim, relativamente aos domínios da religião, do direito e do conhecimento, situam-se historicamente alguns exemplos dessa "arte de não ser governado" consistente na crítica.

Ora, dirá Foucault, essa definição de crítica não estaria muito distante da definição que Kant dera das Luzes.[17] Em seu artigo de 1784 – *O que são as Luzes?* – [18] Kant definiria a *Aufklärung* em oposição ao estado de menoridade no qual seria mantida autoritariamente a humanidade. Esse estado de menoridade corresponderia à incapacidade de o homem se servir do próprio entendimento sem a direção de um outro, e tal incapacidade seria determinada pelo vínculo entre um excesso de autoridade, de um lado, e uma falta de decisão e de coragem do próprio homem, de outro.

Se para Kant, o esclarecimento corresponde ao processo de saída do homem do estado de menoridade no qual se encontra – sob o governo de um outro, acrescentaria Foucault –, a crítica, em Foucault, como expressão concreta de uma vontade decisória de não ser governado, aproxima-se, de certo modo, da definição kantiana das Luzes naquilo que concerne ao seu caráter emancipatório.

---

[15] Cf. FOUCAULT, 1990, p. 39.

[16] Cf. FOUCAULT, 1990, p. 39.

[17] Cf. FOUCAULT, 1990, p. 40.

[18] KANT, Emmanuel. "Qué es la ilustración?". In: *Filosofia de la historia*. México: Fondo de Cultura Económica, 1997.

Seria correto, então, afirmar que aquilo que está em questão, tanto na definição kantiana das Luzes quanto no conceito de crítica desenvolvido por Foucault é o problema da autonomia.

Ao tentar situar a "empresa crítica" kantiana – que pergunta pelos limites da razão naquilo que ela pode conhecer – relativamente à definição que o filósofo iluminista fornece das Luzes, Foucault dirá que, no limite, a interrogação acerca das implicações entre as Luzes e a Crítica em Kant deveria assumir a forma de uma desconfiança ou de uma suspeita decisiva, que consistiria em perguntar por quais excessos de poder, por qual governamentalização – por mais que ela possa ser racionalmente justificada – a razão, ela própria, não teria sido historicamente responsável.[19]

Assim, a filosofia de Foucault, por caminhos diversos daquele seguido pela tradição crítica alemã, como por exemplo, aquele dos pensadores da Escola de Frankfurt, seria, num certo sentido, herdeira da mesma suspeita de que haveria algo na racionalização que seria responsável pelos excessos de poder que a história do Ocidente moderno experimentou. Esse seria, segundo Foucault, o sentido de a filosofia retomar na atualidade a questão da *Aufklärung*.[20]

Para o filósofo, fazer da questão das Luzes uma questão central significa engajar-se em certa prática – que poderia ser chamada de histórico-filosófica – consistente em "fabricar, como por ficção, uma história que seria atravessada pela questão das relações entre as estruturas de racionalidade que articulam o discurso verdadeiro e os mecanismos de sujeição ligados a este discurso".[21]

Nesta prática histórico-filosófica tratar-se-ia de "desubjetivar a questão filosófica pelo recurso ao conteúdo histórico" e, ao mesmo tempo, "liberar os conteúdos históricos pela interrogação sobre os efeitos de poder produzidos pela verdade que se supõe deverem exaltar".[22]

Chegamos, assim, à segunda direção pela qual nos propusemos explorar a noção de crítica em Foucault, qual seja: identificar este conceito de crítica no modo pelo qual Foucault opera a sua filosofia.

[19] FOUCAULT, 1990, p. 42.
[20] FOUCAULT, 1990, p. 42.
[21] FOUCAULT, 1990, p. 45.
[22] FOUCAULT, 1990, p. 46.

A crítica e os procedimentos de problematização

Ainda na conferência de 1978, Foucault nos remete à implicação entre a noção de crítica aí explicitada e os procedimentos de análise que constituem os seus trabalhos. Relativamente à sua filosofia, parece correto afirmar que, em seu conjunto, não se trataria propriamente de uma "pesquisa pela legitimidade dos modos históricos do conhecer",[23] mas antes uma tentativa de tomar diferentes conjuntos de elementos nos quais se poderia reparar – de maneira empírica e provisória – conexões entre mecanismos de coerção e conteúdos de conhecimento.[24]

Estes mecanismos de coerção podem ser mecanismos diversos, como, por exemplo, conjuntos de leis, de regulamentos, de dispositivos materiais, de fenômenos de autoridade. Assim também os conteúdos de conhecimento serão tomados em sua heterogeneidade, selecionados em função dos efeitos de poder que carregam.

Em relação a esses dois conjuntos de elementos, os trabalhos de Foucault não buscam "saber o que é verdadeiro ou falso, fundado ou não-fundado, real ou ilusório, científico ou ideológico, legítimo ou abusivo".[25] Procura-se, antes, identificar os vínculos, as conexões entre os mecanismos de coerção e os elementos de conhecimento, os jogos de reciprocidade e de apoio que se desenvolvem entre eles; procura-se saber o que faz com que um determinado elemento de conhecimento possa assumir efeitos de poder e o que faz com que um determinado mecanismo de coerção possa adquirir a forma e as justificações próprias a um elemento racional.[26]

Deste modo, a rede de análise constituída pelo binômio saber-poder não pretende descrever o que é o saber e o que é o poder, ou ainda como um reprimiria o outro,[27] mas "descrever um nexo entre saber-poder que permitiria se apreender aquilo que constitui historicamente a aceitabilidade de um sistema, seja o sistema da doença mental, da penalidade, da delinqüência, da sexualidade, etc.".[28]

---

[23] FOUCAULT, 1990, p. 47.
[24] FOUCAULT, 1990, p. 48.
[25] FOUCAULT, 1990, p. 48.
[26] FOUCAULT, 1990, p. 48.
[27] FOUCAULT, 1990, p. 49.
[28] FOUCAULT, 1990, p. 49.

O nível dessa análise que corresponde ao chamado procedimento da arqueologia consiste na apreensão desses diversos sistemas em sua positividade, em sua singularidade. Tais positividades não são necessárias, por mais que nos sejam familiares. Elas não estão reportadas a uma essência. E, nesse sentido, a história arqueológica procuraria encontrar tão somente as condições da sua aceitabilidade.[29]

Esse tipo de análise, segundo Foucault, supõe a elaboração de uma rede causal que não obedeceria à exigência de explicação de uma singularidade com base em um princípio de unidade e de identidade. Ao contrário, trata-se de estabelecer uma rede causal que procura dar conta dessa singularidade como o efeito de uma multiplicidade de relações. Trata-se de permitir a inteligibilidade de uma "positividade singular naquilo justamente que ela possui de singular".[30]

Desse modo, o procedimento da arqueologia se completa com o procedimento da genealogia. A genealogia é o tipo de análise que procura restituir as condições de aparecimento de uma dada singularidade a partir de seus múltiplos elementos determinantes.[31]

No artigo intitulado "Un archéologue scetique",[32] Paul Veyne nos auxilia a aprofundar naquilo que seriam, em sua implicação, os procedimentos da arqueologia e da genealogia em Foucault a partir dessa perspectiva. Para tanto, o historiador parte de uma referência ao livro *História da loucura na Idade Clássica*.

Veyne dirá que desde a publicação desse livro, os historiadores franceses, em sua maioria, não teriam conseguido perceber a envergadura daquele trabalho, pois para eles, a *História da loucura* mostrava apenas que as concepções acerca da loucura se modificaram através das épocas. Ora, para Veyne, Foucault teria revelado muito mais nesse seu trabalho.[33]

Em primeiro lugar, no livro sobre a loucura, Foucault teria explorado uma concepção de verdade que difere da verdade como "adequação a um

---

[29] FOUCAULT, 1990, p. 51.

[30] FOUCAULT, 1990, p. 51.

[31] FOUCAULT, 1990, p. 51.

[32] VEYNE, Paul. "Un archéologue sceptique". In: ERIBON, D. *L'infréquentable Michel Foucault. Renouveax de la pensée critique*. Paris, EPEL, 2001, p. 19-59.

[33] VEYNE, 2001, p. 19.

Entre a vida governada e o governo de si   249

referente", de tal modo que o objeto, em sua materialidade, não poderia ser separado dos quadros formais através dos quais o conhecemos. Um segundo aspecto importante consistiria em que, para Foucault, todo fato histórico é sempre uma singularidade. Daí não se tratar de afirmar, em *História da loucura*, que a "loucura" não exista. Trata-se apenas de não se partir em busca da verdade sobre a loucura, ou seja, para Foucault não existem "verdades gerais", pois os fatos humanos não se originam de uma racionalidade que seria o seu molde comum. Entretanto – esse seria o terceiro ponto ressaltado por Veyne acerca do livro sobre a loucura – uma ilusão tranquilizadora nos faria perceber os fatos humanos por meio de uma racionalidade ou como que perfeitamente adequados ao seu objeto, em outras palavras, por meio de generalidades, de maneira que as configurações singulares dos objetos nos permaneceriam escondidas. É nessa perspectiva que se situaria o trabalho histórico a quem Foucault chama arqueologia. Ele possui o papel de explicitar as configurações singulares dos objetos.[34]

Assim, na perspectiva da história arqueológica escrita por Foucault, uma vez que não se parte do pressuposto da existência de verdades gerais, a tarefa a se realizar, mais do que explicar o sentido dos acontecimentos, é discernir e explicitar a sua singularidade.

A arqueologia procura, portanto, apreender a irrupção de uma singularidade não necessária. Ora, em Foucault podemos chamar de "acontecimento" a irrupção de uma singularidade não necessária que, de algum modo, continua a nos atravessar.

Nossa atualidade comportaria, assim, a marca desses acontecimentos – que são passados, mas que continuam presentes – e a importância da atualidade é que somente ela poderá fazer a interrupção desse passado que ainda nos guia. Para tanto, é preciso, além de identificar os acontecimentos por meio de uma história arqueológica, fazer a sua genealogia.

Se a história arqueológica procura identificar e descrever a singularidade dos objetos históricos, desfazendo-se das generalidades que correspondem aos universais antropológicos (como a identidade, a origem, o sujeito, a razão, a verdade), a genealogia percorre o engendramento de uma determinada singularidade, acentuando as relações de poder que determinam a sua constituição, a fim de reparar de que modo estas singularidades modelaram o presente.

---

[34] VEYNE, 2001, p. 19-20.

Afirmávamos, no início, que a segunda direção que adotaríamos para melhor compreender a noção de crítica em Foucault seria buscar identificá-la na maneira pela qual o filósofo operava a sua filosofia por intermédio dos procedimentos de problematização consistentes na arqueologia e na genealogia.

Ora, nesse sentido é possível compreender a afirmação de Foucault acerca desses procedimentos que, em seu conjunto, procurariam identificar "de que maneira a indissociabilidade do saber e do poder no jogo das interações e das estratégias múltiplas pode induzir às singularidades que se fixam a partir de suas condições de aceitabilidade e, ao mesmo tempo, pode induzir a um campo de possibilidades, de aberturas, de indecisões, de deslocamentos eventuais que as torna frágeis, que faz com que estes efeitos de acontecimentos não sejam nem mais nem menos do que acontecimentos".[35]

Em seu conjunto, a arqueologia e a genealogia permitem perguntar "de que maneira os efeitos de coerção próprios a estas positividades podem ser, não dissipados por meio de um retorno ao destino legítimo do conhecimento e por meio de uma reflexão sobre o transcendental ou o quase transcendental que o fixa, mas invertidos ou desdobrados no interior de um campo estratégico concreto [...]".[36] Em outros termos, os procedimentos da arqueologia e da genealogia, em seu conjunto, conduzem ao problema de saber como seria possível opor, relativamente aos efeitos de coerção dessas positividades, uma atitude – ao mesmo tempo moral e política – capaz de criar um espaço de autonomia que não seria inteiramente crivado pela norma. A partir deles, trata-se de saber de que modo, relativamente aos poderes que efetivam o "governo da vida", seria possível opor uma decisão de não se ser governado.

Assim, a noção de crítica – definida por Foucault como a vontade decisória de não ser governado e identificada na articulação entre os procedimentos da arqueologia e da genealogia – remete à questão central dos escritos sobre a ética: o problema moral de como organizar a própria existência, ou ainda, a tarefa moral que equivale ao "governo de si".

A crítica, como fronteira entre a vida governada e o governo de si, não consiste, assim, numa linha divisória que separa esses dois domínios ou atividades. Ela é a inflexão, a dobra que remete incessantemente um ao outro.

---

[35] FOUCAULT, 1990, p. 52-53.
[36] FOUCAULT, 1990, p. 53.

Michel Foucault e o Zoológico do Rei

Margareth Rago

Diz Foucault, numa breve passagem de *Vigiar e punir*, que é possível que, para projetar o *Panóptico,* Jeremy Bentham tenha se inspirado no Jardim Zoológico de Versalhes, construído por Le Vaux, a pedido do rei Luís XIV, no século XVII.[1] Observa que, em ambos, encontram-se os mesmos procedimentos de individualização dos corpos para melhor observação, classificação e organização analítica da espécie. Reproduzo o trecho, ao qual, em geral, temos dado pouca atenção:

> Bentham não diz se se inspirou, em seu projeto, no zoológico que Le Vaux construíra em Versalhes: primeiro zoológico cujos elementos não estão, como tradicionalmente, espalhados em um parque [...] Na época de Bentham, esse zoológico desaparecera. Mas encontramos no programa do Panóptico a preocupação análoga da observação individualizante, da caracterização e da classificação, da organização analítica da espécie.[2]

A fonte primária que Foucault, também conhecido como um incansável pesquisador, utiliza para conhecer essa história de séculos atrás é o livro de Gustave Loisel, intitulado *Histoire des Ménageries de l'Antiquité à nos jours*, de 1912. Segundo ele, Luís XIV tinha 24 anos, em 1662, quando, indo passear no Palácio de Versalhes, criado por seu pai, trinta e oito anos antes, decide construir uma nova "ménagerie",[3] espaço destinado a reunir certas espécies animais para estudos de Zoologia. Contrata o

---

[1] FOUCAULT, Michel. *Vigiar e Punir*. Petrópolis: Vozes, 1977.

[2] FOUCAULT, 1977, p. 179.

[3] Embora se encontre a tradução de "ménagerie" como zoológico, na verdade, refere-se a uma outra organização espacial, em geral, construída perto de uma casa de campo para abrigar animais e aves, anterior ao zoológico tal como o conhecemos.

arquiteto Le Vaux e escolhe os animais mais pacíficos e graciosos – corças, cervos, gazelas, pássaros de cores vivas e cantos harmoniosos –, pois queria agradar sua namorada La Vallière com prazeres mais variados e vivos, em Versalhes. A construção começa por volta de 1662.

Ao contrário do que se costumava fazer até então em todas as cortes principescas, na França e em outros países, onde os alojamentos dos animais eram separados e espalhados em vários pontos, – como "a casa dos animais ferozes" ("la maison des bêtes feroces"), num lugar; o "parque dos cervos" ou "o estábulo de elefantes", ou o "viveiro", em outro –, o rei decide pela reunião de todos os animais num mesmo espaço, dando origem ao primeiro Jardim Zoológico. Segundo Loisel,

> Em Versalhes, Luís XIV quis que todos os seus animais fossem reunidos num único lugar, com árvores, plantas e flores e foi assim que ele criou, na realidade, o primeiro Jardim Zoológico. Ele quis que o lugar escolhido, – era então somente de três a quatro hectares, – fosse disposto para receber o maior número de animais possível em um pequeno espaço; ele quis que tudo fosse construído com luxo e arrumado de modo a ser visto, por assim dizer, por um único olhar.[4]

Assim, o arquiteto constrói um pequeno castelo central para o descanso do rei e de seus convidados e, na frente do castelo, dando para num pátio central, um pavilhão octogonal, de cujo balcão se podia ver sete pátios de animais circundando o pátio central.

Foucault também se refere ao Jardim Zoológico em outra passagem de sua obra. Na conferência intitulada "Outros Espaços", dedicada aos arquitetos em 1967, em que questiona a representação moderna do espaço e do tempo, ele afirma que o jardim é a heterotopia por excelência, e que o jardim zoológico deriva dessa matriz, desse sonho de centralização e acesso à totalidade do mundo, o que, em alguns casos, poderíamos relacionar à "vontade de poder":

> A heterotopia consegue sobrepor, num só espaço real, vários espaços, vários lugares que por si só seriam incompatíveis. [...] Mas talvez o exemplo mais antigo deste tipo de heterotopias, destes sítios contraditórios, seja o do jardim. Não devemos esquecer que o jardim, impressionante criação de tradições milenares, tinha, no Oriente, significados muito

---

[4] LOISEL, Gustave. *Histoire des Ménageries de l'Antiquité à nos jours.* v. II. Temps Modernes (XVII-XVIII siècles). Paris: Doin et Fils et Laurens, 1912, p. 104.

profundos e como que sobrepostos. O jardim tradicional dos persas era um espaço sagrado que deveria reunir no interior de seu retângulo, quatro partes representando os quatro cantos do mundo, com um espaço mais sagrado no centro, como um umbigo do mundo (ocupado pela fonte de água); e toda a vegetação do jardim deveria encontrar-se ali reunida, formando como que um microcosmo. Quanto aos tapetes persas, estes eram, na origem, reproduções dos jardins; o jardim é um tapete no qual todo o mundo atinge a sua perfeição simbólica; e o tapete é uma espécie de jardim que se pode deslocar no espaço. O jardim é a menor parcela do mundo e é também a totalidade do mundo. O jardim é, desde a Antigüidade, uma espécie de heterotopia feliz e universalizante (os nossos modernos jardins zoológicos partem desta matriz).[5]

O zoológico era um lugar onde não só o rei se divertia, mas também os visitantes reais que passeavam de gôndola, ao som dos músicos, trombetas e timbales. Lá passearam também La Fontaine, Boileau, Molière e Racine, amigos que gostavam de filosofar no parque.

De fato, a ideia se espalhou por todo o mundo ocidental. Dois séculos depois, em 1884, no Brasil, o empresário João Batista Viana Drummond, depois Barão de Drummond, enviou uma petição à Câmara, tendo em vista a construção de um zoológico, como um "projeto civilizador/educador".[6] Em 1888, ano da "libertação dos escravos", vale lembrar, é aberto o Jardim Zoológico em Vila Isabel, no Rio de Janeiro, vinculado à modernização da cidade e à ideia de progresso e civilização. Libertavam-se os escravos, aprisionavam-se os animais. "Era o homem brasileiro dominando a flora e a fauna – enfim, 'civilizando-se'", afirma Magalhães.[7] Aí havia bailes e jogos "da sorte e do azar" – como o "jogo do bicho" –, que deveriam angariar fundos para manter o Jardim. Não durou muito; logo, o "jogo do bicho", que fez bem mais sucesso do que os animais, saiu do Zoológico e foi para as ruas da cidade. O Jardim Zoológico fecha na década de 1940.

Olhar às avessas

Diferentemente de Loisel e do senso comum, o olhar cartográfico de Foucault estranha a emergência do zoológico, evidenciando a

---

[5] FOUCAULT, Michel. Des Espaces Autres. In: *Dits et Ecrits*, IV. Paris: Gallimard, 1994, p. 759.

[6] MAGALHÃES, Felipe. Os bichos fugiram do Zôo! *Revista de História da Biblioteca Nacional*, ano 1, n.12, set. 2006, p. 16-24.

[7] MAGALHÃES, 2006, p.18.

racionalidade que a preside, denunciando a vontade de saber/poder que aí se inscreve sutilmente, não só em sua dimensão de prisão domiciliar dos animais, mesmo que seja, ainda hoje, o grande paraíso das criancinhas. Em sua perspectiva, visitar e observar animais enjaulados, mesmo os mais exóticos, deixam de ter qualquer graça.

Na mesma direção, Berger suspeita da singela visita dos humanos aos animais e desacredita da promessa de reconciliação entre as espécies aí prometida: "o zoológico, ao qual as pessoas vão para encontrar os animais, observá-los, vê-los, é, na verdade, um monumento à impossibilidade de tais encontros".[8] Aliás, antes mesmo da atual e poderosa onda ecológica, o psiquiatra italiano Franco Basaglia (1924-1980), leitor da *História da loucura*[9] e mentor do movimento da antipsiquiatria, nos anos setenta, também teria proposto o fim dos zoológicos, ao lado do fim do internamento dos loucos.[10] O animal deveria ser liberto, tanto o próprio animal, quanto o animal-em-nós.

Na crítica de Foucault à Modernidade, os diagramas de forças continuam a ser cartografados. Impressionado com o documento que encontra em suas pesquisas sobre a história dos espaços enquanto história dos poderes, o *Panóptico* de Bentham, "ovo de Colombo", segundo seu próprio inventor, Foucault destaca a tecnologia de poder contida no princípio arquitetônico de centralização, transparência e visibilidade, destinada a resolver os problemas da vigilância.

> Devido ao efeito de contraluz, pode-se perceber da torre, recortando-se na luminosidade, as pequenas silhuetas prisioneiras nas celas da periferia. Em suma, inverte-se o princípio da masmorra; a luz e o olhar de um vigia captam melhor que o escuro que, no fundo, protegia.[11]

Nesse sentido, diz Foucault, Bentham complementa Rousseau, cujo sonho era a construção de uma sociedade transparente, "ao mesmo tempo visível e legível em cada uma de suas partes", sem zonas obscuras. Eliminar os espaços escuros,

---

[8] BERGER, *apud* ACAMPORA, Ralph. Zoos and Eyes: Contesting Captivity and Seeking Sucessor Practices. *Society and Animals*, v. 13, n. 1, 2005, p. 19.

[9] FOUCAULT, Michel. *História da Loucura*. São Paulo: Perspectiva, 1978.

[10] BASAGLIA, Franco. *Escritos Selecionados em Saúde Mental e Reforma psiquiátrica*. Rio de Janeiro: Garamond, 2005.

[11] FOUCAULT, Michel. O olho do poder. In: Microfísica do poder. Rio de Janeiro: Graal, 1979, 210.

dissolver os fragmentos de noite que se opõem à luz, [...] demolir estas câmaras escuras onde se fomentam o arbitrário político, os caprichos da monarquia, as superstições religiosas, os complôs dos tiranos e dos padres, as ilusões da ignorância, as epidemias[12]

[,] o Século das Luzes tem enorme desconfiança da escuridão e das aglomerações.

Misto de zoológico com laboratório do saber/poder, o *Panóptico*, princípio arquitetônico de baixo custo, em que o animal é substituído pelo homem, torna-se mundialmente conhecido e utilizado no Ocidente, desde o século XIX. Prisões, escolas, asilos, hospitais, fábricas serão doravante construídos de modo a desfazer as confusões, facilitar a separação e distribuição espacial dos corpos, garantir a vigilância contínua sobre o indivíduo e a internalização da normas por uma vigilância contínua também do próprio indivíduo sobre si mesmo. Os temas da disciplinarização social, da domesticação das massas na Modernidade, da sujeição e produção do "corpos dóceis" já foram bem explorados e historicizados por toda a parte.[13]

Ressalto que a estreita identificação entre o animal e o homem, assim como a representação do animal como força irracional, perigosa, instintiva, ameaçadora para a civilização justificam o aprisionamento de animais para análise, classificação e exibição pública. Também explicam o investimento na individualização dos corpos e no cercamento das populações para controle dos governantes, nas democracias modernas. O animal é nosso Outro. Ouçamos as palavras de Foucault:

> O Panóptico é um zoológico real; o animal é substituído pelo homem, a distribuição individual pelo agrupamento específico e o rei pela maquinaria de uma poder furtivo. Fora essa diferença, o Panóptico também faz um trabalho de naturalista. Permite estabelecer as diferenças: nos doentes, observar os sintomas de cada um [...]; nas crianças, anotar os desempenhos [...], corrigir as atitudes, avaliar o caráter [...]; nos operários, [...]comparar os tempos que levam para fazer o serviço [...].[14]

Como laboratório, é um lugar de experimentação tanto da mudança dos comportamentos quanto dos medicamentos e das punições mais

---

[12] BASAGLIA, 2005, p. 215.

[13] RAGO, Margareth.. Do Cabaré ao Lar. A utopia da cidade disciplinar. 1890-1930. Rio de Janeiro: Paz e Terra, 1985.

[14] FOUCAULT, 1977, p. 179.

eficazes a serem utilizados. Os princípios que regem os modos de domar os animais teriam referenciado, portanto, as estratégias construídas para a domesticação da população, em especial dos prisioneiros, trabalhadores pobres, jovens, mulheres, loucos e outros "anormais", na Modernidade. Racionais, de um lado, irracionais, de outro; normais e anormais; hétero e homossexuais, a partilha foi logo construída e sedimentada.

Seguindo a trilha de Foucault, pode-se então dizer que, inspirado num modelo destinado à observação, ao estudo e ao controle dos animais, este princípio arquitetônico é importado para a organização das massas e dos indivíduos nas cidades modernas. E assim, os indivíduos são agrupados para serem estudados, classificados, controlados e produzidos segundo taxinomias construídas pelos saberes da Modernidade. Assim, surgem as "espécies" ameaçadoras: o "delinquente-nato", o louco, o "perverso sexual", o homossexual, o pedófilo, a prostituta, o anarquista, entre outros.

Ralph Acampora, também leitor de Foucault, segue o mesmo percurso de análise, ao questionar o zoológico como uma instituição de poder, lugar da "inspeção carcerária", embora se apresente como um "reino pacífico" num cenário de parque. Segundo ele,

> [...] o zoológico é uma instituição de poder cujas funções específicas são a de exibir e preservar energias bióticas organizadas de tal modo a se tornarem fontes de prazer e de divertimento humano. Assim como a prisão, o zoo cria um espaço artificial de ocupação forçada e demonstração.[15]

Sua crítica é bastante ácida, ao demonstrar que o zoológico, produzindo a docilidade dos animais obrigados a conviver com humanos, resulta da dominação e violência destes sobre aqueles. Para dar conta dessa realidade, ele prefere inventar o termo "zoopticon". "O zoöpticon é um tipo de panóticon invertido – os mesmos princípios operam para produzir o mesmo resultado: um organismo institucionalizado, uma grande incapacidade para a vida de fora."[16]

Essa análise do zoológico certamente induz a uma pergunta-constatação radical: vivemos todos num zoológico? E, então, somos todos animais ferozes?

---

[15] ACAMPORA, Ralph. Zoos and Eyes: Contesting Captivity and Seeking Sucessor Practices. *Society and Animals*, v. 13, n.1, 2005, p. 78).

[16] ACAMPORA, 2005, p. 79.

A besta interior

Observa-se que aqui homens e mulheres são nivelados a partir de uma representação bastante nefasta e negativa do animal. Numa leitura que hierarquiza as espécies, o animal é visto como inferior ao humano, lugar dos instintos ameaçadores, da natureza irrefreável, dos perigos incontroláveis, das aberrações sexuais, da monstruosidade incontida, da ausência de linguagem e razão. Não é surpreendente que, nesse imaginário, a sexualidade tenha sido constituída como uma área de investimento das relações de poder pela "vontade de saber".[17] Para Freud, perigo de explosão e transbordamento dessa poderosa energia em neuroses incontroláveis, o sexo deveria ser sublimado e reprimido em prol da cultura e da civilização. Portanto, o "dispositivo da sexualidade" captura, com uma grande rede de discursos, instituições e tecnologias do poder, as práticas sexuais para serem catalogadas, definidas, produzidas, interpretadas, inseridas num sistema de regulação social e condenadas com a criação das "perversões sexuais", vistas como práticas animais e a instituição da "espécie" do homossexual, entre outras.[18]

Nesse imaginário, também não se surpreende que negras africanas fossem capturadas para serem exibidas em celas transportáveis pelas feiras e exposições universais da Europa e submetidas às pesquisas e estudos dos cientistas europeus, preocupados em legitimar cientificamente a superioridade dos brancos europeus, racializando e hierarquizando os povos.

Durante todo o século XIX, homens e mulheres das tribos africanas foram levados à Europa para serem exibidos, ao lado dos animais (como lembra o narrador-símio de Kafka, no conto "Relatório para uma Academia"), nas feiras, teatros de variedades, espetáculos circenses e Exposições Universais, ou para serem observados e estudados a fim de comprovarem-se as teorias médicas eugenistas sobre a superioridade da raça branca europeia.[19] Em se considerando os grupos de raças inferiores, as mulheres eram definidas como ainda mais inferiores, pelo predomínio dos instintos sobre a capacidade racional.

---

[17] FOUCAULT, Michel. *História da Sexualidade. I. A vontade de poder*. Rio de Janeiro: Graal, 1982.

[18] FOUCAULT, 1982, p. 37.

[19] KAFKA, Franz. Um Relatório para uma Academia. In: *Um Médico Rural. Pequenas Narrativas*. 2. ed. São Paulo: Companhia das Letras, 2003.

Não é novidade dizer que, independentemente das determinações de classe ou raça, as mulheres eram consideradas inferiores em relação aos homens. A título de ilustração, reproduzo, aqui, um trecho da tese de um importante psicólogo norte-americano, G. Stanley Hall, sobre o suicídio entre as mulheres, formulada nos inícios do século XX, em que reafirma o determinismo biológico na diferenciação dos sexos:

> O corpo e a alma da mulher são, em termos filogenéticos, mais antigos e mais primitivos; por outro lado, o homem é mais moderno, mais variável e menos conservador. As mulheres sempre tendem a conservar os velhos costumes e as velhas maneiras de pensar. As mulheres preferem os métodos passivos; (preferem) entregar-se ao poder das forças elementares, como a gravidade, quando se lançam das alturas ou ingerem veneno, métodos de suicídio em que superaram o homem. Havelock Ellis acha que o afogamento está se tornando mais freqüente, o que indica que as mulheres estão se tornando mais femininas.[20]

Em seus estudos sobre as teorias da degenerescência, Gilman destaca, em particular, a exibição da "Vênus Hotentote" pela Europa, durante cinco anos consecutivos, no início do século XIX. Nascida no Sul da África, com 1,35 m de altura, Sarah Baartmann pertencia ao povo dos Hotentotes ou dos Bushmen, e fora levada para a Europa em 1810, por causa da configuração diferenciada de seu corpo, com as nádegas muito salientes (esteatopigia) e uma espécie de "avental genital" na região frontal.[21] Sarah Baartman foi exibida em Londres, no *Egyptian Hall* do *Picadilly Circus*, em espetáculos que hoje se chamariam de "*freak shows*", lembra Citeli, mesmo sob a mira dos ataques dos abolicionistas:

> A apresentação em jaula realçava-lhe a natureza supostamente perigosa e selvagem, a qual se associava a noção de sexualidade também perigosa, incontrolável. Para Stephan Jay Gould, a fama da Vênus Hotentote como objeto sexual provinha justamente das duas características que seu próprio apelido realçavam, ao combinar uma suposta bestialidade ("hotentote") com a fascinação lasciva ("Vênus"). O interesse lascivo despertado pelas apresentações de Sarah fica explícito nos inúmeros cartuns que focalizavam suas nádegas.[22]

---

[20] HALL, *apud* GOULD, 1999, p. 116.

[21] GILMAN, S. L. The Hottentot and the Prostitute: Toward an Iconography of Female Sexuality. In: *Difference and Pathology. Stereotypes of Sexuality, Race and Madness*. 2. ed. Ithaca; London: Cornell University Press,1994, p. 85.

[22] CITELI, Maria Tereza. As Desmedidas da Vênus Negra. Gênero e Raça na História da Ciência. *Novos Estudos CEBRAP*, n. 61, nov. 2001, p. 164.

Lembre-se, ainda, que nos inícios do século XIX, a ginecologia se afirmava, assumindo que a mulher nascera para ser mãe e que não tinha desejo sexual expressivo, próprio dos homens e característico das "anormais", como as prostitutas, – consideradas "esgotos seminais" por Alexandre Parent-Duchâtelet – e das negras, mais libidinosas do que as brancas, porque biologicamente inferiores. Segundo o médico J. J. Virey, que se baseou nas descobertas de Georges Cuvier, a voluptuosidade nas negras constituía-se num grau de lascívia desconhecido no clima europeu, "pois seus orgãos sexuais são muito mais desenvolvidos do que os das brancas".[23] Era crença comum que as mulheres negras eram "especialmente receptivas sexualmente, devido à estrutura da sua genitália", assim como que "o sistema nervoso grosseiro delas e as membranas mucosas secas resultavam em uma 'necessidade de sensibilidade genital'".[24] Como explica Gilman,

> [...] a fisionomia, a cor da pele, a forma da genitália marcou as negras diferentemente. O século XIX percebeu a mulher negra como possuindo não só um apetite sexual "primitivo", mas também os sinais externos de seu temperamento, a genitália "primitiva".[25]

Os viajantes ingleses que foram à África descreveram o chamado "avental hotentote" como "uma hipertrofia dos lábios e 'ninfae' causados pela manipulação da genitália e considerados belos pelos Hotentotes e Bushman e por outras tribos."

Sarah foi levada a Paris, por volta de 1814, onde fez sucesso no teatro de Vaudeville, sendo exposta diariamente por mais de doze horas. Depois, foi vendida a um exibidor de animais, exibida em prostíbulos e espetáculos de saltimbancos e animais amestrados, como ursos e macacos, pulgas e percevejos.[26]

No ano seguinte, um grupo de zoólogos e fisiologistas examinaram-na por três dias, no *Jardin du Roi* (jardim botânico de vocação médica em Paris, antes chamado de *Jardin royal des plantes médicinales*), enquanto um artista pintou seu nu. Cientistas como Henri de Blainville (1777-1850), Georges Cuvier (1769-1832), um dos fundadores da biologia

---

[23] CUVIER *apud* GILMAN, 1994, p. 88.

[24] LAQUEUR, Thomas. *Inventando o sexo. Corpo e gênero dos gregos a Freud.* Rio de Janeiro: Relume Dumará, 2001, p. 192.

[25] GILMAN, 1994, p. 85.

[26] BADOU, Gérard. *L'énigme de la Vênus Hottentote.* Paris: J. C. Lattès, 2000 apud CITELI, 2001, p. 164.

moderna e seu colega, o zoólogo e biólogo Geoffrey Saint-Hilaire (1772-1844), – que passara sete anos no Egito, integrando a "Comissão de Ciências e Artes", por iniciativa do general Napoleão Bonaparte e que acumulara, então, uma grande quantidade de animais e múmias humanas e animais – ocuparam-se da africana, em vida e mesmo depois de sua morte, em 1815, por pneumonia ou por outra doença causada por forte ingerência de bebida alcoólica.[27] Em 1817, Cuvier – que era *chair* da cadeira de anatomia dos animais no Museu de História Natural, em Paris, especialista em criar novas classificações das espécies animais que aportavam com as expedições levadas a outros continentes – fez a autópsia de Sarah, dissecou seu cadáver, moldou e colocou as partes genitais em formol.

A apresentação da "Vênus Hotentote" por Cuvier – que, segundo Gilman, "constitui o principal significante para a imagem da Hotentote como primitivo sexual no século XIX" – associava uma mulher da espécie humana, "a mais baixa", com a mais alta da família dos macacos, o orangotango, e descrevia as "anomalias" de sua genitália.[28] Suas anomalias é que causavam grande interesse ao olhar dos europeus: sua *steatopygia*, ou nádegas protuberantes, característica das mulheres de sua tribo. O olhar estarrecido às vezes era insuficiente para uma plateia ansiosa; muitos se aproximavam para apalpá-la e constatar se suas nádegas eram reais.

Como observa Fausto-Sterling, nesse universo misógino e racista, enquanto os homens eram comparados aos primatas superiores por causa da linguagem, da razão ou da cultura, as mulheres eram diferenciadas dos animais por traços da anatomia sexual, como seios, presença do hímen, estrutura do canal vaginal, localização da uretra.[29] Aliás, em visita ao acervo de Paul Broca[30] no Musée de l'Homme de Paris, Gould observa

---

[27] FAUSTO-STERLING, Anne. Gender, Race, and Nation. The Comparative Anatomy of "Hottentot" Women in Europe, 1815-1817. In: TERRY, Jennifer; URLA, Jacqueline. *Deviant Bodies*. Indianapolis: Indiana Unversity Press, 1995, p. 25.

[28] FAUSTO-STERLING, 1995, p. 85.

[29] FAUSTO-STERLING, 1995, p. 28.

[30] Paul Broca (1824-1880), médico, anatomista, pioneiro no estudo da Antropologia Física, especialista em cérebros. Comparando o volume da caixa craneana e o peso do cérebro de homens e mulheres, considera que o peso do cérebro masculino é em média de 1325g para 1144g na mulher. Apesar de saber que o volume do cérebro varia em função do tamanho do corpo ele não hesita em concluir que essa pequenez do cérebro feminino é um traço revelador de sua inferiordade intelectual (*publication dans le Bulletin de la Société d'Anthropologie*, 1861).

ironicamente não ter encontrado "cérebros de mulheres, nem o pênis de Broca, nem qualquer genitália masculina".[31]

Os africanos eram vistos como tão próximos do mundo animal quanto do humano, talvez constituindo o elo perdido na cadeia evolucionária, entre os macacos e os homens.[32] Para Cuvier,

> Não é por acaso que a raça caucasiana chegou a dominar o mundo e fez o mais rápido progresso nas ciências, enquanto os negros estão ainda mergulhados na escravidão e nos prazeres dos sentidos [...] O formato de sua cabeça aproxima-os de certo modo mais do que nós aos animais.[33]

Morta aos 26 anos de idade, em 1825, Sarah continuou sendo apresentada como uma típica representante da inferioridade feminina, especialmente pelo tipo de genitália que possuía (com uma espécie de "aba genital", ou "avental" de pele cobrindo a púbis e uma grande protuberância das nádegas) a qual, segundo os cientistas, aproximava sua tribo dos macacos.[34] Cuvier obteve autorização do prefeito para levar seu corpo ao museu, "onde sua primeira tarefa foi a de encontrar e descrever seus apêndices vaginais ocultos". Segundo ele, as nádegas de Sara eram parecidas com os genitais inchados de mandris fêmeas e babuínos (grandes macacos africanos), "que cresciam em 'proporções monstruosas' em determinadas épocas de suas vidas".[35]

Partes dos órgãos de Sarah, conservados em formol, fizeram parte do acervo do Museu de História Natural de Paris, depois chamado de Musée de l'Homme, até 2002. Gilman conclui, com base nessa continuada exposição física, que seus órgãos sexuais e suas nádegas volumosas sintetizavam a essência feminina tanto para os observadores do século XIX quanto para os do século XX.

Com a subida ao poder de Nelson Mandela e seu compromisso político de acertar contas com o passado e fazer justiça, foi lançada uma

---

[31] GOULD, Stephen J. The Hottentot Venus. In: *The Flamingo's Smile. Reflections in Natural History*. New York: W.W. Norton & Company, 1985, p. 292.

[32] LINDFORS, Bernth (Org.). *Africans on Stage. Studien in Ethnolkogical Show Business*. Indianapolis: Indiana University Press,1999, p. viii.

[33] CUVIER *apud* LINDFORS, 1999.

[34] GILMAN, 1994, p. 88.

[35] FAUSTO-STERLING, 1995, 38.

campanha nacional para que a França devolvesse os restos mortais de Sarah, episódio acompanhado pela imprensa nacional e internacional.[36]

Não é difícil de entender que, ao longo do século XIX, os argumentos que condenavam a sexualidade feminina como patológica se reforçaram. Os médicos que desdobraram as pesquisas de Blainville e Cuvier associaram a má-formação dos órgãos genitais com o desenvolvimento excessivo do clitóris, o que levaria a "esses excessos" conhecidos como "amor lésbico".[37] A figura da Hotentote foi assimilada à da prostituta e à da lésbica. "Mulheres negras representam tanto a mulher sexualizada como a mulher como fonte de corrupção e doença", adverte Gilman.[38] Estudos dos médicos do período, como os da médica russa Pauline Tarnowsky, analisavam detalhadamente a fisionomia da prostituta, mostrando como os quadris eram maiores assim como o peso, entre outros dados que foram repetidos por outros especialistas, como Cesare Lombroso e G. Ferrero, em *La Donna Delinquente*, de 1893.

> Lombroso aceita a imagem da prostituta gorda de Parent-Duchâtelet e a vê como sendo similar às hotentotes e às mulheres que vivem em asilos. Os lábios da prostituta são semelhantes aos das Hotentotes, senão dos chipanzés. A prostituta, em suma, é uma subclasse atávica de mulher.[39]

Mas por que Sarah se tornou tão famosa?, pergunta Fausto-Sterling. Por que os shows de deformidades e feiura faziam tanto sucesso, na Inglaterra do século XVIII?, pergunta Strother. Sarah participava de *shows* de monstruosidades, como animais estranhos, macacos amestrados, monstros, o "Homem mais gordo da Terra", gêmeos siameses, anões e gigantes. Depois de seu *show*, vinha a "Vênus da América do Sul" e, em seguida, Tono Maria, um índio botocudo do Brasil exibia suas cicatrizes resultantes de adultério. Assim criaram-se visões de gênero, raça e sexo profundamente autoritárias e excludentes. O Hotentote, que já era bem conhecido no imaginário europeu desde, pelo menos, o século XVI, firmara-se no século XVIII, "como uma figura quase sem linguagem, certamente sem religião e perigosamente perto de não ter nem a própria capacidade de pensar".[40]

[36] CITELI, 2001, p. 174.
[37] HILDEBRANDT *apud* GILMAN, 1994, p. 89.
[38] HILDEBRANDT *apud* GILMAN, 1994, p. 101.
[39] GILMAN, 1994, p. 98.
[40] STROTHER *apud* LINDFORS, 1999, p. 13.

Figura central da "iconografia da indolência", Hotentote tornou-se sinônimo de "estupidez congênita" na imaginação popular.

Os historiadores mostram que o espetáculo em que Sarah era exibida associava a noção de fêmea selvagem com a de sexualidade incontrolável e perigosa. Nesse contexto, dizem Gilman e Fausto-Sterling, a bunda se torna um claro símbolo da sexualidade feminina. Para Strother, ao contrário de erótica e *sexy*, Sarah representava e assegurava uma figura do antierótico diante de um público europeu, "o que lhe permitia passar do 'freak show' ao show etnográfico pseudo-educativo [...] incapaz de ameaçar o público com o poder sexual de uma 'Vênus'".[41]

As exibições dos corpos das mulatas e sambistas do carnaval brasileiro talvez possam informar algo sobre esse sistema de representações sexo/gênero, em especial, sobre a fixação sexual no "traseiro" das negras.[42] Também poderíamos nos lembrar da garota L., de 15 anos de idade, que recentemente passou cerca de 20 dias numa prisão em Belém do Pará, com mais de trinta homens, submetida a abusos sexuais, violência e estupros seguidos, com o conhecimento e consentimento de todos.[43] Nem havia terminado este artigo, e a *Folha OnLine*, de 8 de fevereiro de 2008, publicava o artigo intitulado "Secretaria de Direitos Humanos comprova prisão de menina em cadeia masculina", no qual informava:

> A Secretaria Especial dos Direitos Humanos (SEDH) comprovou, nesta sexta-feira, a denúncia de que uma menina de 14 anos estava presa com outros 110 homens na cadeia pública de Planaltina (GO). Segundo o representante da secretaria, Firmino Fecchio, uma solução para o caso seria negociada com o juiz local. Para a SEDH, o local é inadequado para reclusão da menina e sua transferência para outra cidade que tenha centro de reabilitação de jovens é uma das possibilidades. Além disso, a secretaria vai tentar localizar a família da menina, que está presa há 13 dias. O diretor da cadeia, Reinaldo da Rocha Brito, confirmou que além da adolescente mais três mulheres estão presas no mesmo pavilhão que abriga os homens, embora em celas distintas. A cadeia tem capacidade para 49 detentos, mas atualmente existem 110. A unidade foi construída para abrigar presos que aguardam por julgamento.

Sarah Baartman de nossos dias?

---

[41] STROTHER *apud* LINDFORS, 1999, p. 2.

[42] PARKER, Richard. *Corpos, Prazeres e Paixões*. Rio de Janeiro: Editora Best-Seller, 1993.

[43] CAPRIGLIONE, Laura; BERGAMO, Marlene. Moradores sabiam que menina estava em cela de homens no Pará. *Folha Online*, 25 nov. 2007.

Ser outro/a do que se é...

As incisivas críticas da modernidade aqui apresentadas têm uma dimensão muito positiva, pois abrem novas perspectivas para o pensamento e para a vida. Desnaturalizar o Homem e desconstruir a verdade de seu passado, questionando os mitos correlatos da natureza humana, da identidade do sujeito e da objetividade histórica, revelando os jogos de saber-poder que lhes são constitutivos resultam de um deslocamento anterior, pois implicam instalar-se na temporalidade do Outro, em busca de abertura e interconectividade.

Desse novo ângulo de percepção, desse outro lugar de mirada, trata-se de perguntar pelas condições de libertação da diferença da carga negativa, pesada e preconceituosa com que foi marcada por um pensamento cêntrico, misógino, sexista e racista, entre outros ismos. Além disso, perceber a diferença em sua positividade e não como negação do mesmo implica mudar o olhar sobre si mesmo e revela um desejo de transformação ética. Não, é claro, para enveredar na tradicional e essencialista busca de quem somos, mas tendo em vista entender em que estamos nos convertendo ou em que queremos nos converter, neste mundo marcado pela fragmentação, pelo fim do sujeito unitário, pelo fim das fronteiras, pela velocidade e pelas transformações tecnológicas.

O pós-estruturalismo colocou a questão da diferença na agenda teórica e política, assim como o feminismo da diferença, abrindo espaço para a crítica de um modo de pensar extremamente excludente e negativo, fundado na lógica da identidade, que não nos tornou mais alegres e felizes. Nessa direção, deslocar as fronteiras construídas culturalmente e perceber os efeitos da inferiorização das outras espécies, em especial, dos animais, das aves e dos insetos obriga a problematizar o olhar que mantemos sobre nós mesmos. Libertar o animal do olhar antropocêntrico com que foi domado culturalmente é também reconfigurar o humano e figurar novas possibilidades de subjetividades nômades, como querem Deleuze e Braidotti.[44] Se podemos refazer nossas construções subjetivas, se podemos ser outros/as, então podemos criar novos mundos, novos imaginários, relações e conexões, ampliando nossos repertórios e enriquecendo a experiência. Para tanto, é fundamental poder reler e reconfigurar o passado, nosso próprio passado. Aliás, refletindo sobre

---

[44] DELEUZE, Gilles. *Mil Platôs*. São Paulo: Editora 34, 1995; BRAIDOTTI, Rosi. *Metamorfosis. Hacia una teoria materialista del devenir*. Madrid: Ediciones Akal, 2005.

a produção do conhecimento histórico e a relação que mantemos com o passado, Jenkins observa, em trabalho relativamente recente:

> Na verdade, o fato de que "o passado" possa ser lido como se queira e de que seja tão obviamente indeterminante em relação às suas intermináveis apropriações (um passado mas inumeráveis "tomadas") é para ser tanto celebrado quanto trabalhado: é um valor positivo quando cada um pode, ao menos potencialmente, ser o autor de sua própria vida e criar sua própria genealogia intelectual e moral, que não haja um passado historicizado autoritário e verdadeiro [...] – e especialmente um passado historicizado definido para todos e, no entanto, escrito por ninguém [...].[45]

★★★

Imaginando que sua gata o observa enquanto está nu, circulando em sua própria casa, Derrida fala em uma espécie de animal-estar, com o fim do homem, e reflete sobre a necessidade de buscar esse animal "em falta de si-mesmo". Quer ultrapassar as fronteiras, historicamente construídas, que separam o homem do animal e que estabeleceram a espécie humana como superior, racional, dona do universo. Mas, afinal, quem chegou primeiro, pergunta ele?[46]

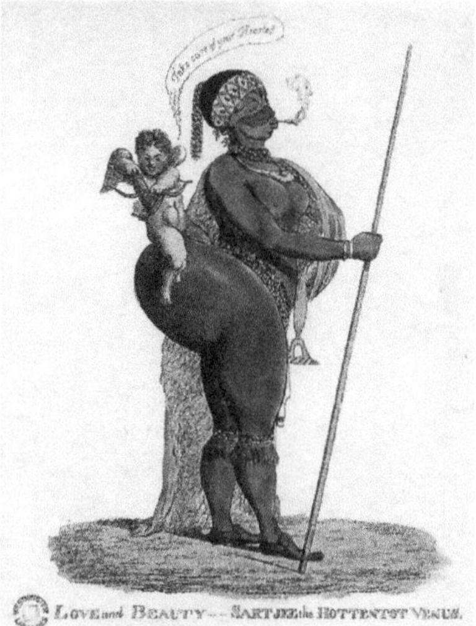

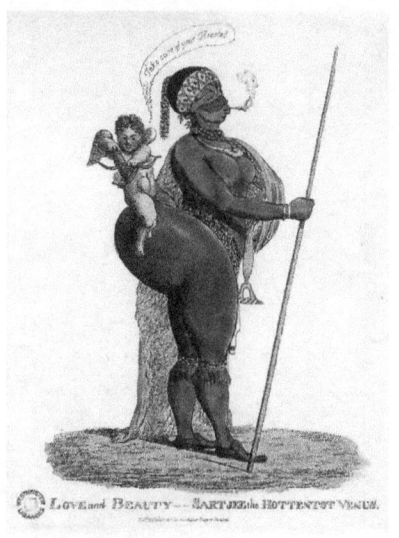

Disponível em: http://www.wikipedia.org/
Caricatura de Sarah Baartman, a "Vênus Hotentote", no século XIX.

---

[45] JENKINS, Keith. *Refiguring History. New Thoughts of an Old Discipline.* London: Routledge, 2003, p. 11.

[46] DERRIDA, Jaques. *O animal que logo sou.* São Paulo: Ed. UNESP, 2002.

Cartografando a gurizada da fronteira
Novas subjetividades na escola

Marisa Vorraber Costa

Na Introdução do segundo volume de *História da sexualidade*, Michel Foucault escreve que "Existem momentos na vida onde a questão de saber se se pode pensar diferentemente do que se pensa, e perceber diferentemente do que se vê, é indispensável para continuar a olhar ou a refletir."[1] Lanço mão dessa passagem porque ela é útil para dizer dos meus propósitos ao me embrenhar na tentativa de fazer aparecer sujeitos escolares constituídos nos ditos tempos pós-modernos. Será possível enxergar escolares fora dos moldes modernos? Crianças e jovens que, mesmo inscritos no espaço escolar, têm uma relação modificada com os controles reguladores socialmente induzidos, mostrando-se cada vez mais inacessíveis e indiferentes à disciplina, à vigilância, às sanções e ao controle? E tais seres poderiam ser pensados como sujeitos escolares?

Para aqueles menos familiarizados com as escolas da atualidade, o filme documentário *Pro dia nascer feliz*[2] proporciona um curioso passeio por algumas delas, com cenas e depoimentos que apontam para outras formas de habitar o território escolar na contemporaneidade. Neste breve ensaio, uma pesquisa que venho realizando há alguns anos[3] é a fonte privilegiada do que aqui pretendo expor e problematizar: que há escolares que escapam das cartografias conhecidas, que há seres estranhos nas escolas.

---

[1] FOUCAULT, Michel. *História da Sexualidade II: o uso dos prazeres*. 7. ed. Tradução de Maria Thereza Albuquerque e J.A G. Albuquerque. Rio de Janeiro: Graal, 1994. p. 13.

[2] Filme de João Jardim, recentemente lançado nas principais salas de cinema do Brasil, que registra cenas e confere autenticidade documental aos recorrentes discursos acerca das mazelas da escola brasileira.

[3] Projeto apoiado pelo CNPq, intitulado *Quando o pós-moderno invade a escola – um estudo sobre novos artefatos, identidades e práticas culturais*, desenvolvido de 2004 a 2006 e iniciando nova fase em 2007.

Meu desafio é desenvolver uma argumentação que me ajude minimamente a apontar para essa possibilidade. Que eu consiga, quem sabe, mostrar que nossa vontade de saber e de poder não conseguiu, ainda, engendrar um repertório discursivo e um conjunto de práticas e estratégias pedagógicas capazes de capturar certos tipos de sujeitos que circulam em algumas escolas de hoje; que habitam fronteiras, que perambulam em um entra e sai pelas cartografias consagradas, que pairam sobre nossas noções mais caras de direito, justiça, felicidade, rachando a ética do bem e do mal, do certo e do errado. Parece que há uma gurizada na escola procurando fazer da vida uma obra de arte.

Minha modesta pretensão aqui é a de supor que – nas entrelinhas de tantos outros ditos, ouvindo ecos de sugestões para que ensaiemos outros modos de pensar sobre o que se vê e fazendo um uso estratégico da caixa de ferramentas foucaultiana – seria possível contribuir para uma história do presente, que apontasse para outros modos de ser sujeito na contemporaneidade. Talvez eu faça um uso arriscado, que força as ferramentas, e talvez este texto tenha apenas algumas "marcas da pantera".[4] Penso, porém, tratar-se de um risco que vale a pena e que poderia ajudar, mais uma vez, a refletir sobre os diferentes modos como os seres humanos tornam-se sujeitos de um certo tipo, nesse caso, sujeitos escolares dos tempos pós-modernos.

Expertises, cartografias, maquinarias
administrando a gurizada

A expressão "sujeitos escolares" parece apresentar-se demasiadamente esgarçada, já deslocada, um tanto anacrônica e incapaz de dar conta de boa parte das subjetividades que circulam nos espaços das escolas de hoje, em especial, da escola pública brasileira. Por isso mesmo, talvez, elas estejam sendo crescentemente narradas em repertórios discursivos forjados no terreno das novas *expertises* dedicadas à "administração do eu contemporâneo", tal como argumenta Nikolas Rose.[5] O autor chama a atenção para três aspectos dessa administração do eu, sendo o surgimento de *expertises*

---

[4] Memorável expressão tomada de empréstimo a Margareth Rago, que a utilizou no título de um artigo publicado em 1993. RAGO, Margareth. As marcas da pantera: Foucault para historiadores. *Resgate,* n. 5, 1993.

[5] ROSE, Nikolas. Governando a alma: a formação do eu privado. In: SILVA, Tomaz. T. (Org.). *Liberdades Reguladas.* Petrópolis: Vozes, 1998. p. 31.

um deles. O primeiro diz respeito à incorporação das capacidades pessoais e subjetivas aos objetivos e aspirações da sociedade. No cômputo dessa força entra em cena a subjetividade, para cujo gerenciamento é acionada toda uma maquinaria voltada à regulação da conduta dos cidadãos. O segundo aspecto é que a administração da subjetividade se esboça cada vez mais nos espaços que ligam as vidas privadas às preocupações públicas, numa gestão calculada do potencial humano em direção aos objetivos das instituições. Em terceiro lugar, ele aponta para o surgimento de uma nova forma de *expertise*, que denomina de *expertise* da subjetividade, à qual vêm se dedicando um contingente numeroso de variados profissionais da área psi, especializados em descrever, classificar, nomear, medir, diagnosticar e tratar do eu e de suas assim chamadas patologias sociais.

Esses "especialistas da alma" providenciam o diagnóstico de anomalias, desvios, desencaixes e o encaminhamento dos seres fora da ordem àqueles setores da maquinaria engendrados e atualizados estrategicamente para sua captura e reforma. Hoje parece que não se trata mais de aplicar, fortalecer ou refinar a tecnologia de poder disciplinar, em busca de melhor adestramento para forjar indivíduos no terreno de uma economia calculada das forças. Embora iniciativas nessa direção ainda sejam postas em prática em algumas escolas, na maioria das vezes ocorrem sem sucesso algum. As escolas de hoje, em plena vigência das pedagogias ativista, libertária, libertadora e construtivista, que se sucedem cumulativamente em seus intentos epistemológicos e didático-pedagógicos ao longo do século XX e início do XXI, vêm constituindo o campo próprio e fecundo para as novas *expertises* psi, verificando-se enormes investimentos na administração das subjetividades, no governo da alma de que fala Rose.[6]

Crianças e jovens escolares inatingidos pelas usuais pedagogias e práticas da maquinaria escolar − aqueles que contribuem para subsidiar as estatísticas com dados demonstrativos da falência dessa instituição − vêm sendo crescentemente esquadrinhados, tornando-se um dos alvos mais visados das novas *expertises*. Um exemplo disso é a criança ou o jovem "hiperativo", uma dessas novas identidades instituídas no interior dos discursos psi e que têm sido descritas como ruptoras da ordem e, como tal, desestabilizadoras da lógica pedagógica da maquinaria escolar,

[6] ROSE, 1998, p. 31.

acentuadamente marcada pela racionalidade moderna, em que o amplo e minucioso domínio do uso do espaço e do tempo é central.

Diz-se do "hiperativo" que é uma criança acometida de uma patologia denominada *distúrbio de déficit de atenção,* caracterizada por sintomas de desconcentração, inquietude e impulsividade. Ela pode envolver alterações relacionadas à linguagem e memória, e embora o hiperativo tenha inteligência dita normal ou acima da média, o distúrbio se manifestaria na forma de dificuldades de aprendizagem e de disciplina. Como se vê, uma "doença" que ataca principalmente a sociabilidade, restringindo a regulação e se interpondo ao processo de formação do "cidadão educado", constituído ao longo da modernidade como o "sujeito autônomo" − resultante de práticas de socialização pautadas por uma liberdade regulada. Crianças hiperativas estariam sempre fazendo algo, e como sua energia, curiosidade e necessidade de explorar são surpreendentes e aparentemente infinitas, seriam propensas a se machucar, a quebrar e danificar coisas, especialmente regras e normas. São crianças difíceis de governar e de controlar segundo os moldes e objetivos da moderna pedagogia. São crianças que frustram os ímpetos civilizatórios da escola e se interpõem à consecução de seus objetivos e finalidades sociais, políticas e econômicas.

Ao seguirmos uma linha foucaultiana de análise e considerarmos as sociedades neoliberais contemporâneas como orientadas para ações de governamento (de si e dos outros), é mais ou menos fácil visualizarmos as estratégias identitárias como práticas governamentais, não privativas do Estado, variadas, polimorfas e disseminadas pelo tecido social. O que as aproxima e unifica é seu direcionamento, sua finalidade − o controle e o governo das subjetividades, segundo um formato em que os próprios sujeitos autocontrolados, "livremente" orientam sua conduta na direção dos desígnios sociais.

Até aqui expus sucintamente um discurso identitário que tem como um de seus efeitos colocar um conjunto de crianças e jovens escolares contemporâneos no terreno da anormalidade, criando mais um "outro" na escola e na sala de aula. A instituição desse outro e a atenção a ele, ao contrário do que se pensa, pode ser vista como uma exclusão includente, quer dizer, descrever e patologizar os hiperativos é uma forma de não os deixar escapar, de aumentar o controle sobre eles, visando administrar suas condutas no interior de uma economia das subjetividades que busca maximizar a capacidade e as habilidades intelectuais.

E é aí que entra em cena a psicopedagogia, uma das *expertises* que surge para gerenciar as subjetividades infantis supostamente fora de controle. Aprender a administrar a impetuosidade, os desejos, a vontade, num trabalho de interiorização voltado para a construção de uma autonomia funcional, implica uma versão atualizada das tecnologias do eu de que nos falou Foucault, bem como remete às técnicas psicopedagógicas introduzidas por Binet e outros vigilantes da regeneração social, na passagem do século XIX para o XX, no contexto de implementação de medidas profiláticas de controle social das condutas,[7] que também podem ser interpretadas "como expressão directa das lutas pelo monopólio do governo da alma".[8]

Com algumas nuances diferenciadoras, na modernidade tardia, as listas de frequência dos chamados *laboratórios de aprendizagem* das escolas estão repletas com os nomes desses jovens sujeitos fora da ordem, que não se adaptam, não obedecem, não estudam, não se comportam adequadamente e não aprendem as lições da escola no local e no tempo designados para isso. Desatentos, desordeiros, agressivos, vândalos, preguiçosos, desinteressados, violentos, belicosos[9] são alguns dos adjetivos empregados para descrevê-los como corpos e almas fora de controle, como alunos-problema, e definir seu estatuto num certo tipo de cartografia das margens. Tudo um tanto similar às estratégias empregadas pelas pedagogias corretivas do início do século XX, postas em prática em novos centros educativos, instituições de sequestro criadas especialmente para operar a "reforma" da infância anormal, com vistas à sua ressocialização. Ironicamente, contudo, parece que hoje a maioria desses estudantes circula pelos mencionados laboratórios (instalados agora nas próprias dependências das escolas regulares) apenas o suficiente para assegurar a legitimidade de seu pertencimento à maquinaria escolar, mas não seu encaixe nela. Há vantagens nessa ambivalente condição de pertencer sem se entregar. Por sua vez, a maquinaria, já com

---

[7] A esse respeito ver: VARELA, Júlia. Categorias espaço-temporais e socialização escolar: do individualismo ao narcisismo. In: COSTA, Marisa Vorraber (Org.). *Escola Básica na virada do século: cultura, política e currículo*. 3 ed. São Paulo: Cortez, 2002. Ver também: Ó, Jorge Ramos do. A criança transformada em aluno: a emergência da psicopedagogia moderna e os cenários de subjectivação dos escolares a partir do último quartel do século XIX. In: SOMMER, Luís Henrique; BUJES, Maria Isabel (Orgs.). *Educação e cultura contemporânea: articulações, provocações e transgressões em novas paisagens*. Canoas: Ed. ULBRA, 2006.

[8] Ó, 2006. p. 282.

[9] "As crianças 'insolentes, indisciplinadas, inquietas, faladoras, turbulentas, imorais e atrasadas' serão qualificadas por Binet como anormais" (VARELA, 2006, p. 89).

muitos indícios de desgaste em suas engrenagens, mantém os mecanismos cartoriais ativos e eficientes — com as listas de frequência repletas de registros de ausência — camuflando a crescente inocuidade de suas estratégias, técnicas e práticas de remodelagem das condutas.

Assim como crianças e jovens hiperativos são expressão e produto da era em que vivemos; protagonistas de um tempo/espaço cada vez mais fluído, instável, matizado, rápido e desconcertante, crianças e jovens "problemáticos" como os recém-descritos, e que fracassam na escola, também o são. Mas há muito mais habitantes nessas fronteiras.

Condição pós-moderna e produção de sujeitos

No trabalho de pesquisa que venho realizando nos últimos anos para investigar a entrada e a presença da cultura pós-moderna na escola e sua produtividade na constituição de sujeitos e na conformação das práticas pedagógicas, delineia-se com contornos gritantes a presença da mídia, especialmente da televisão. Não me refiro aqui à materialidade do aparato tecnológico, aos equipamentos, mas aos artefatos postos em circulação e a seus efeitos em termos de proliferação de preferências, desejos, estilos, modos de ser, condutas. Telenovelas, desenhos animados, seriados, filmes infantis e infantojuvenis, shows e *videoclips,* peças publicitárias e produtos de todo o tipo dirigidos às crianças e jovens, compõem o conjunto aparentemente mais poderoso desse arsenal. E mídia não é só televisão, rádio, imprensa, publicidade, cinema, música e internet. É também *outdoors,* celulares, DVDs, jogos eletrônicos, telões digitais e tudo o mais que a cada dia vai sendo incorporado a esse imenso aparato *techno* de comunicação e entretenimento, impregnado de discursos, práticas, táticas. A mídia integra dispositivos poderosos com profundas repercussões na reconfiguração de todas as instâncias e dimensões da vida nas sociedades contemporâneas.

Vários analistas da contemporaneidade têm se dedicado a problematizar essa intrigante condição instaurada pelas novas tecnologias e pela cultura da mídia. Pierre Lévy[10] refere-se à constituição de um outro modo de sermos humanos, tornados humanos, pensados como humanos, engendrado pela tecnologia e pela cena das mídias. Faz alusão a uma

---

[10] LÉVY, Pierre. *As tecnologias da inteligência.* Tradução de Carlos Irineu da Costa. Rio de Janeiro: Editora 34, 1996. p. 11.

ecologia cognitiva, "um coletivo pensante homens-coisas, coletivo dinâmico povoado por singularidades atuantes e subjetividades mutantes", uma imensa maquinaria do fazer, em que o sujeito que pensa e o coletivo cosmopolita se confundem. Ron Burnett[11] por sua vez, chama atenção para o que denomina *ecologia das imagens*, ao ressaltar o papel que elas assumem na cultura espetacularizada centrada na visibilidade e os efeitos que produz. Segundo ele, percepções, mente, consciência e pensamento estão implicados nessa proeminência do papel das imagens na constituição e modelagem das relações dos humanos com o mundo que os circunda e com os modos de vida da atualidade.

David Harvey descreve a condição pós-moderna como o conjunto da experiência contemporânea em que há uma mudança abissal nas práticas culturais, políticas e econômicas, todas elas, segundo ele, vinculadas à emergência de novas maneiras de vivermos o espaço e o tempo. Instantaneidade, volatilidade, efemeridade, descartabilidade, palavras amplamente empregadas para descrever as experiências da vida cotidiana comum, são atributos que dizem respeito à compressão tempo-espaço, que implica "aniquilação do espaço pelo tempo".[12] E parece que todos nós já experimentamos o tempo vivido como um eterno presente, sem passado nem futuro, onde o efêmero é acompanhado pelo medo causado pelo espectro do descarte.

Essa conjunção de circunstâncias da qual vem resultando que outros modos da cultura contemporânea se apresentem e se disponham como também uma proliferação de formas de viver nela, tem sido minuciosa e exaustivamente escrutinada. Muitos autores[13] têm concordado que na lenta transformação cultural que atravessa o século XX está implicada uma mudança da sensibilidade. Essa transformação na "estrutura do sentimento", introduzida e problematizada por Raymond Williams,[14] erigindo-se como sua categoria cultural fundamental, é analisada, interpretada e desenvolvida

---

[11] BURNETT, Ron. *How images think*. Massachusetts: The MIT Press, 2004.

[12] HARVEY, David. *Condição Pós-Moderna*. Trad. Adail Sobral e Maria Estela Gonçalves. São Paulo: Loyola, 1993. p. 270.

[13] Desde Raymond Williams (1969 [ed. brasileira],1965), passando por Fredric Jameson (1996), David Harvey (1993), Andréas Huyssen (1992), Zigmunt Bauman (1998, 1999, 2001...), entre outros.

[14] WILLIAMS, Raymond. *The Long Revolution*. Harmondsworth: Penguin, 1965; WILLIAMS, Raymond. *Cultura e Sociedade*. Tradução de Leônidas Hegenberg, Octanny Silveira da Mota e Anísio Teixeira. São Paulo: Companhia Editora Nacional, 1969.

por vários pensadores. Jameson[15] ressalta a importância desse conceito para se compreender as novas formas de práticas e de hábitos sociais e mentais em conjunção com novas formas de organização e de produção econômica que surgem acopladas à verdadeira revolução cultural verificada nos modos de produção capitalistas. Economia e cultura entrelaçam-se em um processo de interação recíproca, em um circuito infinito de realimentação, e essa mútua aderência constitui por si só um fenômeno pós-moderno. Nesse sentido, o mundo pós-moderno produz não apenas uma economia, um modo de produção e uma sociedade muito peculiares, como constitui sujeitos de um certo tipo, pessoas pós-modernas. Opera-se, segundo ele, uma "prodigiosa operação de reescritura — que pode levar a perspectivas totalmente novas a respeito da subjetividade e também do mundo objetivo".[16]

Para Fredric Jameson,[17] o pós-moderno ultrapassa amplamente os domínios estético, artístico ou mesmo econômico, infiltrando-se por todas as áreas e desdobramentos da vida cotidiana. Aquilo que para alguns se esboçaria como uma crise moral do nosso tempo, inscrita na crise do pensamento iluminista e dos poderes da razão, estaria imbricado nas formas como a vida se organiza em todos os domínios da experiência humana.

Andréas Huyssen[18] assinala que apesar de ser temerária qualquer afirmação radical e global a esse respeito, é indiscutível que há em nossa cultura uma notável mudança na sensibilidade, nas práticas e nas formações discursivas, que distingue as experiências e pressuposições da condição pós-moderna daquelas do período que a precede.

Em meio a essas análises, Zygmunt Bauman[19] tem apontado para o caráter enigmático, ameaçador e instável dos tempos em que vivemos. Um tempo que é líquido, no qual se constitui uma cultura cujo *ethos* é cada vez mais cambiante, matizado, fluido. E ele próprio, em uma entrevista, declara sentir-se um tanto assustado, temeroso, "com esse tipo curioso e em muitos sentidos misterioso de sociedade que vem surgindo

---

[15] JAMESON, Fredric. *Pós-Modernismo. A lógica cultural do capitalismo tardio.* São Paulo: Ática, 1996.

[16] JAMESON, 1996, p. 18

[17] JAMESON, 1996.

[18] HUYSSEN, Andreas. Mapeando o pós-moderno. In: BUARQUE DE HOLLANDA, Heloisa (Org.). *Pós-Modernismo e Política.* Rio de Janeiro: Rocco, 1992.

[19] BAUMAN, Zygmunt. *Modernidade líquida.* Trad. Plínio Dentzien. Rio de Janeiro: Jorge Zahar, 2001.

ao nosso redor".[20] O emprego da metáfora da liquidez em suas análises expressa esse caráter fugidio, evanescente, transbordante da atual fase da história, nova em muitos sentidos e com profundas mudanças na condição humana. Segundo Bauman,[21] estaríamos vivendo em uma nova ordem, definida principalmente em termos econômicos, em que a economia teria se libertado de seus embaraços políticos, éticos e culturais. Nessa nova ordem, os poderes passaram do "sistema" para a "sociedade", da "política" para as "políticas da vida", migraram do macro para o micro. Estaríamos vivendo uma versão individualizada e privatizada da modernidade, na qual a responsabilidade pela manutenção da forma dos líquidos recai sobre indivíduos, exige atenção, vigilância e esforço perpétuos e sem garantias.

Nesse cenário, parte considerável das discussões das duas últimas décadas do século XX tem ressaltado as estratégias contemporâneas de incentivar o crescimento econômico mediante a incorporação da cultura à economia. George Yúdice[22] é um dos autores que tem procurado chamar a atenção em seus estudos e pesquisas para o uso conveniente da "cultura como recurso", para sua incorporação às esferas política e econômica. E ele ressalta que, já a partir do século XVIII, como demonstram os trabalhos de Foucault e inúmeros estudos foucaultianos posteriores sobre disciplina, governamentalidade e biopolítica, é visível a cultura operando como meio para o controle social. Contudo, o aprimoramento e a sofisticação alcançados na atualidade pela conjunção entre novas tecnologias e mídia parece estar produzindo uma condição cada vez mais propícia à governamentalidade em sua refinada versão neoliberal.[23]

Na visão de Jameson,[24] as tecnologias da comunicação e da informação foram cruciais no apagamento das antigas fronteiras entre a alta cultura e a assim

---

[20] BAUMAN, Zygmunt. Entrevista a Maria Lúcia Pallares-Burke. Mais! *Folha de São Paulo*, 19 out. 2003.

[21] BAUMAN, Zygmunt. *Modernidade líquida*. Trad. Plínio Dentzien. Rio de Janeiro: Jorge Zahar, 2001. p. 14.

[22] YÚDICE, George. *A conveniência da cultura*: usos da cultura na era global. Tradução de Marie-Anne Kremer. Belo Horizonte: Editora UFMG, 2004.

[23] A esse respeito ver: VEIGA-NETO, Alfredo. Educação e governamentalidade neoliberal: novos dispositivos, novas subjetividades. In: PORTOCARRERO, Vera; CASTELO BRANCO, Guilherme (Orgs.). *Retratos de Foucault*. Rio de Janeiro: Nau, 2000.

[24] JAMESON, Fredric. *Pós-Modernismo*. A lógica cultural do capitalismo tardio. São Paulo: Ática, 1996.

chamada cultura de massa ou comercial, contribuindo para a proliferação, ampla circulação e consumo de textos culturais populares, que exercem um enorme fascínio sobre imensos contingentes. Nesse fascínio estão implicados desejos, sonhos, sedução, modelos a serem imitados, aptidões a serem adquiridas. Tudo isso no espectro de uma flexibilidade e volatilidade implacáveis, em que a descartabilidade desenfreada incrementa e instaura o consumo como uma experiência avassaladora que governa a vida na atualidade.

Para Bauman[25] e tantos outros autores, entre eles Garcia-Canclini[26] e Beatriz Sarlo,[27] nas sociedades pós-modernas as pessoas são vistas primariamente como consumidoras e não como produtoras. O que move a vida organizada em torno do consumo não é a necessidade, mas o desejo, algo volátil, efêmero, caprichoso e insaciável. Grande parte das ações de governamentalidade estão hoje voltadas para orientar o desejo, não na forma estrita de regulação, mas de incentivo à fantasia, ao gosto, à autoexpressão. Despertar e canalizar o desejo para certas direções pretendidas, produzindo sempre novos consumidores, requer esforço e considerável gasto. Contudo, tendo o desejo cumprido amplamente suas funções na estimulação do consumo, hoje já se fala em um sujeito obcecado por adquirir, que já descarta o desejo e apenas "quer".[28] "O consumismo não se refere à *satisfação* dos desejos, mas à *incitação* do desejo por outros desejos, sempre renovados − preferencialmente do tipo que não se pode, em princípio, saciar."[29] Estaríamos diante do "colecionador às avessas" do qual nos fala Sarlo,[30] viciado em colecionar não objetos, mas "atos de compra". O que é adquirido não chega a ser consumido, sendo imediatamente descartado e cedendo lugar a novos atos de compra. São novas formas de consumo que não se assentam sobre a possessividade.[31] E já se diz que não se trataria mais, então,

---

[25] BAUMAN, Zygmunt. *Modernidade líquida*. Tradução de Plínio Dentzien. Rio de Janeiro: Jorge Zahar, 2001 e BAUMAN, Zygmunt *Vida Líquida*. Tradução de Carlos Alberto Medeiros. Rio de Janeiro: Jorge Zahar, 2007.

[26] CANCLINI, Nestor Garcia. *Consumidores e cidadãos: conflitos multiculturais da globalização*. 6 ed. Rio de Janeiro: Editora UFRJ, 2006.

[27] SARLO, Beatriz. *Cenas da vida pós-moderna*. Tradução de Sergio Alcides. Rio de Janeiro: Editora da UFRJ, 1997.

[28] BAUMAN, Zygmunt. *Modernidade líquida*. Tradução de Plínio Dentzien. Rio de Janeiro: Jorge Zahar, 2001. p. 89

[29] BAUMAN, Zygmunt *Vida Líquida*. Tradução de Carlos Alberto Medeiros. Rio de Janeiro: Jorge Zahar, 2007. p. 121, grifos do autor.

[30] SARLO, 1997.

[31] SENNET, Richard. *A cultura do novo capitalismo*. Tradução de Clovis Marques. Rio de Janeiro: Record, 2006

de consumo, e tampouco de consumismo, mas de "comprismo". Compra-se de tudo: imagem, sonhos, objetos. E já também não se trata necessariamente de comprar, mas de obter, de tomar posse para, em seguida, descartar e substituir, num movimento de ininterrupta repetição, em que "um desejo satisfeito seria também o prenúncio de uma catástrofe iminente".[32]

No que diz respeito à pedagogia, Julia Varela[33] afirma que, nas transformações operadas ao longo dos séculos XVIII ao XX, podemos também identificar nitidamente três tipos de pedagogias, em correspondência com os períodos históricos em que entram em operação — as pedagogias disciplinares, as corretivas e as psicológicas, estas últimas em expansão na atualidade. Todas elas implicadas com "diferentes concepções do espaço e do tempo, diferentes formas de exercício do poder, diferentes formas de conferir um estatuto ao 'saber' e diferentes formas de produção da subjetividade". O desmesurado individualismo contemporâneo, cuja fase mais atual caracteriza-se pela abundância de personalidades narcísicas — em que os eus estão cada vez mais identificados com o corpo e com a imagem —, seria o resultado de tecnologias de poder e de psicopoder que têm atrelado a conquista de sucesso, de riqueza e de paz interior a cuidados de si próprio e habilidades na administração do eu.

Invoco as análises desses autores e aproximações entre elas porque me ajudam a descrever a condição pós-moderna como uma transformação disseminada, que ocorre em nosso entorno e também em nossa interioridade, subsidiando-me na tentativa de ensaiar um jeito de articular aquilo que tem sido considerado o eixo dessa mutação cultural — a reconfiguração do espaço e do tempo, especialmente a partir da segunda metade do século XX, bem como as reordenações econômicas e sociopolítico-culturais em curso — com as subjetividades que circulam nos territórios da escola pública brasileira de hoje.

Talvez não se trate de eu conseguir, aqui, mostrar algo completamente novo e que vá refutar o que já se sabe e se pensa, mas diz respeito sim a tentar ensaiar um ângulo particular, que nos permita pensar a constituição das subjetividades escolares nessa confusa bricolagem em

---

[32] BAUMAN, Zygmunt *Vida Líquida*. Tradução de Carlos Alberto Medeiros. Rio de Janeiro: Jorge Zahar, 2007. p. 121,

[33] VARELA, Júlia. Categorias espaço-temporais e socialização escolar: do individualismo ao narcisismo. In: COSTA, Marisa Vorraber (Org.). *Escola Básica na virada do século: cultura, política e currículo*. 3 Ed. São Paulo: Cortez, 2002. p. 78.

que se converteu a experiência humana em meio aos fantásticos avanços tecnológicos e às suas repercussões e múltiplos desdobramentos no redelineamento dos modos de vida nas sociedades do presente.

Uma gurizada estranha, procurando fazer da vida uma obra de arte

Procurei apontar na seção anterior o que considero serem as condições de possibilidade para a constituição de pessoas de um certo tipo, e no caso desta análise, de uma gurizada estranha inscrita nas escolas. Concordo com Jameson[34] quanto à impossibilidade de transformações com tal amplitude e natureza não virem a forjar pessoas com as suas marcas. De fato, parece que tais seres aí estão, expostos ao nosso escrutínio, desafiando nossa capacidade de decifração, porém, no caso das crianças e jovens escolares, indefesos e negligentes em relação ao poder que produz saberes sobre eles.

Meu intento não foge a mais uma tentativa de cartografar a gurizada da fronteira, de fazer aparecer certos "estranhos" que estão na escola e que optei assim denominar por considerar que há um desencaixe entre eles e a ordem escolar. Tem-se a impressão de que estão "fora do lugar", embora isso não signifique, necessariamente, que tal disjunção seja inteiramente inconveniente ou desconfortável. Eles ostentam de forma tão visível e gritante as marcas da espetacularização da mídia e do consumo que destoam dos ambientes escolares discretos e ordenados; parece que não pertencem à cena pedagógica, que comprometem o quadro.

Meninos na sala de aula com boné, touca e correntes

[34] JAMESON, 1996.

Menino com boné roxo

Há indícios de que algumas escolas convivem já com alguma familiaridade, seja com esses "estranhos" seja com as nuances das culturas que os produzem. As próprias escolas são territórios não isentos das mutações culturais antes referidas, e estão, portanto, sujeitas a seus efeitos. Embora fiquemos restritos, em geral, a duas grandes categorias – escolas públicas e escolas privadas – não se poderia mais pensá-las como formações homogêneas; em cada uma delas podem-se vislumbrar numerosas configurações e matizes.

Meu foco preferencial aqui é o universo de algumas escolas públicas de periferia urbana, frequentadas por aquela população identificada na nomenclatura sociológica corrente como "de baixa renda". O corpo discente dessas escolas é composto por crianças e jovens que sofrem todo o tipo de privações – material, simbólica, afetiva... Os "estranhos" que circulam por seus corredores, pátios e salas de aula são sujeitos pobres, constituídos em processos de subjetivação na cultura do mundo pós-moderno governado pelo mercado. Suas vidas e suas subjetividades estão sendo crescentemente administradas no interior da governamentalidade neoliberal, orientada predominantemente para a movimentação e a gerência da economia do capitalismo tardio nas sociedades globalizadas. Em uma lógica em que ninguém pode ficar de fora do consumo, há modos de subjetivação globais, dirigidos a sujeitos com condições individuais muito diferenciadas. E para que nenhum consumidor potencial seja desperdiçado, há versões de produtos adaptadas ao perfil de distintos grupos de sujeitos. As práticas do capitalismo neoliberal dirigidas à promoção do consumo materializam-se em estratégias extremamente sofisticadas, caprichosas, minuciosas, e têm na mídia seu território mais pródigo.

Cartografando a gurizada da fronteira: novas subjetividades na escola   281

Podem-se observar as relações de poder neoliberais capilares, insidiosas, infiltradas nas estratégias discursivas de interpelação ao consumo, sem qualquer conotação repressora ou autoritária; elas operam como verdades naturalizadas, inquestionáveis que circulam no espaço público. Inocentes imagens de crianças escolares portando celulares, *notebooks* e *Ipods,* embutidas em peças publicitárias nos jornais, revistas ou no *merchandising* das telenovelas, são exemplos de textos culturais minuciosamente urdidos para instaurar o desejo, sugerir escolhas e modelar condutas adequadas ao que Sennet[35] ironicamente identifica como "admirável mundo do novo capitalismo".

Michael Hardt e Antonio Negri[36] sublinham que a lógica de operação do capital global é pós-modernista, assim como o são as estratégias capitalistas de *marketing* e as práticas de consumo. A celebração das diferenças, por exemplo, tem efeito prolífico em termos de mercados-alvo; quanto mais diferenças, mais consumidores. Na esfera da produção, as organizações pós-modernas localizam-se nas fronteiras entre diferentes sistemas e culturas, e o que importa é que sejam "móveis, flexíveis e capazes de lidar com a diferença." A cultura popular massiva contemporânea, acentuadamente imagética e performativa, tem atravessado e embaralhado todas as preferências anteriormente relacionadas a gosto e distinção de classe. O *funk,* por exemplo, com a cobertura "global" de telenovela[37] apresentada em horário nobre, transformou-se em preferência nacional, sem adesão a um grupo social em particular. Festas de ricos ou de pobres, de intelectuais, iletrados ou crentes, todas celebram seu "momento funk". A escola parece que não tem escapado a essa lógica cultural.

O apagamento das antigas fronteiras entre a alta cultura e a assim chamada cultura de massa ou comercial contribuiu para a proliferação e a ampla circulação e consumo de textos culturais populares, que exercem um enorme fascínio sobre imensos contingentes. Novos estilos e gostos instauram interesses e preferências completamente diversos do universo cultural sancionado pela escola. Uma parafernália de artefatos considerados

---

[35] SENNETT, Richard. *A corrosão do caráter: as conseqüências pessoais do trabalho no novo capitalismo.* Tradução de Marcos Santarrita. 6 ed. Rio de Janeiro: Record, 2002.

[36] HARDT, Michael; NEGRI, Antonio. *Império.* Tradução de Berilo Vargas. Rio de Janeiro: Record, 2002. p. 171.

[37] Trata-se de *América* – telenovela apresentada no Brasil e em outros países, em 2005, pela Rede Globo de Televisão, no horário nobre das 20h.

fúteis, despidos de valor estético, ético ou intelectual passa a ter visibilidade, inundando o cenário da cultura e invadindo a cena escolar também.

Apesar de que artefatos externos à vida da escola sempre tenham adentrado seus espaços, o que acontece hoje parece ser bem diferente. Antes eram pequenos detalhes, fortuitos incidentes, atentamente vigiados, cuidadosamente reprimidos e eliminados. Hoje não é assim; hoje eles entram sem pedir licença, impõem-se, abalam a autoridade, subvertem a disciplina e a ordem, desviam os focos de atenção, invadem a cena, porque já governam a alma das crianças e jovens.

O destaque conferido aos artefatos na exposição dessa face pós-moderna da cultura escolar se deve à proeminência com que se apresentam nos cenários da escola. É aí que se pode observar sua produtividade no governamento da infância e da juventude: na forma como orientam suas preferências, na interferência e modelagem das práticas pedagógicas não apenas nas salas de aula, como também em seus corredores, pátios, refeitórios, laboratórios. Não se trata aqui, então, de só olhar para os artefatos, mas de que, quando se olha, são eles o que mais se vê; impõem-se ao nosso olhar e desafiam nossa interpretação sobre sua capacidade de produzir sujeitos de um certo tipo.

Consumidores-simulacros – colecionadores

> A maneira como a sociedade atual molda seus membros é ditada primeiro e acima de tudo pelo dever de desempenhar o papel de consumidor. A norma que nossa sociedade coloca para seus membros é a da capacidade e vontade de desempenhar esse papel.[38]

Coleções de figurinhas dos *Rebeldes* nas mãos ou espalhadas pelo chão, estojos de canetas e lápis da *Hello Kitty* e da *Barbie* sobre as carteiras, cabelos multicoloridos, purpurina nas pálpebras, bonés, camisetas e tênis ostentando *logo* de grifes famosas, imagens de super-heróis e outros personagens da cultura midiática estampados não apenas nas roupas, cadernos e mochilas, mas também nos corpos dos estudantes são apenas algumas imagens[39]

---

[38] BAUMAN, Zygmunt. *Globalização: as conseqüências humanas*. Tradução de Marcus Penchel. Rio de Janeiro: Jorge Zahar, 1999. p. 88.

[39] As imagens fotográficas que acompanham este texto cumprem minimamente a finalidade de mostrar o que não consigo expressar com palavras. Elas expõem os "estranhos" capturados pelas lentes que criam e nos familiarizam com o espetáculo.

das conexões entre escola, mídia e mercado. Capturados pelas malhas do mercado globalizado e pelas redes de mercatilização e consumo, crianças e jovens têm sido presas fáceis da imensa teia saturada de imagens, de cintilações sedutoras, que fascinam, interpelam, convocam e, por fim, em um enredamento caprichoso dos eus, subjetivam, regulam e governam.

Menino com teia homem-aranha na cabeça

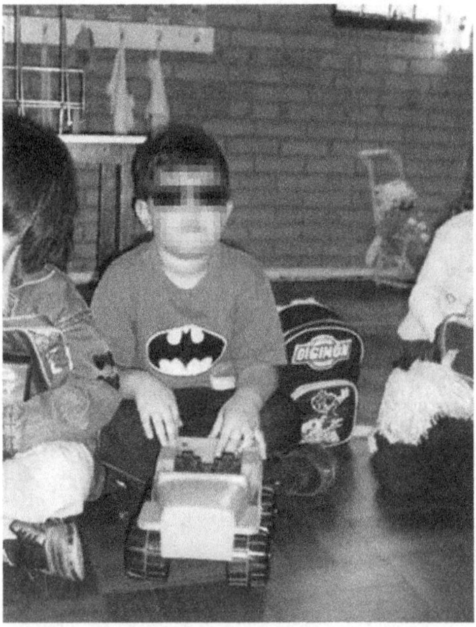

Menino com camiseta estilo Batman, óculos escuros e caminhãozinho

Surpreendente em tudo isso é que estamos falando de crianças e jovens que vivem em meio à pobreza. Os artefatos que mencionei ou são versões ordinárias, cópias banais, simulacros encontrados nas imensas redes de mercado informal infiltradas no tecido urbano, ou o refugo recebido de crianças ricas, gerado pelo perpétuo descarte que acomete os consumidores em movimento, os incansáveis "colecionadores às avessas" – assim nomeados por Sarlo[40] – que não acumulam objetos, mas "atos de aquisição de objetos". No polo oposto a esses colecionadores às avessas, diz ela, estariam os que podem sonhar consumos imaginários e aqueles confinados em fantasias mínimas, para quem o uso dos objetos ainda é "uma dimensão fundamental da posse".[41]

Os "estranhos" de nossas escolas públicas parecem ocupar um espaço intermediário entre os polos mencionados por Sarlo. Não estão totalmente desqualificados para os atos de compra, já que o mercado é caprichoso, extremamente elástico e atento às diferenças, conforme já assinalei antes, como tampouco se pode dizer deles que se dedicam compulsivamente ao descarte. Talvez o que se possa afirmar é que vivem com plenitude aquilo que denominamos fruição, extraindo da posse possível, fugaz ou não, tudo que ela pode oferecer, quase como uma fulguração. É importante chamar a atenção, porém, para o que ressalta Sarlo:[42] que os objetos sempre nos escapam, seja porque não podemos tê-los, seja porque os conseguimos; e também que os objetos criam um sentido independente de sua utilidade ou de sua beleza. Tanto os "colecionadores às avessas" como os "colecionadores imaginários" pensam que o objeto lhes daria algo, "algo de que precisam, não no nível da posse, mas sim no da identidade. [...] os objetos nos significam: eles têm o poder de outorgar-nos alguns sentidos, e nós estamos dispostos a aceitá-los".[43] Pode-se dizer que esses estudantes "estranhos" são, antes de tudo, consumidores–simulacros constituídos em um trânsito constante entre o "desejo de ter" e a possibilidade de "parecer ter".

---

[40] SARLO, 1997, p. 27.

[41] Ressalto que a edição original do livro de Sarlo, *Cenas da vida pós-moderna*, é de 1994, e a publicação em língua portuguesa, de 1997. Transcorridos 13 anos, sua análise fica defasada pelo menos no que se refere à desconsideração da capacidade do mercado para criar e adaptar produtos a variados estratos e níveis de poder aquisitivo da população. A meu ver, o confinamento em fantasias mínimas, bem como a posse sobrepujando o descarte, seriam condutas concernentes a uma decrescente parcela dos contingentes pobres dos grandes países capitalistas ocidentalizados da atualidade.

[42] SARLO, 1997.

[43] SARLO, 1997, p. 28.

Sujeitos constituídos nos tempos pós-modernos, conforme Bauman,[44] são "caçadores de emoções e colecionadores de experiências; sua relação com o mundo é primordialmente *estética*: eles percebem o mundo como um alimento para a sensibilidade, uma matriz de possíveis experiências [...] e o mapeiam de acordo com elas." São como frequentadores de museus, saboreando uma obra de arte. Os estranhos das escolas podem ser pensados como praticantes de uma arte de viver o presente em acordo com uma estética da existência. Há ali uma forma muito peculiar de deslizarem por ínfimos espaços de liberdade, celebrando a alegria de viver.

Por sua vez, as novelas enquanto espetáculos televisivos que fabricam sonhos, que promovem o *marketing* não só de produtos, mas de imagens, estilos, modos de vida e de conduta, têm sido privilegiadas acionadoras de fantasias, desejos e experiências. A telenovela *América*, na qual despontava uma bela personagem adepta do *funk*, promoveu tal visibilidade e revitalização desse movimento no País que em pouco tempo a imagem estetizada de funkeiros-simulacro espalhou-se também pelas escolas e salas de aula. Adereços como correntes, bonés, brincos e *piercings* passaram a ser usados em profusão por grande parte das crianças e jovens estudantes. Cenas breves com performances em que despontavam dançando e entoando as músicas funk de maior sucesso puderam ser observadas com frequência. Aliás, danças e trejeitos típicos dos sucessos musicais do momento fazem parte da cena escolar de hoje e podem ser apreciados nos corredores, nos recreios, nas comemorações e também nas salas de aula. Invariavelmente vinculam-se a telenovelas, filmes e shows da atualidade. Eles chegam, invadem, e com brevidade desaparecem, como febres, passageiras, mas arrebatadoras.

A telenovela *Rebeldes*,[45] apresentada no Brasil e em boa parte do mundo, igualmente ocupou o centro das atenções, invadindo também as escolas. Ostentando peças do vestuário dos personagens (gravatas, boinas, minissaias pregueadas), crianças desde os quatro anos já levavam para a sala de aula cópias piratas dos CDs da banda RBD, reivindicando com as

---

[44] BAUMAN, Zygmunt. *Globalização: as conseqüências humanas*. Trad. Marcus Penchel. Rio de Janeiro: Jorge Zahar, 1999. p. 102.

[45] Destinada ao público adolescente, a trama se desenrola em torno de um grupo de jovens estudantes de uma escola da classe média mexicana que formam uma banda. Por um desses fenômenos inexplicáveis do endereçamento de que nos fala Ellsworth (2001), a novela tem atraído também as crianças. Na rede de consumo por ela acionada incluem-se figurinhas, álbuns, adereços de todo o tipo (brincos, camisetas, gravatas, etc.), bem como CDs e DVDs da banda — denominada RBD.

Menininha c/ uniforme dos Rebeldes

Menina com sombrinha
e touquinha da Milky

professoras um espaço para ouvirem e cantarem as músicas, como também para trocarem figurinhas e realizarem em aula atividades relacionadas com a novela. A penetração das músicas da RBD, cantadas em espanhol e apresentadas na novela, desencadeou intenso engajamento das crianças em práticas com vistas à aquisição de vocabulário e domínio de pronúncia e entonações próprias daquela língua. Era como se as crianças estivessem frequentando cursos do idioma.

Conforme ainda se vê nas escolas, e foi também relatado em recorrentes e numerosas matérias da mídia escrita, as meninas não só imitavam (e parece que ainda imitam) as roupas, como pintavam seus cabelos e adotavam os gestos, o modo de falar e as condutas das personagens. Da mesma forma, os meninos não escaparam do fascínio e ostentavam adereços alusivos à telenovela. Uma fugaz "Era Rebeldes" instalou-se nas escolas, dentro e fora das salas de aula, conformando a didática e a pedagogia, como também forjando estilos e modos de ser.

É surpreendente observar como crianças das camadas mais pobres da população conseguem travestir-se em afetados jovens aburguesados, e adotar seu visual, seus trejeitos, suas condutas e suas preferências. Mais uma vez, os "estranhos" surgem em versões simulacro de Rebeldes, desarranjando perturbadoramente a cena escolar e a lógica da pedagogia moderna.

Na interpelação ao consumo, a miscelânea de artefatos que têm ultrapassado os muros das escolas adentra o cenário cultural em "pacotes". Quer dizer, junto com as histórias e personagens que fazem sucesso, chegam álbuns, figurinhas, camisetas, tênis, pastas, canetas, cadernos, calçados, mochilas, *junk food*, numa multiplicação *ad infinitum* de mercadorias materiais e imateriais. As alunas e alunos que os consomem adquirem marcas identitárias, imagem pública, *status* e um lugar na comunidade – que é cada vez mais uma comunidade de consumidores-simulacro, regulada pelo princípio do prazer imediato, da descartabilidade e da volatilidade.

Estranhos narcisos – o espetáculo do corpo

> A superfície e as aberturas do corpo, todos os pontos vulneráveis da fronteira/interface que separa/liga o corpo do/ao mundo exterior, são portanto destinadas a se tornar locais de aguda e inerradicável ambivalência.[46]

O sonho de ser cantora, modelo, estrela de televisão, jogador de futebol, vôlei ou basquete, enfim, o desejo de ser rico e famoso toma conta da imaginação de crianças, meninos e meninas. Realização e felicidade parecem associar-se inextrincavelmente a fama, sucesso individual e fortuna, como se fosse da ordem "natural" das coisas, não restando espaço para qualquer outro tipo de expectativa. E não há meio termo. A esse respeito comenta Sarlo[47] que "a sociedade vive em estado de televisão", e a TV operaria como fundamento mítico de uma sociedade sem deuses que se nutre em um "Olimpo de pequenos ídolos descartáveis, efêmeros, porém fortes como semi-heróis enquanto possuam a qualidade aurática que a TV lhes proporciona. Diante da aridez de um mundo desencantado, a televisão traz uma fantasia sob medida para a vida cotidiana."[48]

Meninas e meninos que circulam adotando trejeitos e adereços de *top models,* de astros da música pop e de programas de televisão, de filmes, novelas, seriados e desenhos fazem parte do dia a dia das escolas que frequentei. Passarelas chegaram a ser improvisadas nas salas de aula, nos recreios e intervalos, para permitirem réplicas fugazes de concursos de

---

[46] BAUMAN, Zygmunt *Vida Líquida.* Trad. Carlos Alberto Medeiros. Rio de Janeiro: Jorge Zahar, 2007. p. 125.

[47] SARLO, 1997, p. 81.

[48] SARLO, 1997, p. 83.

dançarinas do *É o Tchan* ou outros grupos da moda. Em festejos e comemorações, a opção por simulacros de personagens de shows e outros espetáculos da mídia leva a gurizada ao ápice da excitação. Concursos de beleza, por exemplo, ensejam momentos de fulgurante espetacularização, em que as performances, as vestes, os estilos de cabelo e os adereços de ídolos da mídia são adotados e imitados nos mínimos detalhes

Menina negra com boné turquesa

Menina na passarela

Menino negro com roupa camuflagem, boné, brinco e óculos

Quando a lente da câmera fotográfica ou da videocâmera que utilizei na pesquisa focalizava alguma criança em particular, operava-se uma espetacular transmutação. Gestos, modos de se mover, olhares, sorriso e expressões da face e do corpo investiam-se do "estado de televisão" resultante de um autêntico mimetismo entre câmera e sujeitos individualizados por ela. Poderíamos vislumbrar a telinha da TV como o lago espelhado no qual os estranhos narcisos de hoje miram-se e apaixonam-se, não simplesmente por si mesmos, mas pela miragem desejada de sua própria imagem espetacularizada, que os conduz ao puro deleite estético.

As análises de Foucault[49] sobre as técnicas de governamento mediante as quais o indivíduo é objetivado como sujeito nos ajudam a olhar para essas práticas performativas que têm lugar na escola como um certo tipo de "tecnologias do eu". O recurso à *performance*, para além do prazer obtido com a visibilização do corpo, permite exercitar, sozinho ou com a cumplicidade dos olhares externos, um certo trabalho de modelagem do eu em direção ao modelo almejado. Exercitar-se de corpo e alma para transformar-se em personalidade bem sucedida – como aquela representada por uma atriz da novela *Rebelde*, ou pela cantora da moda Kelly Key – pode ser interpretado como um comportamento consoante com demandas sociais e culturais que apontam caminhos para fama e sucesso, sinônimos de felicidade. A governamentalidade implica um equilíbrio difícil e ágil entre técnicas de regulação (que vem do exterior) e técnicas de si (operadas pelo próprio sujeito sobre si mesmo). Nas tecnologias do eu, Foucault[50] fala de técnicas performativas de poder que incitam o sujeito a agir e operar sobre seu corpo e sua alma para permanentemente adequar-se aos princípios morais de sua época. Em um tempo em que riqueza e sucesso são tomados como sinônimos de felicidade, e em que as celebridades do mundo do espetáculo (*top models*, astros de cinema e televisão, cantores de rock e jogadores de futebol) são expostas socialmente como modelos ideais de realização social e conquista pessoal, não devemos nos surpreender com o fato de que a gurizada também se encaixe, a seu modo, nessa lógica cultural.

Os funkeiros-simulacro, por exemplo, dedicam-se a constantes e caprichosos cuidados com o corpo e seus adereços, procurando extrair dele toda a veracidade possível na composição da imagem do funk que seus olhos veem na TV e em outras mídias. A proliferação de *piercings*

---

[49] FOUCAULT, Michel. *Tecnologias del yo y otros textos afines*. Introd. Miguel Morey. Barcelona: Paidós, 1995.

[50] FOUCAULT, 1995.

nos corpos das crianças e jovens escolares são marcas ostensivas da intensa dedicação à formatação de eus compatíveis com sonhos, com o alcance de padrões desejáveis para corresponder às exigências provenientes da exterioridade selvagem da cultura do espetáculo.

Menino com correntes e piercing (meio rosto)

Cabelos com listras

Só mãos de meninos com pulseiras, anéis, unhas longas, etc.

Em algumas escolas testemunhamos e ouvimos relatos sobre *piercings* colocados pelas próprias crianças sem qualquer assepsia, dispensando a assistência de pessoas minimamente habilitadas para tal procedimento. Outras práticas que investem sobre o corpo ocorrem sem qualquer vacilação, como é o caso das cicatrizes em que meninos e meninas ferem sua pele com o traçado da inicial do nome da pessoa ou personagem amado, instilando nos cortes tinta de caneta esferográfica, aguardando a infectação, da qual resulta a cicatriz desejada. Ações restritivas drásticas e saneadoras, de parte das escolas, produzem um efeito mínimo e passageiro. Em breve, às vezes um pouco camufladas, tais práticas se restabelecem logo em seguida. São eventos cíclicos e fugazes, como uma febre que acompanha o tempo de apresentação dos sucessos midiáticos, demarcando também a duração de suas paixões e desejos, que precisam ser impressos no corpo, celebrados no espaço público. De acordo com Francisco Ortega[51], poderíamos interpretá-las como parte das incursões contemporâneas sobre o corpo, que expressam avanços em direção à conquista desse último continente, procurando personalizá-lo.

Poderíamos vislumbrar aquela gurizada "estranha" como exímios praticantes de certas artes da existência, manifestações contemporâneas de práticas em que as operações sobre os eus não implicam apenas fixação de regras de condutas, mas também uma tentativa de "se transformar, de modificar-se em seu ser singular e fazer de sua vida uma obra que seja portadora de certos valores estéticos e responda a certos critérios de estilo".[52] Tal trabalho sobre si mesmo, tal processo de subjetivação, como explica Silviano Santiago,[53] "nada tem a ver [...] com a vida privada de um único indivíduo". Diz respeito, sim,

> [...] ao modo como uma comunidade [...] experimenta a condição de sujeitos à margem do saber constituído e do poder dominante; tem mais a ver com o modo como estão se aparelhando para se entregarem à invenção de novas formas de saber (por exemplo, a cidadania) e de poder (por exemplo, a democracia).[54]

E aqui é conveniente sublinhar que a prevalência da estética não implica uma destituição da ética, como as polêmicas contemporâneas sobre pós-modernidade e crise ética, morte da ética ou ética minimalista poderiam sugerir. Eu defendo que aqueles meninos e meninas de escolas das

---

[51] ORTEGA, Francisco. Da ascese à bioascese, ou do corpo submetido à submissão ao corpo. In: RAGO, Margareth; ORLANDI, Luiz B. Lacerda; VEIGA-NETO, Alfredo (Orgs.). *Imagens de Foucault e Deleuze: ressonâncias nietzschianas.* Rio de Janeiro: DP&A, 2002.

[52] FOUCAULT, Michel. *História da Sexualidade II – o uso dos prazeres.* 7. ed. Tradução de Maria Thereza Albuquerque e J.A G. Albuquerque. Rio de Janeiro: Graal, 1994. p. 15.

[53] SANTIAGO, Silviano. Cadê Zazá? Ou a vida como obra de arte. In: SANTIAGO, Silviano. *O cosmopolitismo do pobre.* Belo Horizonte: UFMG, 2004. p. 211.

[54] SANTIAGO, 2004, p. 211.

periferias, abandonados pelos poderes públicos e esquecidos "nas margens" das sociedades elitistas, meritocráticas, desiguais, injustas e perversas de hoje são comoventemente éticos. Há entre eles uma ética comprometida consigo mesmos, com operações sobre seu corpo e sua alma, em busca de um certo estado de felicidade que enaltece a existência humana.

A Impossível Cartografia

Ao interromper essa incipiente tentativa de falar de "estranhos" na escola, percebo ter ficado restrita a uma ínfima parte das abordagens possíveis sobre eles. Só agora percebo o quanto os estranhos extravasam tudo que se poderia dizer, o quanto são intermináveis em suas infinitas versões, invenções e cruzamentos.

Entre a gurizada da fronteira, os cuidados de si e as técnicas de si revestem-se das peculiaridades próprias da cultura contemporânea, que transformam as "relações consigo mesmo". Parece que uma nova estrutura do sentimento é a matriz das sensibilidades pós-modernas. Enquadradas e capturadas pela lógica e pelas estratégias mercantis das sociedades governamentais, essas subjetividades exercem sobre si certo tipo de ascese, cuja finalidade é um cuidado consigo e uma celebração do eu nos estritos espaços de liberdade que podem vislumbrar. Mostrar-se cultivado dentro da cultura do consumo e do espetáculo seria uma forma de encantamento de si e do mundo, um certo tipo de fruição em uma estética da existência que é para si, mas sempre é também para o olhar do outro, para o mundo.

Como diz Ortega[55] "sentir-se bem fisicamente, maximizar os ganhos de prazer [...] se tornam os equivalentes das asceses clássicas, as quais visavam atingir a sabedoria, coragem, prudência, bondade, conhecimento de si, superação de si, etc.". Hoje corpo e *self* se confundem, o eu é o que pode ser visto, a aparência, e é nela que se concentram todos os cuidados. Parece que tudo é exterioridade. Uma hermenêutica constante de si mesmo nas amarras de seu tempo faz nascer infinitos eus de superfície, voláteis, insinuantes, descontínuos, imprevisíveis, fulgurantes.

Na era deslizante e fluida em que vivemos, em meio ao sofrimento, aos fragmentos, à violência, à pobreza material, há uma magia que inebria,

[55] ORTEGA, 2002, p. 168.

consola, fascina e convoca. Algo como uma "sociedade do sonho",[56] cujas fronteiras difusas embaralharam ficção, realidade, ilusão, liberdade, prisão. Numa celebração apoteótica do espaço, esvaíram-se passado e futuro, restando a fruição de um presente infinito e sem limites. Eis o lugar de onde emana a inspiração dos estranhos, aquilo que instala o riso sempre presente em sua face, o brilho em seus olhos, a vida transbordante de seus corpos, aquilo que cria ínfimos espaços de liberdade.

Varela[57] refere que as pedagogias psicológicas, ao introduzirem nas escolas o lúdico-tecnológico, as simulações, os jogos virtuais, etc., estariam a transformá-las em parques de alucinado entretenimento. Eu diria que certas escolas de hoje assemelham-se, de alguma forma, a um circo pós-moderno, no qual cada estranho artista exercita-se no cultivo de exóticas performances. Das mágicas às acrobacias e aos malabarismos, nas infinitas versões de coragem, humor e ilusionismo, os eus estão ali, a investirem sobre si mesmos, aprimorando-se em busca de uma aura de luz e de aplausos; fugazes, sim, mas incomparáveis em seus momentâneos e fulgurantes efeitos de felicidade.

---

[56] ROCHA, Everardo. *A sociedade do sonho – comunicação, cultura e consumo*. 4. ed. Rio de Janeiro: Mauad, 1995.

[57] VARELA, 2002.

Modos de subjetivação de professores afrodescendentes
Técnicas de si ante práticas de inclusão/exclusão

Marluce Pereira da Silva

A questão não é ser negro, mas sê-lo diante do Branco
Frantz Fanon[1]

Em alguns dos momentos que reservara para pensar a elaboração do texto que apresentaria em consonância ao proposto para o evento, encontro uma notícia divulgada em um jornal impresso local,[2] com o seguinte título: "Mulher é presa por racismo em Natal". Seguem fragmentos do texto jornalístico:

> Uma funcionária pública de 41 anos está presa em Natal por racismo." Patrícia Ribeiro de Freitas é acusada de chamar um vigilante do Hospital Walfredo Gurgel, onde esteve ontem à noite, de "negro safado". O vigilante chamou dois policiais militares que estavam de serviço e, diante deles, a funcionária pública teria dito que era, sim, racista, e que se quisessem poderiam prestar queixa contra ela, pois trabalhava com gente importante. Ouviu voz de prisão, foi colocada numa viatura e levada para a delegacia de plantão da Zona Sul, onde foi autuada em flagrante por injúria e racismo. A pena é de um a três anos de prisão. [...] A funcionária pública disse aos jornalistas ter chegado ao hospital desesperada [...]. Admitiu ter afirmado ser racista, mas negou ter chamado o rapaz de "negro safado.

A leitura do texto jornalístico em torno do insulto racial proferido pela senhora que se dirige verbalmente ao guarda como *negro safado* traduz as palavras de Guimarães, para quem o insulto tem a função de institucionalizar um inferior racial, de forma a conduzir o insultado "a um lugar

---

[1] FANON, Frantz. *Pele negra, máscaras escuras.* Rio de Janeiro: Fator, 1983.

[2] *Jornal Tribuna do Norte.*

inferior já historicamente constituído".[3] Isso me levar a indagar quais as formas de enfrentamento cotidiano de professores colaboradores de nossa pesquisa[4] que, em alguns momentos, revelam também certo obscurantismo diante de práticas racistas. Vejamos relato de uma professora:

> [...] Na aula de História que falava sobre a libertação dos escravos, eles disseram: – olhe, r007e muito para princesa Isabel. Mas era brincando, porque senão você tava na chicotada, mas vi que era brincadeira, não fiquei nenhum pouco discriminada [...].

Na semana em que imaginara que meu texto tivesse chegado à sua versão final, outra notícia me fez retomá-lo, pois, então, jornais (televisivos e impressos) que circulam em nível nacional divulgaram a entrevista à BBC Brasil da Ministra Matilde Ribeiro, titular da Secretaria Especial de Políticas de Promoção da Igualdade Racial (Seppir) – entrevista depois divulgada em revistas semanais de circulação nacional. O posicionamento da ministra, ao ser indagada a propósito da existência de racismo de negro contra branco no Brasil, como ocorre nos Estados Unidos, acendeu uma série de protestos por representantes de diferentes segmentos sociais, em especial, no momento em que ela afirma:

> Não é racismo quando um negro se insurge contra um branco. Racismo é quando uma maioria econômica, política ou numérica coíbe ou veta direitos de outros. A reação de um negro de não querer conviver com um branco, ou não gostar de um branco, eu acho uma reação natural, embora eu não esteja incitando isso [...].[5]

A declaração de Matilde ocasionou também surpresa no Planalto, que sempre avaliou como ponderados e sensatos os discursos da representante da Seppir, estando à frente de um órgão que se constitui num espaço de reclamações e frequentes denúncias de preconceito contra negros e índios. Ante as declarações, o vice-presidente José Alencar chegou a apelar a supostas ascendências familiares para interpretar a controvérsia suscitada pelo depoimento da ministra, quando ele assevera que "Nós, do Brasil, somos uma raça miscigenada. Tenho minha bisavó negra, foi escrava, a minha

---

[3] GUIMARÃES, Antonio Sérgio Alfredo. *Racismo e anti-racismo no Brasil*. São Paulo: Ed. 34, 1999, p. 39.

[4] A pesquisa a que se refere recebeu financiamento do CNPq.

[5] Disponível em: <http://www.estadao.com.br>. Acesso em: 27 mar. 2007.

avó era mulata", e acrescenta: "Se você olhar para mim, sou um branco, mas não sou branco de fato, então não existe problema racial no Brasil".[6]

As consequências originadas por esses depoimentos me conduziram a pensar de que forma articular os propósitos definidos para problematizar o tema em questão – modos de subjetivação de professores afrodescendentes, técnicas de si ante práticas de inclusão/exclusão – aos debates ocorridos em diferentes segmentos em torno do que sejam práticas de racismo. Face ao exposto nos dois episódios distintos em sua natureza, mas que trazem uma questão comum – o que seriam práticas de racismo? – poderíamos problematizar: que concepções racistas são formuladas na contemporaneidade? O conceito de racismo é necessário para que exista racismo? Será que apenas o grupo que domina ou exclui é que é racista? Que práticas discursivas ou não discursivas constituem ações racistas?

Percebemos pelos fragmentos dos textos aqui arrolados que ocorre certa imprecisão acerca da noção de racismo e, em alguns casos, a naturalização em relação à adoção de ações racistas. Conforme palavras do reitor da Universidade Federal de Brasília (UnB), ao interpretar as possíveis causas do incêndio da casa de estudantes africanos dessa instituição, "o Brasil é um país racista, e a UnB é uma universidade 'de alma racista'". Embora os termos racista e racismo representem, em geral, os únicos meios de denominar males e injustiças relacionados a raças, os insultos perpetrados contra negros, antes das décadas de 1920 e 1930, não eram chamados de racismo.[7] O termo "racismo" foi cunhado por cientistas sociais europeus em resposta à ascensão do nazismo e, só a partir da década de 1960, passou a ser de uso comum nos Estados Unidos em relação ao tratamento dado aos negros.[8] Anteriormente, outras expressões linguísticas eram utilizadas para nomear formas de injustiça relacionadas a raças, sem usar o vocábulo racismo.

No panorama contemporâneo, conceitos de raça e a abrangência formal do racismo são impostos por conceitos revestidos de vaguidão. É comum percebermos que diferentes manifestações de animosidade vinculadas a questões étnicas, nacionais, religiosas ou linguísticas sejam

---

[6] Disponívem em: <http://oglobo.globo.com/>. Acesso em: 28 mar. 2007.

[7] GARCIA, J. L. A. Três terrenos para o racismo: estruturas sociais, valores e vícios. In: LEVINE, Michael P.; PATAKI, Tamas (Org.). *Racismo em mente*. São Paulo: Madras, 2005, p. 72.

[8] BLUM, Lawrence. O que as explicações de "racismo" causam? In: LEVINE, Michael P.; PATAKI, Tamas (Org.). *Racismo em mente*. São Paulo: Madras, 2005, p. 71.

consideradas como raciais e frequentemente como práticas racistas. As duas situações aludidas, o episódio do hospital e as declarações da ministra, parecem evidenciar que o conceito de racismo não é condição imprescindível para sua prática, mas parecem evidenciar que ser racista implica possuir concepções raciais. Raramente, as marcas fenotípicas definem a hostilidade entre raças; segundo Tamas Pataki[9] "a cor parece não ser o problema para o racista, mas todo o conjunto de conceitos e crenças que se tem a respeito da cor é que cria o problema". O corpo e tudo que diz respeito a ele é o lugar da proveniência. A cor marca o corpo como "superfície de inscrição dos acontecimentos",[10] como lugar de inscrição de discursos e não discursos que o constituem como um lugar marcado por acontecimentos passados.[11]

Em *Defesa da sociedade*,[12] Foucault vai tratar do racismo e de sua relação com o poder soberano, no século XVIII, e com o biopoder, no século XIX. Para o autor, enquanto o primeiro decidia sobre a morte de seus súditos e exercia poder sobre suas vidas, o segundo deixa a morte de lado e aumenta o tempo de vida da sociedade. Assim, de uma tecnologia de adestramento, de disciplinamento dos corpos passa-se a uma tecnologia regulamentadora, previdenciária do equilíbrio global.

Porém nem sempre foi assim. No final do século XIX, há uma articulação entre disciplina e regulamentação que se constitui em um conjunto de mecanismos da sociedade de normalização. A sociedade regulamentadora, que "tinha como objeto e como objetivo a vida," vai, a partir dessa articulação, exercer o direito de matar e, nessa emergência do biopoder, destaca-se o racismo, que pode ser compreendido a partir de duas funções. A primeira função é compreendida como um modo "de defasar, no interior da população, uns grupos em relação aos outros",[13] de "fragmentar, fazer cesuras no interior desse contínuo biológico a que se dirige o biopoder".[14] A segunda permite ver uma relação inteiramente nova que não funciona como uma relação militar, mas biológica, pois

---

[9] PATAKI, Tamas. Introdução. In: LEVINE, Michael P.; PATAKI, Tamas (Org.). *Racismo em mente*. São Paulo: Madras, 2005.

[10] FOUCAULT, 1999, p. 22.

[11] FOUCAULT, Michel. *Microfísica do poder*. Rio de Janeiro: Graal, 1979.

[12] FOUCAULT, Michel. *Em defesa da sociedade*. São Paulo: Martins Fontes, 1999.

[13] FOUCAULT, 1999, p. 4.

[14] FOUCAULT, 1999, 305.

[...] quanto mais as espécies inferiores tenderem a desaparecer, quanto mais os indivíduos anormais forem eliminados, menos degenerados haverá em relação à espécie, mais eu – não enquanto indivíduo, mas enquanto espécie – viverei, mais forte serei, mais vigoroso serei, mais poderei proliferar.[15]

Em vista disso, a raça e o racismo tornaram-se condição para que o indivíduo tire a vida do outro nessa sociedade de normalização. Mas Foucault afirma que não se deve entender *tirar a vida* apenas com o sentido de assassinato direto, mas de assassinato indireto, como, por exemplo, "o fato de expor à morte, de multiplicar para alguns os riscos de morte ou, pura e simplesmente, a morte política, a expulsão, a rejeição".[16] Isso me faz lembrar novamente o caso do guarda, das declarações da ministra, dos estudantes africanos na UnB, da inserção do negro no Ensino Superior. E aqui utilizo para ilustrar a invisibilidade, a não presença do negro, a sua exclusão social na fala de uma professora afrodescendente colaboradora da nossa pesquisa: "[...] nas representações de grupo, você nota que dificilmente tem negro representando o grupo [...]. Eu gosto de representar grupos, eu tenho esse ímpeto de liderança, e eu me sinto prejudicada".

Essa fala remete aos modelos de exclusão e inclusão problematizados por Foucault em *Vigiar e punir*[17] em relação aos leprosos e pestilentos. A lepra suscitou modelos de exclusão, de rejeição, de grande fechamento em que as diferenças não são relevantes. A peste suscitou esquemas disciplinares em que as diferenças individuais são visíveis. A binaridade resultante do exílio dos leprosos e da existência de técnicas com a função de controlar e corrigir permite funcionar os dispositivos disciplinares e tem como intento a exclusão dos marginais ou o reforço da marginalidade e o sequestro do século XIX, cujo alvo é a inclusão e a normalização. Trata-se, pois, de uma inclusão por exclusão.

Na contemporaneidade, as políticas de ações afirmativas se incorporam aos debates em diferentes setores, e a academia não fica de fora. Nunca se falou tanto a respeito de inclusão e de "minorias". O respeito às diferenças está na base dos discursos que circulam nos espaços institucionais e cada vez mais nos convida a pensar que somos feitos de diversidade. A diferença constitui distintos fenômenos que afligem as sociedades

---

[15] FOUCAULT, 1999, 305.
[16] FOUCAULT, 1999, p. 306.
[17] FOUCAULT, Michel. *Vigiar e punir*. Petrópolis: Vozes, 1987.

humanas. As diferenças unem e desunem, excluem e incluem. O exílio do leproso e a prisão do pestilento me permitem pensar a exclusão e a inclusão dos negros e suas resistências, que numa situação linguisticamente ambivalente, não podem realizar seu sonho político: "o de ser apenas um homem entre outros homens".[18]

Uma boa ilustração dessa luta contra o processo classificatório que consiste em atos de inclusão e exclusão em relação aos negros podemos observar nesse excerto da mesma professora

> Num encontro da universidade, a representante do curso era uma branca [...]. Eu também tava no grupo [...] sem poder de voto, [...] e aí eu defendi o curso muito bem, e a pessoa que estava representando não abriu a boca [...]. Alguém comentou que você que deveria estar representando o grupo.

O negro, considerado inapto para realizar atividade intelectual, é também esteticamente menosprezado, pois o padrão de beleza ideal é o do branco. Além disso, a sua conduta ética cogita, para alguns, uma conduta que levanta suspeita. Para Hélio Santos, o tripé que abaliza a negação das qualidades dos negros pode assim ser resumido: "a) é intelectualmente frágil; b) é inferiorizado esteticamente; e c) é de caráter duvidoso".[19]

Os efeitos de sentido da fala do(a) interlocutor(a) que se dirige à professora parecem estar envoltos de verdades no reconhecimento das habilidades de sua liderança. Contudo, a ambivalência se presentifica, pois não é difícil perceber, diante das condições de produção desses discursos, que o comentário poderia ser atravessado por discursos que reforçassem a exclusão da professora, ou seja, sem direito a voto, os efeitos de sentido de sua exclusão permeiam a expressão linguística "sem poder de voto", qual seja, você não está aqui, o que está fazendo aqui?

Em relação à submissão conferida ao negro causada pela realidade histórico-social em que se insere, a professora revela que o estado de seus cabelos na sua trajetória de vida denunciava a condição de negra, determinando sua inclusão ou não, a partir de um poder normalizador, (relembrando o modelo aplicado aos pestilentos). A sua inserção ao grupo dependeria da adoção de certos cuidados estéticos, sobretudo com o cabelo,

---

[18] FANON, 1983, p. 93.

[19] SANTOS, Hélio. *A busca de um caminho para o Brasil: a trilha do círculo vicioso*. 2. ed. São Paulo: Senac, 2003.

que, segundo ela, poderia propiciar a sua aceitação ou tolerância por parte do grupo. Recorramos mais uma vez a um outro relato da professora:

> Assumi definitivamente fazer escova, me assumi com o visual de cabelo estirado [...] as pessoas começaram a mudar o relacionamento comigo e inclusive chegaram a elogiar, eu comecei a sentir mais respeitada e incluída no grupo.

Diante das representações negativas do cabelo, a professora procura traduzir discursivamente sua preocupação em ocultar as marcas que denunciem "um corpo transgressor", o seu pertencimento étnico-racial. Para tanto, procura realizar transformações nos traços diacríticos por meio de artifícios estéticos buscando estabelecer relação consigo mesma, por meio de técnicas de si que

> [...] permitem aos indivíduos efetuar por conta própria, ou com a ajuda dos outros, certo número de operações sobre seu corpo [...], obtendo assim uma transformação de si mesmos com o fim de alcançar certo estado de felicidade, pureza ou sabedoria.[20]

O que seria esse estado de felicidade, de pureza para os professores afrodescendentes? Que mudanças poderiam realizar sobre seu corpo ou o que transformarem em si mesmos para obterem a pureza ou sabedoria? Utilizando-me de gestos de interpretação, procurei analisar que efeitos de sentido poderiam atravessar o seguinte trecho da fala da professora:

> [...] comecei a sentir meu rosto parecido com o rosto de maconheira, com os cabelos encaracolados, aí comecei a achar ruim, não queria parecer com uma maconheira, porque o meu cabelo não tem os cachos bonitos, [...] fica aquele negócio duro.

O depoimento da professora nos leva a pensar o que Bauman fala a respeito das comunidades, a vida no gueto, ao considerar que "*Os outros como eu* significa os outros tão indignos como eu tenho repetidamente afirmado e mostrado ser: parecer mais com eles significa ser mais indigno do que já sou".[21] O que reforça o incansável movimento da professora à busca do paradigma de beleza dos brancos, considerado como padrão ideal.

---

[20] FOUCAULT, Michel. As técnicas de si. In: *Ditos e escritos IV*. Estratégia, poder-saber. Rio de Janeiro: Forense Universitária, 2003, p. 78.

[21] BAUMAN, Zygmunt. *Comunidade: a busca por segurança no mundo atual*. Rio de Janeiro: Jorge Zahar, 2003 (grifos do autor).

Nos enunciados da professora, os efeitos de sentido que expressam a sua autoinferiorização requerem uma intensificação das relações consigo mesma.

Essa relação pode ser observada desde a Antiguidade, e Foucault começa a delinear esse percurso em *A hermenêutica do sujeito* e *Subjetividade e verdade* ao problematiza a relação entre sujeito e verdade. Para isso, ele vai se ater a dois preceitos: o *ocupar-se consigo mesmo* e o *conhecer-se a si mesmo*. Mas esses preceitos não vão se dar da mesma forma em todos os períodos da história em que Foucault tomou como objeto de estudo. Na Antiguidade, estes dois preceitos caminhavam juntos. Nos dois primeiros séculos da era cristã, o "cuidado de si" começa a obscurecer o "conhece a si" e, nos séculos IV e V, há uma "renúncia de si".

O cuidado de si remete à ideia de intensificar as relações do sujeito consigo mesmo, constituindo-se como sujeito de suas ações com base em técnicas de si ou de *exercícios espirituais*. Como diz Hadot, Foucault, em *O cuidado de si,*[22] evidencia que esse preceito aparece em diversas doutrinas e deve ser válido para todos e por toda a vida e acrescenta:

> [...] ele tomou a forma de uma atitude; de uma maneira de se comportar; impregnou formas de viver; desenvolveu-se em procedimentos, em práticas e em receitas que eram refletidas, desenvolvidas, aperfeiçoadas e ensinadas; ele constituiu assim uma prática social.

Assim, como diz Foucault, se seu interesse esteve atrelado por muito tempo às tecnologias de dominação e poder, é chegado o momento de se voltar para as tecnologias de si em que o sujeito, na interação com os outros, opera uma transformação em si mesmo. Um sujeito que se vigia, autoavalia, confessa e narra a si e sobre si mesmo aos outros.

Como as tecnologias do eu estão vinculadas a toda prática social, ou seja, a um caráter intersubjetivo, e a linguagem, em toda a sua complexidade, é constitutiva de práticas, por isso é preciso perceber que os discursos também são práticas sociais, entendidas como discursivas e não discursivas. As tecnologias devem ser consideradas como um acontecimento que se constituem em um dado tempo e lugar. Na análise dos enunciados, é preciso levar em consideração o referente, a posição ocupada pelo sujeito, os outros enunciados presentes, a materialidade do discurso e inscrevê-los em certa formação discursiva, compreendida como:

---

[22] FOUCAULT, Michel. *A hermenêutica do sujeito*. São Paulo: Martins Fontes, 2004.

[...] um conjunto de regras anônimas, históricas, sempre determinadas no tempo e no espaço, que definiram, em uma dada época e para uma determinada área social, econômica, geográfica ou lingüística, as condições de exercício da função enunciativa.[23]

Finalmente, as tecnologias do eu estão associadas aos enunciados produzidos pelos sujeitos e estão vinculadas a "[...] toda prática social que sistematicamente produza auto-reflexão" e a mecanismos práticos que "[...] criam, regulam e modificam uma experiência subjetiva de si mesmo".[24] Além disso, essa experiência pode estar relacionada a uma norma e conduta ou por um conjunto de valores a serem perseguidos pelo sujeito a fim de elaborarem e reelaborarem formas de uma relação reflexiva consigo mesmo.

Para o texto aqui apresentado, selecionamos o relato de uma professora que, na entrevista, baseando-se na narração de suas trajetórias de vida, parece fazer uso da cultura da confissão tão presente na contemporaneidade que, numa linha de descontinuidade expressiva, promove uma inversão de alguns elementos atribuídos historicamente à prática de confissão, que atualmente, sobretudo aqui, não é mais utilizada no sentido de reconhecimento de uma falha ou de um crime, mas de autoafirmar-se ou autodeclarar-se, ou impor-se diante da busca da aceitação possível de seu pertencimento étnico-racial, por meio de tecnologias, voltadas para a questão estética a que os negros são fortemente afetados e sobre a mudança de atitudes de modo que o sujeito deva se tornar-se sujeito da verdade.[25]

A professora declara a não assunção à negritude. Subjetivar-se como negra representa uma dificuldade na relação consigo mesma, uma identificação ambivalente[26] ou a insegurança que mira o homem de pele negra, máscaras brancas[27] e que provoca ao corpo negro tensões políticas, sociais e emocionais, à medida que a professora não se insere no grupo racialmente marginalizado.

---

[23] FOUCAULT, 2004, p. 136.

[24] LARROSA, Jorge. *Pedagogia* Profana: danças, piruetas e mascaradas. Belo Horizonte: Autêntica, 1999, p. 64.

[25] FOUCAULT, 2004, p. 438.

[26] BABHA, Homi. K. *O local da cultura*. Belo Horizonte: UFMG, 1998, p. 75.

[27] FANON, 1983.

A questão da negritude é muito complexa, eu realmente [...] é questão que na minha cabeça não está resolvida tem hora que não sei se sou negra, se sou branca, se sou melada, se eu sou [...] eu não sei o que sou [...].

Mas a normalização existente, a partir de uma lógica de homogeneização, irá trazer novos conflitos à professora que almeja conquistar a aceitação do grupo: a sua inclusão. Contudo, práticas discursivas que constroem historicamente sentidos negativos acerca do cabelo e do corpo negro, no contexto do racismo, levaram a professora a ficar atenta, diante da vigilância constante em relação aos cuidados estéticos que resultassem, sobretudo, em atingir o padrão ideal com o cabelo, que, segundo ela, poderia propiciar a sua aceitação ou tolerância por parte do grupo, poderíamos denominar de uma cultura de si a partir de valores organizados numa técnica de salvação não mais apenas como uma noção religiosa, como algo reduzido à dramaticidade de um acontecimento,[28] mas como uma noção filosófica, numa concepção foucaultina, para quem, a filosofia é uma forma de pensamento que permite ao sujeito ter acesso à verdade.

Entendemos que, no seu discurso, a professora procura livrar-se de algum perigo ou iminência que possa provocar o estranhamento, pois marcas de diferença ocasionam um estranhamento, o que consequentemente provocará uma oposição por dicotomia: "o mesmo não se identifica com o outro, que agora é um estranho",[29] é a instauração da norma, é a instauração da disciplina, o que contraria claramente a ideia tão difundida de que ocorre um racismo cordial brasileiro ou o mito da democracia racial defendido por Gilberto Freire.

Se não nos é possível concluir nesse momento – pois a pesquisa apenas se iniciou e será oportuno levantar ainda questões acerca da exclusão e inclusão de negros – pensando na trajetória de vida dos professores utilizaremos teorizações foucaultianas, em especial as relações entre subjetividade e verdade, por entendermos que, na conversão de si mesmo e a partir de uma conscientização do papel sociopolítico que desempenham, é possível propiciar aos professores reflexões acerca da produção de novas subjetividades, com base na metáfora da navegação.[30] Com tal metáfora,

[28] FOUCAULT, 2004, p. 225.

[29] VEIGA-NETO, Alfredo. Incluir para excluir. In: LARROSA, Jorge; SKLIAR, Carlos. *Habitantes de babel: políticas e poéticas da diferença*. Belo Horizonte: Autêntica, 2001.

[30] FOUCAULT, Michel. *A hermenêutica do sujeito*. São Paulo: Martins Fontes, 2004.

Foucault nos alerta como se dá o retorno ao porto inicial, ressaltando que a chegada a um lugar de segurança requer que ultrapassemos obstáculos e enfrentemos perigos conhecidos e não conhecidos. Nessa arte da pilotagem de Foucault, destacamos uma das técnicas que afeta sobremaneira os professores, pois a direção e o governo de si têm implicações relevantes à medida que se deve governar o outros. Portanto, cabe aos docentes munirem-se de saberes teórico-pedagógicos que lhes permitam lidar com a questão racial, executando efetivamente os dispositivos da Lei 10.639/2003[31] e reconhecendo o papel da escola em sua cartografia cultural.

---

[31] A partir da promulgação da lei, em 09/01/2003, nos estabelecimentos de ensino Fundamental e Médio, oficiais e particulares, torna-se obrigatório o ensino sobre História e Cultura Afro-Brasileira.

As instituições da desinstitucionalização
Reflexões foucaultianas para a construção de uma prática de liberdade

Nina Isabel Soalheiro
Paulo Duarte Amarante

INTRODUÇÃO

O presente artigo tem como objetivo uma reflexão sobre o cenário atual do movimento de transformações do campo da saúde mental à luz do pensamento foucaultiano, da trajetória de sua crítica ao campo da psiquiatria e das suas reflexões sobre os movimentos de resistência.

Com base em seu pensamento, no conjunto de suas reflexões em torno da temática do poder, é possível fazer a denúncia dos abusos de poder sobre a loucura encarcerada e realizar uma autocrítica da submissão aos jogos de poder presentes na nossa prática. Uma psiquiatria que, ao se identificar como aquela que pretende se sustentar com as portas abertas e em instituições abertas, para além das instituições, muitas vezes negligencia que o contexto de liberdade não elimina o poder, mas sim o coloca em jogo.

A análise foucaultiana foi elucidativa do nascimento do hospital, da clínica e da psiquiatria, destacando a presença do poder médico no interior da estrutura do asilo e do tratamento moral, um saber construído sobre o objeto, a clínica do exame, do panóptico, da dominação, da doença emaranhada a ser decodificada pelo grande médico do asilo. A nau dos insensatos deu lugar ao hospital como instituição fundamental para a vida urbana do ocidente.

Foucault propõe uma interpretação muito particular do que ele denomina antipsiquiatrias. As experiências desenvolvidas por Szasz, Laing, Cooper, Basaglia são aquelas que fazem o enfrentamento dos meios de dominação; que quebram tabus e se aproximam da experiência da loucura. Antipsiquiatrias foucaultianas que fazem rupturas e lançam experiências que resultam na construção da utopia de uma psiquiatria que quer se sustentar fora do monólogo da razão sobre a loucura, dos abusos de poder, do diagnóstico como sentença. E que buscam um processo compartilhado, no qual realmente importa o que acontece entre as pessoas. Assim, pretendemos, com Foucault, revisitar o campo da saúde mental na rede pública para uma reflexão crítica do seu projeto, do seu lugar no espaço público, dos conflitos entre poder e liberdade, subjetividades e sociabilidades, clínica e política. Um projeto político, na medida em que envolve indivíduos e coletivos que buscam a construção de uma prática de liberdade, por meio do exercício incessante de pensar as instituições da desinstitucionalização.

A psiquiatria do monólogo da razão sobre a loucura

Como ressaltou Roudinesco, Foucault foi acusado de ter fantasiado uma história da loucura que não constava nos arquivos da história da psiquiatria.[1] E de fato não poderia constar, já que, para ele, se tratava da história de um silêncio:

> No meio do mundo sereno da doença mental, o homem moderno não se comunica mais com o louco [...] linguagem comum não há; ou melhor, não há mais [...]. A linguagem da psiquiatria, que é monólogo da razão sobre a loucura, só pôde se estabelecer sobre tal silêncio [...] não quis fazer a história desta linguagem; mas, antes, a arqueologia deste silêncio.[2]

Na nossa perspectiva, esse olhar foucaultiano que se constitui como uma aguda crítica da razão e dos seus limites funda a utopia da loucura e da psiquiatria pensadas fora do *monólogo da razão sobre a loucura*.

Uma longa trajetória de investigação crítica em torno da temática do poder, referência inesgotável para os que se ocupam de pensar os jogos de saber e poder constitutivos da psiquiatria asilar e inerentes à prática psiquiátrica. E também inspiradora de teses e práticas de reforma que hoje nos possibilitam identificar um novo projeto para a psiquiatria, agora não mais asilar. O que de modo algum significa pensar que tenha tido um fim a era asilar.

Já recorremos a Foucault inúmeras vezes para revisitar o contexto do nascimento da Psiquiatria e da construção dos seus princípios no interior

---

[1] ROUDINESCO, Elisabeth. Leitura da história da loucura: 1961-1986. In: ROUDINESCO, Elisabeth (Org.). *Foucault: leituras da historia da loucura*. Rio de janeiro: Graal, 1994, p. 7-32.

[2] FOUCAULT, Michel. *Dits et écrits*. v. I. Paris: Gallimard, 1994a.

do hospital, essa instituição que se tornaria tão fundamental para a vida urbana do ocidente. Com ele construímos a história de um percurso – a barca se fez hospital, o hospital reformado fez-se asilo e a loucura fez-se doença mental – e o marco de "um outro relacionamento do homem com aquilo que pode haver de inumano em sua existência".[3]

Foucault aponta com precisão a ideia que fundamenta o isolamento: *o hospital como lugar de eclosão da verdadeira doença*. E ele explica:

> Supunha-se, com efeito, que o doente deixado em liberdade, no seu meio, na sua família, naquilo que o cercava, com o seu regime, seus hábitos, seus preconceitos, suas ilusões, só poderia ser afetado por uma doença complexa, opaca, emaranhada, uma espécie de doença contra a natureza, ao mesmo tempo, a mistura de várias doenças, e o empecilho para que a verdadeira doença pudesse se produzir na autenticidade de sua *natureza*.[4]

E se identificamos o asilo como o *locus* da utopia de uma sociedade normal e do exercício desse projeto, na medida em que conjuga clausura e disciplina, Foucault nos alerta que pode não ser bem assim: "a disciplina às vezes exige a cerca, a especificação de um local heterogêneo a todos os outros e fechado em si mesmo [...] mas o princípio de *clausura* não é constante, nem indispensável, nem suficiente nos aparelhos disciplinares".[5] Ou seja, numa psiquiatria que se pretenda pós-disciplinar não estaremos livres desses mesmos riscos nem dos desafios pertinentes à construção de uma práxis da liberdade.

Foucault entende que, na história do embate entre a razão e a loucura, a palavra do louco sempre representou o lugar onde se exerce essa divisão. E que essa palavra nunca teria sido ouvida, ou então, quando ouvida, era escutada como palavra de verdade. Ou era destituída de significação e de poder contratual ou imbuída de estranhos poderes e sabedoria.[6] E acrescenta que todo o aparato de saber que usamos para decifrar essa palavra, toda a rede de novas instituições criadas para escutá-las representam um risco permanente de perpetuar essa separação.

Se o projeto contemporâneo da psiquiatria coloca no resgate dessa palavra grande parte da sua aposta de inserção do louco no universo do

---

[3] FOUCAULT, Michel. *História da loucura na Idade Clássica*. São Paulo: Perspectiva, 1978, p. 56.

[4] FOUCAULT, Michel. *Microfísica do poder*. Rio de Janeiro: Graal, 1979, p. 119.

[5] FOUCAULT, Michel. *Vigiar e punir*. Rio de Janeiro: Vozes, 1987, p. 131.

[6] FOUCAULT, Michel. *Ordem do discurso*. São Paulo: Loyola, 1996, p. 11.

cidadão, isso tem se mostrado não ser uma tarefa simples. O que se pode constatar na prática, para além de todas as reformas, é que, no nosso encontro com o louco, tudo pode se constituir como instrumento de poder. Se hoje sua fala desarrazoada não é mais silenciada, também não está livre dos minuciosos métodos de controle social sobre a experiência da loucura e a fala do sujeito que a vive.

O trabalho de construção das *instituições da desinstitucionalização* exige um conjunto de transformações que apontam na direção de um cuidado com base na liberdade, em contraponto ao isolamento como sustentáculo do paradigma psiquiátrico clássico. Um processo que exige disponibilidade e mudanças qualitativas nas relações entre os diversos atores institucionais (usuários, familiares, profissionais), destes com a instituição e desta com o território no qual está inserida.[7]

Se, com base em Foucault, pudemos fazer a análise-denúncia dos jogos de dominação sobre a loucura encarcerada, no momento atual, mais uma vez com ele, talvez possamos fazer uma reflexão crítica das relações de poder presentes em uma psiquiatria que quer se sustentar num contexto de liberdade. E avançar na direção de uma nova ética das relações que se estabelecem entre o louco e aqueles que se ocupam do seu cuidado.

Assim, para pensar a atualidade das relações entre poder e liberdade, os problemas colocados hoje na construção das novas *instituições da desinstitucionalização,* é que revisitamos aqui, mais uma vez, o pensamento foucaultiano, seguindo o caminho que ele próprio insistiu em apontar: o exercício de pensar as nossas instituições e seus projetos como uma tarefa política incessante.

As antipsiquiatrias foucaultianas
Foucault e a crítica da razão psiquiátrica

Foucault demonstra como o discurso da psiquiatria se constituiu como um monólogo da razão sobre a loucura, no interior da casa dos loucos:

> Sabemos sobre a sua doença e singularidade coisas suficientes, das quais você nem sequer desconfia, para reconhecer que se trata de uma doença; mas

---

[7] NICÁCIO, Fernanda. *O processo de transformação da saúde mental em Santos: desconstrução de saberes, instituições e cultura.* Dissertação (Mestrado) – Pontifícia Universidade Católica de São Paulo, São Paulo, 1994.

desta doença conhecemos o bastante para saber que você não pode exercer sobre ela e em relação a ela nenhum direito. Sua loucura, nossa ciência permite que a chamemos doença e daí em diante, nós médicos estamos qualificados para intervir e diagnosticar uma loucura que lhe impede de ser um doente como os outros: você será então um doente mental.[8]

E Foucault atribui à antipsiquiatria – apontando Thomas Szasz, Ronald Laing, David Cooper e Franco Basaglia como seus autores fundamentais – o mérito de tentar desfazer esse discurso, "dando ao indivíduo a tarefa e o direito de realizar sua loucura, levando-a até o fim, numa experiência em que os outros podem contribuir, porém jamais em nome de um poder que lhes seria conferido por sua razão ou normalidade".[9] E esclarece que entende por antipsiquiatria tudo aquilo que coloca em questão o papel do psiquiatra como o encarregado de produzir a verdade da doença no espaço hospitalar.

Na perspectiva foucaultiana, a antipsiquiatria representa, sobretudo, um outro olhar sobre a experiência da loucura. E, na nossa perspectiva, uma breve incursão no universo das antipsiquiatrias foucaultianas permite identificar nesses autores contribuições fundamentais para a atualidade e as bases da construção de uma nova perspectiva teórica e prática de abordagem das experiências existenciais de sofrimento. Um retorno a eles nos possibilita encontrar críticas e proposições fundamentais para a positividade das nossas novas práticas e menos, como quer a maioria, uma posição sustentada apenas em torno de uma antipsiquiatria.

Comecemos então os nossos breves comentários sobre o campo das antipsiquiatrias, pela primeira daquelas assim denominadas por Foucault: a antipsiquiatria de Szasz. Em sua análise sobre a extensa obra de Szasz, referindo-se especialmente ao seu livro *O mito da doença mental*, Maciel reafirma a leitura foucaultiana, incluindo-o no bojo do movimento de contestação à psiquiatria nos anos 1960 e 1970. Nele a oposição à psiquiatria se traduz na própria noção da doença mental como um mito, "uma farsa sustentada por psiquiatras e pacientes que dela se beneficiam".[10]

Szasz critica duramente o conjunto de atribuições da psiquiatria, afirmando que os psiquiatras não estão preocupados com as doenças

---

[8] FOUCAULT, 1979, p. 127.

[9] FOUCAULT, 1979, p. 129.

[10] MACIEL, R. R. *Contestação e construção do saber psiquiátrico. Uma interpretação da obra de Thomas Szasz.* Tese (Doutorado) – Universidade Estadual de Campinas, Campinas, 1999, p. 117.

mentais e seu tratamento. Isso porque, na verdade, na sua prática real, lidam com problemas éticos, sociais e pessoais. Para tal autor essa ciência que não tem como se sustentar teoricamente, obscurece "as mais simples e as mais antigas verdades humanas" e o caráter da vida como "uma luta árdua e trágica". Para ele a doença mental seria uma definição *inútil e errônea*, acrescentando que, "em todos os tempos existiram pessoas que encontravam dificuldade em crescer e assumir as responsabilidades da vida adulta".[11] Seriam essas que, no nosso tempo, são chamadas de doentes mentais ou esquizofrênicos.

Também citado por Foucault, Laing, por sua vez, associa a experiência da esquizofrenia com pressões e exigências contraditórias e paradoxais impostas por situações de vida insustentáveis. Ressalta o fato de que os psiquiatras prestam pouca atenção à experiência do paciente, preocupados apenas em supô-las irreais ou inválidas. Critica o que chama de *cerimonial degradante do exame psiquiátrico* com os seus diagnósticos e prognósticos para defender a ideia de que o acompanhamento das pessoas deve ser feito através de um "relacionamento psicoterapêutico", entendido como "uma pesquisa, uma busca, uma experiência partilhada".[12]

Em outro momento, Laing faz uma análise da diagnose psiquiátrica como uma *sentença*, advertindo que, embora possa até haver suspensão dos sintomas, não há nunca a suspensão dessa sentença. A sentença do especialista vem investida de um enorme poder que incide sobre a experiência das pessoas, classificando-a como doença. Por fim acrescenta uma reflexão que nos parece emblemática de todo o seu trabalho: "Compreendi então que o essencial é o que acontece entre as pessoas. E a prática psiquiátrica é, mais ou menos, a completa negação disso".[13]

Cooper define a loucura como sendo, ao mesmo tempo, "a suicida e genocida irracionalidade do modo capitalista de governar as pessoas" e a "tentativa individual, por parte de pessoas reais identificáveis de se fazerem desgovernadas e ingovernáveis". Ele defende a ideia de que precisaríamos, simultaneamente, de uma *Revolução do Amor* para reinventar a nossa sexualidade, de uma *Revolução da Loucura* para reinventar a nós mesmos e, ainda, de uma *Revolução Social* que paralisasse as operações do Estado. Para isso teríamos

---

[11] MACIEL, 1999, p. 160.

[12] LAING, R. D. *A política da experiência e a Ave-do-Paraíso*. Petrópolis: Vozes, 1974, p. 42.

[13] LAING, R. D. *A voz da experiência: experiência, ciência e psiquiatria*. Petrópolis: Vozes, 1988, p. 53.

de inventar incessantemente estruturas sociais *móveis e "des-hierarquizadas"*, mesmo sabendo que se tornarão também rígidas com o tempo, em função do que ele identifica como o nosso *medo da liberdade*.[14]

As experiências institucionais lideradas por Laing e Cooper se tornaram o campo prático de suas experiências, centros de debates e, acima de tudo, lugares de acolhimento, nos quais o objetivo era a eliminação de rituais, estruturações de papéis e estereótipos, onde "os pacientes pudessem se encontrar consigo através dos seus relacionamentos com outros e chegar a um acordo mais bem sucedido com seus conflitos".[15]

Laing também fala de uma *revolução,* mas que nada teria a ver com programas políticos, aos quais nunca se filiou, apesar de afirmar ter mantido relações com alguns movimentos de protestos da década de 1960.[16] Assim, Laing e Cooper parecem ter sido, sobretudo, revolucionários da experiência de si mesmos e que, por isso, jamais deixaram de assumir as profundas contradições no percurso.

Seguindo a trilha das "antipsiquiatrias foucaultianas", isto é, o entendimento especificamente foucaultiano sobre as antipsiquiatrias, chegamos às experiências transformadoras e ao pensamento de Franco Basaglia, que tiveram uma influência decisiva nos rumos das transformações em saúde mental em curso no Brasil. A longa trajetória de Franco Basaglia na Reforma Psiquiátrica Italiana, apresenta um conjunto de experiências e novas proposições teóricas cuja discussão ultrapassaria muito os nossos limites. Mesmo porque são experiências que continuam em curso e com uma grande vitalidade teórica e prática.[17]

Fazemos aqui apenas a alusão ao pensamento de Basaglia na perspectiva de uma referência à visão foucaultiana das antipsiquiatrias, para reforçarmos com ele a dimensão da sua obra e o alcance daquela que foi a experiência internacional que possibilitou que a utopia de uma sociedade sem manicômios se disseminasse pelo mundo. A riqueza dessa experiência

---

[14] COOPER, D. *A morte da família*. São Paulo: Martins Fontes, 1986, p. 104.

[15] COOPER, D. *Psiquiatria e antipsiquiatria*. São Paulo: Perspectiva, 1973, p. 110.

[16] LAING, R. D. *Sobre loucos e sãos*. Entrevista a Vicenzo Caretti. São Paulo: Brasiliense, 1982.

[17] Sobre o pensamento e as experiências conduzidas por Franco Basaglia, ver especialmente AMARANTE, Paulo. *O homem e a serpente – Outras histórias para a loucura e a psiquiatria*. Rio de Janeiro: Fiocruz, 2005, e BARROS, Denise Dias. *Os Jardins de Abel – Desconstrução do Manicômio de Trieste*. São Paulo: Edusp , 1994. Existe ainda uma coletânea de textos de Basaglia publicada com o título de *Escritos selecionados em saúde mental e reforma psiquiátrica* (Rio de Janeiro: Garamond, 2005).

perpassa toda a trajetória da Reforma Psiquiátrica Brasileira e, por isso, constitui uma condição de possibilidade dessas nossas reflexões.

A primeira referência de Basaglia à Foucault é feita em um texto que representa um marco na trajetória basagliana, pois significa uma ruptura em seu propósito anterior de transformar e humanizar o manicômio. Nesse texto, intitulado "A destruição do hospital psiquiátrico como lugar de institucionalização", são feitas duas referências à Foucault. Diz Foucault em sua recente *História da Loucura* a primeira:

> Mas "no final do século XVIII não se assiste a uma liberação dos loucos, e sim a uma objetivação do conceito da sua liberdade", objetivação que, desde então, impeliu o doente a identificar-se gradativamente com as regras e o esquema da instituição, ou seja, a institucionalizar-se. Despojado de qualquer elemento pessoal, dominado pelos outros, presa de seus próprios medos, o doente devia ser isolado num mundo fechado, onde, mediante o gradativo aniquilamento de qualquer possibilidade pessoal, sua loucura já não tivesse força. [18]

E, mais adiante, ao ensaiar uma primeira crítica ao modelo das psiquiatrias reformadas, que haviam sido até então, as suas principais referências, considera que:

> Os serviços psiquiátricos externos, particularmente a chamada "psiquiatria de setor", estão erguendo as primeiras barreiras capazes de impedir a entrada no manicômio. Mas, se estas estruturas poderão diminuir o afluxo de novos internados, ainda resta o problema do manicômio como habitação forçada, como lugar de perpétua institucionalização, onde o doente está constantemente "sob processo, condenado a ser alvo de uma acusação, cujo texto nunca é mostrado, porque está impresso em toda a vida do asilo". [19]

Para Foucault parece que

> [...] todos os grandes abalos da psiquiatria desde o fim do século XIX, essencialmente colocaram em questão o poder e o efeito que produzia sobre o doente, mais ainda que seu saber e a verdade daquilo que dizia sobre a doença. Digamos mais exatamente que de Bernheim a Laing ou a Basaglia, o que foi questionado é a maneira pela qual o poder do

---

[18] BASAGLIA, Franco. A destruição do hospital psiquiátrico como lugar de institucionalização. In: AMARANTE, Paulo (Org.). *Escritos selecionados em saúde mental e reforma psiquiátrica*. Rio de Janeiro: Garamond, 2005, p. 23-34.

[19] BASAGLIA, 2005, p. 29.

médico estava implicado na verdade daquilo que dizia, e inversamente, a maneira pela qual a verdade podia ser fabricada e comprometida pelo seu poder. Cooper disse: "A violência está no cerne do nosso problema". E Basaglia: "A característica destas instituições (escola, usina, hospital) é uma separação decidida entre aqueles que têm o poder e aqueles que não o têm". Todas as grandes reformas, não só da prática psiquiátrica, mas do pensamento psiquiátrico, se situam em torno desta relação de poder; são tentativas de deslocar a relação, mascará-la, eliminá-la e anulá-la. No fundo, o conjunto da psiquiatria moderna é atravessado pela antipsiquiatria, se por isso se entende tudo aquilo que recoloca em questão o papel do psiquiatra, antigamente encarregado de produzir a verdade da doença no espaço hospitalar.[20]

Assim, pois, que para Foucault, no cerne da antipsiquiatria existe uma luta que ele considera "com, dentro e contra a instituição".[21] Nesta medida, seria possível

[...] situar as diferentes formas da antipsiquiatria segundo sua estratégia em relação a estes jogos do poder institucional: escapar a eles segundo a forma de um contrato dual, livremente consentido por ambas as partes (Szasz); estabelecimento de um local privilegiado onde eles devam ser suspensos ou rechaçados no caso de se reconstituírem (Kingsley Hall); balisá-los um por um e destruí-los progressivamente, no interior de uma instituição do tipo clássico (Cooper no Pavilhão 21); ligá-los a outras relações de poder que, no exterior do asilo já puderam determinar a segregação de um indivíduo como doente mental (Gorizia).[22]

Foucault conclui essa análise de "A Casa dos Loucos" considerando que:

As relações de poder constituíam o *a priori* da prática psiquiátrica. Elas condicionavam o funcionamento da instituição asilar, aí distribuíam as relações entre indivíduos, regiam as formas de intervenção médica. A inversão característica da anti-psiquiatria consiste ao contrário em colocá-los no centro do campo problemático e questioná-los de maneira primordial.[23]

Nessa perspectiva, o tema das antipsiquiatrias em Michel Foucault, tem aqui o objetivo de tentar resgatar a originalidade e a pertinência de

[20] FOUCAULT, 1979, p. 123-124.
[21] FOUCAULT, 1979, p. 126.
[22] FOUCAULT, 1979, p. 126-127.
[23] FOUCAULT, Michel. A casa dos loucos. In: FOUCAULT, 1979, p. 113-128.

suas críticas à constituição do saber psiquiátrico e aos valores que sustentam sua prática. São reflexões que consideramos fundamentais para a constituição do nosso tempo e o esforço de compreensão dos conflitos no presente. Críticas aos alicerces do saber psiquiátrico que nos remetem aos limites de uma visão técnico/científica da experiência da loucura e à dimensão de violência inerente ao ato psiquiátrico.

O conjunto de suas ideias identifica violência e psiquiatria, uma psiquiatria que submete, que rotula, que erra. Uma importante contribuição para a superação do *monólogo da razão sobre a loucura* e a construção de um outro modo de relação com a loucura que recusa a submissão diante de um saber colado ao poder.

A tradição antipsiquiátrica, por meio da *revolução da experiência de si,* parece se aproximar de um conjunto de concepções muito presentes no pensamento dos usuários com os quais convivemos em nossos serviços todos os dias. Indivíduos que, mesmo diante da crise, ousam se perguntar, buscar caminhos próprios, não se submetendo às verdades que a psiquiatria e a sociedade insistem em universalizar. Ou que, obstinadamente, insistem em jamais reconhecer sua experiência como doença, ou qualquer doença que lhes seja imposta.

Dessa forma as antipsiquiatrias foucaultianas serão sempre, como Foucault, ponto de partida para uma concepção que traz a experiência da doença para a dimensão da vida. Uma aproximação entre a loucura e a vida que traz em si, sobretudo, uma revalorização da vida, para além das instituições.

As instituições da desinstitucionalização
Uma cultura em construção

Em *Subjectivité et verité,*[24] Foucault fala da noção de *governamentalidade* para, ao mesmo tempo, fazer uma crítica necessária a uma concepção de poder como um sistema concebido com um centro ou como uma fonte, e afirmar uma outra concepção na qual ele seria um campo de relações estratégicas entre indivíduos ou grupos. Um conjunto de relações estratégicas que ele vai também nomear de *governo dos vivos*: "uma noção entendida em seu sentido largo de técnicas e procedimentos destinados a dirigir a

---

[24] FOUCAULT, Michel. *Dits et écrits.* v. IV. Paris: Gallimard, 1994b.

conduta dos homens. Governo das crianças, governo das almas ou das consciências, governo de uma casa, de um Estado ou de si mesmo".[25]

Para Foucault são procedimentos que foram inventados, aperfeiçoados, que se desenvolveram sem cessar ao longo do tempo. Para ele, as relações de poder não devem jamais ser entendidas de uma maneira esquemática, como se de um lado houvesse aqueles que têm o poder e de outro aqueles que não o têm. Não há de um lado alguns e de outro muitos, pois elas não têm fim jamais, elas estão em toda parte, em qualquer lugar.[26] Do ponto de vista foucaultiano, em qualquer lugar que estejamos, estamos todos e cada um nas malhas do poder.

Nessa perspectiva, em *L'éthique du souci de soi comme pratique de la liberté*,[27] Foucault sublinha que quando se fala de poder tende-se a pensar imediatamente em uma estrutura política, um governo, em classes sociais, et.c, alertando que não é dessa forma que ele o compreende. Ele entende que o poder ou, mais precisamente, as relações de poder são uma dimensão constitutiva de todas as relações humanas. As relações de poder são inerentes a qualquer tipo de relação humana em que um quer tentar dirigir a conduta do outro. E não se referem a algo dado, mas, ao contrário, são móveis, reversíveis, instáveis.

Como acentua Deleuze, em Foucault o poder é menos uma propriedade e cada vez mais uma estratégia.[28] Ele não tem essência, é operatório; é local, mas não localizável. O poder atravessa dominados tanto quanto dominantes, estabelecendo relações móveis e não localizáveis.[29]

Voltando ao texto de Foucault, ele aponta então aquilo que seria uma primeira condição: para haver relações de poder é preciso que haja liberdade, ou seja, não há relações de poder se há outro inteiramente dominado. Nas relações de poder há, forçosamente, possibilidade de resistência. E se há relações de poder em todo o campo social é porque também há liberdade.

Ele define o que seriam *estados de dominação*, nos quais as relações de poder são fixadas de tal forma que se tornam permanentemente

[25] FOUCAULT, 1994b, p. 125.
[26] FOUCAULT, 1994b, p. 201.
[27] FOUCAULT, 1994b.
[28] DELEUZE, G. *Foucault*. São Paulo: Brasiliense, 1992.
[29] DELEUZE, 1992, p. 82.

dissimétricas, com uma margem de liberdade extremamente limitada. Nos estados de dominação, as relações de poder, em vez de serem móveis e permitirem aos envolvidos uma estratégia que as modifiquem, encontram-se bloqueadas, fixadas, sem movimento. Aí não existem práticas de liberdade, ou elas são unilaterais e extremamente limitadas. Com a caracterização dos estados de dominação, Foucault parece querer apontar algo que seria fundamental: o poder só se exerce sobre sujeitos livres, entendidos como sujeitos individuais ou coletivos diante de campos de possibilidades.[30]

Em um texto fundamental para a nossa leitura, *Le sujet et le pouvoir*,[31] ele vai reafirmar isso dizendo que *na escravidão não há relações de poder*, porque aí não haveria um *face-a-face* entre poder e liberdade. A liberdade é, dessa forma, condição para a existência do poder; é preciso que haja liberdade para que haja exercício de poder. Há entre poder e liberdade não um antagonismo, mas uma *agonística*, uma relação, a uma só vez, de incitação e de luta.[32]

Como já ressaltamos, se hoje – a partir de uma longa trajetória – podemos passar das reflexões em torno dos jogos de dominação sobre a loucura encarcerada para os jogos de poder presentes em uma psiquiatria que quer se sustentar num contexto de liberdade, nossa tarefa não se torna, por isso, mais simples. Mas, certamente, encontraremos em Foucault, elementos para uma reflexão importante sobre as nossas instituições e as novas relações de poder que se estabelecem no seu interior e para além delas.

Foucault localiza nas instituições um observatório privilegiado das relações de poder, onde elas alcançariam um alto ponto de eficácia, onde se poderia conhecer a forma e a lógica de seus mecanismos elementares, mas, ao mesmo tempo, alerta-nos para os riscos de se *explicar o poder pelo poder*. Ou seja, na medida em que nos detemos apenas nas instituições, onde estariam em jogo dois elementos – as regras e um aparelho – poderíamos incorrer no erro de considerar apenas a face coercitiva do poder. Mas acentua a importância da análise das instituições com base no seu lugar na sociedade, do que as torna sólidas ou frágeis, e mesmo as condições necessárias para transformá-las ou aboli-las.[33]

---

[30] FOUCAULT, 1994b, p. 710.

[31] FOUCAULT, 1994b.

[32] FOUCAULT, 1994b, p. 238.

[33] FOUCAULT, 1994b, p. 239.

Para Foucault, as relações de poder são um modo de ação sobre a ação dos indivíduos, que estão em todo o tecido social e não localizadas em estruturas suplementares. Viver em sociedade é estar sujeito à possibilidade de agir sobre a ação uns dos outros. Uma sociedade sem relações de poder só poderia ser uma abstração. Mas, para ele, dizer que não há sociedade sem relações de poder não é tomá-las como dadas ou necessárias, uma fatalidade inevitável, e sim que a análise das relações de poder e da *agonística* entre poder e liberdade é uma tarefa política incessante e inerente a toda existência social.

No jogo das relações de poder há uma sofisticação tecnológica que determinaria uma maior ou menor eficácia, dependendo dos instrumentos, dos objetivos, do grau de racionalização, etc. Para Foucault, o exercício do poder não seria um fato bruto, um dado institucional, uma estrutura que se mantém ou se *quebra*. O poder se transforma, se organiza, se dota de procedimentos mais ou menos ajustados, numa dinâmica que se dá no ato mesmo de seu exercício.

Foucault identifica como *estratégias de poder* o conjunto de meios colocados em prática para fazer funcionar ou para manter um dispositivo de poder. Haveria então estratégias próprias às relações de poder, mas – e isto seria essencial – haveria também, simultaneamente, estratégias de afrontamento. No coração do poder, como uma condição permanente de sua existência, há uma *insubmissão*. Não há relações de poder "sem resistência, sem escapatória ou fuga, sem retorno eventual". Toda relação de poder implica, ao menos de maneira virtual, uma estratégia de luta, comporta uma instabilidade.[34]

E é a partir dessa inflexão que pensamos, com Foucault, a necessidade de rever conceitos e jogos de poder que balizam nossas práticas, a partir mesmo dos conflitos que muitas vezes insistimos em negar ou compreender como desvios de percurso. No contexto da Reforma Psiquiátrica Brasileira, a convivência na prática assistencial e política com o louco-cidadão é uma realidade que impõe novos rumos ao debate. E se hoje trabalhamos dentro de uma perspectiva de ruptura com os pressupostos da psiquiatria que se constituiu como *monólogo da razão sobre a loucura*, também sabemos o quanto a atitude de sair desse monólogo para entrar em diálogo com o sujeito que vive e pensa a experiência da loucura exige um esforço incessante.

[34] FOUCAULT, 1994b, p. 242.

Uma psiquiatria que quer se sustentar com as portas abertas para o território vai produzir outros efeitos de saber e poder. Com o último Foucault aprendemos que agora, nesse contexto de liberdade, é que a nossa tarefa se inscreve verdadeiramente no âmbito do poder. Podemos então refletir sobre as relações de poder inerentes à nossa prática, sobre os nossos limites e o que desejamos superar.

E, nesse processo, a convivência diária com os usuários evidencia uma *insubmissão,* um esforço de construção de um saber sobre si, sua condição e a experiência da loucura, agora do ponto de vista de quem a vive. Uma convivência que vem demonstrando que os ditos loucos têm muito a dizer sobre o que pensamos e fazemos. A visão deles sobre os serviços, o movimento social, seus avanços, conflitos, embates, enfim, percepções e avaliações que apresentam lúcidas reflexões, demonstrando o surgimento de um novo sujeito social, que traz novas questões, muitas vezes omitidas por respostas seculares.

Na cena política contemporânea deparamo-nos com uma evidente arena de conflitos, principalmente nas relações entre usuários e técnicos, apresentando percepções diferentes desses conflitos, mas sempre remetendo-nos à sua relevância, à necessidade de serem explicitados e trabalhados. São *rachas* e *embates,* manifestações radicais, constatações de divergências, avaliações contraditórias quanto ao futuro do movimento. Questões que evidenciam, sobretudo, as relações de poder que se estabelecem e se movimentam em torno do saber e da competência, da resistência e da insubmissão.

Foucault afirma, num certo momento, que em seu trabalho intelectual jamais teve a intenção de propor uma análise global da sociedade e nem gostaria que seu pensamento fosse identificado a um esquema.[35] E, em outro momento, acentua que "jamais se conduziu como um profeta" e que "seus livros não dizem às pessoas o que elas devem fazer".[36] Revela também o seu fascínio pela história e, sobretudo, pela relação entre a experiência pessoal e os acontecimentos históricos dentro dos quais nos inscrevemos.

Ele afirma que o importante, ao analisar os acontecimentos, é analisá-los segundo os processos múltiplos que os constituem. E, sobretudo, é preciso romper com as evidências sobre as quais se apoiam nosso saber e

[35] FOUCAULT, 1994b, p. 33.
[36] FOUCAULT, 1994b, p. 536.

nossas práticas. Cita como exemplo a sua pesquisa em torno da história da loucura, na qual ele, antes de se perguntar o que, a cada época, foi considerado como doença mental ou normalidade, se preocupou em identificar como se opera essa divisão. Acentua que o fez a partir de uma ruptura com uma evidência. Ou seja, não considerar "tão evidente que os loucos sejam reconhecidos como doentes mentais".[37]

Dessa forma, para pensar a atualidade do campo das reformas, pode nos ser muito útil a reflexão foucaultiana sobre o que seria reformar. Questionado sobre um suposto efeito paralisante produzido por sua pesquisa nos trabalhadores sociais que atuam nas prisões, ele não hesita. Responde que seu projeto é justamente *fazer com que eles não saibam o que fazer*. E acrescenta que *o que há a fazer* "não deve ser determinado de cima por um reformador com funções proféticas ou legislativas, mas por um longo trabalho de vai-e-vem, de mudanças, de reflexões, de tentativas, de análises diversas".[38]

Para Foucault, uma reforma não se faz com a submissão diante de palavras prescritivas e proféticas. E a necessidade de reformar não deve nunca servir para limitar o exercício da crítica, ou seja, não deve nunca nos limitar a fazer *o que nos resta fazer*. Para ele, o exercício da crítica "deve ser utilizado em um processo de conflitos, de afrontamentos, de tentativas, de recusa". Conclui dizendo que seu projeto é apenas ajudar a derrubar *algumas evidências* ou *lugares-comuns,* a propósito da loucura, da normalidade, da doença, da delinqüência e da punição, fazendo com que "certas frases não sejam ditas tão facilmente ou que certos gestos não sejam feitos sem alguma hesitação".[39]

Em Foucault o poder não é nunca uma substância e o governo dos homens pelos homens supõe sempre uma racionalidade e não necessariamente uma violência instrumental. É por isso que, numa referência explícita ao nosso campo, afirma que

> [...] aqueles que resistem ou se rebelam contra uma forma de poder não deveriam se contentar em denunciar a violência ou criticar uma instituição. A crítica do poder exercido sobre os doentes mentais ou loucos não deve se limitar às instituições psiquiátricas [...] A questão é: como são racionalizadas as relações de poder? Colocar essa questão seria a única

[37] FOUCAULT, 1994b, p. 23.
[38] FOUCAULT, 1994b, p. 38.
[39] FOUCAULT, 1994b, p. 31.

maneira de evitar que outras instituições, com os mesmos objetivos e os mesmos efeitos, tomem o seu lugar.[40]

Para Castelo Branco "A liberdade, por sua condição ontológica, é insubmissa. Diz sempre *não* às forças que procuram, senão aprisioná-la, formatá-la e controlá-la".[41] E o autor ressalta que em Foucault a noção de espaço público se refere a um espaço conquistado passo a passo pela recriação e reinvenção constantes de novas formas de sociabilidade e novos estilos de existência. Para ele, esse ideal de espaço público – heterotopia foucaultiana – pressupõe a presença de uma permanente *agonística* do mundo subjetivo e social.[42]

Retomando Foucault, num certo momento ele se refere aos seus livros como *caixas de ferramentas*, as quais nos autorizaria abrir e utilizar. Coloca suas palavras e ideias à nossa disposição para, servindo-nos delas, provocar novos curtos-circuitos ou continuar a fazer desacreditar os mesmos sistemas de poder que inspiraram seus livros.[43]

Para Eribon, uma das características constantes da obra de Foucault é a relação de seus livros com o que ele próprio chamou de *experiência pessoal,* marcando uma imbricação profunda de sua pesquisa e de sua vida. O ponto de partida de seus livros e de seus interesses teóricos tem uma ligação direta com a sua relação com as instituições. O autor resume como se dá com ele essa relação que resulta num trabalho:

> [...] a partir de um afastamento em relação à instituição, de uma distância, de um mal-estar, de interrogar-se sobre essa instituição e de mostrar como aquilo que pode nos parecer evidente no mundo que nos cerca, nas normas, nas regras que regem os nossos comportamentos, nos modos de pensamento, pode ser questionado. A experiência pessoal do mal-estar é o que faz vacilar o caráter de evidência da instituição e leva a estudar o que a fundamenta. [44]

Ainda para Eribon, Foucault sempre propõe uma crítica radical das formas de pensamento que suportam subterraneamente as instituições.

---

[40] FOUCAULT, 1994b, p. 161.

[41] CASTELO BRANCO, G. As resistências ao poder em Michel Foucault. *Trans/Form/Ação*, n. 24, 2001, p. 237-248.

[42] FOUCAULT, 1994b, p. 247.

[43] FOUCAULT, 1987.

[44] ERIBON, Didier. *Michel Foucault e seus contemporâneos.* Rio de Janeiro: Jorge Zahar, 1996, p. 40.

Uma instituição será sempre pensamento sedimentado, e para fazer a sua transformação seria preciso *mover o pensamento para fazer as coisas se moverem*. Todo esse saber, todas essas formas de pensamento investidas nas instituições é que são o objeto da pesquisa foucaultiana. Nele, "a insubmissão ao mundo tal como ele é, a indocilidade diante dos poderes e das normas são o ponto de partida da análise histórica e crítica".[45]

Talvez por isso é que, já em seu prefácio de *História da loucura*, Foucault tenha afirmado que é preciso, em primeiro lugar, falar da experiência da loucura. Acrescentando que, se em outros tempos havia um debate dramático entre a loucura e o homem, em nosso tempo a experiência da loucura se faz na calma de um saber, que por conhecê-la demasiado, a esquece.[46]

É por isso que aqui nos apropriamos do pensamento foucaultiano para, com ele, de novo, continuar o nosso exercício incessante de crítica e pensamento dos avanços e fracassos da nossa experiência, nesse processo interminável de construção das instituições da desinstitucionalização. Entre as rupturas propostas quais foram operadas? Qual o nosso projeto para o espaço público? No contexto das transformações estamos construindo uma prática de liberdade? Quais os horizontes de um diálogo entre a razão e a loucura, o subjetivo e o social, a clínica e a política? O fato é que, com a nossa opção pelo retorno à doença emaranhada, tal como recusada pelos alienistas, escolhemos os riscos de lidar com o interminável dos conflitos na clínica e na política, como evidencia a cena contemporânea da Reforma Psiquiátrica.

Se aqui falamos tanto em mal-estar, pensamento e instituição, parece evidente que não estamos no plano apenas de uma materialidade do poder e suas instituições, mas sim diante de uma complexa rede de relações constituídas com base na psiquiatria do *monólogo da razão sobre a loucura*, mas permanentemente atualizadas em uma psiquiatria que quer se sustentar num contexto de liberdade. Um trabalho de desinstitucionalização das instituições, da doença, das relações delicadas que envolvem todos os atores sociais independente da medida do nosso horizonte libertário – na recusa dos imperativos do poder.

Porque, parafraseando Franco Basaglia, hoje a história de nossas instituições já é sobretudo a história de muitas vidas.

[45] ERIBON, 1996, p. 44.
[46] FOUCAULT, 1994a, p. 169.

A genealogia e o "eu fascismo"

Orlando Arroyave

Tradução de Cristina Antunes

Michael Walzer critica Foucault censurando sua leitura política que se reduz a "uma política antidisciplinar", feita de retórica e presunção, com uma linha anarquista-niilista que não adota um quadro social que explique porque o eu está desgostoso, triste, etc.; ou "ao menos [...] que construa um novo quadro e proponha novos códigos e categorias". Foucault não assume uma nem outra, afirma, e o resultado é que "essa negativa, que torna tão poderosas e firmes suas genealogias, é também a catastrófica debilidade de sua teoria política".[1]

Sem explorar as diversas críticas de Walzer, examinadas e radicalizadas por Richard Rorty, levaremos em consideração algumas dessas objeções; exploraremos então as consequências, ou ao menos o horizonte de algumas delas, por reputá-las de certa forma emancipatórias, *positivas*, do trabalho genealógico de Foucault na política e na ética.

No encontro intelectual Foucault-Chomsky, o apresentador do programa de televisão pergunta a Foucault "por que se interessa tanto pela política, preferindo-a, segundo me disse, à filosofia". A resposta tem um pouco de ironia e uma paciência abatida pela pergunta:

> Nunca me preocupei pela filosofia, mas esse não é o problema. Sua pergunta é: por que me interesso tanto pela política? Para responder de um modo muito simples, diria: por que não deveria me interessar por ela? Que cegueira, que surdez, que densidade ideológica teriam de pesar sobre mim para impedir que me interessasse pelo problema sem dúvida mais crucial de nossa existência, ou seja, a sociedade em que vivemos, as relações

---

[1] WALZER, Michael. La política de Michel Foucault. In: COUZENS, David (Comp.). Tradução de Antonio Bonano. *Foucault*. Buenos Aires: Nueva Visión, 1986. p. 78.

econômicas com que subsiste e o sistema que define as formas habituais de relação, o que está permitido e o que está proibido, que regem normalmente nossa conduta? A essência de nossa vida está estabelecida, em último caso, pelo funcionamento político da sociedade em que nos encontramos. [...] Um verdadeiro problema seria não se interessar pela política.[2]

Foucault declara nessa entrevista-debate que não foi tão longe como Noam Chomsky, com seu "anarcossindicalismo",[3] e que, portanto, não pode propor um modelo de funcionamento social ideal para nossa sociedade científica ou tecnológica. Sendo a tarefa imediata e urgente, "inclusive quando estão ocultas todas as relações de poder político, [apontar] tudo aquilo que atualmente controla o corpo social, o oprime ou o reprime".[4]

O anarquista moral e político não poderia encarnar o que Walzer propõe para um "intelectual normal": a "avaliação positiva do Estado liberal" e que nos diga "quando o poder estatal está corrompido ou abusa-se sistematicamente dele", que denuncie o podre e que promova alguns "princípios regulares com os quais poderíamos endireitar as coisas".[5]

Se todo o debate fosse resumido, poderíamos exclamar, como Rorty, que a obra de Foucault reflete as tensões de um anarquista[6] e um liberal,

---

[2] FOUCAULT, Michel. "De la naturaleza humana: justicia contra poder". Tradução de Miguel Morey, Barcelona: Paidós, 1999. p. 81 e 83. Em francês "De la nature humaine: justice contre pouvoir". In: *Dits et écrits*. Paris: Quarto Gallimard, 2001. p. 1339-1380.

[3] Nesse diálogo com Foucault, Chomsky define seu anarcossindicalismo como um "sistema federado, um sistema descentralizado de associações livres que incorpora instituições econômicas e sociais". Chomsky advoga por uma classe social, "a operária". Por uma lógica histórico-racional do poder, "os operários" serão o protótipo de todas as emancipações.

[4] WALZER, 1986, p. 83.

[5] RORTY, Richard. Identidad, moral y autonomía privada. In: *Michel Foucault, filósofo*. Tradução de Alberto Luis Bixio. Barcelona: Gedisa Editorial, 1999. p. 73, 78. Nesse artigo, Rorty se ocupa dos argumentos propostos por Walzer.

[6] Rorty afirma que esse anarquismo de Foucault é o "resultado infeliz de uma tentativa mal orientada de considerar uma sociedade que seria, no tocante a seu passado histórico, tão livre como o intelectual romântico espera ser relativamente a seu passado privado" (p. 326). Rorty considera pouco procedentes os objetivos "românticos" buscados por Foucault, de autoinventar-se e autossuperar-se, dirigidos à sociedade. As propostas de um "novo tipo de homem", conclui, têm como consequência as fantasias totalitárias de Hitler ou Mao.

De passagem, podemos nomear esse "homem novo" de Nietzsche, e que Heidegger, em seu seminário *¿Qué significa pensar?*, caracteriza: "O super-homem vai além do homem como este foi até agora e que, por isso, é o último homem [...] o homem é uma transição; é uma ponte, é 'uma corda estendida entre o animal e o super-homem'". Para Heidegger, quando Nietzsche pretende "ir além do homem tal como este foi até o presente", "não quer revolucionar nada, mas somente reparar

ou, nas palavras de Rorty, uma tensão própria do "intelectual romântico que é ao mesmo tempo um cidadão de uma sociedade democrática".[7] O anarquista (versão nietzschiana e francesa) domina o liberal (versão norte-americana e menos nietzschiana de Foucault).[8]

Rorty percebe uma impossibilidade nessa discussão: Foucault, como pensador romântico (e "quase anarquista") busca autoinventar-se, e não obstante esse modelo particular poder ser plausível, dirigido à sociedade, é pernicioso. Foi a tentação de Nietzsche e Heidegger: buscar em sua esfera privada uma contrapartida pública e política.

Rorty critica Foucault por não ser "liberal" o bastante em sua filosofia; uma filosofia que se torna ininteligível para a cotidianidade da praça de mercado e os tribunais. O pragmatista partilha seu antiplatonismo, mas não sua concepção depreciativa das instituições liberais.

Foucault, ao dar as costas aos "negócios públicos" e já distante e isolado, inventava-se a si mesmo; na tradição ocidental, reivindicava mais os créditos do "poeta" que do "filósofo".

Rorty, no entanto, restaura os créditos do filósofo, sem menosprezo do poeta, e afirma que o "homem da autonomia", sem se preocupar com uma racionalidade com aspirações de "validade universal", buscava minorar o sofrimento dos demais cidadãos; o cidadão útil de um país democrático que lutava pelas melhoras de suas instituições. A ironia rortiniana conclui tristemente que "gostaria que Foucault se acomodasse mais com essa definição do que se acomodava na realidade".[9]

Com os matizes que pudéramos produzir, Rorty oferece uma imagem política de Foucault; o anarquista-poeta em luta agonística com o

---

algo". "O caminho de ir-além do homem", e que Nietzsche concebe como o super-homem, não aponta para uma superdimensão do mesmo homem; o "super-homem", afirma Heidegger, "não exagera simplesmente até o excesso e o desmedido os instintos e os afãs da espécie humana tal como foi até o presente". Pelo contrário, "justamente fica caduco o desmedido, o mero quantitativo, a continuidade destemida do progresso". "O super-homem é mais pobre, mais simples, mais terno e mais duro, mais silencioso e sacrificado, mais lento em suas decisões e mais moderado no seu falar". ("Sexta lección", tradução de Haraldo Kahnemann. Buenos Aires: Editorial Nova, 1964).

[7] RORTY, 1999,. p. 323.

[8] Intuo que igual crítica é feita por Didier Eribon a James Miller, por sua interpretação nietzschiana e norte-americana de Foucault. Para estse debate, ver: ERIBON, Didier. "Capítulo 1, 'Filosofía y homosexualidad'. Em: *Michel Foucault y sus contemporáneos*. Tradução de Viviana Ackerman. Buenos Aires: Nueva Visión, 1995.

[9] RORTY, 1999, p. 329.

cidadão-filósofo que busca ampliar as liberdades nas sociedades liberais com seus totalitarismos cotidianos visíveis ou invisíveis.

Para esse comentário-colóquio, tomaremos três elementos que englobam o que podemos denominar uma "moral política de Foucault", que permitirá – apesar de não resolver as observações feitas por esses filósofos de um pensamento que esquece "o homem da rua" – explorar o uso político e ético de algumas das afirmações desse pensador do poder. Para isso proporei três formulações abertas. Primeiro, a genealogia como *instrumento* ético e político de transformação. Segundo, a autoinvenção como inspiração para as lutas pelo reconhecimento. E, terceiro, a genealogia contra os micrototalitarismos.

Poderíamos afirmar, sem descartar seus fracassos filosóficos e políticos, que a genealogia foucaultiana, com seus traços vacilantes, com suas reacomodações, com suas lerdezas, com seus extravios, tem como objetivo encorajar práticas de liberdade. O filósofo do poder – ou, como escreveria Matthew Stewart em sua iconoclasta história da filosofia,[10] "Foucault: necessitado de vigilância e castigo" –, na contramão dessa imagem pan-óptica e opressiva que respirava em cada página (pelo recurso da persuasão literária: o exemplo que mancha a memória[11]), teria como centro de suas reflexões as práticas da liberdade.

> O que é a ética – pergunta-se Foucault – senão a prática da liberdade, a prática reflexiva da liberdade? [E glosa em forma aforística:] A liberdade é a condição ontológica da ética. Mas a ética é a forma reflexiva que adota a liberdade.[12]

A forma que a ética e a política (duas práticas de liberdade) adotaram em Foucault foi reflexão com caráter genealógico. Deixando de lado a

---

[10] STEWART, Matthew. *La verdad sobre todo (The Truth About Everything)*. Tradução de Pablo Hermida Lazcano e Pablo de Lora Deltoro. España: Punto de Lectura, 2002.

Stewart, em seu catártico e divertido manual de história da filosofia, faz referências negativas sobre Foucault, de quem afirma não servirá senão para "os antiquários". Outras declarações do mesmo teor nesse livro sobre Foucault: "historiador medíocre", "filósofo vulgar", "fantasioso do poder, ainda que interessante e divertido", entre outras expressões.

[11] FORRESTER, John. *Seducciones del psicoanálisis, Freud, Lacan (The Seductions of Psychoanalysis)*. Versão em espanhol. México: FDCE, 1997. p. 343.

[12] FOUCAULT, Michel. L'ethique du soici de soi comme pratique de la liberté. Em: *Dits et écrits II*. Paris: Quarto Gallimard, 2001. p. 1530-1531.

formulação precedente, exploremos primeiramente a ênfase "negativa" desse projeto genealógico.

Não obstante Foucault insistir, quase como uma súplica, que suas análises se dirigiam às relações do poder, e não pelas formas negativas do poder (lei, castração, limite, etc.), não é difícil dar razão a seus detratores e afirmar que as práticas de dominação interessavam preponderantemente a Foucault.

Nas práticas de dominação ("fatos" ou "estados"), na contramão das relações de poder, as relações se encontram "bloqueadas" ou "fixadas" por um grupo ou um indivíduo que impede qualquer reversibilidade das relações de poder. Também poderíamos afirmar que uma prática de dominação é uma relação de poder cristalizada unilateralmente.

Sua história da loucura, do castigo, da sexualidade, da subjetividade, das tecnologias de si, da *episteme* moderna e sua época clássica, da subjetividade e suas tecnologias de poder no Ocidente, ou uma parte importante do que somos apesar de nossas periferias, foi contada a partir do campo das dominações. Foucault lutava em vão para enfatizar que suas pesquisas se ocupavam não de uma teoria do poder, mas sim de uma "analítica do poder", que mostrava que o poder ("nome que se dá a uma situação estratégica complexa em uma dada sociedade") se manifesta em forma "positiva", como produtor de saber e verdade. Em sua "hipótese repressiva da sexualidade", aparentemente contrarrevolucionária, respondia à pretensão de mostrar que o poder é antes de tudo *positividade*. Mas, por sua vez, não deixava de mostrar a liberdade dentro de um horizonte emancipatório, como "liberdade negativa" ou, se se prefere, uma "liberdade resistencial" contra núcleos condensadores de relações de poder ou práticas de dominação.

Essa imagem negativa do poder foi dada pela fábula das imagens que Foucault traz em seus livros, e que se fixam, como escreve John Forrester, na memória do leitor. E não porque fossem inesquecíveis, escreve, mas sim porque

> [...] despertam a sensibilidade e não deixam que desapareça; como imagens se fixam na imaginação da mesma forma que os argumentos abstratos dos livros sobre elas, com tanta força como a que se necessita para reforçar as placas dos barcos. Realmente é preciso ser demasiado puritano para desconfiar e desaprovar o poder que têm as imagens de Foucault.[13]

[13] FORRESTER, 1997, p. 343.

Algumas imagens que resumem o argumento. As primeiras páginas da morte de Damiens em *Vigiar e punir*; o reino panóptico de Bentham; a imagem agônica do rosto do homem na praia em *As palavras e as coisas* são exemplos desse poder literário-político de Foucault.

Essas imagens que são parte da cultura – e cada um pode evocar a sua – são, em sua maioria, imagens do poder como prática de dominação. Provavelmente não podemos reduzir Foucault a uma estratégia dos micropoderes (ou ao "guerreiro puro" de Paul Vayne) contra microdominações, mas gostaria de sublinhar o interesse ético-político dessa ênfase no "pensamento" do genealogista que se autoproclamava nietzschiano.

Contra esse muro cego das dominações que sufocam "práticas de liberdade", Foucault reconstruiu a genealogia. A genealogia foi o instrumento de experimentação que Foucault utilizou para dissolver as microdominações e reconfigurar a identidade do que somos neste presente.

Ao analisar a genealogia, Foucault funde sua voz com a de Nietzsche. Sempre no campo das dominações, a genealogia pretende dissolver o "rancor contra a ideia de devir". Sua tarefa é "reintroduzir" o devir em tudo o que o homem tinha acreditado imortal nele. Nada é suficientemente fixo no homem, nem sequer seus corpos, "para compreender os outros homens e reconhecer-se neles".[14]

Não a história que proporcione, com sua sustentação fora do tempo, uma objetividade apocalíptica, mas sim uma história antiplatônica que dissolva com a paródia, com seu "carnaval concertado", nossos hábitos metafísicos. Essa "história" será efetiva na medida em que introduza a descontinuidade em nosso ser. Foucault utiliza a história como um "psicólogo nietzschiano": a identidade é uma armadilha metafísica cuja cura é a genealogia.

Todavia, adverte:

> Não irei tão longe como Herman Hess, que afirma que só é fecunda a 'referência constante à história, ao passado e à Antiguidade'. Contudo, a experiência tem me ensinado que a história das diversas formas de racionalidade consegue romper muito melhor nossas certezas e nosso dogmatismo que uma crítica abstrata.[15]

---

[14] FOUCAULT, Michel. *Nietzsche, la généalogie, l'histoire.* In: *Dits et écrits I.* Paris: Quarto Gallimard, 2001. p. 1015.

[15] FOUCAULT, Michel. *Omnes et singulatim.* In: *La vida de los hombres infames.* Tradução de Julia Varela e Fernando Álvarez Uría. Madrid: La Piqueta, 1990. p. 303. Na versão francesa *Dits et écrits II.* p. 979.

Recordemos os três usos do sentido histórico próprios da genealogia, que se opõem, palavra por palavra, a três modalidades platônicas da história. Primeiro, "o uso paródico e destruidor da realidade, que se opõe ao tema da história-reminiscência ou reconhecimento".[16] Segundo, o uso sacrificial e destruidor da verdade que se opõe à história-conhecimento. Terceiro, e que quero ressaltar, o uso dissociativo e destruidor da identidade que se opõe à história-continuidade ou tradição.

De passagem podemos indicar que esse antiplatonismo feroz e nietzschiano de Foucault é um pouco suavizado pelo genealogista, que compendia, em poucas páginas e ao final de sua vida, sua trajetória e perspectiva em suas pesquisas.[17]

Nessa autossíntese de seu projeto, Foucault afirma que a "arqueologia do saber" não se dirige a qualquer "jogo de verdade", mas sim "sobre aqueles nos quais o próprio sujeito se delineia como objeto de saber possível; quais são os processos de subjetivação e de objetivação que fazem com que o sujeito possa chegar a ser, como sujeito, objeto de conhecimento". Não a constituição de uma história de um "conhecimento psicológico", mas sim "como se formaram diversos jogos de verdade através dos quais o sujeito chegou a ser objeto de conhecimento".

Sobre seu projeto final ("o estudo da constituição do sujeito como objeto para si mesmo"), Foucault propõe três regras para esse tipo de trabalho.

Primeiro, evitar, dentro do possível, os universais antropológicos. Esse projeto de "ceticismo sistemático" ante os universais antropológicos não significa que eles sejam recusados de saída e como um todo, "mas sim que não é preciso admitir nada de tal ordem que não resulte rigorosamente indispensável".[18] Voltamos assim às velhas desconfianças dos "humanismos" que fazem valer direitos, privilégios ou natureza "como verdade imediata e intemporal do sujeito". Essa recusa é metodológica ou *funcional*: exame das práticas concretas em que o sujeito "se constitui na imanência de um domínio de conhecimento".

---

[16] FOUCAULT, 2001, p. 1020.

[17] Foucault escreveu para o *Diccionario de los filósofos* (*Dictionnaire des philosophes*), um esboço biográfico de seu pensamento, com o nome de "Maurice Florence" (MF). A nota foi publicada em 1984. *Dits et écrits II*. p. 1450-1455.

[18] FOUCAULT, 2001, p. 1453.

Segundo, recusar o recurso filosófico de um sujeito constituinte; o que não conduz, em consequência, à inexistência de um "sujeito", mas sim que o que aparece e se procura fazer "aparecer [são] os processos de uma experiência na qual o sujeito e o objeto 'se formam e se transformam'" e onde não cessam de se modificar um em relação ao outro, e esses, por sua vez, não deixam de modificar o campo da própria experiência.[19]

E, terceiro, analisar as "práticas", "entendidas ao mesmo tempo como modo de agir e de pensar, que dão a chave de inteligibilidade para a constituição correlativa do sujeito e objeto".[20]

Por intermédio dessas práticas podemos estudar os modos de objetivação do sujeito e as relações de poder que estão em jogo. Não o poder a partir de sua origem, seus princípios ou limites, mas sim os procedimentos e técnicas que utilizam os diferentes contextos institucionais para atuar sobre o comportamento individual ou grupal e, assim, "formar, dirigir ou modificar sua maneira de se conduzir".

Essas relações de poder caracterizam a maneira com que os homens são governados uns pelos outros. Essa análise mostra como, por meio de formas de governo, são objetivados o alienado, o enfermo, o criminoso, etc. Foucault adverte, todavia, que essa análise "não pretende dizer que o abuso de tal ou qual poder tenha produzido loucos, enfermos, criminosos, ali onde não havia nada disso, mas sim que as formas diversas e particulares de 'governo' dos indivíduos foram determinadas nos diferentes modos de objetivação do sujeito".[21]

Pode-se observar a coerência metodológica e ética-política, ainda que retrospectiva, do que podemos chamar vagamente de o projeto genealógico de Foucault. A intensidade crítica de Foucault (ele mesmo coloca a sua pesquisa dentro de uma história crítica do pensamento ocidental) tem como objetivo dissolver nossos hábitos identitários. Ali onde a cultura disse "somos", o genealogista explora, interroga, apoia-se na história, assim como o bom filósofo, nos médicos da alma.

Essa crítica

> [...] será genealógica no sentido de que não deduzirá da forma do que somos o que nos é impossível fazer ou conhecer, mas sim que extrairá

---

[19] FOUCAULT, 2001, p. 1453.
[20] FOUCAULT, 2001, p. 1453-1454.
[21] FOUCAULT, 2001, p. 1453.

da contingência que nos tem feito ser o que somos a possibilidade de já não ser, fazer ou pensar o que somos, fazemos ou pensamos. [Essa crítica] busca relançar tão distante e tão amplamente quanto seja possível o trabalho indefinido da liberdade.[22]

Assim assumida, a genealogia é "terapêutica" em múltiplas direções; tomemos duas. Por um lado, dentro do plano da investigação, percebe "os acidentes, os desvios ínfimos [...], os erros, as falhas de apreciação", descobrindo que "na raiz do que conhecemos e do que somos não estão em absoluto a verdade nem o ser, mas a exterioridade do acidente".[23] Essa forma "terapêutica" da genealogia mostra que sempre podemos ser outro no que atuamos, pensamos ou experimentamos.

Assumida dessa maneira, a genealogia oferece uma utilidade prática. Interroga o que somos no presente, o que faz com que sejamos críticos com a "ontologia" do que somos. Do mesmo modo, essa história crítica é um instrumento negativo de dissecação enquanto não parte do pressuposto da origem, de uma teoria total, de nenhum humanismo ("tudo o que na civilização ocidental restringe o desejo de poder"), mas antes pretende explorar "genealogizando" isso que configura nossa identidade (o normal-anormal; o sujeito sexuado que disse a verdade do que é em sua própria sexualidade; a loucura e suas formas históricas, etc.).

Por outro lado, a genealogia – e é esse o caso de Foucault – é uma empresa pessoal. Não é de se estranhar, então, que Foucault afirmasse em uma ocasião que seus livros foram sempre seus problemas pessoais com a loucura, com as prisões, com a sexualidade. Cada um dos seus livros, afirmou, faziam parte de sua biografia.

Poderíamos tomar essa afirmação e explorar, como o faz um de seus biógrafos, James Miller, a relação entre os motivos mais pessoais e secretos de Foucault, e buscar esses vestígios experienciais em cada livro. Mas nossa afirmação é mais modesta. Foucault reputou seus livros como experiências partilhadas.

> Uma experiência é, certamente, algo que se vive só; mas não pode ter seu efeito completo a menos que o indivíduo possa escapar da subjetividade pura, de modo tal que outros possam, não diria exatamente

---

[22] FOUCAULT, Michel. ¿Qué es la Ilustración? In: *Estética, ética y hermenéutica*. Tradução de Ángel Gabilondo. Barcelona: Paidós. 1999. p. 348. (Na versão francesa *Dits et écrits II*, p. 1393).

[23] FOUCAULT, 2001, p. 1009.

reexperimentá-las, mas sim ao menos cruzar com elas no caminho, ou seguir suas pegadas.[24]

Ele exemplifica essa experiência incomensurável-comensurável com seu livro sobre as prisões, produto de vários anos de trabalho em grupos *sobre* ou *contra* as prisões. Essa pesquisa histórica não foi reputada como tal, mas seus leitores se sentiram tocados. Seus leitores se sentiram interpelados; algo desse livro histórico me dizia respeito em minha identidade contemporânea.

Muitos guardas, trabalhadores sociais, etc., afirma Foucault, se sentiam "paralisados" posto que não podiam seguir realizando sua atividade. Foucault confessa que se sentia comprazido por essa reação.[25] O livro foi lido como uma experiência que nos modifica, que nos impede de ser o que éramos ou de ter a mesma relação com as coisas ou com os demais. Contra o livro-verdade ou o livro-demonstração, o livro-experiência joga com os limites do que somos.

O uso de documentos, corroborando a base de seu trabalho sobre as prisões e aplicável à maioria de seus estudos, tem para Foucault a finalidade de constatar uma verdade e também de dar conta de uma experiência que autorize uma alteração, uma transformação da relação que temos com nós mesmos e o que nos rodeia. Uma experiência que nos ofereça certos mecanismos inteligíveis das relações de poder e as práticas de dominação para chegar a nos separar deles, percebendo-os de outra maneira.

Uma vez se perguntou a Foucault sobre a relação entre sua filosofia e as artes em geral. Ele respondeu:

> [...] A verdade, odeio dizê-lo, mas é certo que não sou realmente um bom acadêmico. Para mim, o trabalho intelectual está relacionado com o que se poderia denominar esteticismo, no sentido de transformação individual. Creio que meu verdadeiro problema é essa estranha relação entre conhecimento, o academicismo, a teoria e a história real. [...] [E acrescenta] Não estou interessado no nível acadêmico do que faço, porque sempre estive dedicado à minha própria transformação. [...] Esta transformação de si mesmo pelo próprio conhecimento é, em minha opinião, algo próximo à experiência estética.[26]

Voltamos assim ao "anarquista" que reclama os créditos do poeta, de "desenfreada elegância radical", como adjetivara Rorty esse pensador que se considerava a si mesmo dentro do "pensamento crítico" no Ocidente.

---

[24] FOUCAULT, Michel *El yo minimalista y otras conversaciones*, 1990, p. 17.

[25] FOUCAULT, 1990.

[26] FOUCAULT, 1990, p. 97.

Essa transformação de si mesmo pelo próprio conhecimento é uma experiência estética, de ascese, de transformação.

Aqui não se propõe uma ética agonística própria de uma tradição da ascese da renúncia, e sim uma ética agonística de uma tradição dionisíaca. Palavras como transgressão, limites, multiplicidade de subjetividades, desprendimento... são a linguagem do apelo para romper as fronteiras frágeis do que percebemos como identidade.

Em uma entrevista no início dos anos 1980, Foucault contrapõe seu "conceito" de experiência à experiência fenomenológica ("maneira de organizar o olhar reflexivo sobre qualquer aspecto da experiência diária, vivida em sua forma transitória, para entender seu significado").[27] Ele afirma: "Nietzsche, Bataille e Blanchot – afirma – tratavam de alcançar, através da experiência, esse ponto da vida que se encontra o mais próximo possível da impossibilidade de viver, no limite, no extremo".[28]

A fenomenologia interpreta a significação da experiência diária para reafirmar o caráter fundamental do "sujeito, do eu, de suas funções transcendentais". A experiência nova, disse Foucault, "tem a tarefa de desgarrar o sujeito de si mesmo", de maneira que seja "completamente 'outro'", chegando à sua aniquilação, à sua dissociação, a esse empenho na desobjetivação.

E, sob forma de síntese, vem a confissão: "E não importa quão enfadonhos tenham resultado meus livros, essa lição me permitiu sempre concebê-los como experiências diretas, para 'desgarrar-me' de mim mesmo, para impedir-me de ser sempre o mesmo".[29]

Essa ideia fascinou Foucault: como chegar a ser 'outro'; que procedimentos, que práticas são necessárias para transformar o que somos. Como bom herdeiro de uma tradição ocidental, recorreu a um "método" ou um procedimento geral para esse empreendimento.

Para Alexandre Nehamas, em seu trabalho Foucault se interessava pelo cuidado de si, não para descobrir nesse processo quem se é realmente, e sim para inventar e improvisar quem se pode ser.[30]

---

[27] FOUCAULT, p. 11.

[28] FOUCAULT, p. 11-12.

[29] FOUCAULT, 1990.

[30] Para um exame sobre a sabedoria na obra de Foucault, segundo Nehamas, ver: Un destino para la razón de Sócrates: Foucault y el cuidado de sí. Em: *El arte de vivir* [*The Art of Living. Socratic Reflections from Plato to Foucault*]. España. Pre-Textos, 2005.

O sujeito-forma se contrapõe ao sujeito-substância. A genealogia se pôs em marcha como máquina de guerra contra esse sujeito-substância. O guerreiro se põe em pé. Enfurece-se, com certa satisfação, com esse "impertinente 'dormir sobre os louros' ou 'vangloriar-se de si mesmo'".[31]

Sua preocupação última pela subjetividade (a existência de si em um jogo de verdade em que o sujeito tem relação consigo) e técnicas de si não busca somente decifrar a genealogia da subjetividade e algumas operações que possibilitam uma transformação para alcançar um estado de felicidade, de sabedoria, de perfeição ou de imortalidade, mas antes a genealogia pluraliza as experiências subjetivas e mostra que sempre é possível inventar uma técnica para essa transformação do que somos ou suspeitamos vagamente que somos.[32]

Alexander Nehamas, em seu livro *El arte de vivir*, afirma que Foucault, com seu projeto mais recente, participava de uma tradição em filosofia ocidental: "mudar as pessoas em forma individual".[33]

Dessa maneira se assinala o caráter múltiplo da subjetividade, a transitoriedade de nossas experiências "fundantes", o caráter hipotético do que somos. Uma crítica do que somos é, ao mesmo tempo, uma análise histórica dos limites que se nos estabeleceram e a prova de seu franqueamento possível. A genealogia é, assim, um experimento-jogo do que somos.

Mas não podemos esquecer o mercado e os tribunais. Ou, se se prefere, o nós. Já o crítico marxista Alex Callinicos censurava em Foucault esse esteticismo democrático, que não era o de Nietzsche e que consistia em um convite a cada um de nós para "converter [...] [a] vida em uma obra de arte". Para Callinicos esse convite é uma afronta.

> Convidar o porteiro de um hospital em Birmigham, um mecânico de São Paulo, um funcionário do bem-estar social em Chicago ou um menino da rua de Bombaim a fazer de sua vida uma obra de arte seria um insulto,

---

[31] NIETZSCHE *apud* NEHAMAS, A. In: *Nietzsche, la vida como literatura*. México. Fondo de Cultura Económica, 2002. p. 226.

[32] Uma dessas técnicas é o dispositivo psicanalítico. Para uma aproximação plausível ver *Dispositivo psicoanalítico, una técnica de sí. Una exploración desde la obra de Michel Foucault*, de Gabriel Jaime Saldarriaga. Monografia para obter o título de Psicólogo. Universidad de Antioquia (Medellín-Colombia), 2004. Uma versão desse trabalho pode ser consultada em <www.genealogiapsicologia. blogspot.com>.

[33] NEHAMAS, Alexander. *El arte de vivir*. Tradução de Jorge Brioso. España: Pre-Textos, 2005. p. 254.

a menos que este convite estivesse vinculado, precisamente, com uma estratégia de mudança social que rechaça o pós-estruturalismo.[34]

Não obstante Foucault convidasse a criar novas relações, novos modos de vida, novos modos da política, não tenho certeza de que a "existência como uma obra de arte" se apresentara como uma ética desejável para a atualidade, ou em todo caso, não era, finalmente, a esquecida proposta de Foucault sobre a ética. O sábio em seu redil.

O elemento subversivo da genealogia é outro. Porém, modesto. A luta contra o fascismo. Ou, se preferem, contra as microdominações. O jogo unilateral do saber-verdade bloqueia a emergência ou movimento de outros jogos das forças, das estratégias, das táticas, etc. Esse instrumento crítico, que tem como recurso a história, busca pluralizar os jogos nas relações de poder.

O espírito romântico do genealogista esteticista se nega — e nisso Foucault é sempre consequente — a oferecer uma teoria geral prescritiva política e ética; concebe, afastando-se das tentações proféticas dos intelectuais, que as pessoas possam elaborar "sua própria ética [se por ética se entende a relação consigo mesmo ao atuar] tomando como ponto de partida a análise histórica, sociológica" que os que "tratam de interpretar a verdade" possam proporcionar.[35] Mas ele, o "analítico" do poder, não se permite proporcionar princípios éticos ou sugestões práticas dentro de suas pesquisas.

Isso não significa que esquecera o "nós". Voltamos ao mercado e aos tribunais. À política. Digamos que, como escritor, Foucault era um utópico. Não é que propusesse um paraíso sem micro ou macro fascismos. O rei continua perdendo a cabeça agora sob o cutelo da genealogia: "No pensamento e na análise política, ainda não se guilhotinou o rei".[36]

E voltamos à utopia: ao nós. Mas de que "nós" falava Foucault com seus reis sem cabeça? Seu projeto político não se situa em um grupo específico (se bem que a genealogia encorajou as lutas pelo reconhecimento de grupos marginalizados) ou comunidades específicas. Para Foucault é antes

> "[...] justamente saber se efetivamente convém se situar no interior de um 'nós' para fazer valer os princípios que se reconhecem e os valores

---

[34] CALLINICOS, Alex. *Contra el posmodernismo*. Tradução de Magdalena Holguín. Colombia: El Áncora Editores, 1993. p. 177.

[35] FOUCAULT, 1990, p. 99.

[36] FOUCAULT, Michel. *Historia de la sexualidad. 1. La voluntad de saber*. Tradução de Ulises Guiñazú. México: SXXI Editores, 2000. p. 108.

que se aceitam, ou se não é preciso, [...] tornar possível a formação futura de um 'nós'. [O "nós" não é anterior à questão]. Não pode ser senão o resultado – e o resultado necessariamente provisório – da questão tal como se apresenta nos termos novos em que vem formulada".[37]

David Halperin, em seu entusiástico *San Foucault*, resume um dos objetivos propostos no *Grupo de la Información sobre las Prisiones* que reflete uma posição ético-política de Foucault. O grupo tinha como objetivo democratizar a distribuição da informação promovendo o aparecimento de novos circuitos de saber e poder, para gerar redistribuições ou modos plurais da autoridade e, dessa maneira, modificar as situações estratégicas dos governantes e governados.

E Halperin resume a proposta quase com uma bandeira: "O alvo da luta era a autonomia popular mais que a vitória revolucionária; seu propósito, favorecer a autodeterminação mais que consentir o poder estatal".[38]

Foucault não negava a importância das práticas de liberação (os movimentos de descolonização, os movimentos pela luta a favor do reconhecimento), mas antes considerava que depois da liberação é necessário consolidar as práticas de liberdade, que a seguir serão necessárias para que esse povo, essa sociedade e esses indivíduos possam definir formas válidas e aceitáveis, tanto de sua existência como da sociedade política.[39]

E propõe um problema em que trabalhou: a sexualidade. Não basta dizer liberemo-nos; o problema seria definir as práticas de liberdade mediante as quais se pudesse dizer o que é "o prazer sexual, as relações eróticas, amorosas e passionais com os outros".

O Foucault utopista, dessa maneira, alimenta uma genealogia que pluralize ou desintegre nossos hábitos representacionais. A genealogia nos faz estranhos a nós mesmos.

Rorty já havia criticado este "intelectual romântico", que buscara a "autossuperação" e a "autoinvenção"; esse empenho, plausível para um indivíduo, é desprezível para um grupo. Esse projeto, escreve o protagonista da democracia norte-americana, conduz ao pior; às utopias totalitárias de Hitler e Mao.

---

[37] FOUCAULT, Michel citado por HALPERIN, David. *San Foucault*. Tradução de Mariano Serrichio. Buenos Aires: Ediciones Literales, 2004. p. 76.

[38] FOUCAULT, 2004, p. 78.

[39] FOUCAULT, Michel. "L'éthique du souci de soi comme pratique de la liberté", 2001, p. 1529.

Não sei se interpreto mal os argumentos de Rorty, mas as mudanças da Constituição que rege um país, a ampliação do marco dos direitos para minorias ou grupos de exclusão, as revoltas sociais poderiam ser consideradas, hipoteticamente, como formas que uma sociedade utiliza para "autossuperar-se" ou "autoinventar-se"; isso não é privilégio dos indivíduos em seus exercícios românticos da metamorfose subjetiva.

Como fosse, o projeto ético-político de Foucault consistiria, então, em pluralizar as imagens do que somos por meio de imagens extraídas de nossa arqueologia (o sujeito-verdade), a genealogia (sujeito-poder) e as práticas próprias dos exercícios de poder ou de governo de si.

Para concluir, gostaria de corrigir um pouco o que foi exposto até este momento. Instrumentalizei, talvez até mimetizar Foucault com seu método; nestas linhas finais quero mitigar esse efeito. Para isso proponho um "ideário mínimo" que fique subjacente ao projeto de Foucault, e que podemos chamar, tomando seu prólogo ao *El Anti-Edipo* em sua versão inglesa, lançado em 1977, que descreve a tarefa proposta por Deleuze e Guattari como "uma introdução à vida não fascista".

Essa proposta de "vida boa", aplicável à própria obra de Foucault, é a tentativa utópica de promover, com genealogia ou sem ela, "uma vida não fascista".

Foucault adverte que não podemos assumir o *El Anti-Edipo* como uma teoria totalizante e consoladora. Não há uma filosofia. É mais uma arte. Como a "arte erótica". Com suas noções, aparentemente abstratas, conduz respostas a perguntas concretas. Não pergunta ele o *por que* e sim o *como*. Dos três adversários que esse livro deve enfrentar, assinalemos o terceiro: o fascismo (os outros dois são: "os burocratas das revoluções e os funcionários da Verdade" e os "lastimosos técnicos do desejo").[40]

Não se trata do fascismo de Hitler e Mussolini, mas sim do nosso, em nossas cabeças e cotidianidades, que nos faz "amar o poder, amar inclusive aquele que nos submete e nos explora". *El Anti-Edipo* é um livro de ética, escreve Foucault.

---

[40] FOUCAULT, Michel. Préface. In: *Dits et ecrits II*. Paris: Quarto Gallimard, 2001. p. 134.

Os primeiros são os "ascetas políticos, os militantes sombrios [*morosos*], os terroristas de teoria, aqueles que querem preservar a orden pura da política e dos discursos políticos". Os segundos são os "psicanalistas e os semiólogos que inscrevem cada signo e cada sintoma, e que quisessem reduzir a organização múltipla do desejo à lei binária da estrutura e da falta [*manque*]".

Um livro de ética e política que se pergunta – talvez em forma retórica – como fazer para não se tornar fascista, inclusive quando (sobretudo quando) se crê ser militante, revolucionário; ou como liberar nossos discursos, nossos atos, nossos corações, nossos prazeres do fascismo; ou como expulsar o fascismo que se arraigou em nosso comportamento.[41]

Prestando uma "modesta homenagem" a Francisco de Sales, que publicou, no século XVI, a *Introdução à vida devota* (*Introduction à la vie dévote*), Foucault propõe *El Anti-Edipo* como uma arte de viver, como uma "introdução da vida não fascista"; desse manual ou guia, inferem-se alguns princípios essenciais.

Foucault, com um humor de profeta sentencioso, enuncia alguns princípios que vão desde "liberar a ação política de toda forma de paranoia unitária e totalizante", passando por "utilizar a prática política como um intensificador do pensamento e a análise como um multiplicador das formas e dos domínios de intervenção da ação política", até convidar ao abandono das velhas categorias do negativo (a lei, o limite, a castração, etc.) a militância triste ou o enamoramento do poder.[42]

Esses princípios, que dão horizonte a este "ideário mínimo" do genealogista, podem ser completados pela resposta que Foucault dava à pergunta de como concebe o que faz:

> [O estrategista, e pouco importa que fosse um político, um historiador, um revolucionário, um partidário do xá, do aiatolá, afirma] "que importa tal morte, tal grito, tal rebelião com relação à grande necessidade de conjunto e que me importa, por outro lado, tal princípio geral na situação particular em que estamos".[43]

A "moral teórica" de Foucault é inversa. É antiestratégica.

Ser respeitoso quando uma singularidade se rebela, intransigente tão logo o poder transgride o universal. Escolha simples, trabalho difícil,

---

[41] FOUCAULT, 2001, p.135.

[42] Podemos destacar destes princípios o que denominaríamos como "sexto" e que resume o "ideário mínimo" do genealogista: "Não exijas da política que restabeleça os 'direitos' do indivíduo tal como a filosofia os definiu. O indivíduo é o produto do poder. O que se requer é 'desindividualizar' [*désindividualiser*] pela multiplicação e o descolamento das diferentes disposições. O grupo não deve ser o vínculo orgânico que une aos indivíduos hierarquizados, mas sim um constante gerador de 'desindividualização [*désindivualisation*]'. *Dits et ecrits II* , Paris: Quarto Gallimard, 2001. p. 135-136.

[43] FOUCAULT, Michel. "¿Es inútil sublevarse?". In: *Estética, ética y hermenéutica*. Tradução de Ángel Gabilondo. Barcelona: Paidós, 1999. p. 206-207. Na versão francesa *Dits et ecrits II*, p. 794.

pois é preciso ao mesmo tempo espreitar, um pouco por baixo da história, o que a interrompe e a agita, e vigiar um pouco por trás [*en arrière*] da política, sobre o que deve incondicionalmente limitá-la. Afinal de contas, esse é meu trabalho: não sou nem o primeiro nem o único a fazê-lo. Mas eu o escolhi.[44]

[44] FOUCAULT, 1999.

Limites e fronteiras entre história e biologia em Michel Foucault

As palavras e as coisas e o surgimento da biologia no século XIX[1]

Regina Horta Duarte

As palavras e as coisas nasceu de um riso despertado em Foucault, durante a leitura de um conto de Borges, no qual se perturbaram todas as familiaridades do pensamento. Uma suposta enciclopédia chinesa propunha uma divisão taxionômica para os animais, na qual se evidenciava a destruição do espaço comumente aceito dos encontros. Segundo ela, os animais se dividiriam em:

> a) pertencentes ao imperador, b) embalsamados, c) domesticados, d) leitões, e) sereias, f) fabulosos, g) cães em liberdade, h) incluídos na presente classificação, i) que se agitam como loucos j) inumeráveis, k) desenhados com um pincel muito fino de pêlo de camelo, l) et cetera, m) que acabam de quebrar a bilha, n) que de longe parecem moscas.

Fiel ao mote da inquietude que o suscitou, Foucault analisa a constituição dos saberes ocidentais contemporâneos no âmbito de suas condições de possibilidade. Atento, sobretudo, à lógica operacional que permitiu a formulação das teorias e dos conceitos da biologia, da linguagem e da história ao longo do século XIX, aproxima, muitas vezes, saberes e práticas ordinariamente vistos como longínquos, assim como instaura distâncias entre o que usualmente se considerou contínuo. Seguindo os passos de seu inspirador, Foucault apaga várias certezas sobre limites ou fronteiras usualmente estabelecidos, propondo uma nova cartografia dos espaços nos quais se delinearam as práticas de constituição dos saberes contemporâneos.

---

[1] As reflexões aqui presentes ligam-se, mesmo que de forma indireta, às pesquisas e leituras desenvolvidas no âmbito de meu projeto A Teia da Vida – Biologia, política e sociedade no Brasil através da obra de Cândido de Mello Leitão (1922-1946), integrante do projeto coletivo Coleção Brasiliana: escritos e leituras da nação. Apoio CNPq e FAPEMIG.

É essa a atitude presente numa de suas mais agudas e surpreendentes análises, quando coloca, lado a lado, o escritor marquês de Sade (1740-1814) e o zoólogo e anatomista Georges Cuvier (1769-1832). Desculpando-se pela insolência, Foucault afirma *Les 120 Journées de Sodome òu L'École du Libertinage* (escrito em 1785 por Sade quando de sua prisão na Bastilha) como "o reverso aveludado, maravilhoso" das *Leçons d'anatomie comparée* (composta entre 1800 a 1805 por Cuvier, então um dos mais prestigiados zoólogos franceses).[2] Ambos evidenciavam uma grande transformação em curso, na qual a vida abandonava o espaço da ordem e das continuidades. Ela já não era um mero crescimento no interior de uma forma dada, antes se revelava em sua finitude e no aniquilamento. Sade anunciava que a vida não poderia mais ser separada do assassínio, nem a natureza do mal, nem os desejos da contranatureza, enquanto Cuvier mostrava como ela se mantinha apenas em algumas condições, em torno das quais a morte e a extinção espreitavam os seres, inaugurando as condições da constituição de uma biologia pautada pelos limites entre a vida e a morte, entre o que era capaz de viver mas também susceptível de perecer.

Como em tantas outras ocasiões, Foucault nos conduz a um deslocamento do olhar do que sempre foi apontado como essencial em direção ao periférico e ao marginal. É certo que Cuvier ocupou, durante as três primeiras décadas do XIX, um papel de destaque entre seus contemporâneos. Mas sua obra encontrava-se completamente obscurecida e/ou desvalorizada nos anos em que *As palavras e as coisas* foi escrito, frequentemente mencionado como um estudioso conservador, católico, reacionário, apegado ao fixismo e ao criacionismo, identificado à história natural e essencialista do século XVIII. Na história da biologia tradicional, a seleção natural de Darwin aparece linearmente sequenciada aos postulados de Lamarck, que teriam sido burilados e aperfeiçoados em direção a uma teoria evolucionista mais perfeita.[3] Na arqueologia de Foucault, Cuvier apresenta-se como a sigla de uma transformação epistemológica – já que não lhe interessa o sujeito – à medida que instaurou operações lógicas capazes de criar as condições de possibilidade da teoria Darwinista. Curiosamente, tal perspectiva encontra ressonâncias nas análises de grandes biólogos

---

[2] FOUCAULT, Michel. *As palavras e as coisas*. 8. ed. Lisboa: Martins Fontes, 1999, p. 383.

[3] Tais posturas sobre Cuvier são apontadas e criticadas em RUDWICK, Martin. *Georges Cuvier, fóssil bones and geological catastrophes*. Chicago: The University of Chicago Press, 1997.

darwinistas contemporâneos, tais como Ernst Mayr e Stephen J. Gould, como será argumentado adiante.

A "transformação Cuvier", como a chamou Foucault, implicou a introdução de descontinuidades entre os seres, rompendo com a visão de uma cadeia ontológica linear e progressiva. Constituiu um território novo de identidades e diferenças, num espaço sem continuidades, no qual os seres foram divididos em grandes grupos coerentes em si mesmos, mas separados uns dos outros por hiatos: vertebrados, molusca, articulata e radiata. Até então, os entremeios entre os seres eram preenchidos por tenuidades sucessivas que acabavam por religá-los. Cuvier rompeu com a história natural clássica ao abandonar tais gradações progressivas, assim como ao recusar a noção de um aperfeiçoamento ininterrupto, em que os seres se formariam uns a partir dos outros.

Nesse ponto, Foucault advoga que as condições de possibilidade não apenas para a biologia, mas também para Darwin, não se encontravam instauradas a partir de Lamarck, como habitualmente apontado, mas sim de Cuvier. O evolucionismo de Lamarck apresentava-se completamente inserido no espaço clássico, no qual o aparecimento de novos seres nada mais fazia do que assegurar a realização de formas essenciais previamente dadas. Diferentemente, Cuvier introduziu, entre os seres, uma descontinuidade radical.[4]

Essa descontinuidade se expressava em várias operações, como no largo uso da noção de hiato que, no vocabulário da anatomia – da qual Cuvier foi também um transformador, criando a anatomia comparada – significa fenda ou abertura no interior do organismo. Nos hiatos entre os seres, não havia um espaço linear de transformações, nem escalas de perfeição entre eles: inexistiam parâmetros de comparação entre uma abelha e um chimpanzé, por exemplo, já que não resultavam do desenvolvimento uns dos outros no passado, assim como não se aperfeiçoariam no futuro, tal como queria Lamarck.

Cuvier também estabeleceu a noção de condição de existência, na qual incluía tanto as relações dos seres vivos com os elementos exteriores (o meio natural, os alimentos disponíveis, o clima, etc.), como as suas correlações e compatibilidades fisiológicas (ou seja, um animal com bico ou penas não poderia ser mamífero). Tal conceito seria fundamental na

[4] FOUCAULT, 1999, p. 379.

biologia do século XIX, estabelecendo a impossibilidade de um organismo continuar a viver caso ele não fosse tal como é ou não estivesse onde ele está, o que evidenciava tanto as forças mantenedoras da vida como as ameaças que a punem com a morte.[5]

Esse novo território instaurado por Cuvier permitiu a emergência de uma historicidade própria à vida, impossível de ser pensada pela história natural. Enfim, foi a "transformação Cuvier" que tornou possível a ciência da biologia, assim como a teoria da seleção natural de Darwin.[6]

Foucault evidencia essa ruptura epistemológica como um momento de grandes e profícuas ambiguidades. Afinal, Cuvier morreu defendendo o fixismo (ideia de que os seres não se transformam, pois, na correlação perfeita de partes, qualquer mínima mudança inviabilizaria sua sobrevivência). Simultaneamente, foi quem possibilitou a consideração de um devir radical dos seres vivos (já que o surgimento dos seres, ao longo das eras, significou a emergência de uma novidade absoluta, sem qualquer continuidade com o que existia anteriormente). Foi um ferrenho opositor do evolucionismo de seu tempo, marcado pelo essencialismo e pelo encadeamento teleológico, mas também fundou as condições do pensamento do evolucionismo darwinista.

O destaque dado a Cuvier por Foucault certamente se explica pelas relações fronteiriças existentes entre os territórios da biologia e da história no século XIX. Mas, possivelmente, o fascínio de Foucault por Cuvier originou-se também do uso frequente, pelo zoólogo, de noções de ruptura e hiato, de extinção, de catástrofe, assim como o próprio conceito de condições de existência.[7] Curiosamente, essas eram noções caras também a Foucault. Ousaremos argumentar que tal destaque evidencia a existência de um campo fronteiriço, transdiciplinar, entre certa perspectiva contemporânea da biologia e o pensamento arqueológico foucaultiano.

Ao propor seu projeto de uma arqueologia do saber, Foucault voltou-se para a descrição das descontinuidades da episteme da cultura ocidental,

---

[5] Assim, em Cuvier, "os corpos vivos devem ser considerados como espécies de focos nos quais as *substâncias mortas* são sucessivamente conduzidas, para ali se combinarem entre si de diversas maneiras" (FOUCAULT, 1999, p. 378, grifo nosso).

[6] FOUCAULT, M. A posição de Cuvier na história da biologia. In: *Arqueologia das ciências e história dos sistemas de pensamento/Michel Foucault*. Organização e seleção de textos de Manoel Barros. Rio de Janeiro: Forense Universitária, 2000, p. 197-223.

[7] FOUCAULT, 2000, p. 214.

na qual destacou uma profunda ruptura ocorrida no limiar do século XIX. Ele recusou a perspectiva da busca de uma perfeição crescente e contínua dos saberes, mas interessou-se pelas *condições de possibilidade* de sua emergência. Ao discuti-las, defrontou-se com o conceito de *condições de existência* de Cuvier (que também recusava a noção de uma perfeição linear e progressiva dos seres vivos) e o trouxe para um primeiro plano de sua análise, ressaltando seu papel decisivo para a constituição da biologia. As noções de descontinuidade e hiato também estabelecem um paralelo entre os dois autores. Enquanto o zoólogo desafiou seus contemporâneos afirmando a extinção de algumas espécies e o surgimento de outras absolutamente novas, uma das questões fundamentais proposta pela arqueologia foi a de entender o porquê de "não mais se poder pensar um pensamento", assim como o porquê da inauguração de pensamentos antes inexistentes.[8]

E quem foi Cuvier, sobre quem se desdobrou tão minuciosamente o filósofo da descontinuidade? Nascido em Montbéliard, 1769, numa modesta família protestante e burguesa, o jovem rapaz talentoso foi enviado para a Alemanha para uma educação esmerada. Aos dezenove anos, tornou-se tutor numa família aristocrática que seria atingida brutalmente pelos eventos da Revolução Francesa. O testemunho direto da violência o tornou um forte defensor de governos estáveis e capazes de garantir a tranquilidade social. Cuvier viu um mundo antiquíssimo ruir aos seus olhos e a ordem, até então apresentada como a única possível, foi extinta para dar lugar a uma outra sociedade. Ao longo de sua vida, conseguiu manter-se surpreendentemente ao abrigo das intempéries políticas e das mudanças de governo, sobrevivendo não apenas à Revolução e ao terror (quando vários cientistas sucumbiram, tal como Lavoisier), mas a Napoleão, três reis e vários ministérios, numa escalada ascendente de prestígio. Mudou-se para Paris em 1795, onde passou a trabalhar no Museu de História Natural, então o maior museu do tipo do mundo, além de ministrar cursos de zoologia e anatomia. Foi professor do Collège de France, além de ter reorganizado o estudo secundário na França como chefe do Departamento do Conselho de Estado em 1819. Enfim, teve uma carreira meteórica e tornou-se uma das mais respeitáveis autoridades entre seus contemporâneos. Em seu gabinete em Paris no Museu, no qual literalmente morava, viveu entre

---

[8] FOUCAULT, 1999, p. 69.

assistentes de trabalho, livros e coleções, sendo visitado por estudiosos de todas as partes da Europa.[9]

Aqueles eram anos de expansão de impérios, no qual viajantes europeus palmilhavam terras exóticas, numa exploração que adentrava por ínvios continentes e ilhas tropicais de exuberante biodiversidade. A coleta de espécimes animais e vegetais, que – embalsamados, conservados em formol, ou como exsicatas – eram enviados às mais importantes instituições científicas no velho mundo, resultava em grandes carregamentos cuidadosamente transportados através dos oceanos.[10] Os naturalistas passavam então a classificar esses restos mortais.

De seu gabinete, Cuvier – que relegou as viagens aos outros colegas – ultrapassou a obsessão clássica pela morfologia externa e pela taxonomia, dirigindo seu olhar ao interior dos seres inanimados que recebia. Buscou neles os sinais remanescentes dos segredos íntimos dos organismos vivos, das correlações entre suas várias partes e órgãos, da dependência mútua das funções vitais, como geração, crescimento, morte, digestão, locomoção, circulação, etc. Segundo Foucault, Cuvier realizou um gesto iconoclasta, rompendo com o mundo de jardins botânicos e museus organizados sob o primado do olhar das superfícies, ao saquear os frascos do Museu, quebrando-os no intuito de dissecar a grande conserva clássica, indo do visível ao invisível, da forma à função.[11]

Cuvier, testemunha de grandes catástrofes vividas pela sociedade francesa, foi um ávido estudioso da geologia. Recompôs a história do avanço e do recuo dos mares, de revoluções súbitas de efeitos catastróficos, fossem elas terremotos, vulcões, enchentes, mudanças climáticas ou emergência de cadeias montanhosas. Encontrou também os sinais da vida

---

[9] Um deles foi Peter Lund que, ao visitar o Brasil, aonde viria a descobrir os fósseis que revolucionariam a paleontologia contemporânea. MARCHESOTTI, Ana. *Peter Wilhelm Lund (1801-1880): O naturalista, sua rede de relações e sua obra, no seu tempo.* Diss. de Mestrado apresentada à Pós-Graduação em História/Fafich/UFMG, 2005, p. 86 (mimeo); STANGERUP, Henrik. *Na trilha de Lagoa Santa.* Rio de Janeiro: Record, 1999, p. 96. Sobre a ascensão profissional e prestígio de Cuvier, ver: RUDWICK, 1997, p. 113-18; GOULD, Stephen J. *The structure of evolutionary theory.* 15th printing. Cambridge: Harvard University Press, 2002, p. 292. A vida de Cuvier coincidiu com os reinados de Luis XVI (1774-1792), Luis XVIII (1814-1824), Carlos X (1824-1830) e Luis Felipe de Orleans (1830-1848). Durante o reinado de Luis XVI, porém, ele passou a infância, adolescência e apenas os primórdios da vida profissional.

[10] PRATT, Mary Louise. *Os olhos do império: relatos de viagens e transculturação.* Bauru: Edusc, 1999.

[11] FOUCAULT, 1999, p. 189; GOULD, 2002, p. 294.

extinta, declarando ao mundo que os fósseis eram restos de organismos e não minerais ou formas intrigantes das rochas, como até então largamente aceito. Em 1800, mostrou que nem todos os fósseis tinham a mesma idade e, sublinhando a natureza abrupta das sequências dos estratos geológicos que ele pioneiramente identificou, instaurou definitivamente a possibilidade de uma narrativa histórica dos seres vivos.[12]

Já em 1798, Cuvier passou a dedicar-se ao estudo da anatomia comparada de mamíferos fósseis, com especial atenção para a questão de sua distribuição geográfica e situação nos diversos estratos. Afirmava dedicar-se ao estudo das "antiguidades da natureza" tal como os arqueólogos escavavam materiais para o estudo do passado.[13] Os fósseis seriam como os monumentos. Ao desenterrá-los, a intenção de Cuvier era, em

---

[12] MAYR, Ernst. *The growth of biological thought – diversity, evolution and inheritance*. 11th printing, Cambridge: Harvard University Press, 2000, p. 363-171. Segundo Mayr, a oposição de Cuvier a Lamarck e a Geoffroy de Saint-Hilaire, os mais importantes evolucionistas de seu tempo, explica-se principalmente pela sua recusa da visão da continuidade dos seres. Ao deparar-se com animais extintos, ele teria duas alternativas. Podia aceitar que velhas faunas tinham se transformado nas novas (o que recusou terminantemente, pelo agudo combate à ideia clássica de continuidade entre os seres vivos). Podia afirmar que novas faunas eram criadas a cada catástrofe (e isso ele não ousou, pois não desejava misturar ciência e teologia, mesmo sendo um cristão fervoroso). Para Mayr, ele simplesmente adotou uma "política de avestruz", deixando o problema como uma aporia em sua obra. Como Mayr e Rudwick mostram, Cuvier deliberadamente evitou expressar diretamente suas convicções cristãs em seus argumentos. Ver RUDWICK, 1997, p. 11.

[13] O termo usado por Cuvier é "antiquário" (*antiquaire*). Ao fim do século XVIII e início do século XIX essa era uma palavra corrente para designar os estudiosos de objetos antigos, cujas práticas acabaram por constituir de um novo campo de saber, a arqueologia (diferentemente de hoje, quando um antiquário é um comerciante ou colecionador pessoal). Já nas primeiras décadas do XIX, o termo arqueologia começaria a ser usado mais frequentemente. Nossa licença para interpretar o termo como *arqueólogo*, assim como o fez Martin Rudwick, baseia-se no uso dos termos *escavar* e *desenterrar*, presentes no mesmo parágrafo em que ele se refere ao antiquário. Fica claro, portanto, que ele não se referia ao mero colecionador ou comerciante de antiguidades, mas a um outro tipo de estudioso. Na mesma época em que Cuvier comparava-se aos antiquários, no sentido que hoje damos aos arqueólogos, inúmeros estudiosos franceses, que haviam acompanhado Napoleão em excursão pelo Egito, dedicavam-se ao estudo de uma variedade imensa de objetos e inscrições carregadas para os Museus. O grande desafio era a decifração dos hieróglifos egípcios, ao mesmo tempo em que Cuvier justamente desejava decifrar o que os ossos fósseis significavam. *"It will be necessary for physicists to do for the history of nature what antiquarians do for the history of the techniques and customs of peoples; the former will have to go and search among the ruins of the globe for the remains of organisms that lived at its surface, just as the latter dig in the ruins of cities in order to unearth the monuments of the taste, the genius, and the customs of the men who lived there. These antiquities of nature, if they may be so termed, will provide the physical history of the globe with monuments as useful and as reliable as ordinary antiquities provide for the political and moral history of nations"* (CUVIER, Georges. *Extract from a memoir on an animal of which the bones are found in the plaster stone around Paris, and which appears no longer to exist alive today*. 1798. apud RUDWICK, 1997, p. 35-41; 183-252).

sua própria expressão, "explodir os limites do tempo", exibindo desenhos e projeções de animais diversos daqueles conhecidos por seus contemporâneos, ressaltando a descontinuidade da vida, elevando os fósseis à categoria de signo visível das rupturas. Com alguns restos do animal, como alguns ossos, ele poderia – por meio do princípio de correlações – apresentar formas outras de vida e de seu funcionamento em tempos imemoriais, quando a superfície da terra abrigou um mundo absolutamente diverso, com formas de vida diferentes das atuais. O estudo do passado por Cuvier não prometia o reconhecimento, o encontro com o mesmo, nem a tranquilidade da permanência, tal como o fizera a história natural. Sua visão dos fósseis desencadeava o estranhamento. Construía, por meio da paleontologia e da anatomia comparada, uma narrativa histórica da Terra e da vida nela existente ao longo de um passado que excedia em muito os marcos da humanidade e, certamente, os cálculos das teorias criacionistas da época.[14]

Ernst Mayr (1904-2005), um dos maiores nomes da zoologia contemporânea, apontou Cuvier, dentre todos os estudiosos da primeira metade do XIX, como aquele que mais produziu conhecimento para dar suporte à teoria evolucionista tal como Darwin a concebeu. Segundo Mayr, Cuvier instaurou uma lógica diferente de Buffon e Lamarck, seguidores de Leibniz, e de suas ideias sobre a cadeia de seres e a perfeição crescente do universo. Em contraste, Cuvier sublinhou a descontinuidade, rejeitando definitivamente a concepção de uma unidade de tipo, arquétipo único e geral que daria os limites e as possibilidades da morfologia dos seres. Instaurou o conceito de condições de existência e inaugurou os parâmetros da anatomia comparada. Seriam essas, segundo Mayr, condições essenciais para o radicalismo do pensamento de Darwin. Outro grande biólogo evolucionista contemporâneo, Stephen J. Gould, mostra-nos ainda como Cuvier rompeu definitivamente com a continuidade dos seres ao afirmar que, a priori, não há nenhum limite formal para o ser. As possibilidades morfológicas são infinitas, pois a condição da existência de um ser não é o seguimento de

---

[14] *"J'essaie de parcourir une route où n'a encore harsardé que quelques pas, et de faire connoître un genre de monumens presque toujours négligé, quoique indispensable pour l'histoire du globe. Antiquaire d'une espèce nouvelle, il m'a fallu apprendre à dechiffrer et à restaures ces monumens, à reconnoître et à rapprocher dans leur ordre primitif les fragmens épars et mutilés dont ils se composent ; à reconstruire les êtres antaiques auxquels ces fragmens appartenoient"* (CUVIER, G. Discours preliminarie, 1812. In: RUDWICK, 1997, p. 184).

350   Cartografias de Foucault

um modelo ideal e transcendente, mas simplesmente que ele funcione bem, pela harmonia das correlações entre os sistemas que constituem.[15]

Mas se tanto Foucault como importantes biólogos, ao construírem a história da biologia no XIX, ressaltam o papel inovador de Cuvier, criticando o seu esquecimento ou desvalorização como um mero catastrofista bíblico, não se trata, evidentemente, de construir um elo linear entre Cuvier e Darwin. Dizer que a lógica instaurada por Cuvier possibilita Darwin não implica acompanhar o desenvolvimento progressivo de uma ideia, mas apontar o aparecimento, em certo momento histórico, de uma nova lógica para o pensamento e o estudo sobre a vida.

Ao privilegiar a "transformação Cuvier", Foucault deteve-se em um momento no qual se comunicavam a história, a geologia, a biologia, a linguagem (afinal, Sade e Cuvier encontraram-se na descoberta do murmúrio da morte a rondar a vida). Curiosamente, ao mesmo tempo em que elegeu Cuvier como um dos principais focos de análise – um zoólogo obcecado pela ideia da descontinuidade e que se apresentava como um arqueólogo da vida na Terra – o filósofo declarou-se comprometido com uma arqueologia dos saberes.

A inquietude gerada pelo conto de Borges, no qual se esvaem as divisões e classificações usualmente estabelecidas, permanece pulsando ao longo de *As palavras e as coisas,* no qual cada página renova o desafio de repensar nossas tradicionais divisões dos espaços do saber. Assim como o livro lança a hipótese de que o sujeito é uma construção recente da história, também recentes são os limites entre várias áreas do conhecimento, tais como a biologia e a história.

Foucault não focaliza a "transformação Darwin", mas certamente a privilegia como o ápice de estabelecimento da biologia: Cuvier a tornou possível. E ao mostrar que as possibilidades das teorias de Darwin surgiram da lógica da descontinuidade, da não linearidade e do não progresso, Foucault realiza uma leitura extremamente instigante da teoria darwinista da evolução, bastante rara entre os historiadores e filósofos.[16]

---

[15] MAYR, 2000, p. 363-370; GOULD, 2002, p. 295.

[16] Nesse ponto, Foucault se diferencia de Nietzsche, que formulou duras críticas a Darwin. É importante notar, entretanto, que "apesar das inúmeras citações sobre Darwin e sua teoria da evolução, não se sabe com certeza se Nietzsche leu os trabalhos do naturalista inglês, sendo mais provável que, na sua construção da imagem do darwinismo, as leituras indiretas tenham tido peso". Nesse

As análises sobre Darwin nas ciências humanas muitas vezes pecaram pela indistinção entre a obra propriamente dita de Darwin e as concepções do chamado darwinismo social e da antropologia criminal, que estendiam a teoria da evolução às questões da história humana, com intenções que justificavam o imperialismo ou as teorias racistas de segregação social. Outro contato crítico das ciências humanas com Darwin ocorreu durante os anos 1970, quando a sociobiologia norte-americana propôs uma interpretação da sociedade competitiva e liberal com base em certa leitura da seleção natural, numa clara naturalização do mundo capitalista contemporâneo. Uma das críticas mais contundentes a essa tendência partiu de Marshall Sahlins, que apontou, com grande pertinência, como os fatos humanos e culturais seriam impensáveis no âmbito das categorias biológicas. Contra a sociobiologia, também o zoólogo S. J. Gould alertou para a impossibilidade de a biologia abarcar a flexibilidade e criatividade dos homens, "ser cuja essência está em não ter essência". É preciso, pois, reconhecer certos limites intransponíveis entre a história e a biologia.[17] Afinal, o limite é aquilo que se insinua entre dois ou mais mundos, dividindo-os, anunciando a diferença, apartando o que não pode permanecer ligado. O limite é salutar para a manutenção das alteridades, entre um e o outro: "insinua a presença da diferença e sugere a necessidade da separação".[18]

Entretanto, se o limite é essencial, não podemos nos esquecer que ele é também uma abstração, uma linha traçada pelo olhar humano, e que também pode significar cerceamento e obstáculo. O estabelecimento dos limites realiza-se em relações de poder, pois a precisão exige uma enunciação autorizada e formas de controle. No caso, se as áreas do conhecimento são sempre construções históricas, e a complexidade do mundo não pode ser separada em gavetas, as fronteiras entre os saberes apresentam comunicações, interfaces e diálogos tão possíveis quanto

---

caso, Nietzsche teria lido justamente as apropriações dos pensadores sociais do darwinismo, e não *A Origem das Espécies,* do qual não há volume em sua biblioteca, nem anotações de leituras (FREZZATTI JR., Wilson Antonio. *Nietzsche contra Darwin.* São Paulo: Discurso, 2001, p. 21).

[17] *"Biology, while it is an absolutely necessary condition four culture, is equally and absolutely insufficient: it is completely unable to specify the cultural properties of human behavior or their variations form one human group to another"* (SAHLINS, Marshall. *The use and abuse of biology – an anthropological critique of sociobiology.* Michigan: University of Michigan Press, 1976, p. xi. Para a citação de Gould, ver: *Darwin e os grandes enigmas da vida.* São Paulo: Martins Fontes, 1999, p. 258.

[18] HISSA, Cássio Eduardo Viana. *A mobilidade das fronteiras – inserções da geografia na crise da modernidade.* Belo Horizonte: Ed. UFMG, 2002, p. 19.

indispensáveis. Uma cartografia dos saberes deve privilegiar as fronteiras, as transdiciplinaridades, as compatibilidades dos territórios disciplinares. Na verdade, foi exatamente isso o que realizou Foucault em *As palavras e as coisas* e esse é um desafio que permanece atual.

Durante um período de quase oitenta anos, entre 1860 e 1940, Darwin foi rejeitado pelos biólogos. Apesar da aceitação do evolucionismo e da descendência comum, a teoria da seleção natural foi fortemente recusada, com o predomínio de posturas neolamarckianas e mendelianas. É possível que tal fato se explique justamente pelo radicalismo presente na teoria da seleção natural, contrária ao antropocentrismo e à ideia do homem com um ser mais perfeito na escala gradual dos seres. Nas áreas humanas, no mesmo período, houve uma larga apropriação de Darwin, através de uma leitura bastante estereotipada da sua obra, o que perdura até hoje. A evolução foi interpretada por intermédio da imagem de uma escada, contínua e linear, ao contrário da proposta de Darwin, na qual a evolução poderia antes ser comparada a uma ramificação irregular.[19]

Se os limites preservam o caráter especial das ciências humanas, ressaltando sua distância e separação, há áreas fronteiriças, terrenos convidativos ao contato e à integração, cujo maior perigo é justamente não ousar percorrê-los. Ao mesmo tempo em que Cuvier estabeleceu a profícua ideia de que não há limites formais para o ser, Foucault também nos legou a perspectiva de que, *a priori*, não há limites para o pensamento.

Aos completar cem anos de idade, Ernst Mayr, o eminente zoólogo darwinista acima citado, escreveu um provocante livro intitulado *Biologia, ciência única*. Nele, distingue dois grandes ramos da biologia: a biologia mecanicista, mais próxima das ciências físicas e químicas, e a biologia evolucionista, possuidora de um paralelo tão firme com a história a ponto de poder ser denominada também como biologia histórica. Segundo ele, por meio de Darwin (e certamente, na esteira de Cuvier), essa última área da biologia opõe-se: 1. ao essencialismo, pois evidencia como a diversidade do mundo não cabe num quadro de essências idealizadas, mostrando a

---

[19] Em Darwin, "as 'seqüências' evolutivas não são degraus de uma escada, mas sim a reconstrução em retrospecto de uma trilha labiríntica, ramo por ramo". Ao refletir sobre a grande dificuldade para a absorção de Darwin, Gould a atribui ao fato de que, com Darwin, evidencia-se um evolucionismo não direcional, uma natureza sem finalidade, um materialismo profundo e, sobretudo, uma crítica aguda e desafiadora ao antropocentrismo. Por tudo isso, ele elogia "a perspectiva evolucionista de Darwin como um antídoto contra nossa arrogância cósmica" (GOULD, 2002, p. 4, 53-55).

variação inessencial e acidental dos seres vivos;[20] 2. ao determinismo – já que a teoria da seleção natural considera sempre o acaso, a variação e as probabilidades; 3. ao reducionismo – pois os sistemas biológicos são sistemas abertos, lidam com biopopulações, em que nenhum entre bilhões de seres de uma mesma espécie pode ser considerado igual ao outro; 4. à aplicação de leis naturais universais, pois, como o papel do acaso e da aleatoriedade é fundamental na formulação das teorias biológicas, o evolucionismo lida com conceitos. Além disso, o evolucionismo enfrenta um alto percentual de fenômenos de sistemas vivos nos quais predominam eventos históricos únicos, irrepetíveis, dos quais é quase impossível extrair regularidades; 5. à teleologia – pois a evolução pela seleção natural não tem um fim predeterminado, e a adaptação dos seres vivos é um resultado *a posteriori* sobre o qual não se pode lançar uma visão de fim de mundo. Não há direção. A seleção natural faz-se de geração a geração sem qualquer meta de longo alcance, embora possamos nos enganar ao olhar para trás, abrangendo uma longa série de gerações.[21]

Nos entremeios entre a genealogia de Foucault – questionador da metafísica, da continuidade, do olhar de fim de mundo e das regularidades tranquilizadoras – e a biologia evolucionista, cujas condições de possibilidade foram primeiramente estabelecidas por Cuvier – grande pensador da descontinuidade e do antiessencialismo – esboça-se um rico território a se explorado. Entre a "transformação Cuvier" e a "transformação Foucault" abre-se um espaço transdisciplinar da qual emerge o desafio de uma nova aventura intelectual a ser vivida por nós.

---

[20] O Papa Bento XVI publicou, no dia 11 de abril, na Alemanha, o livro *Schoepfung und Evolution* no qual condena justamente esse aspecto de aleatoriedade e não metafísico explícito na seleção natural: em seu texto, o papa afirma que a evolução teria uma racionalidade que a seleção casual não poderia explicar, demandando a aceitação de uma inteligência divina. Note-se, portanto, que o papa aceita a evolução, conciliando-a com o cristianismo (pois Deus teria presidido a evolução até a criação do homem) mas condena a seleção natural. HENEGHAN, Tom. Ciência não é suficiente para explicar criação (*O Estado de São Paulo*, Notícias. Disponível em: <http://www.estadao.com.br/especial/papa/noticias/2007/abr/11/55.htm>. Acesso em: 14 abr 2007).

[21] MAYR, Ernst. *Biologia, ciência única*. São Paulo: Cia das Letras, 2005, p. 36-173.

Espaços imaginários
A linguagem artaudiana cartografada por Foucault

Renato Amado Peixoto

Pensar o espaço não é apenas entender sua representação, considerar sua inscrição, perscrutar sua construção; é também necessário buscar suas conexões. Não custa relembrar que o sentido atribuído por Deleuze à afirmação de Foucault: "eu sou um cartógrafo"[1] decorre da concepção de uma cartografia extensiva a todo o campo social, no que se resultaria expor as relações de força que constituem o poder. Nesse entendimento, essa cartografia não seria bem grafada por meio de um único mapa, mas por um atlas que em permanente composição fosse integrado por inúmeros mapas superpostos.

Entretanto, se por um lado essa metáfora do mapa resolve o problema da compreensão de um método foucaultiano, por outro lado ela também nos impele a considerar a cartografia como um processo cuja racionalidade já está predefinida, sem atentar que mesmo a cartografia é parte também de um conjunto complexo de cognições que a faz diferir de outras escritas. Essa utilização da metáfora do mapa refletiria alguns dos principais problemas da análise foucaultiana do espaço, a saber, primeiro, a inexistência de uma clara e rigorosa distinção de certos elementos básicos para sua compreensão, como "lugar", "espaço", "localização", "local". Segundo, a inexistência de uma crítica da ideia de "local", embora grande parte da pesquisa de Foucault possa ser caracterizada como um investimento em torno da exploração de temas que contextualizem a perspectiva poder/conhecimento a partir de uma definição do que poderíamos chamar de contralocais. Terceiro, um desgaste da proposta foucaultiana de historicização do espaço, na medida em um dos princípios mesmo do

---

[1] DELEUZE, Gilles. Um novo cartógrafo. In: *Foucault*. São Paulo: Editora Brasiliense, 1988.

que podemos chamar de "heterotopologia", o estudo das heterotopias, é o universalismo, que, a nosso ver, iria de encontro à própria premissa histórica, condicionando-a e restringindo-a.[2]

Talvez a chave para se ultrapassar aquela compreensão e minimizar os problemas da análise foucaultiana do espaço seja, primeiro, contextualizar a questão do espaço em relação à própria obra de Foucault; segundo, com base nessa contextualização, buscar, em seus escritos e observações, um viés conceitual alternativo que reoriente a compreensão daquela análise.

No primeiro caso, cabe observar que, em relação aos mapas, não existiu uma exclusão total da desrazão, tal como Foucault observou em relação à literatura desde a época clássica até a modernidade. Desde o século XVII muitos mapas se afastaram dos princípios de razão ou verdade enfeixados nos saberes cartográficos e geográficos, sendo organizados em torno de um princípio de desrazão que foi mesmo elemento essencial de sua organização, construção e disseminação. A sobrevivência desse princípio de desrazão pode ser minimamente explicada se considerarmos que não acontecem na cartografia rupturas nem cercamentos da linguagem, ao contrário, a experimentação de linguagens é uma de suas tônicas. Ainda, mesmo que a geografia ou os métodos cartográficos constituíssem modelos racionais para essa escrita, não existirá um consenso a respeito de controles que desclassifiquem ou excluam obras ou sujeitos. Desse modo, é possível observar, desde o século XVII, a inserção mesma dessa experimentação da desrazão nos modelos racionais e a inscrição, validação e disseminação do que poderíamos chamar de geografias pessoais e mapas da imaginação.

No segundo caso, entendemos que a problematização de uma discussão em torno da cartografia deve ser feita menos em função da sua escritura e mais em torno dos processos cognitivos que a originam e dos métodos em que se investe sua inscrição. Para se pensar um espaço é necessário considerar antes um *espaço imaginário* onde se produz uma linguagem por intermédio de múltiplas experiências de outras linguagens; é preciso pensar os pressupostos que possibilitaram as condições de composição da gramática e da sintaxe dessas linguagens; entender cada um dos mapas das imaginações e das geografias pessoais que extrapolaram em um dado momento seus limites para constituir uma gramática

---

[2] Veja-se, por exemplo, a análise da compreensão foucaultiana de espaço de Edward S. Casey: CASEY, Edward S. *The fate of place*. Berkeley: University of California Press, 1998, p. 296-301.

e uma sintaxe cartográfica. Pensar o espaço significa investigar uma construção humana que só existe como parte de um campo de forças no qual a energia é o falante, e a linguagem, seu gerador – como Antonin Artaud entendia a encenação, é necessário considerar essa linguagem sob a forma de encantamento,[3] uma linguagem que visa encerrar e utilizar a extensão e fazê-la falar.[4] Uma linguagem que Foucault entenderia ser tanto um exercício de autonomia quanto um exercício de decomposição da individualidade, um entendimento que pode ser acompanhado por meio das investigações da relação entre a literatura e a linguagem feitas por Foucault e, especialmente, pelo remetimento dessas às suas observações sobre a vida e obra de Antonin Artaud.

As referências a Artaud abrangem um longo período de pelo menos 17 anos, de 1961 até 1978, podendo ser encontradas em vários dos artigos e conferências de Foucault, assim como em algumas de suas principais obras, especialmente em As *palavras e as coisas*, na *História da Loucura* e em *O nascimento da clínica*. Como essas referências acompanham o deslocamento temático e teórico das pesquisas de Foucault, pudemos nos servir delas para inferir certas transformações pontuais no seu entendimento da obra de Artaud. Mas essa transformação do entendimento de Foucault está conectada também com uma recepção renovada das principais obras de Artaud na França: novas edições de *Heliogabalo ou o anarquista coroado*, *O teatro e seu duplo* e *Van Gogh, o suicidado pela sociedade*, foram lançadas na França a partir de meados da década de 60. Afinal de contas, Artaud abordava em cada uma dessas obras temas caros ao próprio pensamento foucaultiano, como o homossexualismo, a linguagem e a loucura. Além disso, não se deve também descartar a renovação do interesse em torno da obra de Artaud provocado pela radiodifusão em 1973 de *Para acabar com o julgamento de Deus*, após nada menos que 25 anos de censura. Finalmente, devemos considerar certo desencanto de Foucault pela literatura, que provavelmente guiou-o a uma nova observação de certas categorias artaudianas, como o *atletismo afetivo* e o *teatro da crueldade*.

A primeira referência a Artaud já é um termômetro seguro da importância que Foucault lhe atribui, uma vez que esse o insere junto a Nerval

---

[3] ARTAUD, Antonin. A encenação e a metafísica. In: *O teatro e seu duplo*. São Paulo: Max Limonad, 1984, p. 62.

[4] ARTAUD, Antonin. Cartas sobre a linguagem. In: *O teatro e seu duplo*. São Paulo: Max Limonad, 1984, p. 141-142.

no restrito rol dos criadores que, por meio da linguagem, romperam com uma tradição de racionalidade ao refazer a experiência da loucura.[5] Essa importância seria ainda mais alargada na medida em que a obra de Artaud, juntamente com a de Nietzsche, seria entendida como um dos marcos delimitadores da clivagem entre Razão e desrazão na cultura ocidental.[6] Mais, o centro mesmo do argumento final da *História da Loucura* se constituiria em torno da tensão entre a arte e a loucura na obra de Artaud, definida pela expressão "palavras jogadas contra a ausência fundamental da linguagem [...]", servindo ainda para alicerçar o conceito de "ausência de obra" que Foucault utilizaria para melhor exemplificar a ideia de ruptura.[7]

Entre 1963 e 1966, acompanhando o deslocamento da pesquisa em torno de *O nascimento da clínica* e *As palavras e as coisas* a obra de Artaud passaria a ser entendida a partir da relação que faz das chamadas ciências empíricas com a concepção filosófica do conhecimento. Assim, Foucault passaria a entendê-la também enquanto uma experimentação[8] conectada mais à ideia da construção da linguagem, acenando um afastamento da ideia da "ausência de obra", como assinalaria Foucault em 1964: "Artaud pertencerá ao solo de nossa linguagem e não à sua ruptura".[9]

Esse entendimento da obra de Artaud como uma linguagem em movimento, uma "linguagem experimentada e percorrida como linguagem", consolidar-se-ia em *As palavras e as coisas* quando Foucault a discerniria como "uma espécie de contradiscurso", junto a outras obras nas quais julgava poder discernir uma "autonomia literária" capaz de impelir "às margens onde ronda a morte, onde o pensamento se extingue".[10] Entretanto, na obra de Artaud, mais do que em outros autores, essa linguagem era entrevista como uma ação, um ato perigoso, "recusada como discurso

---

[5] FOUCAULT, Michel. La folie n'existe que dans une societé, 1961. In: *Dits et écrits*. Paris: Éditions Gallimard, 1994, Tomo I, p.167.

[6] FOUCAULT, Michel. Préface; folie et déraison. 1961. In: *Dits et écrits*. Paris: Éditions Gallimard, 1994, Tomo I, p. 161.

[7] FOUCAULT, Michel. *História da loucura*. São Paulo: Ed. Pespectiva, 1978, pp. 528-530.

[8] FOUCAULT, Michel. Guetter le jour qui vient, 1963. In *Dits et écrits*. Paris: Éditions Gallimard, Tomo I, p. 266.

[9] FOUCAULT, Michel. La folie, l'absence d'ouvre, 1964. In: *Dits et écrits*. Paris: Éditions Gallimard, 1994, Tomo I, pp. 412-413.

[10] FOUCAULT, Michel. *As palavras e as coisas*. São Paulo: Martins Fontes, 1995, Tomo I, p. 60-400.

e retomada na violência plástica do choque, e remetida ao grito, ao corpo torturado, à materialidade do pensamento, à carne".[11] Por conseguinte, a transformação do pensamento seria operada por uma sublimação da energia material, capaz de sufocar a linguagem discursiva e aniquilar o sujeito ele-mesmo e engendrar a nova linguagem.[12] A materialização de uma "linguagem do pensamento" passaria então a ser compreendida tanto como o exercício de uma autonomia linguística[13] quanto como um processo de decomposição da individualidade (no caso, se observada a associação da obra de Artaud com a esquizofrenia[14] ou pela relação que Foucault estabelece entre uma literatura da peste e *O teatro e seu duplo*[15]).

Por conseguinte, a materialização da linguagem do pensamento se constitui num espaço de contínua tensão entre a razão e a desrazão que pode ser problematizada por meio da metáfora cartográfica. Nesse sentido, é necessário centralizar nosso argumento sobre uma das proposições iniciais deste ensaio, de modo a exemplificá-la, no caso, a ideia de que nos mapas não existiu uma exclusão total da desrazão, tal como Foucault observou em relação à Literatura desde a época clássica até a modernidade.[16] Para isso nos valeremos de alguns exemplos selecionados de modo a cobrir alguns elementos essenciais tanto para a compreensão do espaço como para a construção cartográfica. Esses exemplos visarão constituir, a partir do viés interpretativo da "linguagem artaudiana", elementos para a minimização dos problemas da análise foucaultiana do espaço.

Pesquisada a cartografia dos séculos XVI e XVII, podemos observar que a existência de modelos cuja cientificidade, estética e acuidade

---

[11] FOUCAULT, 1995, p. 400.

[12] FOUCAULT, Michel. La pensée du dehors, 1966. In: *Dits et écrits*. Paris: Éditions Gallimard, 1994, Tomo I, p. 522; 525.

[13] FOUCAULT, Michel. De l'archéologie à la dynastique, 1972. In: *Dits et écrits*. Paris: Éditions Gallimard, 1994, Tomo II, p. 412-413. Ver o paralelo entre Freud e Artaud em FOUCAULT, Michel. Theatrum philosophicum, 1970 in: *Dits et écrits*. Paris: Éditions Gallimard, 1994, Tomo II, p. 80.

[14] FOUCAULT, Michel. La folie et la sociéte, 1970. In: *Dits et écrits*. Paris: Éditions Gallimard, 1994, Tomo II, p. 132.

[15] O teatro e seu duplo está considerado dentro de uma linhagem literária que remonta a Tucídides. Ver FOUCAULT, Michel. *Os anormais*. São Paulo: Matins Fontes, 2001, p. 58, 68 n. 15.

[16] Ver PEIXOTO, Renato Amado. *A máscara da Medusa: a construção do espaço nacional brasileiro através das corografia e da cartografia no século XIX*. Tese de Doutorado – Universidade Federal do Rio de Janeiro, 2005.

geográfica eram amplamente reconhecidas, não impede o surgimento e a aceitação de mapas absolutamente divergentes em relação àqueles. No século XVI, por exemplo, as cartas baseadas na projeção de Mercartor dividiram o espaço editorial com o modelo cartográfico de John Ogilby que diferia abruptamente tanto no que diz respeito à orientação quanto à construção dos mapas.[17] No modelo de Ogilby, os mapas eram projetados sobre pergaminhos imaginários que dividiam entre si a extensão da folha. Cada pergaminho destinava-se a permitir o acompanhamento de um itinerário, que partia de uma cidade ou povoado situado sempre na parte de baixo no extremo esquerdo da folha. Essa rota ascendia então ao topo do pergaminho para reaparecer na parte de baixo do pergaminho seguinte, daí ascendendo novamente e continuando sucessivamente, até terminar no topo do pergaminho situado no extremo da página direita.

Com base nesse exemplo, também podemos utilizar a ideia da linguagem artaudiana para problematizar o espaço como uma produção ao mesmo tempo autônoma e múltipla. Ao contrário da cartografia achatada e estática de Mercartor, sempre orientada para o norte, cada pergaminho imaginário possuía uma orientação diferente, novamente transformada nos pergaminhos seguintes, cada um deles buscando detalhar os elementos que podiam servir enquanto marcos para suas narrativas peculiares. Enquanto alguns enfatizavam as estradas, outros destacavam os montes, rios, florestas e pontes, ou ainda cidades e vilas. O modelo de Ogilby não revelava apenas fragmentos do espaço, mas, por intermédio da utilização do mistério e do suspense, elaborava espaços em permanente fruição.

A ideia de uma produção do espaço autônoma e múltipla pode ser aprofundada se entendermos ainda a existência de "lugares" produzidos, os "espaços imaginários", e as "localizações" trabalhados pela escrita, que interagiriam com aquele por meio de sua inscrição. A "produção" e a "inscrição" desses "lugares" e "locais" remeteriam, portanto, à investigação de um processo de composição em que é necessário delimitar diferentes instâncias: a composição propriamente dita, seu projeto e construção, a inscrição e a sua disseminação. Nesse sentido, continuando a utilizar a metáfora do mapa, poderíamos exemplificar a constituição de diferentes condições da composição de suas gramáticas e sintaxes.

[17] Ver OGILBY, John. *Atlas 'Britannia'*, 1675.

Se tomarmos um novo exemplo, o "Mapa da nova harmonia", podemos observar que esse pode ser lido a partir de qualquer posição: alto-baixo, esquerda-direita, etc.[18] Essa característica somente pode ser explicada se for entendido que o "Mapa da nova harmonia" foi confeccionado por separatistas da Igreja Luterana instalados nos Estados Unidos, seguindo os padrões já utilizados nos mapas de outra denominação protestante, os "Shakers". No caso, o "Mapa da nova harmonia" segue uma linhagem que "localiza" através da própria inscrição um "lugar" de composição, representando um "espaço" da experiência, a saber, a perseguição religiosa sofrida e o desejo de possibilitar o exercício de diferentes interpretações.

O "lugar" seria, portanto a expressão aceita pelos falantes ideais de uma dada comunidade linguística, em certo momento, que poderia, ou não, conviver com outras expressões, constituindo, assim, um "local". Veja-se este exemplo: no mapa "Neu-York" de Melissa Gould, os topônimos da cidade de Nova Iorque estão grafados em alemão e nele são localizados certos lugares típicos da Alemanha do Entre-Guerras.[19] No caso, a autora, filha de judeus austríacos que haviam se exilado nos Estados Unidos na década de 1930, pretende partilhar a vivência do preconceito que experimentou durante sua residência de dois anos na Berlim dos anos 1980 e com isso motivar os judeus de Nova Iorque para ações com opinião pública.

Por outro lado, o mapa "A New Yorker's idea of United States of América",[20] produzido para a Feira Mundial de Nova Iorque de 1939, explora o provincianismo dos nova-iorquinos por meio da distorção dos espaços mais valorizados por esses e da inscrição de nomes incorretos ou fictícios, por exemplo, Mineápolis e Indianápolis são grafadas neste mapa como *The twin cities*. Se no primeiro exemplo a transliteração pode ser entendida enquanto a inscrição de um lugar, um "espaço da imaginação" resultante da autonomização da linguagem, no segundo, a transliteração pode ser entendida como a representação de um espaço pela disseminação dos mapas das imaginações e das geografias pessoais que em um dado momento extrapolaram seus limites para constituir uma gramática e uma sintaxe cartográfica. "Lugar" e "espaço" resultariam, portanto, de uma

[18] WEINGARTNER. Wallrath. Map of new harmony, 1832.

[19] GOULD, Melissa. Neu-York, 1991

[20] WALLINGFORD, Daniel. A New Yorker's Idea of United States of America. c. 1939.

contínua tensão entre autonomia e multiplicidade em que o exercício da cartografia significaria reconhecer não apenas os interstícios e as margens que permitiram a construção dos mapas, mas também a economia de suas linguagens: retiradas as convenções cartográficas resta-nos não mais um mapa, mas apenas uma folha em branco. Seria nesse sentido que Lewis Carroll, em *The hunting of the Snark* utiliza também a metáfora cartográfica para ilustrar o episódio em que os protagonistas, de barco, se preparavam para cruzar o oceano e iniciar a caçada aos "Snarks", seres imaginários, fugidios, múltiplos:

> Ele [o Capitão-Sineiro] tinha trazido um grande mapa representando o mar,
> Sem o mínimo vestígio de terra:
> E a tripulação ficou muito agradecida quando descobriu que aquele era
> Um mapa que todos poderiam entender.

> "Para que servem os Pólos Norte e os Equadores de Mercartor,
> Trópicos, Zonas, e Linhas de Meridiano?"
> Então o Sineiro gritaria: e a tripulação responderia
> "Eles são apenas sinais convencionais!

> "Outros mapas são do mesmo formato, com suas ilhas e cabos!
> Mas nós temos nosso bravo Capitão para agradecer:
> (E a tripulação protestaria) "Eles nos trouxe o melhor –
> Um perfeito e absoluto vazio!"

> Isso era maravilhoso, sem dúvida; mas eles rapidamente descobriram
> Que o Capitão em quem eles acreditavam tanto
> Tinha apenas uma noção para cruzar o oceano,
> E essa era tilintar o seu sino.[21]

Se considerarmos a cartografia como o experimento resultante de uma linguagem múltipla e autônoma, a afirmação de Foucault "eu sou um cartógrafo" ganharia outros sentidos. Utilizando novamente a metáfora dos mapas, essa cartografia constituiria uma crítica à linguagem achatada e inerte das cartas, remetendo-nos à crítica de uma construção que se efetuaria pelas margens e nos interstícios, atravessando organizações gramaticais, léxicas e sintáticas para deformá-las com base no exercício da constituição de um sujeito-esquizofrênico, múltiplo, multiplicado, mas

---

[21] CARROLL, Lewis. The hunting of the Snark, 1876 (nossa tradução).

multiplicador. Afinal, para Artaud, a linguagem emergiria em um estado de putrefação pura do ser, como uma linguagem do pensamento, capaz de engendrar, como a peste, o outro que seria o sujeito mesmo. Contudo, essa *estética da crueldade* estaria ligada a uma *ética da crueldade*, onde caberia a cada um a invenção de uma linguagem própria e múltipla, lapidada por meio de uma boca-ânus que suga e esvazia. Ao cartógrafo caberia, portanto, a tarefa de investigar a invenção de uma linguagem que constrói espaços por meio do excremento, espaços-sêmen que engendram e se multiplicam – *espaços imaginários*.

Foucault, aquele que fala sobre espaços separados, as "heterotopias", talvez ecoando Lewis Carroll, escreveria no final de seu famoso texto sobre o espaço que, "nas civilizações sem barcos os sonhos se escoam".[22] No final de outro texto igualmente famoso Antonin Artaud descreve um espaço igualmente separado: seu corpo.

> O espaço do infinito / Não sei / Mas / Sei que / o espaço / o tempo / a dimensão / o devir / o futuro/ o destino / o ser, / o não-ser, / o eu, / o não-eu / nada são para mim; / mas há uma coisa / que é algo, / uma só coisa / que é algo / e que sinto / por ela querer / SAIR: / a presença / da minha dor / do corpo, / a presença / ameaçadora / infatigável / do meu corpo.[23]

A geografia de Artaud é uma geografia dos sonhos, seu espaço, um barco sempre pronto a zarpar.

---

[22] FOUCAULT, Michel. Des espaces autres, 1967. In: Dits et écrits. Paris: Éditions Gallimard, 1994, Tomo IV, p. 762.

[23] ARTAUD, Antonin. Para acabar com o julgamento de Deus. In: Escritos de Antonin Artaud. Porto Alegre: L&PM, 1983, p. 157-158.

Marginalização filosófica do cuidado de si
O momento cartesiano

Salma Tannus Muchail

Fala, meu caro Sócrates, eu te escuto...
Platão, *Alcibíades*, 104e

Alcibíades dispõe-se a ouvir de Sócrates os ensinamentos que o habilitem a conquistar o comando de Atenas. E o que diz Sócrates? Que o justo governo da cidade começa com o governo de si mesmo e que governar-se implica conhecer-se. É nesse contexto que o diálogo platônico integra, ao âmbito da reflexão filosófica, a tecnologia ou arte de "ocupar-se consigo" e, com ela, o preceito délfico de "conhecer-se a si mesmo".[1] No seu Curso de 1982, *A hermenêutica do sujeito*, Foucault mostra que, anteriormente à sua inclusão no universo da filosofia, essas noções já existiam e a relação entre elas comportava, originariamente, a primazia do "cuidado", noção mais fundante e abrangente que a do "conhecimento". Mas, na dinâmica do pensamento platônico, reconhece, por um lado, que essa relação tenderá a inverter-se, subordinando o "cuidado" ao "conhecimento". Por outro lado – e isso pertence ao que ele denomina "paradoxo do platonismo"[2] – reconhece também, como "característica

---

[1] Segundo a tradução francesa de J. Cazeaux (PLATÃO. Alcibíades. Paris: Librairie Générale Française, 1998), a noção de "cuidado de si" aparece 22 vezes neste diálogo (Cf. "Introduction", p. 31). Segundo a tradução de M. Croiset (Paris: Les Belles Lettres, 2002), há 19 ocorrências no ponto culminante do diálogo e mais quatro ocorrências depois (Cf. nota 42, p. 78-79). Foucault situa o primeiro grande aparecimento da noção de "cuidado' em 127e (Cf. FOUCAULT, Michel. L'Herméneutique du sujet. Paris: Gallimad/Seuil, 2001, p. 37, 45 e 50. Tradução brasileira: A Hermenêutica do sujeito, por Márcio A. da Fonseca e S. Muchail. São Paulo: Martins Fontes, 2004, p. 47, 57 e 64). E identifica três passagens em que aparece a noção de "conhecimento de si", a saber, em 124 b, 129 a, 132 c (Cf. FOUCAULT, 2001, p. 51-52 e 65-67; 2004, p. 65-66 e 85-86).

[2] FOUCAULT, 2001, p. 75; 2004, p. 97.

de Platão", uma espécie de "sobreposição dinâmica" das duas noções, um "apelo recíproco" a articulá-las, de modo que "nenhum dos dois elementos deve ser negligenciado em proveito do outro".[3] Essa "sobreposição" ou esse "apelo recíproco" sustenta um vínculo indissolúvel entre o âmbito do conhecimento (que remete à questão da verdade), o das condutas (que remete à constituição ética de si) e o do governo dos outros (que remete à ação política); e se acrescentarmos que essa tríplice relação resulta na constituição da própria vida como existência bela, diremos então que, da conjunção entre conhecimento e cuidado de si, segue-se a associação entre o que hoje denominaríamos de planos epistemológico, ético, político e estético. É essa associação que se viu desagregar-se quando, ao longo da história do pensamento ocidental, a noção de "conhecimento" tornou-se preponderante enquanto a de "cuidado" esmaecia-se.

A partir daí ganha relevância o desejo que Foucault imprimiu ao Curso de 1982, expressamente declarado: "Portanto, é o cuidado de si, relativamente ao privilégio tão longamente concedido ao conhecimento de si, que, neste ano, gostaria de fazer reemergir".[4] Retenhamos essa afirmação. Nós a retomaremos ao final.

Não tencionamos aqui analisar a proposta foucaultiana de ressurgimento positivo do "cuidado". Antes, dela nos acercaremos pelas margens, explorando seu "negativo" ou, mais precisamente, buscando compreender melhor a desvalorização histórica do "cuidado". Para isso, nosso caminho segue indicações que o próprio Foucault fornece.

De maneira muito esquemática e como já explicitamos em outras ocasiões, pode-se dizer que a dissociação entre "cuidado" e "conhecimento" de si está na origem de duas vias que marcam, na trajetória do pensamento filosófico, a concepção que se tem da filosofia e a correlata concepção do sujeito: na via em que predomina o "cuidado", a filosofia é pensamento inseparável da prática de vida e a ela corresponde o sujeito de ações cuja *verdade* não tem essência nem substância porque se constitui e se transforma continuamente; na outra via, a filosofia é conhecimento prioritariamente "representativo" a que corresponde o sujeito do conhecimento cuja *verdade* é substância essencialmente a mesma, já dada e constituída.

---

[3] FOUCAULT, 2001, p. 67-68 ; 2004, p. 87.
[4] FOUCAULT, 2001, p. 67-68; 2004, p. 86.

O problema que nos colocamos está em compreender como se deu a passagem do predomínio do "cuidado" para o do "conhecimento". Foucault levanta dois tipos de hipótese. Primeiramente, há um grupo de explicações que descrevem a ocorrência, no decurso da história, de certa desfiguração *moral* do significado do cuidado de si, revertendo diretamente no desprestígio da noção. Não trataremos aqui desse primeiro conjunto de explicações.[5] O segundo tipo de hipótese, que é de ordem prioritariamente *epistemológica,* consiste na sobrevalorização do "conhecimento", incidindo assim, indiretamente, na consequente desqualificação do "cuidado". A essa hipótese corresponde o que Foucault denomina de "momento cartesiano",[6] aquele, portanto, em que o "cuidado" se distancia do "conhecimento" na direção do seu desaparecimento epistemológico. É esse o tema que pretendemos explorar.

Embora se permita um raro "salto de muitos séculos",[7] de Platão a Descartes, as referências de Foucault ao "momento cartesiano" durante as aulas que compõem *A Hermenêutica do sujeito* (centradas no período socrático-platônico e mais longamente no helenismo greco-romano dos séculos I e II d.C.) são poucas e muito breves. Para elucidá-las, buscaremos recurso em passagens de outros textos, particularmente em *História da loucura* (1961), *As Palavras e as coisas* (1963) e *A Vida dos homens infames* (1977), que articularemos a *A Hermenêutica do sujeito* (Curso de 1982, com publicação em 2001).

★★★★

Sem dúvida, Descartes é para Foucault um referencial destacado e recorrente. Ao privilegiar as passagens do Renascimento à Idade Clássica e desta à Modernidade, na trajetória histórica percorrida em seus primeiros grandes livros, posiciona Descartes como o marco filosófico no limiar do classicismo assim como Kant no da Modernidade. Para remeter apenas a uma menção mais recente, na segunda hora da aula de 3 de fevereiro do mesmo Curso de 1982, inquirido por um interlocutor sobre o significado do "modelo cartesiano", responde que tomou Descartes "como marco" porque para ele "não é o sujeito que deve transformar-se. Basta que o

---

[5] Este foi o assunto de nossa comunicação "Sobre o cuidado de si – surgimento e marginalização filosófica", apresentada em Curitiba (PUC/PR), ago. 2006.

[6] FOUCAULT, 2001, p. 15 e 19; 2004, p. 18 e 22.

[7] FOUCAULT, 2001, p. 19; 2004, p. 22.

sujeito seja o que ele é para ter, pelo conhecimento, um acesso à verdade que lhe é aberto pela sua própria estrutura de sujeito".[8]

Contudo, salvaguardada a importância específica da figura histórica de Descartes, a demarcação de um "momento" e a adjetivação de "cartesiano" não devem significar que em algum instante fixo e a partir de um único pensador mudanças súbitas e definitivas tivessem acontecido. Na realidade, rupturas importantes já teriam ocorrido antes de Descartes e ressurgimentos modernos do "cuidado" virão depois dele.[9] É Foucault quem afirma: "quando digo 'momento', não se trata, de modo algum, de situar isto em uma data e localizá-lo, nem de individualizá-lo em torno de uma pessoa e somente uma".[10] Não significa que Descartes foi um "inventor, o primeiro a realizar tudo isto".[11] A expressão "momento cartesiano" aparece, diz ele ainda, "a título puramente convencional" e, empregada "com muitas aspas", seu sentido remete àquele duplo papel de requalificar filosoficamente o "conhece-te a ti mesmo" e, em contrapartida, desqualificar o "cuidado de si".[12] Declara que usou essa denominação "brincando um pouco, embora não seja engraçada",[13] para nomear a tônica que recai sobre o "conhecimento" às expensas do "cuidado". Assim, essas flexibilizações ou modalizações da expressão nos permitem alargá-la, entendendo-a preferencialmente como "ambiência", como "atmosfera" cartesiana na qual convivem e enredam-se elementos diversificados, tais múltiplas peças heterogêneas, mas concomitantes, de um mesmo dispositivo.

Assim, é nessa "ambiência" que tem lugar, por exemplo, *Las meninas*, de Velásquez (1599-1660), que Foucault redesenha no frontispício

---

[8] Acrescenta, como já fizera em textos anteriores, que esta situação que, "de maneira muito clara, encontramos em Descartes", será seguida por uma "virada suplementar", trazida por Kant, de modo que "Kant e Descartes me parecem ser os dois grandes momentos" (FOUCAULT, 2001, p. 183; 2004, p. 234-235). Referências de sentido semelhante e específicas sobre Descartes, reencontramos em outras passagens do mesmo Curso, como: na primeira hora da aula de 24 de fevereiro (FOUCAULT, 2001, p. 281; 2004, p. 356); na primeira hora da aula de 24 de março (FOUCAULT, 2001, p. 442-443; 2004, p. 559-560). É igualmente nesta direção que F. Gros remete à leitura foucaultiana de Descartes, no seu "Situation du cours" (GROS, Frédéric. Situation du cours. In: FOUCAULT, 2001, p. 504; 2004, p. 632-633).

[9] FOUCAULT, 2001, p. 29-32; 2004, p. 46-53.

[10] FOUCAULT, 2001, p. 27; 2004, p. 35.

[11] FOUCAULT, 2001, p. 19; 2004, p. 23.

[12] FOUCAULT, 2001, p. 15; 2004, p. 18.

[13] FOUCAULT, 2001, p. 67; 2004, p. 86.

de *As Palavras e as coisas*. Quadro dentro do quadro, jogo de reflexo e espelho, *Las meninas* equivale – no plano da imagem – à "representação reduplicada",[14] que – no plano do saber – compõe o "a priori" da *epistemé* clássica, representação que é o chão sobre o qual são possíveis as formações discursivas do classicismo, incluindo aí a filosofia cartesiana.

Evoquemos, pois, a *Primeira meditação* de Descartes. Na busca da certeza verdadeira, tudo é posto radicalmente em dúvida: a existência das coisas do mundo (pelo argumento dos sentidos), a própria existência intramundana daquele que duvida (pelo argumento dos sonhos), a existência até mesmo das ideias claras e distintas (pelo argumento do "gênio maligno"). Portanto, a própria realidade do eu é colocada em questão. Ouçamos Descartes: "por exemplo, que eu esteja aqui, sentado junto ao fogo [...], tendo este papel entre as mãos. E como poderia eu negar que estas mãos e este corpo sejam meus?".[15] Como sabemos, depois da dúvida universal, a primeira certeza definitiva, alcançada na *Segunda meditação,* é precisamente a do eu. Mas o eu da certeza verdadeira não é o eu empírico, concreto e corpóreo, o mesmo que está "sentado junto ao fogo", tendo um "papel entre as mãos" e cujo "corpo" lhe pertence. É aquele a quem pertence o pensamento e exclusivamente o pensamento: "nada sou, pois, falando precisamente, senão uma coisa que pensa, isto é, um espírito, um entendimento ou uma razão".[16] Podemos até conjecturar que, ao atribuir justamente o título *Meu corpo, este papel, este fogo* a um texto posterior sobre as *Meditações* (aquele em resposta às críticas de Derrida[17]), Foucault talvez pretendesse restituir concretude à verdade clássica da representação. Mas o que aqui nos interessa é traçar

---

[14] Cf. Cap. III de FOUCAULT, M. Les Mots et les choses. Paris: Gallimard, 1966, p. 77. Tradução brasileira: As palavras e as coisas. Tradução de Salma T.Muchail, São Paulo: Martins Fontes, 1981, p. 78.

[15] DESCARTES, R. Meditações concernentes à primeira filosofia. In: Obra escolhida. Tradução de J. Guinsburg e Bento Prado Júnior. São Paulo: Difusão Européia do Livro, 1962, p. 118.

[16] DESCARTES, 1962, p. 128.

[17] FOUCAULT, M. Mon corps, ce papier, ce feu. Apêndice à 2. ed. de Histoire de la folie à l'âge classique. Paris : Gallimard, 1972, p. 582-603. Republicado em Dits et écrits, v. II. Paris : Gallimard, 1994, p. 245-268. Uma outra versão desse texto existe sob o título "Réponse à Derrida", em Dits et écrits, v. II, p. 281-295. Dessa outra versão há duas publicações brasileiras, com tradução de Vera Lucia Avellar Ribeiro: uma, no volume Três tempos sobre história da loucura, organizado por FRANCO FERRAZ, M. Cristina. Rio de Janeiro: Relume-Dumará, 2001; outra, no volume Problematização do sujeito: psicologia, psiquiatria e psicanálise, coleção "Ditos e escritos", v. I, organização de BARROS DA MOTA, M. Rio de Janeiro: Forense Universitária, 1999.

os cruzamentos que compõem o assim denominado "momento cartesiano": assim como resta ausente a concretude do corpo, do papel, do fogo, no caminho do conhecimento cuja certeza desemboca unicamente no *pensamento*, assim também, no quadro de Velásquez, resta à frente da tela aquele espaço branco, lugar vazio, supostamente ocupado pelos modelos concretos cuja realidade só pode delinear-se como imagem, reflexo ou representação.

Em reforço a essas considerações, emprestamos algumas passagens de um livro recente, da autoria da Blandine Kriegel[18] (assistente de Foucault no *Collège de France*). No capítulo "Foucault, filósofo" (cuja primeira versão tinha um sugestivo título, "O Olhar loquaz"), lê-se que Foucault nos convida "à relação da imagem e do texto, da arte e do discurso".[19] Mais especificamente lê-se também: "A pintura é um ápice do pensamento; não se compreende menos a representação clássica contemplando *As Meninas* do que lendo a primeira *Meditação metafísica* de Descartes".[20] E mais concisamente, na "Introdução": "Toda a filosofia em um só quadro. Todo Descartes em Velásquez".[21]

★★★★

Passemos a um outro cruzamento. Nessa mesma "ambiência" talha-se a fratura clássica entre razão e desrazão, que a *História da loucura* torna exposta. Eu, que penso e existo, o que sou? "Uma coisa que pensa", responde Descartes. E por quanto tempo? "A saber, por todo o tempo em que eu penso; pois poderia, talvez, ocorrer que, se eu deixasse de pensar, deixaria ao mesmo tempo de ser ou de existir".[22] Na juntura operada por Descartes entre a ordem do conhecimento e a ordem do ser, tem lugar a primeira evidência, a do "conhecimento de si" que é, portanto, simultânea à evidência da existência. *Substância pensante, "res cogitans", sujeito cognoscente,* este é o meu ser, este é o estatuto ontológico do eu. Assim, dessa conjugação entre conhecimento e ser na evidência primeira do *cogito,* a leitura foucaultiana de Descartes em *História da loucura* permite concluir: se sou louco, não penso; portanto, se sou louco, nem penso, nem sou, "pois

---

[18] KRIEGEL, Blandine. *Michel Foucault, aujourd'hui*. Paris: Plon, 2004.

[19] KRIEGEL, 2004,p. 27.

[20] KRIEGEL, 2004, p. 36.

[21] KRIEGEL, 2004, p. 11.

[22] DESCARTES, 1962, p. 128.

a loucura é justamente a condição de impossibilidade do pensamento".[23] Ou, inversamente, porque impossibilidade de pensamento, a loucura fere de morte a verdade real do eu que consiste em ser pensante. Banida do pensamento, a desrazão será também socialmente excluída na prática do internamento. O gesto divisório que o Hospital Geral instaura na ordem institucional, Descartes o enuncia na ordem do discurso. Ora, com o exílio da loucura e de todo o universo classicista da desrazão, o que então se consolida é a soberania do sujeito do conhecimento e a consequente "morte" epistemológica do "cuidado".

★★★★

Façamos nosso terceiro cruzamento. Com efeito, enquanto a possibilidade do pensamento se encerra no cerco estrito da razão, a população dos "desarrazoados" é confinada entre os muros do internamento. "Homens de desrazão",[24] conhecemos a longa lista que a leitura da *História da loucura* nos permite compor: são pobres, vagabundos e sem-trabalho; são correcionários, detentos e condenados; são devassos, libertinos, impudicos, doentes venéreos, prostitutas e homossexuais; são bêbados e mentirosos; são filhos ingratos, jovens que perturbam o sossego das famílias e pais dissipadores; são blasfemadores, suicidas, alquimistas, feiticeiros e mágicos; são insensatos, cabeças alienadas e espíritos transtornados.[25] Mas é essa lista que nos envia a outro texto, *A Vida dos homens infames.* Ali, Foucault reproduz trechos de registros cuja forma original era de "queixas, denúncias, ordens ou relatórios",[26] colhidos em "arquivos de reclusão, da polícia, das petições ao rei e das *lettres de cachet*".[27] Percorrendo esse curto texto sobre as vidas inglórias – onde Foucault esbanja comoção e beleza – podemos então completar, por assim dizer, aquela relação recolhida ao longo de *História da loucura,* com outra lista de "dezarrazoados": o "frade apóstata, sedicioso, capaz dos maiores crimes, sodomita, ateu até mais não

---

[23] FOUCAULT, 1972, p. 57; tradução brasileira: *Historia da loucura na idade clássica,* por J. Teixeira Coelho Netto. 5. ed. São Paulo: Perspectiva, 1997, p. 46.

[24] FOUCAULT, 1972, p. 117; 1997, p. 103-104 (aqui traduzido por "homens do desatino").

[25] Essa lista é obtida de várias passagens ao longo de todo o livro. A relação que ora elencamos retoma e amplia aquela que já havíamos reunido em nosso artigo, "O mesmo e o outro – faces da história da loucura" (In: MUCHAIL, S. *Foucault, simplesmente.* São Paulo: Loyola, p. 44-45).

[26] FOUCAULT, M. *La Vie des hommes infames.* In: *Dits et écrits, v. III,* p. 239. Tradução portuguesa: *A vida dos homens infames.* Por Antônio F. Cascais e Eduardo Cordeiro, no volume *O que é um autor?* Lisboa: Vega, 1992, p. 94.

[27] FOUCAULT, 1994, v. III, p. 243; 1992, p. 104.

poder ser, um verdadeiro monstro de abominação"; "o usurário fantasista e inconseqüente"; "remendões, soldados desertores, vendedoras de roupa, tabeliões, monges vagabundos"; "o monge escandaloso, a mulher espancada, o bêbado inveterado e furioso, o mercador dado a contendas"; "o monge apóstata, os pobres espíritos extraviados"; "a mulher desprovida de qualquer sentimento de religião, de honra, de probidade e até de humanidade"; "o jovem estróina, mau filho e devasso"; "mulheres de maus costumes e fedelhos danados"; "jovens desobedientes"; os que cometem "desentendimentos domésticos", "excessos do vinho e do sexo", "brigas públicas", "paixões secretas".[28] O que surpreende nesses registros é o contraste entre a pequenez das vidas narradas e a grandiloquência das narrativas. Por um lado, pessoas comuns e desventuradas, "personagens miseráveis", "vidas ínfimas", "existências inessenciais" e "homens obscuros", "pessoas sem importância", "absolutamente destituídas de glória", "maltrapilhos, desgraçados, simples medíocres",[29] cujos delitos, infelicidades e vicissitudes não passam de "desordens insignificantes"e "infortúnios comuns", "mal minúsculo da miséria e da falta venial", "vigarices" ou "bebedeiras"e "pequenos desvios de conduta", "turbulências minúsculas", "vileza obscura" ou "pequena intriga".[30] Por outro lado, na descrição dessas vidas ordinárias e de suas desditas quotidianas, a intensidade extraordinária e exorbitante das narrativas, palavras perpassadas de "fulgor", de "clarão" e "solenidade", "linguagem decorativa, imprecatória ou suplicante", "retórica grandiosa" e "suntuoso edifício verbal", "discurso empolado" numa cumplicidade de "expressões rudes, desajeitadas, malsoantes" com "frases solenes e descabidas".[31] Nessa estranha desproporção entre o que se diz e o modo de dizê-lo, a realidade dessas vidas acaba por transformar-se no texto que as relata, tornando-se "existência puramente verbal" e subsistindo tão somente "no abrigo precário das palavras"; uma "discursificação do quotidiano"[32] substitui, por assim dizer, a concretude das existências

---

[28] FOUCAULT, 1994, v. III, respectivamente, p. 237-238, 238, 239, 242, 243, 244, 244-245, 245, 246, 248; 1992, p. 91, 92, 95, 101, 103, 108, 109, 110, 113, 116.

[29] FOUCAULT, 1994, v. III, respectivamente, p. 238, 238, 241, 242-243, 250; 1992, p. 91, 92, 99, 102, 121.

[30] FOUCAULT, 1994, v. III, respectivamente, p. 244, 246, 246, 246, 249; 1992, p. 108, 112, 113, 117, 119.

[31] FOUCAULT, 1994, v. III, respectivamente, p. 241, 244, 249, 249, 249; 1992, p. 99, 109, 118, 119, 119-120.

[32] FOUCAULT, 1994, v. III, respectivamente, p. 242, 245; 1992, p. 100, 111.

pelas frases que as "representam". Permitindo-nos também um "salto" cronológico, poderíamos ilustrar essa situação evocando uma analogia com um procedimento atual da legislação brasileira, recentemente noticiado: trata-se dos casos de "pequenos furtos" (no valor equivalente a $1,00) pelos quais o acusado, como em qualquer outro crime, é preso e sofre processo na justiça comum (envolvendo despesas em valor equivalente a cerca de duas mil vezes maior que o do objeto furtado); são chamados "crimes de bagatela" cuja real insignificância é como que substituída por sua "ritualização" judicial.[33] Mas o próprio Foucault ilustra, por assim dizer, a situação das *vidas infames,* usando repetidas vezes a metáfora do teatro: como se nos limites de um "palco", uma "encenação da vida" transformasse aquelas pequenas existências em "estranhos poemas".[34]

Voltando ao nosso propósito de alinhavar em cruzamentos a trama do "momento cartesiano", podemos presumir que, assim como no plano da imagem, o quadro de Velásquez emoldura os limites da representação, aqui, no plano do verbo, uma "dramaturgia do real" confere "teatralidade artificial"[35] a essas vidas concretas, transformando-as em representação. Em outras palavras: digamos que do outro lado da realidade encontrada do *cogito,* esses nomes sem renome perdem sua realidade, agora reinventada em "discurso".

Estamos novamente em meio ao dispositivo cartesiano. Os documentos consultados por Foucault em *A vida dos homens infames* são datados de 1660 a 1760. Como ele mesmo sugere, se escolheu essa data e esses textos é porque neles suspeita uma espécie de novo "começo", o desenrolar de "um acontecimento importante".[36] Hoje, com a publicação de *A hermenêutica do sujeito,* mais de 20 anos depois de *A vida dos homens infames,* podemos reconhecer nesse acontecimento e nesse começo a denominação que Foucault então lhes dará. Tendo chamado, em *A hermenêutica do sujeito,* de "socrático-platônico" aquele "momento decisivo"[37] em que ocorre o concomitante nascimento filosófico do "cuidado" e do "conhecimento" de si", chamará, como dissemos, de "momento

---

[33] Cf. *Folha de São Paulo,* 27 mar. 2007.

[34] FOUCAULT, 1994, v. III, respectivamente, p. 250, 246, 237 e 239; 1992, p. 121, 112, 90 e 93.

[35] FOUCAULT, 1994, v. III, respectivamente, p. 240, 250; 1992, p. 95, 122.

[36] FOUCAULT, 1994, v. III, respectivamente, p. 243, 244; 1992, p. 106-107.

[37] FOUCAULT, 2001, p. 11; 2004, p. 13.

cartesiano" precisamente esse outro, não menos decisivo, que, consolidando o distanciamento entre "cuidado" e "conhecimento", deflagra, na história do nosso pensamento ocidental, um novo "começo".

★★★★★

Para concluir, ainda uma consideração. A imagem da "teatralidade artificial"[38] que Foucault aplicará à verbalização espetacular dos *homens infames* é a mesma que já empregara, 14 anos antes, no penúltimo capítulo de *As palavras e as coisas*, mais precisamente, no item intitulado "O lugar do rei". Ali, diz ele, assinalando o final da Idade Clássica e a transição para a nossa Modernidade, vemos introduzir-se "como que por um lance de *teatro artificial*, uma personagem que não figurara ainda no grande jogo clássico das representações".[39] É uma personagem que só surgirá na Modernidade. Sabemos que a nova personagem de que agora se trata é o sujeito empírico, aquele que ocupará o "lugar vazio" do quadro de Velásquez e assumirá a concretude de seu próprio corpo: empírico, porém sempre e ainda sujeito de conhecimento, agora, porém, desdobrado em objeto (objeto, como sabemos, das nascentes ciências do homem). Subjetivado e objetivado, é desse homem que a frase final de *As palavras e as coisas*, em tom de prenúncio e de desejo, declara o desaparecimento: "[...] como, na orla do mar, um rosto de areia".[40]

Tantos anos depois, *A hermenêutica do sujeito* traz o reverso positivo desse prenúncio e desse desejo. Esse reverso está claramente exposto naquela outra declaração – que mencionamos inicialmente – com que Foucault expressa seu mais recente propósito: "[...] é o cuidado de si, relativamente ao privilégio tão longamente concedido ao conhecimento de si, que [...] gostaria de fazer reemergir".[41] É, agora, prenúncio e desejo de agregar o que se desagregou, de reunir o epistemológico, o ético, o político e o estético em outro conceito de homem, fazendo reemergir o sujeito cuja verdade é indissoluvelmente construída na prática de sua própria conduta, cuja prática de si é simultaneamente um cuidado com o outro, e cujo cuidado, enfim, faz da sua existência uma existência bela.

[38] FOUCAULT, 1994, v. III, p. 250; 1992, p. 122.
[39] FOUCAULT, 1966, p. 318; 1981, p. 323. Os grifos são nossos.
[40] FOUCAULT, 1966, p. 398; 1981, p. 404.
[41] FOUCAULT, 2001, p. 67-68; 2004, p. 86.

Entendemos melhor porque Foucault, no Curso de 1982, conduz seus alunos e nós mesmos a um retorno ao momento socrático-platônico quando, em sua aurora filosófica, as noções de cuidado e de conhecimento de si mantinham ainda uma relação de "sobreposição" e de "apelo recíproco". Este retorno é como um convite a que saibamos, hoje, nos fazer aprendizes do mestre de Alcibíades, e a que cada aprendiz saiba fazer-se seu ouvinte: "Fala, meu caro Sócrates, eu te escuto...".

Foucault
A experiência da amizade

Sandra Fernandes

A amizade em Foucault

Foucault não realizou nenhum estudo sistemático sobre a amizade. Mas enfatizou seu interesse pela problemática da amizade com relação social que se desenvolveu a partir da antiguidade (greco-romana) "no interior da qual os indivíduos dispõem de uma certa liberdade, de uma certa forma de escolha (limitada claramente), que lhes permitia também viver relações afetivas muito intensas".[1] E acrescenta que o "esvaziamento" da amizade como relação social e a constituição da homossexualidade como problema sociopolítico-médico, a partir do século XVIII, fazem parte do mesmo processo. Segundo ele,

> [...] enquanto ela era socialmente aceita, não era observado que os homens mantivessem entre eles relações sexuais. Que eles fizessem amor ou que eles se abraçassem não tinha a menor importância [...]. Uma vez desaparecida a amizade enquanto relação culturalmente aceita, a questão é colocada: o que fazem, então, dois homens juntos? É neste momento que o problema apareceu.[2]

Foucault demonstra como uma relação tão valorizada na Antiguidade (greco-romana) passa a sofrer uma desvalorização, uma retração ao longo do tempo, sobretudo, quando da emergência de novas estruturas políticas como o exército, escolas, a burocracia, as universidades, que

---

[1] FOUCAULT, Michel. *Michel Foucault: sexo, poder e a política da identidade*. Trechos de entrevista de Michel Foucault a B. Gallagher e A. Wilson, Toronto, jun. 1982, *The Advocate*, n. 400. Tradução de Wanderson Flor do Nascimento. Disponível em: <http://www.espaçomichelfoucault.com.br.//foucault/>. Acesso em: 15 maio 2004.

[2] FOUCAULT, 1982.

não poderiam funcionar nos dias de hoje "[...] diante de amizades tão intensas, e recorrem a diversas estratégias para controlá-las e extingui-las".[3] E complementa que os códigos dessas instituições não comportam relações de "intensidades múltiplas, de cores variáveis, dos movimentos imperceptíveis, de formas que se modificam",[4] pois elas instauram uma espécie de "curto circuito" e, de quebra, introduzem o amor onde deveria existir somente a lei ou o hábito.

A problemática da amizade surge junto com a da homossexualidade em Foucault, por este acreditar que essa última ofereceria oportunidades históricas de "reabrir virtualidades relacionais e afetivas",[5] ao passo que recusa toda cultura homossexual calcada sobre a liberação do desejo e a busca da própria identidade sexual.

Reconhece, na tentativa dos movimentos sociais dos anos 60 e 70 do século XX, a procura por ultrapassar o "dispositivo da sexualidade" juntamente com a literatura homossexual. Mas afirma que ambas falharam nesse intento, pois esses permaneceram circunscritos a um problema sociopolítico e, nos diz Foucault, é preciso dar um "passo adiante". O autor defende a criação de novas formas de vida, de relações, de amizade na sociedade, a arte, a cultura de novas formas que se instaurassem por meio de escolhas, ética, estética e políticas.

A recusa de Foucault em relação ao primado da identidade como verdade e núcleo irredutível do sujeito visa destituí-la de seu caráter ético universal para dar espaço a um "jogo relacional", a um procedimento que amplie o prazer sexual e que possa suscitar novas amizades. Seu propósito concorre no sentido de que as relações identitárias se transformem em relações que permitam a diferenciação, a criação e a inovação entre os sujeitos. E a sexualidade, no pensamento desse filósofo, não assume caráter de fatalidade:

> A sexualidade [...] é nossa própria criação, ou melhor, ela não é a descoberta de um aspecto secreto de nosso desejo [...] devemos compreender

---

[3] FOUCAULT, 1982.

[4] FOUCAULT, Michel. *A amizade como modo de vida*. Entrevista de Michel Foucault a R. de Ceccaty, Jj. Danet e J. Bitoux, publicada no jornal *Gai Pied*, abr. 1981. Tradução de Wanderson Flor do Nascimento. Disponível em: <http://www.espaçomichelfoucault.com.br.//foucaul/>. Acesso em: 15 maio 2005.

[5] FOUCAULT, 1981.

que, com nossos desejos, através deles, se instauram novas formas de amor e novas formas de criação. O sexo não é uma fatalidade; ele é uma possibilidade de aceder a uma vida criativa.[6]

Nesse ponto converge o pensamento de Foucault de uma história da sexualidade, de uma genealogia do sujeito, e sua vontade política de criar novas modalidades relacionais. Daí a crítica a perspectivas biológicas, naturalizantes, que giram em torno da noção de sexualidade. Seu intento é contrapor-lhe com a criação de "modos de vida" que escapem à armadilha da identidade e do desejo. Trata-se de perguntar que relações são possíveis, por intermédio da homossexualidade, de serem estabelecidas, moduladas, pois para ele o problema que se impõe é usar da sexualidade para se chegar a uma "multiplicidade de relações".

O contexto em que Foucault situa a problemática da amizade no seu pensamento é nas análises da estílistica da existência da antiguidade clássica greco-romana.

A reconstrução da moral greco-romana proposta por Foucault em *O uso dos prazeres* (1984) e *O cuidado de si* (1984) consiste em sublinhar a possível criação das relações sociais, buscando uma ética que também se faz estética. Ou seja, o que interessa a Foucault na moral antiga e com o que ele parece ter afinidade é o tipo de relação que o homem estabelece consigo próprio, o papel de uma estetização do sujeito moral, que não se baseia na universalidade de um fundamento nem em uma reflexão sistemática sobre o sujeito como um dado prévio à experiência e à ação. Na moral grega, privilegia-se o caráter individual da conduta. Logo, a escolha de um modo de vida é questão pessoal, e a elaboração, o trabalho sobre a própria vida, se apoia em tecnologias (*techne tou biou, ars vitae*) que não assume caráter normativo, nem se pretende organizar como um código. O trabalho no qual repousa a moral antiga é o trabalho sobre si, a ascética, elevada à categoria de uma matriz constitutiva, de um *ethos*, ou seja, de uma relação do indivíduo consigo próprio, com os outros e a relação com a verdade.

Decorrente dessa afinidade, nasce a proposta de Foucault de basear a moral na escolha pessoal do indivíduo, compreendendo o sujeito como "forma" que cada um deve elaborar, trabalhar e construir segundo os critérios de estilo. Tal síntese se presta como esquema de uma estilística da existência que não está presente nas sociedades como as nossas.

---

[6] FOUCAULT, 1982.

A ênfase no aspecto estético da ética, segundo Foucault, se deve a sua aposta em redirecionar a arte, entendida como um conjunto de técnicas de criação, que dizia respeito a mero âmbito dos objetos ao da vida. Trata-se de disponibilizar esse conjunto de técnicas nas mãos de cada indivíduo, para que ele mesmo produza sua vida e gerencie sua liberdade, como um artífice de si mesmo.

A proposta de Foucault se distancia de um esteticismo inconsequente, pois a escolha pessoal da própria forma de vida, baseada na estética da existência, não se produz num espaço vazio, mas no âmbito da experiência que, por sua vez, gera um formato no qual algumas escolhas são possíveis e outras não. Ou seja, não é uma escolha deliberada, que ignora os movimentos das relações sociais.

Os gregos, como bem assinala Foucault, ao tentarem dar um estilo à própria vida, utilizaram técnicas para estilizar a conduta, aplicavam um constante trabalho sobre si mesmo e faziam desse trabalho objeto de reflexão, o que envolvia os outros e a verdade. Mas a constituição do sujeito, a escolha do estilo, se realizava segundo marcos determinados por certos princípios e acompanhados de limites que se impunham como condição. Esses princípios e limites, por não serem eternos, não poderiam ser mudados de qualquer forma e por qualquer motivo.

Dessa forma, uma estética da existência abriria possibilidades não só de escolhas pessoais, como convidaria a pensar a vida como obra de arte. Propõe uma ética de estilo, o que se encontra possibilitado e limitado pelos domínios do saber e por construções normativas que constituem o indivíduo como sujeito/objeto de determinados conhecimentos e poderes. Portanto, a escolha é possível desde que se leve em conta o sistema, os jogos de verdade e os dispositivos de poder.

A pretensa atualização da estética da existência não pode ser entendida como uma mera incorporação do modelo da ética greco-romana. Ele diz que a Antiguidade, aos seus olhos, é um "profundo erro", e que a ética dos prazeres dos gregos lhe soa bastante "desagradável" por "estar ligado a uma sociedade viril, à dessimetria, à exclusão do outro, a obsessão com a penetração e a uma certa ameaça de ser destituído de sua própria energia".[7]

---

[7] RABINOW, P; DREYFUS, H. *Foucault: uma trajetória filosófica – para além do estruturalismo e da hermenêutica*. Rio de Janeiro: Forense, 1995, p. 258.

A Antiguidade greco-romana impressiona Foucault, por ver nela certas similaridades de problemas com o nosso presente. Ele nos diz,

> [...] que na ética grega estavam preocupados com a sua conduta moral, sua ética, sua relações consigo mesma e com os outros mais do que com problemas religiosos [...] o segundo aspecto é que a ética não se relaciona a nenhum sistema social institucional – nem sequer a nenhum aspecto legal. Por exemplo, as leis contra as más condutas sociais eram poucas e não certamente impostas. O terceiro ponto é que a sua preocupação, seu tema, era construir um tipo de ética que fosse uma estética da existência.[8]

E se indaga até que ponto nosso problema hoje em dia não é, de certo modo, algo similar, já que a maioria das pessoas não acredita mais que a ética esteja fundada na religião e nem deseja um sistema legal para intervir em nossa moral, pessoal e privada. E lembra dos movimentos sociais (feminismo, homossexualismo) que procuram uma ética como princípio e não conseguem encontrar uma senão com base no conhecimento científico do que é o eu, do que é o desejo e do que é o inconsciente.

A ética como forma de vida ganha em atualidade. E a amizade é a forma de vida que Foucault elege quando de uma possível atualização da estética da existência, a despeito de deter-se com maior atenção nas práticas homossexuais. E o fato de ter se referido a determinadas formas de amizade não quer dizer que tais modalidades devem ser seguidas como verdadeiras e corretas. Por outro lado, deixa bem claro sua recusa em propiciar um "programa" a ser seguido para representar novas modalidades relacionais, pois uma das grandes constatações que temos feito desde a primeira guerra é essa do fracasso de todos os programas sociais e políticos, "e que os programas têm sempre ou quase sempre, conduzido seja a abusos, seja a uma dominação política por parte de um grupo, quer sejam técnicos, burocratas ou outros".[9]

E louva como exemplo a ser seguido as experiências dos movimentos sociais, sobretudo o movimento feminista em que certos modelos institucionais são realizados sem programas que lhe deem suporte. E ressalva que não ter programa como sustentáculo não pressupõe cegueira de pensamento e falta de reflexão. Pois não ter programa lhe parece útil, original e criativo "se isso não quer dizer não ter reflexão real sobre o

---

[8] RABINOW; DREYFUS, 1995, p. 255.
[9] FOUCAULT, 1982.

que acontece não se preocupar com o que é impossível". Para ele, desde que se apresente um programa, ele faz a lei e, por isso, é uma proibição para invenções. O programa deve ser vazio, pois é preciso "cavar para reconhecer como as coisas foram historicamente contingentes, por tal ou quais razões inteligíveis, mas não necessárias".[10]

A experiência da amizade

Ato ou efeito de experimentar, prática de vida, uso, ensaio, prova, tentativa. É esse o tratamento que o dicionário Aurélio[11] destina ao verbete experiência.

No pensamento de Foucault, a noção de experiência se distancia da concepção de experiência do fenomenólogo, que, ao voltar seu olhar reflexivo sobre um objeto qualquer do vivido, ao defrontar-se com o cotidiano na sua transitoriedade, busca alcançar significação e atribui ao sujeito fundador suas funções transcendentais. A perspectiva foucaultiana se insere numa linguagem de pensadores como Bataille, Nietzsche, Blanchot, Klossowski, para quem a experiência é tentar chegar o "mais próximo do invivível", que requer o máximo de intensidade e, ao mesmo tempo de impossibilidade. A experiência, nesses autores, concorre para a transformação do sujeito, impedindo que eles continuem os mesmos, que percam sua identidade fixa e que isso implique sua dissolução ou destruição. É um empreendimento de des-subjetivação.

Foucault justifica sua adesão ao pensamento desses autores em entrevistas a Ducio Trombadori[12], em 1978, como um convite a pôr em questão a categoria de sujeito, sua supremacia, sua função fundadora enraizada no existencialismo de Sartre. E acrescenta que seus livros foram concebidos como "experiências", visando a "arrancar-se de si mesmo, impedir de ser o mesmo". Afirma, ainda, que uma transformação de si mediante o ato de escrever não se limita a uma mera "especulação teórica", e sim representa

---

[10] FOUCAULT,1981.

[11] FERREIRA, Aurélio Buarque de Holanda. *Novo Aurélio Século XXI: o dicionário da língua portuguesa.* 3. ed. Rio de Janeiro: Nova Fronteira, 1999.

[12] FOUCAULT, Michel. *Entretien avec Michel Foucault.* Trechos de entrevista de Michel Foucault a D.Trombadori, Paris, fin 1978. Tradução de Wanderson Flor do Nascimento. Disponível em: <http://www.catatau.blogsome.com/2006/03/14/foucault-blanchot-bataille-nietzsche-e-as-experiencias-limite/-45k->. Acesso em: 10 maio 2006.

um projeto prático-político: "recolocar em questão o sujeito significaria experimentar qualquer coisa que conduziria à sua destruição real, à sua dissociação, à sua explosão, a seu retorno a outra coisa".[13]

Se as análises de Foucault nascem de sua experiência pessoal, como ele próprio afirma, elas não se reduzem a isso. Ao contrário, Foucault se põe como tarefa reformular a noção de experiência, ampliando-a para além de si. A experiência é algo que se dá solitariamente, mas é plena na medida em que escapa à subjetividade, isto é, outros podem cruzá-la, atravessá-la.

Para Lopes,[14] considerando a experiência, em Foucault, à medida que ele objetiva a transformação, o desencaminhar de si, o extravio de si para não persistir na mesmice, ela "revela e oculta", tem "espaço de luz e de sombras". A experiência não é apreendida para a mera repetição, nem para ser passivamente transmitida, ela ocorre "para migrar, recriar, poten-cializar outras vivências, outras diferenças".[15] Aprender com a experiência é, sobretudo, fazer daquilo que não somos o que poderíamos ser, parte integrante do mundo. A experiência é mais criadora que reprodutiva.

Com a valorização da ética e da estética de existência para criação de novas formas de vida, Foucault, alude à amizade e à homossexualidade como formas de existências possíveis de se alcançar a partir de um trabalho de si, de uma ascese. A ascese é um saber do sujeito, é um trabalho que se faz sobre si mesmo para transformar-se ou para "fazer aparecer esse si que, felizmente, não se alcança jamais".[16] É uma atividade que compreende o desprender-se de si, o subjetivar-se. Tal esforço identificado com a ética do intelectual foi definido como "constituição do sujeito como fim último para si mesmo, pela prática e exercício da verdade".[17] Essa atitude se opõe à "conversão", compreendida por Foucault como um processo de autos-subjetivação, isto é, a produção de uma relação consigo cujo resultado é o si mesmo. Assim, vê-se que o projeto de desprender-se de si parece corresponder a uma atividade dessubjetivante, e não a um processo de autossubjetivação. Como a amizade, para Foucault, assume o sentido de

---

[13] FOUCAULT, 1978.

[14] LOPES, Denilson. *Experiência e escritura*. Disponível em: <http://www.espaçofoucault.com.br.//foucault/>. Acesso em: 15 maio 2005.

[15] LOPES, 2005.

[16] FOUCAULT, 1981.

[17] FOUCAULT, Michel. *A hermenêutica do sujeito*. São Paulo: Martins Fontes, 2004b, p. 385.

amizade homossexual, a ascese desempenha um papel importante para se alcançar uma ascese homossexual por intermédio das práticas de si. Trata-se de uma procura por uma nova erótica (mediada pela sexualidade) para se chegar a novas modalidades relacionais até agora "improváveis".

Na visão de Foucault, nossa dificuldade ética atual diz respeito a nos livrarmos dessa longa internalização por meio da qual só conseguimos nos pensar como "sujeitos do desejo". Foucault acredita que nossa época apresenta uma "insatisfação", uma "recusa" quanto ao nosso ser erótico e suas possibilidades. Nosso propósito seria alcançarmos uma subjetividade erótica diferente das baseadas no modelo viril de penetração e do status, no modelo cristão do pecado e da confissão e no modelo terapêutico da cura.

Para Foucault, essa insatisfação e essa recusa foram formuladas pelas demandas dos movimentos contemporâneos de liberação sexual norte-americana numa tentativa de reelaboração de *eros*. O que lhe fascinou neles foi como Eros e a ética se juntaram no afastamento das categorias de "sexualidade" e das suposições das verdades íntimas do desejo. E lembra que o que existe de importante e criativo nos movimentos feministas é que, indiscutivelmente, eles partiram de uma reivindicação de sua especificidade sexual em direção a uma

> [...] verdadeira dessexualização... a um deslocamento em relação à centralização do problema, para reivindicar formas de cultura, de discurso, de linguagem, etc., que não são mais esta espécie de determinação e fixação a seu sexo que de certa forma elas tiveram politicamente que aceitar, que se fazer ouvir.[18]

Esses movimentos foram importantes e ele os chama de "os laboratórios de experimentação de San Francisco e de Nova York". Nesses laboratórios, Foucault nos chama a atenção para a dimensão ética e transgressora das mulheres ao tentarem ultrapassarem os limites do discurso da liberação sexual para encontrar outras modalidades de comunidade e de prazer. E frisa também os esforços dos movimentos homossexuais masculinos que partiram desse mesmo desafio. Mas diferentemente das mulheres, a fixação dos homossexuais à especificidade sexual é muito mais intensa, eles "reduzem tudo ao sexo".[19] Por isso, Foucault, diz que ainda

[18] FOUCAULT, 1985, p. 268.
[19] FOUCAULT, 1985, p. 268.

está por se inventar de "A a Z" um relacionamento que não tem "forma" fixa, e o denomina amizade, ou seja, "a soma de tudo aquilo através do qual eles podem dar prazer uns aos outros".[20]

A partir dessas possibilidades relacionais se pôde trazer à tona questões éticas do tipo: quais relações, através do homossexualismo, podem ser inventadas, moduladas, e multiplicadas? Portanto, em vez de se buscar uma "forma de desejo", o homossexualismo deveria ser encarado como "algo desejável". Na concepção de Foucault, tal visão contribuía para "reabrir virtualidades afetivas e relacionais"[21] no tecido social, pois o que a seus olhos perturbava as pessoas no tocante a essa forma de amar não era a dificuldade de imaginar um ato sexual que contrariasse a lei ou a natureza, mas o fato de os indivíduos estarem se amando. Daí a dificuldade dos códigos institucionais validarem essas relações.

A busca por pensar novos modos de vida baseados numa ética e estética da existência encontra também sua justificativa no que Foucault identifica como empobrecimento do nosso "tecido social", pois vivemos num "mundo legal, social, institucional em que as relações possíveis são pouco numerosas, extremamente pobres e esquematizadas. Há a relação de casamento e as relações familiares, mas quantas outras relações deveriam poder existir?".[22]

É preciso lembrar que, quando Foucault concebe a ética, ele o faz, sobretudo, pensando no quanto as pessoas são livres e não necessitam de regras universais, e tampouco têm de se pautarem por um sujeito modelo. Ele pensa a ética como uma arte de viver, sem orientar-se por modelos preestabelecidos. Essa ética é também estética, onde a vida se presta como matéria-prima da obra de arte, e o artista é aquele mesmo que vive.

A amizade em Foucault é postulada como uma ética que se propõe a intensificar a experimentação como um guia na busca de novas modalidades relacionais, numa tentativa de escapar às identidades modernas implantadas por meio dos dispositivos sexuais. Com isso, Foucault acreditava que a experimentação, como fundamento ético, deveria passar a se concentrar somente na intensificação do prazer de um e de outro (amigo). Prazer

[20] FOUCAULT, 1981.
[21] FOUCAULT, 1981.
[22] FOUCAULT, Michel. O triunfo do prazer sexual: uma conversação com Michel Foucault. In: MOTA, Manoel de Barros (Org.). *Michel Foucault: Ética, sexualidade, política*. Rio de janeiro: Forense, 2004a, p. 120 (col. Ditos e Escritos, v. 5).

que não significa, obrigatoriamente, prazer sexual. Foucault postula a "dessexualização" como uma forma de dirigir a identificação do prazer para a dessexualização do corpo a procura de uma economia dos prazeres não enraizados no dispositivo da sexualidade. Trata-se de uma busca por uma nova erótica em contraposição à codificação do prazer mediante o sexo, ou seja, sua canalização e genitalização que obstaculiza a imaginação da capacidade do corpo de ter prazer, levando-nos ao dispositivo da sexualidade, à formação de uma ciência sexual.

Foucault, ao voltar seu interesse para a dessexualização do corpo, não pretendia um retorno ao modelo platônico de *philia*, tampouco ao modelo do *ágape* cristão. Seu propósito manifestava-se no sentido de encontrar uma ética dos prazeres capaz de respeitar o prazer de si e do outro.

Daí Foucault mostrar-se interessado pelas práticas sadomasoquistas, por julgá-las criativas ao realizar uma dessexualização do prazer para atingir outras formas de prazer. Ou seja, elas mostram "como podemos produzir prazer a partir dos objetos mais estranhos, utilizando certas partes estranhas do corpo, nas situações mais inabituais".[23] Para ele, o sadomasoquismo representa uma nova erótica não orientada especificamente para o sexo, mas uma experiência com o corpo e os prazeres capaz de ofertar resistência ao dispositivo da sexualidade. Tais práticas assumem um caráter político importante ao produzirem estratégias de dessujeição. Isto é, para Foucault, nas relações sadomasoquistas, há uma erotização do poder onde as relações estratégicas se mostram sempre fluidas. Por isso, ele observa que nelas "há papéis, é claro, mas qualquer um sabe que esses papéis podem ser invertidos. Às vezes, quando o jogo começa, um é o mestre e, no fim, este que é escravo pode tornar-se mestre".[24] E acrescenta que mesmo quando os papéis se mostram estáveis os protagonistas sabem que se trata de um jogo em ação. Nesse caso, as regras podem ser tanto transgredidas como acatadas de forma tácita, explícita, permitindo a delimitação de fronteiras. Trata-se de uma encenação de estruturas de poder em um jogo estratégico para se alcançar um prazer físico ou sexual. Na perspectiva foucaultiana, as práticas sadomasoquistas são uma abertura à criação de prazeres e há uma identidade entre o que acontece e essa criação.

[23] FOUCAULT, 1982.
[24] FOUCAULT, 1982.

A constante utilização dos termos amizade, modo de vida, formas de vida constituem uma recusa a se identificar a homossexualidade limitada à questão da libertação do desejo ou na busca de uma identidade sexual, em favor de uma aposta foucaultiana no tocante à homossexualidade para invenção de formas "improváveis" de existências.

A ética da amizade desponta, assim, como uma metáfora do aberto. A amizade implica uma abertura para a experimentação, para a construção de novas formas de relacionamento e de sociabilidade e deve ser concebida individualmente.

A amizade foucaultiana deixa entrever um espaço em que as condutas dos indivíduos não são geradas por princípios universais e não redundam em indiferença ao outro. Ela abrange um sentido de pluralidade, de experimentação, de liberdade, contrariando a visão sociológica de que a amizade só

> [...] tende a se estabelecer entre pessoas da mesma origem social, que convivem no mesmo meio e compartilham os mesmos interesses, ou que tenham posições sociais e religiosas semelhantes, garantindo assim a simetria e a equivalência de trocas de relação.[25]

Ao contrário, heterogeneidade, hierarquia, dissensos e ruptura são elementos que coexistem com aspectos consensuais (reciprocidade, igualdade, lealdade, etc.).

Ela implica uma ascese, como um trabalho constante de mudança de si e para si, visando a uma forma de ser, um estilo de vida entre pessoas, independente da afirmação exterior que caracteriza as classes sociais, faixas etárias, níveis profissionais, gerando intensidades vinculadas a uma ética.

A amizade, como relação afetiva, intensa e intersubjetiva, segundo Foucault, comporta a presença de *eros* em substituição ao desejo. Com isso, se acredita restituir o senso de improbabilidade, de inovação e beleza, de experimentação não orientada em que os gregos, com seus sistemas impositivos, hierárquicos, de obrigações e tarefas, recusaram, fundando a separação entre *philia* e *eros* por toda a história da amizade no Ocidente. É necessário frisar que isso não torna obrigatório o sexo nas relações amicais. Ao introduzir *eros*, Foucault acredita tornar possível a ultrapassagem da "fatalidade" de nossa identidade sexual, dando lugar à determinação das formas

---

[25] REZENDE, Cláudia Barcellos. *Os significados da amizade: duas visões de pessoa e sociedade.* Rio de Janeiro: FGV, 2000, p. 29.

históricas por meio das quais nos tornamos sujeitos de nossa própria erótica. Em Foucault, nossa história é quem determina e delimita quem podemos ser, por meio de formas específicas, as quais também podemos recusar. Nossa liberdade está na contingência histórica e, assim, na nossa existência, sempre se encontra presente a possibilidade de fabricar "outras formas de prazer, de relações, coexistências, de laços, de amores, de intensidades".[26]

Dessa forma, a experiência da amizade, para Foucault, constitui uma possibilidade de transfiguração para os implicados, os amigos. Ela constitui uma ascese, um trabalho de si, um cuidado de si que não exclui o outro; ele também deve ter esse mesmo cuidado consigo. Pois a constituição de si passa pela abertura do outro, mas não de qualquer outro. Pois o lugar do amigo não é o de qualquer outro. É nesse momento que a amizade aparece. Esse outro é o outro de nossa eleição, de nossa afinidade, por quem sentimos afeto, simpatia e temos prazer em conviver. Será ele que, aos nos confrontarmos, irá nos fazer pensar sobre nós e que contribuirá para "uma mudança dentro de nós, uma fabricação de nós que é ao mesmo tempo uma fabricação do outro. Pois o outro também, nós o construímos: [...] como poderíamos conhecê-lo senão encontrando caminhos até ele?".[27]

A amizade, na qualidade de ética, forma e transforma: praticando-a, experimentando-a, exercitando-a, elabora-se tanto o si mesmo quanto o entre-si. Indo ao encontro do outro é ao encontro de si mesmo que a pessoa se lança. Isso não implica um encontro do mesmo com o mesmo, mas de uma relação no qual o Outro intervém e ele é sempre irredutível, dessimétrico, evitando uma indiferenciação. Como bem observa Blanchot, a amizade se funda "sobre o absoluto da separação que têm necessidade de afirmar-se para tornar-se relação".[28] E por outro lado, o infinito da alteridade representada pelo Outro, pela assimetria que, funda, devasta a inteireza do sujeito, destrói sua identidade, lançando-a para uma "exterioridade irrevogável" num inacabamento constitutivo. Essa nova amizade é uma amizade impossível, improvável de acontecer; ela constitui a experiência do impossível, no sentido que ela é ausência de reciprocidade, de fusão, de unidade e de posse. Essa amizade assume a impossibilidade de uma coincidência

[26] FOUCAULT, 1985, p. 235.

[27] VERNANT, Jean-Pierre. *Entre mito e política*. São Paulo: Editora da Universidade de São Paulo, 2001, p. 35.

[28] BLANCHOT, Maurice. *L'amitie*. Paris: Gallimard, 1971, p. 328.

consigo mesmo. Afinal, nos constituímos dessa forma, tentando juntar o que nos escapa. E a solidez e a construção de uma amizade se faz a partir de elementos separados, heterogêneos, e por isso a amizade, para Foucault, se constitui numa relação agonística. A amizade é da ordem das lutas, tem de se consagrar a uma batalha com o outro para lhe dar uma "forma", uma existência. E essa "forma" não deve ser uma forma decorrente de um consenso, nem da violência direta de um sobre o outro que reduz e esmaga a alteridade de si para si, constituindo uma totalidade homogênea e imutável. A relação agonística, oposta a um antagonismo essencial, é uma relação que "é ao mesmo tempo incitação recíproca e de luta; trata-se, portanto, menos de uma oposição de termos que se bloqueiam naturalmente do que de uma provocação permanente".[29] É relevante lembrar que o poder é um jogo estratégico. E a nova ética da amizade pressupõe jogar dentro das relações de poder, ou seja, com um mínimo de dominação, e que seja capaz de criar um tipo de relação marcadamente afetiva em que o trabalho da liberdade seja constante, impedindo que o poder se deturpe e se cristalize em estados de dominação. Esses jogos estratégicos, compreendidos como possibilidade de dirigir a conduta dos outros, são o que tornam a amizade "atraente e fascinante" aos olhos de Foucault.

Pensar a amizade é poder experimentar a diferença, as singularidades e também a pluralidade de um mundo livre, onde o exercício de uma agonística entre os amigos tenha lugar para as provocações mútuas, o trabalho da crítica com seu poder de estabilizar e desestabilizar a amizade, os questionamentos, as divergências de opiniões, uma "ética da palavra", o falar franco com abertura do coração e da mente, fertilizando o solo inseguro da amizade, contrapondo-se à possibilidade de um dizer de si autorizado apenas pelas verdades dos discursos da hermenêutica do desejo.

A dimensão transgressiva da amizade, numa perspectiva foucaultiana, aparece não só na possibilidade de cada um dessubjetivar-se, tornando-se diferente do que é, aperfeiçoando-se, estilizando-se à medida que se elabora num exercício sempre inacabado, e sobretudo, na busca de se dar uma forma, que seja um contramodelo às estratégias atuais de individualização. E também por ultrapassar a tradicional dicotomia *eros/philia*. A amizade parece ser a forma com base na ética e estética que Foucault encontra para ultrapassar

---

[29] FOUCAULT, Michel. O sujeito e o poder. In: RABINOW, P; DREYFUS, H. *Foucault: uma trajetória filosófica: Para além do estruturalismo e da hermenêutica*. Rio de Janeiro: Forense, 1995, p. 245.

a formação individual, do homem da antiguidade que ele se deteve para uma subjetividade coletiva, para uma forma, um modo de vida. Merece destaque, ainda, amparada pela visão de Passeti,[30] a resistência que a amizade oferece aos princípios democráticos que tentam codificá-la, mas ela sempre se mostra para além do direito, das leis e das instituições sociais, representando uma alternativa aos formatos das relações estabelecidas. Na modernidade, a sociedade rege os perigos advindos da amizade, codificando-a como assunto privado à existência de cada um, dos amigos, livre de qualquer conotação política e, ou colonizando-a com a ideologia familialista.

Quando Foucault problematiza a questão da homossexualidade, sua pretensão não é fazer uma apologia da homossexualidade, e sim dar prosseguimento a sua ânsia por uma nova forma de subjetividade, uma forma de vida em que a certeza não se faz presente, onde a experimentação é o guia.

Como Foucault nos diz, para onde caminha o problema da homossexualidade é o mesmo da amizade. É preciso considerar que os procedimentos de um tipo de existência ou estilo de vida que poderíamos chamar de homossexual ou *gay* não se esgotam na luta pela igualdade de direitos, a exemplos dos heterossexuais (matrimônio, adoção, herança, etc.). Isso significa apenas ampliar aos círculos homossexuais formas de comunidades e relações restritas aos heterossexuais, sem produzir, inventar novas modalidades relacionais de existência que escapem à institucionalização.

Com isso Foucault não exclui nem se posiciona contrário à luta pelos direitos de igualdades dos homossexuais, mas, para ele, deveríamos pensar a "batalha pelos direitos gays como um episódio que não poderia representar a etapa final".[31] E alega duas razões: primeiramente porque um direito ainda está estreitamente ligado a atitudes e a esquemas comportamentais; segundo, é preciso lutar para inventar espaços que deem lugar aos estilos de vida homossexual e às escolhas de forma de vida em que as relações com pessoas do mesmo sexo sejam importantes. Para ele, não é suficiente o discurso da tolerância dentro de um modo de vida mais geral quanto à possibilidade de se fazer amor com pessoas do mesmo sexo, pois essa modalidade amorosa pode suscitar uma série de escolhas, de valores e opções para as quais inexistem possibilidades reais. Não se trata meramente

---

[30] PASSETI, Edson. *Ética dos amigos: invenção libertária da vida*. São Paulo: Imaginário; Capes, 2003.
[31] FOUCAULT, 2004a, p. 119.

de integrar a homossexualidade nos campos culturais preexistentes, mas sim que ela produza formas culturais.

Se o mundo em que vivemos trata de esquematizar e restringir as possibilidades de relacionamentos, as lutas homossexuais devem se encaminhar para lutar por um "novo direito relacional" que é

> [...] algo completamente diferente. Trata-se de imaginar como a relação entre dois indivíduos pode ser avaliada pela sociedade e se beneficiar das mesmas vantagens que as relações – perfeitamente honrosas – que são as únicas a serem reconhecidas: as relações de casamento e de parentesco.[32]

A possibilidade de se construir novas modalidades é extensiva aos heterossexuais, que também têm de ser incluídos nas lutas por um novo "direito relacional". Como os homossexuais constituem uma minoria, segundo Foucault, estão capacitados para um "devir criativo". Diz que o que o apaixona é a invenção de uma cultura *gay* "que inventa modalidades de relações, modos de vida, formas de troca entre indivíduos que sejam realmente novas, que não sejam homogêneas nem se sobreponham às formas gerais".[33] Caso isso ocorra, a cultura *gay* não será mais simplesmente uma escolha de homossexuais por homossexuais. Esclarece, por sua vez, que não basta procurar introduzir a homossexualidade no horizonte da normalidade das relações sociais, e sim complicar os gestos, deixando-a escapar aos tipos de relações propostas em nossa sociedade. O autor sugere que "tentemos criar no espaço vazio em que estamos novas relações".[34] Propondo um novo direito relacional, as pessoas não homossexuais também modificariam seu esquema de relação.

Por último, façamos nossas as palavras de Ortega quando afirma que o pensamento de Foucault "não culmina no individualismo [...] mas tenta introduzir movimento e fantasia nas deterioradas e rígidas relações sociais".[35] Seu propósito foi atualizar a ascética da amizade no contexto da ética e estética e da existência, demonstrando que novas formas de vida em comum podem ser criadas e capazes de coexistir com outras formas sancionadas por nossa sociedade.

---

[32] FOUCAULT, 2004a, p. 125.

[33] FOUCAULT, 2004a, p. 122.

[34] FOUCAULT, 2004a, p. 122.

[35] ORTEGA, Francisco. *Para uma política da amizade: Arendt, Derrida e Foucault*. São Paulo: Relume-Dumará, 2000, p. 92.

Para além do sexo, por uma estética da liberação

Tania Navarro Swain

Na Terra da Memória, o tempo é sempre Agora
Stephen King

O dispositivo da sexualidade, aqui e agora, cria, em práticas discursivas e não discursivas, as moradas, os grilhões, as prisões que nos encerram.

Eixo de socialização, de identidade, de pertencimento, distribuindo o humano em patamares de desirabilidade segundo a idade, o peso, os contornos corporais, o sexo institui um mercado do humano, cujos valores são variáveis. Juventude, beleza estão em alta convocando todo um aparato econômico para manter ou construir esses aspectos, recriando e produzindo o dispositivo da sexualidade.

Desaparecem os rostos, são as formas e as sugestões de posse e desfrute que orientam o olhar e compõem os corpos em pedaços mais ou menos apreciados/valorizados. Promessas de abismos, virtualidade de nirvanas, corpos transformados em sexo substituem os paraísos prometidos às almas, recompensas eternas de ações louváveis. Bem e mal se perdem e se confundem: o sexo agora agrupa todos os valores, todos os desejos, todas as aspirações, todas as verdades e essência do ser. Está o sexo, dessa forma, muito além de uma conjunção carnal: é nexo de inteligibilidade, em que potência se conjuga com poder e a carne se constrói em corpos sexuados, distribuídos em domínio e hierarquia, na instituição de diferenças.

O dispositivo, incitador e criador do que hoje entendemos por sexualidade, para Foucault é:

> [...] um nome que se pode dar a um dispositivo histórico: não a realidade subjacente, sobre a qual se exerceriam controles difíceis, mas uma grande rede de superfície onde a estimulação dos corpos, a intensificação dos

prazeres, a incitação ao discurso, a formação dos conhecimentos, o reforço dos controles e das resistências se encaixariam uns aos outros, segundo algumas estratégias de saber e poder.[1]

Dispositivo, portanto, marcado de historicidade, de composições múltiplas, identificável em seu processo de produção, como o fez Foucault, fruto de relações sociais e de suas configurações específicas. Isso significa que o sexo e a sexualidade não tiveram a mesma a mesma pregnância e o mesmo perfil, em todas as formações sociais. Não são, então, dados essenciais do humano, mas expressões sociais variáveis.

Esse sexo genital, porção de corpo, está, nessa perspectiva, centrado no vórtice de uma rede de significações, históricas, construídas, transformado assim em categoria, expandindo seu alcance para muito além de amplexos e carícias. O sexo, dessa forma, é um significado social, o sexo-significação, como sublinha Foucault, que se institui em pedagogias sociais, na confluência das tecnologias políticas de incitação e proliferação da sexualidade. De fato, não seria o sexo um ponto biológico sobre o qual se apoiariam as diferentes práticas sexuais, mas um agregado constituído pelo dispositivo da sexualidade, que produz e induz ao desejo do sexo. Diz Foucault:

> Criando este elemento imaginário que é "o sexo", o dispositivo da sexualidade suscitou um de seus princípios internos de funcionamento, os mais essenciais: o desejo do sexo – desejo de tê-lo, desejo de a ele aceder, de descobri-lo, de libertá-lo, de articula-lo em discurso, de formulá-lo como verdade. Constituiu-se o "sexo", ele mesmo, como desejável.[2]

Fundamento do ser, objeto de desejo, ao ser desprovido, porém, de suas condições sociais de produção e imaginação, o "sexo" nada é senão uma parte do corpo humano, cuja importância se define pela sua própria historicidade. Investido de sentidos, entretanto, atravessado por instâncias que atrelam verdade e poder, o sexo se torna o todo, do qual o humano é parte e as estratégias históricas que lhe dão forma dividem e classificam o humano em grupos ou indivíduos, segundo sua genitália. A representação do sexo substitui, então, sua própria realidade biológica.

---

[1] FOUCAULT, Michel. *Histoire de la sexualité: la volonté de savoir*. Paris: Gallimard, 1976, v. 1. p. 139.

[2] FOUCAULT, 1976, p. 207.

O desejo do sexo, assim, não é "natural", é construído socialmente como uma necessidade, e, de fato, desejar o sexo não significa nada, pois o que se deseja é uma prática e seus efeitos, sejam eles de prazer ou poder. Foucault considera que o sexo é

> [...] o elemento mais especulativo, mais ideal, o mais interno também, em um dispositivo de sexualidade que o poder organiza em suas intervenções sobre os corpos, sua materialidade, suas forças, suas energias, suas sensações, seus prazeres.[3]

Entretanto, o poder que emana desse amplo dispositivo da sexualidade não apenas se apossa dos corpos, na promessa de prazeres inefáveis, subtraindo ou acrescentando forças. Sobretudo, esse dispositivo que cria sexo em práticas de sexualidade institui os próprios corpos em suas tramas de sentido, em suas representações sociais, impondo a forma binária, feminino e masculino, como o fundamento da norma, natural, heterossexual, como corpos a apropriar e corpos a serem apropriados.

Cria-os, em mundos separados, em instâncias valorativas diversas, em atuações e objetivos distintos, onde a complementaridade é apenas ilusória, efeito de discurso representacional. Nada há de complementar, de fato, entre feminino e masculino, na norma heterossexual: o que existe é divisão, posse, um poder sobre o feminino que o masculino adquire em sua própria construção social. O estupro é a forma mais exemplar de apropriação, na medida em que o prazer sexual conseguido na violência é ínfimo se comparado ao prazer inefável da posse e da dominação, não apenas de um sexo, mas, sobretudo, do ser por ele representado. Diz Foucault:

> Não há uma estratégia única, global, valendo para toda sociedade e atuando de maneira uniforme sobre todas as manifestações do sexo; a idéia, por exemplos que se procurou, muitas vezes, por diferentes meios, à reduzir o sexo à sua função reprodutora, à sua forma heterossexual e adulta e à sua legitimidade matrimonial não revela, sem dúvida os múltiplos objetivos visados, os múltiplos meios empregados nas políticas sexuais que se remetem aos dois sexos, a idades diferentes, às diversas classes sociais.[4]

A representação do sexo, aqui, é a justificativa da *diferença* que consagra a hierarquia e a dominação, na qual o feminino é frágil, inseguro,

---

[3] FOUCAULT, 1976, p. 205.
[4] FOUCAULT, 1976, p. 136.

dependente, irracional. Daí a materialidade da violência e da apropriação dos corpos conjugados no feminino, a inferiorização hierárquica "natural", que se expressa nas famílias, no espaço público, nas chefias, nos cargos de decisão, nos salários desiguais para trabalhos iguais.

Essa repartição não escapa a Foucault, apesar de não desenvolver especialmente esse tema. Assinala, entretanto, que a sexualidade, da qual os corpos das mulheres são inundados, é fruto do dispositivo em ação,

> [...] é um ponto de passagem particularmente denso para as relações de poder: entre homens e mulheres, entre jovens e velhos, entre pais e filhos, entre educadores e alunos [...] utilizável para o maior número de manobras, e podendo servir de ponto de apoio, de confluência às estratégias mais diversas.[5]

Colette Guillaumin, neste sentido, é incisiva em sua análise da apropriação social do feminino e em sua perda de substância enquanto sujeito: "as mulheres são um sexo, mas não possuem um sexo. Um sexo não pode possuir a si mesmo".[6]

Foucault[7] sublinha a histerização do corpo das mulheres como uma das estratégias do dispositivo, cuja essência estaria atrelada a uma certa patologia de carência, de castração, de privação, pois o sexo seria.

> [...] o que pertence por excelência ao homem e falta à mulher; como o que pertence em comum ao homem e à mulher, mas ainda como o que constitui totalmente o corpo da mulher, ordenando-o todo às funções de reprodução e perturbando-o sem cessar pelos efeitos desta mesma função; a histeria é interpretada, nesta estratégia, como o jogo do sexo enquanto "um" e "outro", todo e parte, princípio e falta.[8]

Constroem-se corpos em sexo-mulher, sexo-feminino, segundo-sexo, *a mulher*, singular que apaga toda a multiplicidade de humano transformado em corpo unificado, em pura biologia funcional: seu destino é a procriação da espécie, sua função é a maternidade. O sexo social é instituído na *politização da anatomia*, como afirma Nicole Claude Mathieu,[9] desdobrando-se

---

[5] FOUCAULT, 1976, p. 136.

[6] GUILLAUMIN, Colette. Pratique du pouvoir et idée de nature. Le discours de la nature. *Questions féministes*, n. 3, maio 1978, p. 7.

[7] FOUCAULT, 1976, p. 137.

[8] FOUCAULT, 1976, p. 201-202.

[9] MATHIEU, Nicole-Caude. *L'anatomie politique, catégorisations et idéologies du sexe*. Paris: Côté Femmes, 1991.

na divisão do público e do privado, este último destinado às mulheres, que as confina e desqualifica para o espaço público. Os sentidos contidos na linguagem são explícitos: *Mulher pública* não tem a mesma conotação que *homem público* e remete claramente à sexualidade feminina apropriada.

Assim, o dispositivo da sexualidade em seus múltiplos tentáculos e em suas estratégias e técnicas investe na construção do binário não apenas patologizando os corpos das mulheres, mas, e sobretudo, criando esferas distintas de pertencimento, de atuação e poder, em torno do feminino ou do masculino ; desde a infância e na adolescência, o dispositivo da sexualidade em ação utiliza pedagogias corporais que criam diferenças e instituem o feminino e o masculino em sexos e corpos separados, já que "diferentes". Cria materialidades em torno dessas categorias organizadas de forma binária e hierárquica, pois, de fato, somos mulheres e homens no social, assim instituídos, assim assujeitadas/os. Ou não.

Beleza e juventude são condições *sine qua non* da "verdadeira" mulher. Falta de graça, formas imperfeitas, e é o desterro, a marginalização social. Para os homens, entretanto, não há padrões corporais, desenhos especiais aos quais tenham que se adequar – seus perfis são múltiplos, não se concentram em características predeterminadas, não arriscam suas vidas em cirurgias absurdas, não utilizam roupas e calçados que impeçam seus movimentos e conforto, a idade não representa problema; apossam-se sem cerimônia dos espaços públicos de passeio e diversão, investem os bancos, as pernas abertas, espalhados, à vontade. As mulheres, por sua vez, encolhem-se para evitar o contato, pernas cruzadas, protegendo do olhar o que as define e qualifica e as torna vulneráveis: o sexo. Apoderam-se os homens do lúdico e do gratificante, empurrando as mulheres para sua especificidade: o doméstico, as crianças, as panelas ou... a sedução, bocas e olhares sensuais, mais um prazer a ser desfrutado, tristes trejeitos de corpos expostos para serem desejados.

A sexualidade se cria assim já, desde a infância, em instâncias binárias de poder específicas em cujo ápice se encontram aqueles que podem desejar e se apropriar de corpos/sexos colocados à sua disposição. Na "iniciação" ao sexo dos meninos, na compra de um corpo, percebe-se não apenas a incitação à apropriação do feminino, mas o processo político de *diferenciação* do humano, expresso em sexo social e em sexualidade.

A criação da diferença, em suas condições específicas de produção, constitui, assim, uma tecnologia política de poder, justificado pela construção dos corpos instituídos em biologia de forma binária. O biopoder, afinal,

Para além do sexo, por uma estética da liberação   397

em seus discursos de verdade, não cessa de reiterar realidades corporais, em torno de essências biológicas; fixa papéis e funções predeterminados ontologicamente, desenha materialidades tomadas como a verdade do ser.

Para Foucault, o sexo é vetor de valores e articulador de relações sociais:

> [...] a noção de "sexo" permitiu agrupar segundo uma unidade artificial elementos anatômicos, funções biológicas, condutas, sensações, prazeres e permitiu o funcionamento desta unidade fictícia como princípio causal, sentido onipresente, segredo a ser descoberto em toda parte: o sexo, portanto, pode funcionar como significante único e significado universal.[10]

Restritas as possibilidades de polissemia, o sexo passa a ser significado como essência, como identidade, como causa e motor de ação. O sexo social – mulher e homem – aparece como "natural", perdida sua historicidade. Inverte-se aí a questão, pois, como vimos, esse sexo categorial é criado em condições de produção e imaginação específicas e históricas, levado, porém, ao domínio da natureza, da espécie, do indiscutível, do *sempre foi assim,* escondido para melhor ser encontrado no desabrochar de um feminino /masculino imutáveis, já que ditos ontológicos. Quem não tem em mente o homem das cavernas arrastando uma mulher pelos cabelos? Essa imagem é típica de uma representação social de violência e posse enraizada no imaginário, repetida pela mídia e pela história, recriada sem cessar na materialização das relações humanas binárias.

É este deslizamento dos sentidos produzidos *aqui e agora* para o domínio do atemporal que fazem do sexo social um destino biológico restrito para as mulheres, fechadas na concha de seu sexo, atreladas a tarefas de maternagem e cuidado.

O discurso do "natural", de fato, instala o Mesmo na história e na imaginação, retirando das mulheres a presença, a capacidade, a atuação no político e na história. O sexo feminino segue imutável ao longo dos séculos, entre fraldas e panelas, segundo uma história androcêntrica, naturalizante e atemporal na qual o genital e o biológico determinam as funções sociais. Em sua análise da construção dos corpos sexuados, Judith Butler insiste sobre a naturalização do desejo heterossexual, cuja identificação à essência do sujeito generizado é

---

[10] FOUCAULT, 1976, p. 204.

[...] um efeito discursivo sobre a superfície dos corpos, uma ilusão de um gênero organizado do interior, uma ilusão discursiva que regula a sexualidade no molde da heterossexualidade reprodutiva.[11]

As críticas feministas à naturalização das relações humanas, a uma história concebida e narrada sobre e pelo masculino abrem o horizonte de percepção para sociedades plurais, constituídas por formas que não se fixam no biológico. Buscar no passado essas formulações é o que chama a escrita de uma *história feminista, de uma história do possível*: o olhar se volta para espaços e temporalidades diversas sem a forma e o modelo do binário.

Uma história das práticas sociais/sexuais em suas condições de imaginação e produção específicas mostra, dessa maneira, o múltiplo das formações sociais, cuja organização nada pode assegurar que se faça em torno do sexo ou da sexualidade. Essa é *a história do possível*, da construção do humano em seres sociais, sem a pressuposição do natural e do sexo como medida do humano. O trabalho de Saladin d´Anglure,[12] sobre os Inuits, de Gayle Rubin,[13] entre outros, revelam, por exemplo, relações sociais em que o sexo biológico não determina o pertencimento social de seus indivíduos.. O pressuposto, aqui, é que o sexo social ancora nos corpos um sexo biológico, ou, como diria Judith Butler, é o gênero que constrói o sexo, assim forjado em práticas sociais. Incontornavelmente históricas e plurais. Em suas palavras:

> [...] o gênero não está para a cultura como o sexo está para a natureza; o gênero é a significação cultural/discursiva pela qual a "natureza sexuada" ou o "sexo natural" é produzido e concebido como um elemento pré-discursivo, uma superfície neutra, sobre a qual a cultura pode trabalhar.[14]

O regime de verdade atual, definido por Foucault, no qual ainda se produz um conhecimento universalizante, vem expressando, em valores e representações, uma interpretação do mundo: inunda o passado dos sentidos e significações construídos em história, ou seja, construindo corpos

---

[11] BUTLER, Judith. *Gender Trouble. Feminism and the subversion of identity*. New York: Routledge, 1990, p. 136.

[12] SALADIN D´ANGLURE, Bernard. *Etre et renaitre inuit, homme, femme ou chamanne*. Paris: Gallimar, 2006.

[13] RUBIN, Gayle. The traffic in women: notes on the "political economy of sex". In: Reiter, Rayna (Ed.). *Toward an anthropology of women*. New York; London: Monthly Review Press, 1975.

[14] BUTLER, 1990, p. 7.

com base em seu significado social presente, instituindo diferenças a partir de um modelo arbitrário, homogeneizando as relações humanas em torno do sexo, normatizando práticas sexuais a partir de uma heterossexualidade referencial, tida como universal e natural, em torno da procriação.

Injunção divina? Os integrismos diversos se unem para melhor oprimir brandindo a norma. A história se fecha em torno do Mesmo, repetindo à exaustão o binário, numa temporalidade sem tempo, sem marcas, sem contornos: masculino e feminino se reproduzem nos discursos do natural, que roubam das práticas sociais sua historicidade.

Se a sexualidade é polimorfa, na visibilidade permitida hoje no Ocidente, as significações do sexo, como significante geral, estacionam na iteração de representações sociais que compõem as imagens da mulher verdadeira, aspirando ao desejo masculino e revolvendo em torno dele. A representação do sexo, então, além de construir corpos e molda-los em formas preconcebidas, é caminho de assujeitamento, pois só se encontra na *ordem do discurso* quem dele não destoa. Só é verdadeira, a mulher, no singular que seduz e procria.

Dessa forma, o sexo social, ao criar o sexo biológico, institui no mesmo movimento as instâncias de poder em que se politizam as relações humanas. Verdadeira mulher, verdadeiro homem, essas imagens estão atreladas ao verdadeiro sexo, a esse construto ideal, a esse aparato anatomo-político que dobra a multiplicidade do humano em patamares binários de verdadeiro/falso, de dominador/dominado, de referente e diferente.

É assim que, nas estratégias de controle e disciplina, a própria construção dos corpos sexuados femininos e sua "diferença" constituem tática política de exclusão e dominação, que se reproduz no discurso da ciência e, sobretudo, das narrativas de uma história imutável, sem historicidade, sem memória, expandindo-se na dinâmica do dispositivo da sexualidade, nas generalidades dos significados que habitam as noções de cultura, identidade. Os direitos humanos das mulheres, por exemplo, não podem ser esquecidos ou apagados em nome de normas culturais ou religiosas, em preceitos da ordem do "natural". Mas afinal, são apenas mulheres....

O dispositivo amoroso

A domesticidade e a procriação como destinos biológicos das mulheres vêm sendo afirmadas e repetidas nas diferentes instâncias de poder e dos discursos sociais, com uma ênfase especial nos séculos XIX e XX, nos quais as mulheres foram construídas como *a mulher* nas práticas médicas, psiquiátricas, psicanalíticas, biológicas, e no surgimento/consolidação das ciências humanas como tal.

Aparato de produção de conhecimento e de verdades, as ciências solidificam a imagem e a representação da diferença no sexo e também na raça, peles negras, sexo feminino, âncoras que fixam as mulheres em seus lugares "naturais"; brancas ou negras, escravas ontem, subordinadas hoje, inferiores sempre.

Entretanto, entre as mulheres, diferenças e assujeitamentos também são produzidos. Como diz Margareth Rago, "os feminismos vieram para libertar as mulheres DA mulher". Nessa ótica, não apenas as mulheres reagem e atuam de forma singular face às normas do sexo-categoria e isto é apagado dos discursos sociais sob a denominação "a mulher"; igualmente o dispositivo da sexualidade se desdobra em estratégias diferenciadas ao fundamentar e criar feminino e masculino.

Foucault, nesse sentido, observa que

> Se é verdade que a sexualidade é o conjunto de efeitos produzidos nos corpos, os comportamentos, as relações sociais por um certo dispositivo oriundo de uma tecnologia política complexa, é preciso reconhecer que este dispositivo não atua de maneira simétrica aqui e ali, que não produz, portanto, os mesmos efeitos.[15]

Assim, podemos distinguir dentro do dispositivo da sexualidade duas tecnologias políticas de construção do feminino: a primeira, identificada como *heterossexualidade compulsória* – Adrienne Rich[16] e Monique Wittig[17] – e a segunda, que eu nomeio *dispositivo amoroso*, criando e investindo os corpos femininos em assujeitamento e controle. São duas instâncias que se desdobram e se entrelaçam simultaneamente. A heterossexualidade compulsória não é apenas a injunção a uma sexualidade unívoca: é todo o aparato de construção do feminino, em torno do sexo-categoria, da castração, da falta. É também a obrigação social de seduzir, de ter como

---

[15] FOUCAULT, 1976, p. 168.

[16] RICH, Adrienne. La contrainte à l'hétérosexualité et l'existence lesbienne. *Nouvelles Questions Féministes*, Paris: Ed. Tierce, mars 1981, n. 1, p. 15-43.

[17] WITTIG, Monique. La pensée straight. *Questions féministes*, Paris : Ed. Tierce, n. 7., fév. 1980.

objetivo principal o casamento, cerimônia investida de todos os louvores, "o dia mais importante de minha vida".

A heterossexualidade compulsória, para as mulheres, é todo o aparato do dispositivo da sexualidade em ação, numa economia do *desejo de outrem,* do prazer de outrem, da sedução de outrem. A injunção à beleza é mais forte que a própria vida, e os distúrbios alimentares não deixam dúvidas a respeito. Seduzir e agradar são até mesmo colocados como poderes para as mulheres, insidioso discurso que inverte os termos da apropriação para melhor exercê-la. Do mesmo modo, classificar a prostituição como trabalho é justificar a degradação para melhor manter as mulheres prostituídas em seus devidos lugares, de corpos e orifícios disponíveis. Essa é uma tática política que mantém e reproduz a apropriação social dos corpos das mulheres.

A heterossexualidade compulsória e a prostituição, nessa ótica, são o sistema patriarcal em ação modelando corpos femininos em torno da diferença, da procriação, da posse, atribuindo-lhes papéis e funções numa economia do dever. Mesmo atuando no espaço público, as mulheres padecem desse sistema quando atribuem a si mesmas as tarefas domésticas pelo simples fato de serem mulheres. De fato, as tarefas em si não são desqualificadas: os famosos e requisitados cozinheiros, cabeleireiros, estilistas são homens; a desqualificação vem quando são realizadas por mulheres.

Por outro lado, e imbricado estreitamente a esse sistema, o dispositivo amoroso atua no sentido de envolver em emoção todas as injunções sociais relativas às mulheres. Tomo aqui a explicitação de dispositivo tal como enunciada por Foucault:

> O dispositivo [...] está sempre inscrito em um jogo de poder, estando sempre, no entanto, ligado a uma prática ou a configurações de saber que dele nascem mas que igualmente o condicionam. É isto, o dispositivo: estratégias de relações de força sustentando tipos de saber e sendo sustentadas por elas.[18]

Essa acepção de dispositivo permite desvelar melhor a historicidade absoluta das relações humanas e a impossibilidade de atribuir ao passado os mesmos valores e representações do presente. É assim que em nosso *agora* o dispositivo amoroso aciona imagens, representações, valores, normas, leis, instituições, costumes, discursos plurais: da religião, da tradição, de uma

[18] FOUCAULT, 1988, p. 246.

memória recortada, de uma história truncada, de uma ciência marcada por estratégias de convencimento e de estabilização de normas.

É assim também que as mulheres têm, fixadas em seus corpos de fêmea, o selo do cuidado, da maternagem, da sensibilidade, sob o signo do amor. O amor marca nas mulheres o que o sexo representa para os homens: vórtice, objeto de desejo, aspiração maior, torno de modelagem, centro de gravidade; o amor é invocação, é suspiro, é poema, é vertigem, é expressão e necessidade, é corpo. Pelo amor as mulheres, assim instituídas, são capazes de qualquer coisa, sacrifício, submissão, despojamento. A estética da existência, para as mulheres, é atravessada e constituída pelo dispositivo amoroso e pela heterossexualidade compulsória, pilares de seu processo de subjetivação, ligadas à necessidade de renúncia e desprendimento. É a economia do dever e do amor que compõem a estética da existência dos corpos-em-mulher.

Não basta, assim, identificar a construção do sexo por meio de suas práticas, de uma incitação cada vez maior de sexualidade, pois a economia do prazer, por sua vez, não se encontra apenas em um rápido e indigente orgasmo. Nem nos corpos, seus orifícios e superfícies, já que o ato perde importância face à imaginária categoria sexo.

A pergunta é: a que e a quem servem a louvação e exacerbação da sexualidade, criando o referente e a diferença binária, (o feminino e o masculino/heterossexual e homossexual), a norma e a exclusão? Numa sociedade patriarcal a apropriação social dos discursos se imbrica à apropriação social dos corpos por eles engendrados, numa circularidade na qual não se identifica causa e efeito. Nos sentidos, porém, veiculados em seus enunciados, na inteligibilidade social conferida à divisão do humano, encontra-se a sede de um poder difuso, mas solidamente ancorado na politização da anatomia.

Foucault sublinha a materialidade das relações que se concretizam no social a partir dos discursos sobre sexo e sexualidade:

> [....] é preciso interrogá-los nos dois níveis de sua produtividade tática (que efeitos recíprocos de poder e saber asseguram) e de sua integração estratégica (que conjuntura e que relação de força torna sua utilização necessária em tal ou tal episódios dos afrontamentos diversos que se produzem).[19]

[19] FOUCAULT, 1976, p. 135.

O dispositivo da sexualidade e o dispositivo amoroso, além de atravessarem a sociedade como um todo, não cessam de reproduzir formas e forjar destinos em corpos, diferenças, hierarquias, formas de assujeitamento. O sexo-categoria, as práticas de sexualidade definem hoje o poder do masculino sobre o feminino como incontornável, inevitável, fundado na natureza e na memória social, matrizes de identidade e inserção social. A política dos corpos (a politização da anatomia) em sua rede de significações remete o sexo ao poder binário e equívoco de um – referente – sobre o outro – diferente E esse poder é atravessado de violência, do crime, de mutilações físicas ou psíquicas. O cinema, a televisão, os jornais não economizam imagens e representações dessa sexualidade manchada de sangue, atravessada pelo gosto da morte.

Os feminismos têm estado atentos a esse sexo-categoria, sexo social que permite e estimula práticas de violência e de apropriação das mulheres, assim constituídas, pelos homens. Entretanto, as relações sociais são, sobretudo, históricas, e são apenas os discursos naturalizantes que fazem destas relações de poder um recorte da natureza. Nem os homens são violentos por natureza, nem as mulheres são inferiores ou submissas naturalmente; são, ambos, criações sociais, mas sua materialidade é indiscutível e a violência da apropriação é contundente.

Uma estética da existência, tomada como a construção de subjetividade na crítica aos aprisionamentos, é o que propõem os feminismos. Foucault afirma que as relações de poder-saber, os regimes que fazem circular valores com efeito de verdade, além de definir repartições e modelos, são também "matrizes de transformação".[20]

São essas transformações nas relações humanas que motivam os feminismos, na recusa do biopoder, da politização da anatomia, na instituição da diferença, em estratégias de liberação. Pois não é a desigualdade que traça a divisória entre os sexos, mas a própria ideia de *diferença,* baseada na anatomia, circunscrita ao sexo. O sexo-categoria tornou-se prisão e a sexualidade exigida os grilhões que transformam o humano em mulheres e homens, enclausurados em poder e submissão. Se a análise dos gêneros permitiu a identificação das técnicas políticas que os constroem, é o seu desaparecimento que promete transformações no social, pois, como afirmar Judith Butler, não há sexo fora de práticas de gênero.

[20] FOUCAULT, 1976, p. 131.

A exacerbação da sexualidade é o aprofundamento da marca do sexo nos corpos, da fixação de identidades e das normas regulatórias, fundamento de hierarquias e dominação. Paradoxalmente, a sexualidade como exaltação de vida traz em sua prática o gosto e o signo do vazio e da morte.

A exposição da sexualidade, sugerida ou explícita, esvazia o desejo em sua representação. É assim que o paroxismo mata o desejo e faz do sexo exercício de puro poder. O frenesi imagético preenche esse vazio com a ânsia das práticas repetidas, e essa mesma repetição engendra sua vacuidade. Viagra e outros apontam para uma impotência generalizada em que o exercício da sexualidade é necessidade fictícia. A morte ronda na violência que se revela cada vez mais necessária à excitação sexual, cada vez mais presente nos relacionamentos humanos.

Uma estética da liberação orienta um processo de subjetivação insurgente, ativo e não apenas reativo, para além da sexualidade como necessidade, como natureza, como eixo de identidade, dando-lhe o lugar que lhe cabe: apenas uma das expressões do humano.

Assim, Foucault caminha com os feminismos, pois afirma que:

> É da instancia do sexo que é preciso se libertar, se por uma reversão tática dos diversos mecanismos da sexualidade, queiramos afirmar, contra as tomadas do poder, os corpos, os prazeres, os saberes em sua multiplicidade e possibilidade de resistência.[21]

---

[21] FOUCAULT, 1976, p. 208.

O exercício dos corpos na cidade
O espaço, o tempo, o gesto

Terezinha Petrucia da Nóbrega

A perspectiva racionalista influenciou consideravelmente o modo como a Ciência Clássica tratou as questões do conhecimento em geral e do corpo em particular, sobretudo na medicina, operando pelo mecanicismo ao considerar a perspectiva anátomo-funcional como especificação e critério último da verdade sobre o corpo.

Em *O nascimento da clínica*, Foucault[1] afirma que a significação, a espacialidade do corpo como condição de possibilidade e a finitude do homem como verdade são figuras que já se encontravam na gênese do positivismo, mas que foram esquecidas em seu proveito. Observa-se então a formação de um modelo epistemológico que irá assegurar a racionalidade científica da medicina como ciência da prática a partir de regras de visibilidade propiciadas pela anátomo-patologia, pelo modelo matemático das probabilidades e pela fisiologia, com o conceito de normalidade que irá condicionar as compreensões de saúde e de doença.

A compreensão de saúde também vai sendo modificada dos sintomas descritos pela noosologia, passando pelo desgaste orgânico do modelo anátomo-patológico aos agentes patogênicos do modelo fisiológico. A espessura do corpo, visível na doença, é traduzida em classificações e análises a partir da técnica anatômica, do cálculo das probabilidades e da norma fisiológica. Essas mudanças estão articuladas com condições históricas e sociais próprias, com destaque para o pensamento reformador da Revolução Burguesa que instaurou uma pedagogia específica para o saber médico assim como criou regulamentos específicos para o exercício da profissão.[2]

---

[1] FOUCAULT, Michel. *O nascimento da clínica*. Rio de Janeiro: Forense Universitária, 2001.

[2] FOUCAULT, 2001.

Essa maneira de compreender o corpo influenciou significativamente as bases epistemológicas da Educação Física, já no século XIX e ainda hoje se faz presente na formação acadêmica e profissional da área. Também nesse contexto, o pensamento de Foucault coloca-se como uma ferramenta para escavar as práticas corporais inseridas em contextos sociais múltiplos, buscando-se as descontinuidades dos regulamentos, da disciplina, dos métodos de análise, do exame, das formas de racionalidade e de uma retórica corporal construída com base no exercício, no controle e na resistência.

A racionalidade técnica apresenta-se no exame, na classificação advinda do exame, na punição e no controle da atividade, controle do tempo, do espaço e do corpo em várias práticas objetivadas na cultura. Mas em Foucault também encontramos uma agenda de resistência, de afirmação da vida e do corpo. Passamos, nos diz Foucault, dos regimes disciplinares da caserna, da escola, da fábrica, das famílias para, a partir dos anos 1960, um investimento de um poder mais tênue, sob a forma de controle estimulação. Há a partir de então uma exploração econômica do corpo e do desejo que nos estimula: "Fique nu, mas seja magro, bonito, bronzeado! A cada movimento de um dos adversários corresponde o movimento do outro".[3]

Cresce, cada vez mais, o número de pessoas que realizam algum tipo de atividade física, seja com vistas à *performance* esportiva, ao *fitness* ou para fins de saúde, lazer. De modo geral, há um discurso corrente que associa a prática da atividade física à promoção da saúde. No entanto, pesquisas mostram que a busca por um estilo de vida ativa encontra-se, em grande medida, associada ao culto ao corpo e à autorregulação da saúde.[4] Nesse caso, o sujeito individual passa a ser responsável pela sua saúde e bem-estar. No entanto, a multiplicação das imagens sobre corpos saudáveis, sempre belos e jovens, é bem mais rápida do que uma produção real de saúde e beleza no cotidiano.

Das praias às academias de ginástica, passando pelos parques, calçadões e praças, o corpo está em exposição. Há pouco tempo, em Natal, nos deparamos com frases do tipo: *Fique sarada e deixe seu ex doente; deixe os*

---

[3] FOUCAULT, Michel. *Microfísica do poder*. Rio de Janeiro: Graal, 1979, p. 147.

[4] Conforme as pesquisas realizadas por BOLTANSKI, Luc. *As classes sociais e o corpo*. Rio de janeiro: Graal, 2004, e por CASTRO, Ana Lucia. *Culto ao corpo e sociedade: mídia, estilos de vida e cultura de consumo*. São Paulo: Annablume, 2003.

pneus para os borracheiros; divida seu corpo e multiplique mulheres, frases publicitárias de uma academia de ginástica, estampadas em *outdoors,* em ônibus e em outros espaços públicos e privados, que explicitavam a visibilidade dos investimentos e do corpo desejado.

De acordo com Muchail,[5] a disciplina corporal é minuciosa, desenvolvendo-se de formas diversificadas, mas de algum modo aparentadas, tanto na pedagogia escolar como na organização militar, de modo a cobrir o corpo social inteiro. Da mesma forma, o controle do tempo não se dá somente em relação ao tempo de trabalho, também são controlados os tempos de festa, de lazer, de descanso, de prazer. Controlado é o tempo da vida.

A leitura dos textos de Foucault nos anima na tarefa de perceber os investimentos no corpo, a valorização de suas forças, a dinâmica do corpo-máquina, a anátomo-política com sua tecnologia disciplinar, os dispositivos do biopoder com o controle dos processos biológicos e sociais, em particular no que diz respeito aos níveis de saúde da população, os cuidados com o corpo e os espaços de resistência. Esses temas são relevantes para pensar os propósitos científicos e sociais da educação física, seja em seu processo histórico como já demonstrado nos estudos de Soares[6] sobre a ginástica no século XIX, seja nos estudos a produção do corpo saudável.[7]

Diante dessas considerações, buscamos estudar como o sujeito é produzido nas práticas corporais e nos espaços destinados ao exercício do corpo na nossa cidade. O ponto em apreço é o exercício, segundo Foucault,

> [...] técnica pela qual se impõem aos corpos tarefas ao mesmo tempo repetitivas e diferentes, mas sempre graduadas [...]. O exercício, transformado em elemento de uma tecnologia política do corpo e da duração, não culmina num mundo além; mas tende para uma sujeição que nunca terminou de se completar.[8]

---

[5] MUCHAIL, Salma Tannus. *Foucault, simplesmente*: textos reunidos. São Paulo: Loyola, 2004.

[6] SOARES, Carmen. *Educação física: raízes européias e Brasil.* Campinas: Autores Associados, 1994; SOARES, C. *Imagens da educação no corpo: estudo a partir da ginástica francesa no século XIX.* Campinas: Autores Associados, 1998.

[7] DANTAS, Eduardo. *A produção biopolítica do corpo saudável*: mídia e subjetividade na cultura do excesso e da moderação. Tese (Doutorado em Educação), Natal, UFRN, 2007. FRAGA, Alex. *Exercício da informação: governo dos corpos no mercado da vida ativa.* Campinas: Autores Associados, 2006. MENDES, Isabel. *Mens sana in corpore sano: compreensões de corpo, saúde e educação física.* Tese (Doutorado em Educação), Natal: UFRN, 2006.

[8] FOUCAULT, Michel. *Vigiar e punir: história da violência nas prisões.* Petrópolis: Vozes, 1987, p. 145-146.

Tendo como referência essa compreensão sobre a tecnologia política do corpo, sobre a analítica dos poderes e sobre a biopolítica indagamos como se estabelece a relação de verdade entre o exercício e a saúde e também como sobre como é possível compreender os estilos de vida nesse processo de constituição dos sujeitos, que nunca termina de se completar e que transita por modalidades de assujeitamento e de resistência.

Até o momento contamos com depoimentos de cem participantes de várias práticas corporais na cidade do Natal/RN. Os participantes do estudo, de ambos os sexos, possuem idades entre 14 e 74 anos. São estudantes, aposentados, advogadas, autônomos, bancárias, *barmen*, cabeleireiras, artistas, atletas profissionais, comerciantes, dentistas, professores, vigilantes, homens e mulheres que se dedicam ao exercício do corpo em vários espaços da cidade, tais como o calçadão da Av. Engenheiro Roberto Freire, a praia de Ponta Negra, o Campus Universitário da UFRN, o Parque das Dunas, a praia do Meio, a área de lazer do conjunto Panatis, uma academia de dança em Candelária, entre outros espaços públicos e privados. As práticas corporais são realizadas com maior frequência de uma a três vezes por semana, mas há os que se exercitam diariamente. Nessa primeira fase da pesquisa, perguntamos a essas pessoas sobre o que as motivava a participar das atividades. As respostas são variadas:

> Vida saudável, prevenção de doenças
> Bem estar, qualidade de vida, longevidade
> Manter a forma, perder peso
> Aptidão física ou treinamento de habilidades para o esporte
> Sociabilidade, fazer amigos
> Autoconhecimento, consciência do corpo
> Controle da ansiedade
> Ocupar o tempo
> Contato com a natureza
> Aventura, adrenalina
> Auto-estima
> Exercícios recomendados pelo médico
> Conhecer novas culturas
> Aprender novas habilidades

Nos depoimentos obtidos buscamos perceber a relação entre o exercício, a saúde e os processos de subjetivação. Como os indivíduos tornam-se sujeitos perante as mais variadas práticas? Quais os jogos e relações de força que produzem diferentes modos de ser e de viver, como, por exemplo, *ser saudável*, prolongar a vida, adiar a morte, ou *ser sarado*, estar em forma, ser bonito, atraente, *ser sociável*, ter amigos, gostar de si mesmo, ser desejado, desejar. Essas relações estão situadas em práticas de si históricas e socialmente localizáveis.

Cada uma dessas práticas possui um programa que atende à tecnologia disciplinar, com indicações sobre os usos do corpo, do espaço e o controle do tempo que vêm se configurando ao longo da história, sendo investidas por determinações sociais, culturais, científicas. Também notamos que as relações de poder na realização dessas práticas corporais não se reduzem à orientação médica ou pedagógica, à pressão midiática, ao controle, ao comando, à disciplina, mas adotam a forma de instabilidade, apresentando estratégias de saída de um estado de dominação para outras possibilidades de ser sujeito, de ter prazer com o seu corpo, de sentir-se bem, de conviver com outras pessoas.

Nas falas dos participantes da pesquisa podemos destacar sentidos vinculados a uma preocupação com a saúde em primeiro lugar, em seguida a preocupação com a aparência, que se desdobra em termos de boa forma, peso ideal, autoestima, e em terceiro lugar aspectos como o lazer e a sociabilidade. Em menor intensidade podemos observar uma motivação para conhecer novas culturas, o autoconhecimento, o contato com a natureza e a ocupação do tempo livre com atividades prazerosas.

O que esses dados nos fazem pensar? Boa parte dos entrevistados dedica-se ao exercício por recomendação médica, reforçando o lugar da autoridade do médico como coordenador das políticas do corpo na sociedade contemporânea, lugar que vem se construindo desde o século XIX como mostra Foucault.[9] O discurso da saúde predomina e é preciso refletir sobre esse aspecto, escavando possibilidades de resistência nessa ideologia do ser saudável. Certamente esse espaço político da autoridade médica e das ciências da saúde é dividido com as indústrias de material esportivo, a mídia, a publicidade, as clínicas de estética, o *personal training*.

No entanto, mesmo sendo levados às práticas corporais por orientação médica, os sujeitos podem encontrar espaços de convivência com o corpo e a descoberta criativa de novas maneiras de viver, de formar laços afetivos, de gostar de si mesmo. Os sentidos atribuídos aos exercícios também são

---

[9] FOUCAULT, 2001.

condicionados pela experiência dos sujeitos em outros domínios da vida, sua cultura, suas preferências estéticas, suas emoções.

Na maioria das vezes, os sentidos das práticas corporais vão sendo capturados pela indústria do corpo, da saúde e do bem-estar. Por isso, há a necessidade de investimentos que possam contribuir para uma relação autônoma, como possibilidade de experimentar a própria existência e a oportunidade de dar conta da própria vida. Interessa-nos saber como o estatuto do corpo e do prazer pode ser considerado como lugar de resistência, de afirmação da vida e de uma ética da existência. No exercício, nas práticas corporais, os sujeitos podem encontrar espaços de produção de tecnologias de si que permitam um trabalho sobre o corpo e a alma. Talvez aí esteja também uma tarefa para que a Educação Física, como área profissional, reflita sobre o seu conhecimento e sua razão social, política e pedagógica ao produzir discursos e práticas sobre o corpo, o exercício, a saúde.

Em relação à aparência é fácil constatar que a preocupação com a beleza, o modelamento do corpo, o rejuvenescimento está cada vez mais presente na vida social, intensificando-se o chamado culto ao corpo. Esse culto é compreendido como um tipo de relação dos indivíduos com seus corpos, uma relação que tem como preocupação básica o modelamento do corpo, a fim de aproximá-lo do padrão de beleza estabelecido, de preferência de forma rápida e sem muito esforço. E isso é impossível dentro dos parâmetros fisiológicos; fato que detona uma série de investimentos da tecnociência em termos de possibilidades de transformação corporal. O jogo de forças se intensifica e o trabalho da resistência torna-se necessário.

Se observarmos os padrões de beleza percebe-se que a cada década homens e mulheres vão ganhando uma nova silhueta, cuja regra de elegância e da beleza ideal está associada, via de regra, à imagem da jovem magra e do homem musculoso. Encontramos nos depoimentos e em conversas informais com pessoas de várias idades e níveis de escolarização uma grande insatisfação com o corpo. Outra referência recorrente quanto à produção da beleza diz respeito às dietas.

Nesse sentido, a reflexão feita por Mendes,[10] em sua tese sobre a máxima de Juvenal *Mens sana in corpore sano* é significativa. O regime, que na Antiguidade greco-romana referia-se a um conjunto de hábitos de

---

[10] MENDES, 2006.

vida, incluindo o uso dos prazeres sexuais, não traduz mais essa preocupação, ou pelo menos adquire outras características, como a preocupação com os valores energéticos dos alimentos, a obsessão pela boa forma, o controle dos gestos, a padronização de um estilo de vida ativa, deixando de vincular-se às artes da existência.

Diante das regras do culto ao corpo, como reagir? Há que se diferenciar os investimentos da indústria do bem-estar, muitas vezes identificados com as questões do corpo e do bem-viver para buscar as formas de resistência, outras possibilidades estéticas, outras formas de beleza e de convivência com a aparência.

Na sociedade contemporânea faz-se necessário satisfazer uma enorme quantidade de requisitos quanto à aparência do corpo. Muitas pessoas sentem-se quase deformadas quando se comparam com as imagens da mídia. Denise Sant´Anna, ao refletir sobre a busca da beleza, denuncia:

> Há situações em que alguns corpos são rapidamente colocados no terreno do intolerável e da deficiência: por exemplo, as diferenças entre gordos e magros foram apagadas e acaba-se limitando ambas ao terreno da doença. No entanto, durante um bom tempo, um pouco de gordura representava formosura. Demonstrava saúde, era prova de sucesso e distinção social. Uma certa barriguinha atestava conforto e capacidade de seduzir. Um colo gordo era sinônimo de um acolhedor repouso, por muitos desejado. A carne hoje considerada flácida era vista como macia e uma prova de charme. A gordura possuía seus encantos e não evocava, como hoje, um excesso de lentidão, falta de cuidado consigo e ausência de boa educação para com o outro. Nas sociedades contemporâneas, fascinadas pela magreza e pela leveza, qualquer gordura pode parecer uma perda de tempo, algo muito similar ao que acontece com a doença, a qual, aliás, tende a carecer de sentido porque indica a necessidade de interrupção da vida produtiva para descansar, recobrar forças; talvez, a atual aversão aos gordos se deva ao fato de que existe, antes de tudo, uma forte intolerância à perda de tempo, um fascínio absoluto pelo curto prazo, pela queima de etapas, numa palavra, pela aceleração da vida em nome do aumento da produtividade e do consumo.[11]

Por essa reflexão, podemos afirmar que os modos de ser e estar no mundo relacionados às práticas corporais e ao exercício não se separam da cultura de consumo na qual vão se constituindo transitórias e tensas

[11] SANT'ANNA, Denise. Identidade corporal. *Revista do SESC*, São Paulo, 2001, p. 30.

identidades e nas quais é possível perceber confrontação com o poder e momentos de subjetivação.

O corpo é um objeto de preocupação e análise, alvo de vigilância e controle. Mas nos investimentos do poder sobre o corpo também se cria espaços de resistência, novas reivindicações de liberdade e de novos desejos. Vejamos o que nos diz Foucault sobre esse controle-resistência e o poder-corpo:

> O domínio, a consciência do próprio corpo só puderam ser adquiridos pelo efeito do investimento do corpo pelo poder: a ginástica, os exercícios, o desenvolvimento muscular, a nudez, a exaltação do belo corpo... Tudo isso conduz ao desejo de seu próprio corpo através de um trabalho insistente, obstinado, meticuloso, que o poder exerceu sobre o corpo das crianças, dos soldados, sobre o corpo sadio. Mas, a partir do momento em que o poder produziu esse efeito, como conseqüência direta de suas conquistas, emerge inevitavelmente a reivindicação de seu próprio corpo contra o poder, a saúde contra a economia, o prazer contra as normas de sexualidade, do casamento, do pudor. E, assim, o que tornava forte o poder passa a ser aquilo por que ele é atacado.[12]

As técnicas do poder tendem a construir o sujeito, mas este reage e cria uma cultura de si, uma nova maneira de governar o corpo na vida cotidiana. O espaço do corpo não é produzido somente por esportistas, é uma realidade geral criada também pelo desejo de uma vida saudável, de ser belo ou de estar bem consigo mesmo e com o outro.

Também na Educação Física é possível exercer a resistência, haja vista que as práticas corporais não se reduzem à cultura esportiva, aos ditames do *fitness* ou à promoção da saúde, havendo outras possibilidades de produzirmos sentidos, intensidades, experimentações. Os gestos, a postura do corpo, os movimentos de um modo geral, são considerados como potencializadores de enunciação de subjetividades.

Nas falas dos participantes da pesquisa podemos compreender a visibilidade da disciplina, caracterizando poderes sociais que se instalam de modo eficaz no corpo, submetendo-o aos controles no campo ético, no campo social, no campo estético, exigindo um trabalho de resistência sobre os padrões de saúde, beleza, afetividade que nos assujeitam. Trata-se de um trabalho contínuo e singular de compromisso, manipulação, desejo,

---

[12] FOUCAULT, 1979, p. 146.

momentos de dessujeição, ainda que raros. Os sujeitos, quando solicitados a justificarem a sua dedicação a uma determinada prática corporal, portanto quando exigidos em algum nível de reflexividade, apontam para temas gerais dos discursos que circulam sobre a saúde e a beleza, mas logo completam suas falas com aspectos mais lúdicos, afetivos, singulares, criando um espaço para a resistência, outros territórios para a Educação Física.

Mesmo inseridos em um processo de medicalização da vida e mercadorização do corpo, as falas apontam para momentos importantes de resistência, como por exemplo o desejo de conhecer o funcionamento do corpo, seus sinais, ainda que numa compreensão mecânica de domínio e controle do corpo. Mas, de alguma maneira, um indício de que podemos nos libertar, ainda que em alguns momentos, do controle do médico, dos remédios, dos hospitais, das imagens da mídia e da publicidade que nos sorriem, nos seduzem e nos atormentam.

Em algumas práticas e depoimentos é possível ver o espaço do corpo como um espaço singular que propicia ao sujeito uma possibilidade de participar da vida da cidade, ao ocupar seu tempo e dedicar-se a uma atividade considerada saudável, permitida socialmente e que lhe dá prazer, como é o caso da prática esportiva. O esporte torna-se um lócus privilegiado do contato social, de participação possível na vida da cidade, de renovação emocional. Na quadra de *futevôlei* ou no *ralf,* eles e elas conquistam seu espaço social, sua condição de sujeitos e expressam sua maneira de viver.

Um dos depoimentos, de uma moça de 24 anos, atleta de skate, diz o seguinte a respeito de sua motivação para a prática do esporte: "Pelo fato da adrenalina e por existir poucas atletas do sexo feminino participando das competições. Além disso, a roupa usada na prática, por não ser uma própria [do dia a dia] dá um estilo de vida que é relacionado à estética".

A excitação aqui se apresenta como possibilidade de experimentar o risco, a renovação emocional, catártica e a possibilidade de experimentação de intensidades na prática do esporte. A roupa, por sua vez, apresenta-se como expressão de um código do sujeito e de seu grupo, além da questão de gênero que circula na fala dessa jovem e que poderia produzir novas intensidades na compreensão do esporte, da Educação Física, do exercício e das práticas corporais.

Nota-se ainda que os diferentes espaços constituem diferentes maneiras de produção de sentidos e de intensidades na experimentação do corpo. Intensidades no sentido apresentado por Deleuze e Guattari ao se referirem ao corpo sem órgãos. As intensidades passam e circulam no corpo do masoquista, do drogado, do louco, dos amantes, como afirmam Deleuze e Guattari[13], mas também do esportista, da dona de casa ou da professora que se dedica a caminhar no Parque das Dunas, na área de lazer do Panatis ou no Calçadão da Av. Engenheiro Roberto Freire. Nesse *continuum* de intensidades a experimentação do corpo acontece como processo de produção, campo da imanência e do desejo.

Pensando na cidade, as frases impressas nas placas ao longo do calçadão da Av. Engenheiro Roberto Freire apresentam aspectos importantes sobre a produção biopolítica do corpo saudável e da vida ativa como forma de governo do corpo, da saúde e do lazer:

1. Cuide bem de sua pressão arterial
2. Respire o ar mais puro das Américas
3. Exercício faz bem para o corpo e para a alma
4. O calçadão é de todos. Preserve-o
5. Quem ama a vida, ama o verde.
6. Lazer é um direito de todos

Nessas frases percebemos um investimento do poder sobre a vida, sobre o corpo, sobre a saúde. Foucault chama a atenção para o fato de que esses temas da dietética, do cuidado de si, da atenção ao corpo permanecem extraordinariamente contínuos desde a época clássica.

> Os princípios gerais mantiveram-se os mesmos; no máximo eles foram desenvolvidos, detalhados, aprimorados; eles propõem um ajuste da vida mais estrito e solicitam da parte daqueles que querem observá-los uma atenção ao corpo mais constantemente vigilante.[14]

O regime dos prazeres também requer o trabalho da alma sobre o corpo, seu estado, seus equilíbrios, suas afecções, as disposições gerais ou passageiras em que se encontra quando aparecem como variáveis principais que devem determinar as condutas. Esse trabalho da alma inclui um bom regime somático, um regime completo da alma e do corpo. Não se trata de instaurar uma luta da alma contra o corpo, trata-se, antes de qualquer coisa, de corrigir-se para poder conduzir o corpo segundo uma lei que

---

[13] DELEUZE, Gilles; GUATTARI, Félix. *Mil platôs*: *capitalismo e esquizofrenia*, v. 3. Rio de Janeiro: Ed. 34, 1996.

[14] FOUCAULT, Michel. *História da sexualidade*: *o cuidado de si*. Rio de janeiro: Graal, 1985, p. 109.

é a do próprio corpo. Esse regime discutido por Foucault[15] em relação aos prazeres sexuais, aplica-se também ao regime das práticas corporais, ao exercício do corpo e da alma em que a produção de um estilo de vida excitado possa ultrapassar a gestão disciplinadora da vida.

Como denuncia David Lapoujad,[16] o corpo não aguenta mais. O corpo não aguenta mais o adestramento e a disciplina. "Com isso não aguenta mais o sistema de martírio e narcose que o cristianismo primeiro, e a medicina em seguida, elaboraram para lidar com a dor, um na sequência e no rastro do outro: culpabilização e negação do corpo".[17] Precisamos, alerta o autor, diferenciar a decomposição e a desfiguração do corpo necessárias para que as forças que o atravessam inventem novas conexões e liberem novas potências. Potências da vida que precisam de um corpo-sem-órgãos para se experimentarem.

Aqui se coloca uma tarefa para a Educação Física no sentido de produzir outras experimentações sobre o corpo, outras maneiras de se exercitar que possam amplificar a produção de subjetividades, polifônicas, plurais, desterritorializadas. Parece-me que os aspectos lúdico, meditativo, expressivo das práticas corporais podem oferecer uma alternativa ao exercício como forma de controle, disciplina, assujeitamento. Investir nesses territórios pode ajudar no trabalho de resistência, na afirmação da vida, na revitalização dos sujeitos, na liberação de novas potências.

Nas práticas corporais e nos sentidos atribuídos pelos sujeitos, percebemos também os agenciamentos, as intensidades, ao mesmo tempo em que necessitamos cartografar sem cessar as novas políticas de subjetividade contemporâneas, apresentadas nas modalidades inéditas de sociabilidade e resistência, estando abertos à experimentação e à invenção de si mesmo.

---

[15] FOUCAULT, 1985.

[16] David Lapoujad *apud* PELBART, Peter Pál. *Vida capital*: *ensaios de biopolítica*. São Paulo: Iluminuras, 2003.

[17] PELBART, 2003, p. 45.

Os limites da vida
Da biopolítica aos cuidados de si

Vera Portocarrero

A noção de vida no pensamento de Michel Foucault atravessa toda sua obra, abrindo-se a análises realizadas em diferentes dimensões: primeiramente, na dimensão da arqueologia do saber, desenvolvida nos anos de 1960, como em *Nascimento da clínica* e em *As palavras e as coisas*. Aí, Foucault pesquisa a constituição, na modernidade, da vida como objeto de saber. Em segundo lugar, na dimensão da pesquisa genealógica das formas de relações de poder – que começam a se exercer na virada do século XVIII para o XIX – desenvolvida nos anos de 1970, a partir de *Vigiar e Punir, Nascimento da prisão* e de *História da sexualidade – A vontade de saber*. Neste caso, a vida é estudada em seu caráter de alvo do poder-saber, na modernidade que a toma como objeto. Finalmente, na dimensão de uma ética e estética das formas de subjetivação, em seu pensamento tardio, com *História da sexualidade II – Uso dos Prazeres* e *História da Sexualidade III – O cuidado de si* e com cursos, como *Hermenêutica do sujeito* e *discurso e verdade: problematização da Parrhesia*, em que sustenta a hipótese da vida considerada como obra de arte.

Foucault se dirige à questão da vida, portanto, problematizando-a de formas diferentes. Primeiro por meio das análises das formas de objetivação do sujeito: (a) pela via da pesquisa arqueológica das condições de possibilidade da existência de saberes empíricos, como as ciências da vida, a biologia, a fisiologia, a medicina moderna que possibilitaram a constituição, a partir do final do século XVIII, das ciências do homem, tendo a vida e o homem como objetos das ciências empíricas; (b) pela via da genealogia dos poderes, a partir da afirmação de que as ciências biológicas, constituídas a partir do século XIX, se articulam com outros campos de saber e de práticas (como as pedagógicas, militares, industriais, médicas, por exemplo) e com as relações de forças que incidem sobre a vida dos indivíduos.

A genealogia estuda não somente o poder disciplinar, que se exerce sobre o corpo e a alma do indivíduo, individualizando-o e ao mesmo tempo homogeneizando-o, mas também aquele que se exerce sobre a vida das populações, por meio da formação de uma biopolítica. A biopolítica opera com controles precisos, regulações de conjunto e mecanismos de segurança, para exigir mais vida, majorá-la, geri-la. Sua constituição só é possível no contexto da invenção da vida biológica; da entrada da vida no pensamento e na prática políticos. É a resposta política ao aparecimento, no século XIX, desse novo objeto de conhecimento – a vida do homem como espécie.

Finalmente, a noção de vida é pesquisada em termos de uma arqueogenealogia das formas de subjetivação, que recua até a Antiguidade greco-romana, com a hipótese da vida como obra de arte. Tal obra se realiza por um conjunto de procedimentos, como os da *askesis* e da *parrhesia,* constitutivos do antigo tema filosófico do cuidado de si. O cuidado de si abrange inúmeras práticas, experiências modificadoras da existência do indivíduo, cuja finalidade é transformar o ser mesmo do sujeito, para ter acesso à verdade e estabelecer para si um modo de vida ético, belo, brilhante e heroico.

Muitas são as atividades, tarefas e exercícios envolvidos na *askesis*, numa correlação estreita da prática com o pensamento filosófico e médico na Antiguidade. Por exemplo, exame de consciência, cuidados do corpo, regimes de saúde, exercícios físicos sem excesso; meditações, leituras, anotações de conversas ou livros a serem relidos, apropriação e rememoração das verdades já conhecidas (sobre o cosmos, o ser, etc.), retórica, lógica; conversas com um confidente; indiferença às coisas indiferentes; aprender a dialogar, a ler, a viver e a morrer. São práticas ao mesmo tempo individuais e sociais, de relação consigo mesmo e com o outro, que se realizam na presença do outro.

A noção de vida se coloca a partir de inflexões no pensamento de Foucault, tendo como ponto de partida um movimento que a desloca através de múltiplas formas de interrogação: a questão das condições de existência das formas modernas de objetivação do sujeito pelos saberes (ciências, filosofia, literatura, artes), a questão das formas de objetivação pelos poderes (poder disciplinar e biopoder), e, ainda, a questão das condições de possibilidade de formas de subjetivação ativas realizadas por meio de experiências de transformação do modo de vida do indivíduo por si mesmo, afastadas dos procedimentos modernos de normalização.

Apesar dessas variáveis, a vida apresenta-se, ao longo da obra de Foucault, num quadro filosófico de um pensamento que busca um distanciamento de nosso presente, para diagnosticá-lo, criticá-lo e imaginá-lo diferente; um pensamento limite, fronteiriço, que se exerce nos limites epistemológicos, políticos, éticos e estéticos.

Tal pensamento situa-se nos limites do saber sobre a vida, a finitude, a morte, em sua arqueologia, ao apontar aberturas arqueológicas para novas *epistémés,* ao indicar a possibilidade da transgressão na filosofia e, sobretudo, na literatura da modernidade, através do pensamento do fora. Situa-se nos limites da biopolítica – gestão da vida (da morte) dos indivíduos e das populações, na modernidade –, em sua genealogia, ao discutir a hipótese da imanência da resistência e da instransitividade da liberdade na rede de relações de forças, compreendidas como estratégias abertas e móveis do poder.

Nesse nível, Foucault chamou a atenção para o fato de que a biopolítica é contemporânea do aparecimento e da proliferação das categorias de anormalidade – o delinquente, o perverso, etc., do par normal-anormal, que as tecnologias do biopoder e os saberes investidos nessas tecnologias supostamente, no limite, eliminariam. Ao identificar cientificamente as anormalidades, as tecnologias da biopolítica estariam numa posição perfeita para supervisioná-las e administrá-las. Foucault mostra a possibilidade de as normas sociais determinarem a vida dos indivíduos parcialmente, num jogo determinação-indeterminação em que há sempre zonas vazias que se abrem à invenção.

O pensamento de Foucault situa-se nos limites da ética e estética da vida através da hipótese da atitude crítica e da reinvenção do sujeito, de sua autotransformação para o governo de si e dos outros, pensamento que conduz suas análises para a possibilidade de novas formas de subjetivação e outras formas de estilização da vida. Nesse caso, é preciso esclarecer, os limites não seriam os do conhecimento a serem respeitados sob pena de incorrer em erro, mas fronteiras a serem ultrapassadas que exigiriam a ultrapassagem do próprio binômio pensamento do interior e do fora.

As análises foucaultianas sempre se ligam ao elemento da invenção. O que não significa que suas análises sejam arbitrárias. A invenção fornece um quadro de inteligibilidade a respeito dos enunciados de verdade e daquilo que significa deles partir para pensar. Assim entendida, ela é imanente ao princípio de que nem a verdade nem o próprio sujeito sejam dados *a priori* e definitivamente, mas que são sempre reinventados.

A análise crítica do pensamento de Foucault mostra que suas pesquisas históricas não buscam cronologias, mas são cartografias que traçam continuidades e rupturas, fazendo saltar aos olhos as invenções, os instantes de irrupção de algo novo. Tal análise remete à seguinte questão: de que modo ainda é possível colocar a questão do como contornar formas políticas mais abrangentes em que estamos inseridos? Como podemos nos dirigir com o objetivo de traçar alternativas às formas de vida instituídas, abrindo a experimentação a novos modos de ver e viver, disponibilizando novos espaços e novas margens.

Esse tipo de espaço foi analisado por Foucault em sua genealogia, ao pesquisar aquilo que ele denomina de práticas de divisão.

> O sujeito é dividido no seu interior e em relação aos outros. Este processo o objetiva. Exemplos: o louco e o são, o doente e o sadio, os criminosos e os "bons" meninos [...] Pareceu-me que, enquanto o sujeito humano é colocado em relações de produção e de significação, é igualmente colocado em relações de poder muito complexas [...] era, portanto, necessário estender as dimensões de uma definição de poder se quiséssemos usá-la ao estudar a objetivação do sujeito.[1]

Minha hipótese é que a análise foucaultiana das problematizações permite traçar certas circunstâncias para apontar espaços de abertura para um campo de invenções de novas formas de vida e de experimentações. Esta hipótese converge para a questão do sujeito e da verdade.

Em sua genealogia, Foucault pesquisa como se constitui, através da história, não um sujeito-identidade da representação, dado definitivamente, ponto de origem a partir de que a verdade e a liberdade se revelam, mas um sujeito fundado no interior mesmo da história e que é, a cada instante, refundado.

Por essa razão, torna-se importante reabilitar alguns aspectos da concepção foucaultiana de poder. A dupla raiz de seu pensamento em Nietsche quanto à invenção e em Canguilhem quanto à normalização, quando a noção de poder é atrelada ao modelo das relações de forças em

---

[1] FOUCAULT, Michel. O Sujeito e o poder. In: Dreyfus, H.; Rabinow, P. *Michel Foucault, uma trajetória filosófica. Para além do estruturalismo e da hermenêutica*. Tradução de Vera Portocarrero. Rio de Janeiro: Forense Universitária, 1995. p. 231-232.

confronto. Sua proposta de desenvolver as pesquisas com base na noção de governo, em sua acepção do século XVI, como direção da conduta dos indivíduos, dos grupos e de si mesmo, independente da instituição, da lei, da normalização e da gestão da vida pelo Estado. Seu conceito de violência, sua noção de sujeito da ação sobre si mesmo e sobre os outros e sua perspectiva de invenções possíveis no governo das condutas.

Pois uma relação de poder se articula sobre dois elementos que lhe são indispensáveis: primeiro, que o outro (aquele sobre cuja vida se exerce) seja inteiramente reconhecido e mantido, até o fim, como o sujeito de ação; segundo, que se abra, diante da relação de poder, todo um campo de respostas, reações, efeitos, invenções possíveis .

Sem dúvida, é importante reabilitar, também, a questão da verdade e do discurso no pensamento tardio de Foucault, que se insere no campo de uma reflexão ético-estética que permaneceu inconclusa: a genealogia do homem do desejo – um trabalho histórico e crítico, que estabelece um elo entre sexo, subjetividade e verdade.

Ele observa que, contrariamente aos outros interditos, os interditos sexuais são sempre ligados à obrigação de o sujeito dizer a verdade sobre si mesmo. Ele desenvolve essa questão privilegiando a pesquisa dos modos de relação consigo, a partir da hipótese de que a reflexão ética na Antiguidade greco-romana foi dominada pelo tema da prática de si, em que os homens se governam a si mesmos e aos outros pela produção de verdade.

Os indivíduos teriam sido levados a elaborar sobre si e sobre os outros uma hermenêutica do desejo, que persiste até nossos dias. Foucault o estuda em dois contextos diferentes: por um lado, o da filosofia greco-romana dos dois primeiros séculos do início do Império Romano; por outro lado, o da espiritualidade e dos princípios monásticos tais como se desenvolveram nos séculos IV e V. O sujeito é analisado por intermédio da noção de indivíduo e sua relação com um conjunto de práticas da Antiguidade tardia. Ao lado do preceito délfico "conhece-te a ti mesmo", Foucault aponta, na Antiguidade, práticas vinculadas a um outro preceito: "cuidar-se", "preocupar-se consigo".

O autor estuda temas éticos interligados: autonomia, felicidade, liberdade, prazer, austeridade, sem os relacionar necessariamente à ascese antiga e ao princípio de transformação permanente da própria vida e autodomínio. O tema da liberdade, por exemplo, é tratado por Foucault, de início, como imanente às relações de poder na medida em que essas são por ele diferenciadas de uma relação de violência, em seus estudos da década de 1970; mais tarde, é tratado por meio de uma pesquisa sobre o liberalismo em nossa sociedade que apresenta a ideia de liberdade, paradoxalmente, como uma obrigação para o funcionamento do Estado liberal; posteriormente, por meio do recuo histórico ao tema do cuidado de si correlacionado a seu princípio de autotransformação e autodomínio.

Esse recuo não traz uma mitificação da Antiguidade como algo a ser diretamente transposto para o presente, mas apresenta-se como uma maneira de questionar as evidências de nosso presente, suas falsas necessidades, tanto no nível teórico como no nível das práticas das estruturas sociais mais abrangentes. Os gregos não seriam uma solução para nós, explica Foucault. Até porque, dado o caráter de historicidade constitutivo da ética e das formas de subjetivação, tal transposição torna-se inviável.

Para tanto, afasta-se das análises dos sistemas filosófico-morais, tanto em termos da investigação da legitimidade e dos limites dos códigos quanto dos comportamentos, dos direitos e dos deveres dos indivíduos ante esses sistemas. Em sua forma tardia, seu pensamento sobre a ética tem como eixo um outro elemento que a constitui – a relação dos indivíduos consigo mesmos a partir de uma arte da vida, o cuidado de si. A relação da subjetividade com a verdade é buscada não no interior do conhecimento, como na tradição filosófico-científica, mas na história.

Trata-se do estudo das formas históricas em que foram tramadas, no Ocidente, as relações entre a subjetividade e a verdade, num recuo até o regime dos comportamentos e prazeres sexuais da Antiguidade, aquilo que os regulamenta, a saber, o regime dos *aphrodisia* – "era realmente no regime dos *aphrodisia* e de modo algum na moral cristã ou, pior, judaico-cristã, que se encontrava o arcabouço fundamental da moral sexual europeia moderna."[2]

Esse novo interesse afasta Foucault da hipótese sustentada até *História da sexualidade I – A vontade de saber* . Aí ele afirma que, a partir do século XVIII, em vez de se instaurar apenas a repressão sexual, instaura-se todo um processo de produção, toda uma multiplicação dos discursos sobre o sexo no próprio campo do exercício do poder. Esse projeto moderno de

---

[2] FOUCAULT, Michel. *A hermenêutica do sujeito.* Tradução de Márcio Alves da Fonseca e Salma Thanus Muchail. (Ed. estabelecida sob a direção de F. Ewald e A. Fontana, por F. Gros). São Paulo: Martins Fontes, 2004. p. 4.

"colocação do sexo em discurso" e sua obstinação em constituir uma ciência da sexualidade, "sem dúvida através de muitos erros", "formara-se, há muito tempo, numa tradição ascética e monástica",[3] afirma ele, então.

Ao analisar a maneira pela qual é criado, na Antiguidade greco-romana, um tipo de relação de si com o corpo e com o prazer, Foucault mostra a irredutibilidade desse modelo ao modelo cristão da decifração do desejo, rediscutindo a noção de ética e diferenciando-a de moral. O que ele busca é uma ética como modo de vida em que bem e bom não são contraditórios entre si; em que o indivíduo e o outro não se sujeitam a elementos externos como regras transcendentais, princípios formais ou universalidades racionais prévia e definitivamente dadas. Pode-se afirmar que o espaço do pensamento foucaultiano é, então, mutante, cambiante, são as fronteiras; é o próprio deslocamento; região limítrofe onde as fronteiras das morais vigentes se transformam para que o sujeito estilize a própria vida, mas sem renúncia, como no ascetismo cristão.

A moral é definida como um conjunto de valores e de regras de ação que são propostos aos indivíduos e aos grupos por intermédio de diferentes aparelhos prescritivos, como a família, as instituições educativas, as igrejas, os sistemas de leis, de prescrições do código moral. Ela produz uma moralidade dos comportamentos que corresponde a uma variação individual mais ou menos consciente, que é a maneira pela qual os indivíduos se submetem a um princípio de conduta, obedecem ou resistem a uma interdição ou prescrição, respeitam ou negligenciam um conjunto de valores.

Já a ética é concebida como a maneira pela qual o indivíduo se transforma, constituindo-se como o próprio sujeito moral do código, estabelecendo para si a substância ética a ser privilegiada como problema. A questão da ética é conduzida por Foucault por meio da pesquisa dos processos históricos segundo os quais as estruturas de subjetivação ligaram-se a discursos de verdade.

Estes processos, pelos quais se construíram formas de subjetivação diferentes ou semelhantes às atuais, são pesquisados por meio da investigação do preceito do cuidado de si. Os inúmeros exercícios – as práticas

---

[3] FOUCAULT, Michel. *História da Sexualidade I. A vontade de saber*. Tradução de Maria Thereza da Costa Albuquerque e José Augusto Guilhon de Albuquerque. Rio de Janeiro: Graal, 1977, p. 18-24.

de si – que o cuidado de si coloca em funcionamento na arte da vida ligam-se à *parrhesia*.

A tradução portuguesa do termo *Parrhesia* é parrésia, com o sentido de afirmação ousada, atrevimento oratório e/ou figura de retórica que consiste em dizer confiadamente coisas que parecem arriscadas. Em grego contemporâneo, significa liberdade de linguagem, franqueza ou ainda, em sentido negativo, excessiva liberdade de linguagem. Foucault ressalta sua tradução pelos franceses, *franc-parler*, pelos ingleses, *free speech*, e pelos alemães, *Freimhthigkeit*.

Suas análises dirigem-se para certas formas de relação da verdade com o discurso intrínsecas às técnicas greco-romanas do cuidado de si, consideran-do-as elementos centrais de uma ética fundada numa estética da existência, numa arte de viver, cuja finalidade é dar ao governo da própria vida a forma mais bela possível. Este tema encontra-se presente na reflexão moral desde o Alcibíades de Platão até Sêneca, Marco Aurélio, Epiteto. Sócrates, por exemplo, poderia ser considerado um *parrhesiastes* porque vivia de acordo com suas afirmações mesmo diante do risco da morte; a coragem e a aus-teridade, sua atitude, confeririam beleza à sua existência.

Em suas conferências proferidas na Universidade da Califórnia, *Dis-curso e verdade: problematização da parrhesia*,[4] Foucault apresenta seus estudos sobre a noção grega do dizer verdadeiro, compreendida como práticas que envolvem um discurso que é uma verdade ligada a uma atitude de franqueza, de coragem, de crítica, de risco e de dever, verdade que se afirma não devido ao seu caráter lógico ou retórico, à sua habilidade argumentativa, mas à correspondência entre o discurso e o modo de vida com o qual aquele que fala se acha comprometido.

Ao traçar uma história das maneiras pelas quais, o homem, em nossa cultura, elabora um saber sobre si mesmo, Foucault analisa as técnicas utilizadas para fazê-lo em sua relação com as diferentes matrizes de razão prática. Por exemplo, as técnicas de poder, que determinam a conduta dos indivíduos, os submetem a certos fins ou à dominação, tornando-os objetos de poder e de saber, como na modernidade; ou as técnicas de si, que permitem aos indivíduos efetuar, com a ajuda dos outros, um certo

---

[4] FOUCAULT, Michel. Discourse and Truth: the problematization of *Parrhesia*. Six lectures given by Michel Foucault at Berkeley, Oct./Nov., 1983. In: PEARSON, J. (Ed.). *Fearless Sp eech*. Los Angeles: Semiotext(e), 2001.

número de operações sobre seu corpo, seu prazer, seus pensamentos, suas condutas, seu modo de ser, de se transformar a fim de alcançar um certo estado de felicidade, por exemplo.[5]

O plano de seu seminário sobre a *parrhesia* é esclarecedor dos elementos que estão em jogo nesta investigação:

Significado da palavra *parrhesia:* atitude de franqueza e não de persuasão; de verdade e não de falsidade ou silêncio; de coragem e risco de vida, risco de perder um amigo e não de segurança; de crítica ou julgamento de alguém mais poderoso e não de lisonja; de dever e liberdade e não de apatia moral, diferindo, portanto, da confissão cristã obtida à força;

1. evolução da palavra *parrhesia* (retórica, política e filosofia);

2. problematização da *parrehesia* diferenciando seus modos e funções nas tragédias de Eurípedes

(mulheres fenícias, Hipólito, As bacantes, Electra, Ion, Orestes);

3. relação das mudanças da concepção de *parrhesia* com a crise das instituições democráticas;

4. práticas da *parrhesia*: a socrática, dos epicuristas, dos cínicos, dos estoicos, por exemplo, realizadas na vida em comunidade; na vida pública; nas relações pessoais consigo mesmo e com os outros;

5. técnicas dos jogos *parrhesiásticos*: o exame da noite de Sêneca; o exame minucioso de Serenus; o controle das representações de Epiteto;

6. considerações acerca de seu próprio método de análise que ele denomina história do pensamento.

O objetivo dessa história do pensamento é fazer uma genealogia da atitude crítica da filosofia ocidental hoje encontrada em nosso pensamento. Sua hipótese é que a filosofia grega levantou a questão da verdade de dois pontos de vista. Por um lado, do ponto de vista do critério para as afirmações e o raciocínio verdadeiros; por outro lado, do ponto de vista do dizer verdadeiro como atividade. Essa hipótese se justifica por certas questões que apareceram formuladas pelos gregos e que se transformaram em problemas filosóficos: quem é capaz de dizer a verdade, quais são suas condições éticas,

---

[5] FOUCAULT, Michel. Les techniques de soi. In: *Dits et écrits. IV.* Dirigida por DEFERT, D; EWALD, F; LAGRANGE, J. (Dir.). Paris: Gallimard, 1994. p. 785.

morais e espirituais?; sobre o quê é importante dizer a verdade (o mundo, a natureza, a cidade, o comportamento, o homem)?; com que consequências sobre a cidade, sobre aqueles que a regulam, sobre o indivíduo, etc.?; qual é a relação daquele que usa a *parrhesia* com o exercício do poder?; a *parrhesia* e o poder são independentes ou interligados?.

Em seu sentido mais geral e positivo, na *parrhesia grega* não há dúvida a respeito da posse da verdade, pois a aquisição da verdade depende da posse de certas qualidades morais presentes nas práticas da vida que são sua prova. O jogo da *parrhesia* mostra que o *parrhesiastes* sabe a verdade e a transmite para os outros. Ele faz um relato exato e completo do que tem em mente, e a audiência é capaz de compreender exatamente o que ele pensa. Trata-se de uma relação clara e óbvia entre aquele que fala e aquilo que ele diz.

Foucault compara *parrhesia* e evidência cartesiana. Em Descartes, a coincidência entre crença e verdade é obtida por meio de um certo tipo de experiência mental na qual a dúvida precede a evidência; é uma questão cética de como estar certo de que aquilo em que acredita é verdade; a prova é a demonstração da verdade por argumento. Nos gregos, a coincidência entre crença e verdade ocorre numa atividade eminentemente verbal e não numa experiência mental. Para Foucault, no quadro epistemológico moderno, a *parrhesia* não ocorre mais.

A *parrhesia* pode ter, também, um sentido negativo. Em Platão, por exemplo, porque pode ser uma tagarelice sem qualificação, que ocorre na democracia em que qualquer um fala mesmo que seja um mal para a cidade. Ou no cristianismo, porque a atividade verbal reflete todo movimento da alma, inclusive as negativas manifestações das forças do mal, sendo um obstáculo para a contemplação de Deus.

Em breve, porém importante consideração de método, Foucault afirma que a problematização da verdade na Antiguidade grega tem dois lados. Um lado fornece as raízes da grande tradição da filosofia ocidental chamada por ele de "analítica da verdade"; a que estuda a questão de como assegurar que o processo do raciocínio esteja correto ao determinar se uma proposição é verdadeira; ela concerne à nossa habilidade intelectual, da consciência, de ter acesso à verdade. O outro lado, que é o que interessa a Foucault, então, fornece as raízes da tradição "crítica"; sua questão é a importância de dizer a verdade, de saber quem é capaz, e por que se deve dizer a verdade como uma atividade específica, como um papel a desempenhar; e não como proposição verdadeira ou falsa que seria objeto de uma análise do critério interno ou externo para reconhecimento de seu caráter de verdade, no pensamento greco-romano; nem como um papel social a ser tratado por meio de uma descrição sociológica de suas diferenças nas diferentes sociedades.

Foucault distingue, mais uma vez, sua história do pensamento – já o havia feito em *As palavras e as coisas*, embora com objetivos diferentes – da história das ideias. Em geral, afirma ele, esta última tenta especificar quando um conceito determinado aparece, e este momento é identificado pelo surgimento de uma palavra nova. Trata-se, assim, de uma análise do nascimento de uma noção, através de seu desenvolvimento, no quadro de outras ideias, que constituem seu contexto.

Por história do pensamento, ele compreende a análise da maneira pela qual instituições, práticas, hábitos e comportamentos tornam-se um problema para as pessoas que se comportam de um modo específico, que têm certos tipos de hábitos, que se comprometem com certos tipos de práticas e que fazem funcionar certos tipos de instituição. A história do pensamento é a análise do modo como um campo não problemático da experiência, ou um conjunto de práticas aceitas sem questionamento, que eram familiares e fora de discussão, tornam-se um problema, suscitam discussão e debate, incitam novas reações e induzem à crise comportamentos, hábitos, práticas e instituições previamente silenciosos. Assim entendida, a história do pensamento é a história da maneira pela qual as pessoas começam a se preocupar com alguma coisa, da maneira pela qual elas ficam ansiosas com isto ou aquilo, por exemplo, consigo mesmos, com a loucura, o crime, o sexo, a verdade.

Portanto, não se trata de analisar o comportamento passado das pessoas (que seria do campo da história social), nem as ideias em seus valores representativos (história das ideias). O que está em jogo é o processo de problematização, a saber, como e por que certas coisas (comportamentos, fenômenos, processos), que foram completamente negligenciadas até um dado momento histórico, tornam-se objeto de uma preocupação, um problema.

Essa pesquisa da história do pensamento, entretanto, não deve ser compreendida como "idealismo histórico", como poderia parecer. Pois não se trata, para Foucault, de negar a realidade do problema da loucura, do crime ou da sexualidade, mas de mostrar precisamente algo real que existe no mundo e que foi o alvo de regulação social num dado momento. Ele considera que há uma relação entre a coisa que é problematizada e o processo de problematização. A problematização é uma espécie de resposta dada, por determinados indivíduos, a uma situação concreta que é real, apesar de essa mesma resposta poder ser encontrada em extensas séries de textos e, até certo ponto, tornar-se tão geral que torna-se anônima. Isso não a retira de um contexto histórico, nem a caracteriza como um idealismo.

O fato de uma resposta não ser considerada por Foucault, nem do ponto de vista da representação, nem do efeito de uma situação, mas do ponto de vista da invenção, não significa que ela seja uma resposta a nada, que seja puro sonho ou anticriação.

Os autores

Alípio de Sousa Filho

Graduado em Ciências Sociais pela UFRN. Doutor em Sociologia pela Universidade de Paris V (René Descartes – Sorbonne). Professor do Departamento de Ciências Sociais da UFRN. Atua nas áreas de Teoria Sociológica e outras Sociologias específicas, com destaque para Teoria Social Contemporânea e Epistemologia das Ciências Sociais; estudos do imaginário, da ideologia e das representações sociais (teoria e objetos); estudos de discursos sociais (mídias, ciências, educação, políticas, moral, etc.), orientados para a investigação do preconceito e da discriminação, com destaque para os temas de gênero e sexualidade.

Antonio Basílio Novaes Thomaz de Menezes

Bacharel e licenciado em Filosofia pela Universidade Federal do Rio de Janeiro (1987 e 1888, respectivamente). Mestre em Filosofia pela Universidade Federal do Rio de Janeiro (1996) e doutor em Educação pela Universidade Federal do Rio Grande do Norte (2003). Professor do Departamento de Filosofia e do Programa de Pós-Graduação em Educação da Universidade Federal do Rio Grande do Norte. Experiência na área de Filosofia Contemporânea e especial interesse pelo campo crítico das análises do Pós-Estruturalismo francês e da Teoria Crítica alemã da segunda metade do século XX. Pesquisa desde 1998 as matrizes do pensamento de Michel Foucault aplicando o arcabouço teórico de suas obras na investigação de temas nas áreas da ética, da filosofia política e da história da educação.

Antonio Eduardo de Oliveira

Graduado em Letras (UFRN). Doutor em Literatura Inglesa (University of Reading, UK). Professor Associado no Departamento de Letras da Universidade Federal do Rio Grande do Norte. Leciona Literaturas Anglo-Americana e Canadense no Curso de Graduação em Letras e Literatura Comparada no Programa de Pós-Graduação em Estudos da Linguagem. Pesquisa a área de literatura e homoerotismo.

E-mail: eduardo@cchla.ufrn.br

Antonio Crístian Saraiva Paiva

Doutor em Sociologia. Psicanalista. Professor do Departamento de Ciências Sociais da Universidade Federal do Ceará e do Programa de Pós-Graduação em Sociologia da UFC. Publicou: *Reservados e invisíveis: o ethos íntimo das parcerias homoeróticas* (Pontes; PPG-Sociologia UFC, 2007), *Sujeito e laço social: a produção de subjetividade na arqueogenealogia de Michel Foucault* (Relume Dumará; Secult, 2000) e foi um dos organizadores do livro *Estilísticas da sexualidade* (Pontes; PPG-Sociologia UFC, 2006).

E-mail: cristianpaiva@uol.com.br.

Alfredo Veiga-Neto

Doutor em Educação. Professor Titular da Faculdade de Educação da UFRGS. Professor do Programa de Pós-Graduação em Educação da UFRGS. Dentre suas publicações mais recentes, destacam-se os livros *Estudos Culturais da Ciência & Educação* (em coautoria com Maria Lúcia Wortmann) e *Foucault & a Educação* (Autêntica Editora); organizou os livros *Crítica Pós-Estruturalista e Educação* (publicado no Brasil e na Espanha); em parceria com Margareth Rago e Luiz Orlandi, organizou *Imagens de Foucault e Deleuze: ressonâncias nietzschianas* e *Figuras de Foucault* (Autêntica Editora). Atualmente, estuda os novos dispositivos disciplinares e de controle, as ressignificações do espaço e do tempo na Pós-Modernidade e o papel desempenhado pela Educação na transição do moderno para o pós-moderno. Orienta um grupo de pesquisas no campo dos estudos culturais em educação.

E-mail: alfredoveiganeto@uol.com.br

Carmen Lúcia Soares

Licenciada em Educação Física (UFPR). Doutora em Educação (UNICAMP). Professora da Faculdade de Educação e da Faculdade de Educação e Física da Universidade Estadual de Campinas (Unicamp). Área ou campo ou especialidade de interesse acadêmico e de pesquisa: educação do corpo; história das práticas corporais.

E-mail: carmenls@unicamp.br

Denise Bernuzzi de Sant'Anna

Doutora pela Universidade de Paris VII e pesquisadora do CNPq. Professora livre-docente de História, da PUC-SP. Publicou *Corpos de Passagem* (2001) e *Políticas do Corpo* (1995), pela Editora Estação Liberdade, *O prazer justificado* (Ed. Marco Zero, 1994) e *Cidade das Águas* (Senac, 2007). Possui diversos trabalhos sobre as relações entre corpo e cultura.

Durval Muniz de Albuquerque Júnior

Graduado em História (UEPB). Doutor em História Social do Trabalho (UNICAMP). Professor Titular do Departamento de História da Universidade Federal do Rio Grande do Norte (UFRN). Professor e coordenador do Programa de Pós-Graduação em História da UFRN e professor colaborador do Programa de Pós-Graduação em História da UFPE. Autor dos livros *A Invenção do Nordeste e outras artes* (Ed. Cortez), *Nordestino: uma invenção do falo* (Ed. Catavento); *Preconceito contra a origem geográfica e de lugar* (Ed. Cortez) e *História: a arte de inventar o passado* (EDUSC).

Edson Passetti

Professor livre-docente no Departamento de Política e Programa de Estudos Pós-Graduados em Ciências Sociais da PUC-SP. Professor na Universidade Técnica de Lisboa. Coordenador do Nu-Sol (Núcleo de Sociabilidade Libertária). Edita com o Nu-Sol a revista semestral autogestionária *Verve* e realiza no Canal Universitário os programas libertários *Agora, agora* e *Os insurgentes*. Publicou recentemente *Ética dos amigos*. *Invenções libertárias da vida* (Imaginário, 2003); *Anarquismos e sociedade de controle* (Cortez, 2003); *Anarquismo urgente* (Achiamé, 2007). Organizou, entre outros volumes, *Kafka-Foucault, sem medos* (Ateliê, 2004) e, em companhia de Salete Oliveira, *Terrorismos* (Educ, 2006).

Eugênia Correia Krutzen

Graduada em Psicologia (UFBa), mestra pela UNICAMP (SP), doutora em Psicologia (UnB). Professora do Departamento de Psicologia da Universidade Federal da Paraíba. Desenvolve projetos de extensão na área de psicossomática e de psicanálise em extensão, com crianças e adolescentes em situação de risco social.

Guilherme Castelo Branco

Mestre em Filosofia e doutor em Comunicação pela UFRJ. Professor Associado I do Departamento de Filosofia da UFRJ. Coordenador do Programa de Pós-Graduação em Filosofia da UFRJ, onde também coordena o Laboratório de Filosofia Contemporânea. Membro do GT Filosofia Pós-Metafísica da ANPOF. É, também, curador e escritor.

Heliana de Barros Conde Rodrigues

Psicóloga, doutora em Psicologia Escolar, pelo Instituto de Psicologia da Universidade de São Paulo (USP). Professora do Instituto de Psicologia da Universidade do Estado do Rio de Janeiro (UERJ). Pesquisadora em história da psicologia, com ênfase na perspectiva genealógica.

E-mail: helianaconde@uol.com.br.

Ilza Matias de Sousa

Graduada em Português-Latim, pela Universidade Estadual da Guanabara (hoje UERJ). Mestra em Literatura Brasileira, pela Universidade Federal de Minas Gerais. Doutora em Literatura Comparada pela mesma Universidade. Tem publicações em jornais, revistas impressas e eletrônicas e livros. Entre essas, destacam-se: A astúcia do dragão e a sabedoria da raposa: o alegre cinismo da ficção borgiana. In: *Borges em 10 textos* (POS-LIT/Sette Letras, 1997), Borges, a ficção como arte das superfícies e o problema do infinito. In: *Café Filosófico* (EDUFRN, 2005), Sonhos de Kafka e margens da crítica literária. In: *As marcas da letra: sujeito e escrita na teoria literária* (Idéia, 2004). É organizadora da publicação do *Café Filosófico* 2004, EDUFRN, sobre os temas filosofia, cultura e subjetividade.

José Luís Câmara Leme

Professor de Filosofia no Departamento de Ciências Sociais Aplicadas da Universidade Nova de Lisboa. Entre outras, tem as seguintes publicações: A desrazão, o cristianismo e o homem europeu: um programa esquecido na filosofia de Michel Foucault. In: *Revista Conceito* (Lisboa, Outono de 2005); Foucault, Weber e a Vivência da Ciência. In: *Revista de Comunicação e Linguagens* (Relógio D'Água, Lisboa, dezembro, 2007); A confissão e a verdade do sexo segundo Michel Foucault. In: *Românica – revista de literatura* (Faculdade de Letras da Universidade de Lisboa, Outono de 2007); Le mythe de l'autorité: Ubu ou l'impuissance politique. In: *Vivre en Europe, Philosophie, Science et Politique aujourd'hui* (Paris, 2007); Hannah Arendt. Política y desfactualización. In: *Devenires, revista internacional de filosofía y filosofía de la cultura* (Morelia, México, janeiro de 2008).

Lore Fortes

Graduada em Ciências Sociais pela UFRN e doutora em Sociologia pela UnB (2000). Atualmente é professora adjunta da UFRN e pesquisadora do campo da Saúde (especialmente Saúde Pública), analisando as relações entre seus agentes sociais e aspectos político-institucionais. Publicações no campo das terapias complementares (homeopatia, acupuntura e fitoterapia).

E-mail: loref45@hotmail.com, lore@ufrnet.br

Luis Antonio Baptista

Psicólogo. Doutor em Psicologia pela USP. Professor do Departamento de Psicologia e do Programa de Pós-Graduação em Psicologia da Universidade Federal Fluminense – UFF. Área de interesse de pesquisa: Experiência Urbana e Subjetividade.

E-mail: baptista509@hotmail.com.

Magda Dimenstein

Psicóloga pela UFPE. Mestra em Psicologia Clínica pela PUC-RJ. Doutora em Ciências da Saúde pela UFRJ. Professora associada do Departamento e Programa de Pós-Graduação em Psicologia da UFRN. Coordenadora da Base de Pesquisa Políticas de Subjetivação e Contemporaneidade.

E-mail: magda@ufrnet.br

Alex Reinecke de Alverga

Psicólogo. Mestre em Psicologia pela UFRN. Doutorando pelo Programa Integrado de Psicologia Social UFRN/UFPB. Professor do Curso de Psicologia da Universidade Potiguar – UnP. Atua no campo de saúde mental, luta antimanicomial e produção de subjetividade.

E-mail: alexreinecke@terra.com.br

Márcio Alves da Fonseca

Bacharel em História (USP) e em Direito (PUC/SP). Mestre em Filosofia pela PUC/SP. Doutor em Direito (Filosofia do Direito) pela USP. Professor do Departamento de Filosofia da PUC/SP. Áreas de pesquisa: filosofia política, filosofia do direito, filosofia contemporânea.

Margareth Rago

Graduada em História pela Universidade de São Paulo, onde também cursou Filosofia. Professora titular do Departamento de História do IFCH da UNICAMP. Professora-visitante, pela Comissão Fulbright, no Connecticut College, CT, Estados Unidos (nos anos de 1995 e 1996). Diretora do Arquivo Edgard Leuenroth da UNICAMP (1999-2000). Pesquisa a área de história cultural, gênero, sexualidade, feminismo, anarquismo. Publicou vários livros e artigos.

Marisa Vorraber Costa

Licenciada em Filosofia (UFRGS) e doutora em Ciências Humanas – Educação (UFRGS). Professora da Universidade Luterana do Brasil (ULBRA), onde atua como professora e pesquisadora no curso de Pedagogia e no Programa de Pós-Graduação em Educação. Professora convidada do Programa de Pós-Graduação em Educação da Universidade Federal do Rio Grande do Sul (UFRGS). É pesquisadora do CNPq; seus interesses atuais de pesquisa dirigem-se para as relações entre escola e cultura contemporânea.

E-mail: mcvorraber@terra.com.br

Marluce Pereira da Silva

Mestre e doutora em Letras. Pós-Doutorado na Universidade Federal do Rio Grande do Sul. Professora do Departamento de Letras da Universidade Federal do Rio Grande do Norte. Publicou *Subjetividades Transgressoras: a reinvenção do anormal em espaços midiáticos* e *Gênero em Questão: ensaios de literatura e outros discursos* (EDUEP-2007).

Nina Isabel Soalheiro

Terapeuta Ocupacional. Doutora em Ciências da Saúde. Trabalha no Laboratório de Estudos e Pesquisas em Saúde Mental (LAPS) da Fundação Oswaldo Cruz (Fiocruz).

Orlando Arroyave

Graduado em Psicologia pela Universidade de Antioquia (Colombia). Mestre em Filosofia pela mesma Universidade, onde atua como professor. Áreas de investigação e de interesse: sexualidades contemporâneas, pensamento de Michel Foucault e psicologia da exclusão. Publicou *Artículos de segunda necesidad* (artigos de crítica cultural).

E-mail: orlandoarroyave@gmail.com, orlandoarroyave@terra.com.co

Paulo Duarte Amarante

Médico. Doutor em Saúde Pública. Trabalha no Laboratório de Estudos e Pesquisas em Saúde Mental (LAPS) da Fundação Oswaldo Cruz (Fiocruz).

Regina Horta Duarte

Graduada em História pela UFMG e doutora em História pela UNICAMP. Professora Associada do Departamento de História da Universidade Federal de Minas Gerais. Atualmente, trabalha com o enfoque sobre as relações entre história e natureza.

E-mail: reginahd@uai.com.br

Renato Amado Peixoto

Doutor em História pela UFRJ e professor-adjunto da UFRN. Temáticas de orientação acadêmica e de pesquisa: espaço e representações culturais; geopolítica, território e Estado; globalização, sistema-mundo e relações internacionais.

Salma Tannus Muchail

Graduada em Filosofia (PUC/Campinas e Universidade Católica de Louvain, Bélgica). Mestra e doutora em Filosofia (Universidade Católica de Louvain, Bélgica e PUC/SP). Professora da Pontifícia Universidade Católica de São Paulo (PUC/SP). Área de interesse acadêmico e de pesquisa: história da filosofia contemporânea, com ênfase no pensamento de expressão francesa.

Sandra Fernandes

Mestra em Ciências Sociais. Professora substituta do Departamento de Estudos Sociais e Educacionais da UFRN – Campus de Caicó.

Tania Navarro Swain

Doutora pela Université de Paris III, Sorbonne. Pós-Doutorado na Universidade de Montréal, onde lecionou durante um semestre (Université du Québec à Montréal – UQAM). Foi professora-associada ao Institut de Rechereches et d'Études Féministes – IREF.

Professora do Departamento de História da Universidade de Brasília. Trabalha na área de Estudos Feministas. Publicou *O que é lesbianismo* (Brasiliense, 2000) e organizou o número especial Feminismos: teorias e perspectivas da revista *Textos de História*, lançado em 2002. Organizou o livro *História no Plural* e *Mulheres em ação: práticas discursivas, práticas políticas* (2005). É editora da revista digital *Labrys, estudos feministas*. http://www.unb.br/ih/his/gefem

Terezinha Petrucia da Nóbrega

Graduada em Educação Física e em Filosofia pela Universidade Federal do Rio Grande do Norte. Realizou estudos de doutorado na Universidade Metodista de Piracicaba, tendo defendido tese no PPG-Educação. É professora da UFRN, atuando no departamento de Educação Física e no Programa de Pós-graduação em Educação. É vice-coordenadora do grupo de pesquisa *Corpo e Cultura de Movimento*, onde se dedica à pesquisa sobre filosofias do corpo, epistemologia e cultura de movimento.

E-mail: pnobrega@ufrnet.br

Vera Portocarrero

Licenciada e mestra e em Filosofia pela Pontifícia Universidade Católica do Rio de Janeiro. Doutora em Filosofia pela Universidade Federal do Rio de Janeiro. Professora Titular de Filosofia da Universidade do Estado do Rio de Janeiro. Pesquisadora do PROCIENCIA – FAPERJ. Área de pesquisa: filosofia e história das ciências humanas e biomédicas, ética, filosofia contemporânea.

Qualquer livro do nosso catálogo não encontrado nas livrarias pode ser pedido por carta, telefone ou pela internet.

Rua Aimorés, 981, 8° andar – Funcionários
Belo Horizonte-MG – CEP 30140-071

Tel: (31) 3222 6819
Fax: (31) 3224 6087
Televendas (gratuito): 0800 2831322

vendas@autenticaeditora.com.br
www.autenticaeditora.com.br

Este livro foi composto com tipografia Bembo e impresso
em papel Pólen Bold 80 g na Formato Artes Gráficas.